Ser empreendedor
Pensar, Criar e Moldar a Nova Empresa
Exemplos e casos brasileiros

www.editorasaraiva.com.br

Ser empreendedor
Pensar, Criar e Moldar a Nova Empresa
Exemplos e casos brasileiros

Manuel Portugal Ferreira
João Carvalho Santos
Fernando A. Ribeiro Serra

Av. das Nações Unidas, 7221, 1º Andar, Setor B
Pinheiros – São Paulo – SP – CEP: 05425-902

SAC
0800-0117875
De 2ª a 6ª, das 8h às 18h
www.editorasaraiva.com.br/contato

Presidente	Eduardo Mufarej
Vice-presidente	Claudio Lensing
Diretora editorial	Flávia Alves Bravin
Planejamento editorial	Rita de Cássia S. Puoço
Aquisições	Fernando Alves
	Julia D'Allevo
Editores	Ana Laura Valerio
	Lígia Maria Marques
	Thiago Fraga
Produtoras editoriais	Alline Garcia Bullara
	Amanda M. Loyola
	Daniela Nogueira Secondo
Suporte editorial	Juliana Bojczuk Fermino
Arte e produção	Know-how Editorial
Capa	Rubens Lima
Atualização da 2ª tiragem	Daniela Nogueira Secondo
Impressão e acabamento	Gráfica Paym

ERP 300.573.001.002

978-85-02-08726-2

CIP-BRASIL. CATALOGAÇÃO NA FONTE
SINDICATO NACIONAL DOS EDITORES DE LIVROS, RJ

F442s

Ferreira, Manuel Portugal
  Ser empreendedor : pensar, criar e moldar a nova empresa : exemplos e casos brasileiros / Manuel Portugal Ferreira, João Carvalho Santos, Fernando A. Ribeiro Serra. - São Paulo : Saraiva, 2010.

  1. Empresas novas. 2. Empresas novas - Administração. 3. Empreendimentos. 4. Sucesso nos negócios I. Santos, João Carvalho. II. Serra, Fernando Ribeiro. III. Título.

  Contém glossário
  Inclui bibliografia e índice
  ISBN 978-85-02-08726-2

09-4871
CDD-658.11
CDU-658.016.5

Copyright © Fernando A. Ribeiro Serra; João Carvalho Santos; Manuel Portugal Ferreira
2010 Editora Saraiva
Todos os direitos reservados.

1ª edição
1ª tiragem: 2010
2ª tiragem: 2017

Nenhuma parte desta publicação poderá ser reproduzida por qualquer meio ou forma sem a prévia autorização da Saraiva Educação. A violação dos direitos autorais é crime estabelecido na lei nº 9.610/98 e punido pelo artigo 184 do Código Penal.

EDITAR 12728   CL 650029   CAE 572807

Prefácio

Neste livro, pretendemos incentivar pessoas de todas as idades a, pelo menos, considerar a possibilidade de se tornarem empreendedores e iniciar seu próprio negócio. Incentivá-las para que deixem de ser assalariadas ou de trabalhar para outros. Que definam por si mesmas a forma como sua vida ativa vai progredir. Que procurem realizar seus sonhos e concretizar suas ideias. Assim, este livro não é dedicado ao desenvolvimento de novas teorias ou novos modelos conceituais, tampouco tem vocação exclusivamente acadêmica. A princípio, nós o tínhamos feito pensando em um público-alvo, constituído sobretudo por jovens estudantes nos diferentes cursos em que exista a disciplina de empreendedorismo, criação de negócios, constituição da empresa ou afim – quer na modalidade presencial ou a distância (em *e-* ou *b-learning*) –, e, embora esse seja o público-alvo considerado em primeira instância, a verdade é que pretendemos que o presente livro seja útil a qualquer pessoa, homem ou mulher, jovem ou não, de elevada formação acadêmica ou que tenha abandonado os estudos um pouco mais cedo, independentemente de sua etnia ou credo, de seu meio social e da sua carga hereditária, que queira SER EMPREENDEDOR.

O empreendedorismo não depende apenas da sorte, embora a sorte seja importante para quase tudo na vida. Tampouco exige que se tenha nascido em berço de ouro, porque é efetivamente possível começar o nosso próprio negócio com pouco capital. Também não é um dom divino que nasce com as pessoas – o empreendedorismo pode ser ensinado e praticado. E, apesar de ouvirmos, com uma insistência entediante, falar em empreendimentos de base tecnológica e em inovações, a verdade é que nem sequer é essencial que a nova empresa seja baseada em algum tipo de inovação radical. Pelo contrário, fazer um pouco melhor o que os outros já estão fazendo pode ser a diferença entre adicionar valor para o cliente ou não; entre ter ou não ter sucesso. Por tudo isso, pensamos que também é importante desfazer alguns dos mitos associados ao empreendedorismo, pois é fundamental que estes caiam para podermos, então, entender que todos nós somos empreendedores em potencial. Basta querer realizar esse potencial. Basta querer SER EMPREENDEDOR e começar a desenvolver competências.

Na sociedade contemporânea, o empreendedorismo é uma alternativa muito razoável ao emprego assalariado e é uma forma interessante de realizar algumas das aspirações da vida enquanto indivíduos e enquanto cidadãos. Falamos do empreendedorismo não só como forma de ganhar o dinheiro necessário para as despesas da vida, do dia a dia, mas também como fonte de realização pessoal e profissional. Este é, aliás, o nosso ponto de partida.

O empreendedor é o agente de destruição criativa de que falou Joseph Schumpeter. O empreendedor é o motor do sistema de economia de mercado, criando novos produtos, fazendo melhorias em produtos, processos e tecnologias existentes, entrando em novos mercados, arriscando-se em áreas novas e tornando obsoletos os anteriores métodos e modelos menos eficientes e menos eficazes. O empreendedor moderno ausculta o mercado, mas vê, para além dele, as oportunidades e decifra as necessidades, de onde retira ideias para o seu próprio negócio. Afinal, foram atos empreendedores que substituíram a máquina de escrever pelo computador portátil, que trouxeram a máquina de calcular para facilitar operações de cálculo, que deram suporte à invenção do motor à explosão, da eletricidade, do telefone, dos elevadores etc. Em todos esses casos, a criatividade e a vontade de fazer e arriscar dos empreendedores trouxeram novos produtos ao mercado, simplificaram a vida dos consumidores e geraram riqueza para os países de origem. Contudo, como afirmamos antes, não é fundamental que a sua empresa venha a fazer alguma dessas coisas. Aliás, como elas já estão feitas, você pode procurar outras coisas ou apenas procurar como fazer melhor o que outros já fazem.

A viagem em que vai embarcar ao ler este livro conjuga a concentração em aspectos um pouco mais teóricos, com alguns exemplos, e pequenos exercícios práticos que procuram ajudar a pensar sobre... **ser empreendedor**. O que verdadeiramente distingue os empreendedores é a sua necessidade de fazer, de realizar, de criar e implementar ideias próprias, de aceitar o desafio para ser patrão de si próprio. Ora, muitos de nós, quiçá quase todos, temos essas motivações.

Os Autores

Sumário

1. **Introdução ao Empreendedorismo** 1
   - 1.1 Dinamizar o Empreendedorismo e Promover a Criação de Empresas 1
   - 1.2 O Empreendedorismo no Brasil e no Mundo 2
     - 1.2.1 O empreendedorismo e a atividade econômica 3
     - 1.2.2 Determinantes nacionais do empreendedorismo 6
     - 1.2.3 Determinantes pessoais do empreendedorismo 12
     - 1.2.4 O fator cultural 13
   - 1.3 Por que Estudar Empreendedorismo? 16
   - 1.4 O Empreendedorismo no Futuro 18
   - 1.5 Notas Finais 20

2. **O Empreendedor** 23
   - 2.1 Introdução 23
   - 2.2 O Que é Ser Empreendedor? 24
   - 2.3 A Decisão de Empreender 26
   - 2.4 O Histórico do Empreendedor 29
   - 2.5 Empreendedores, Gestores e Inventores: As Diferenças 30
   - 2.6 Os Mitos Mais Comuns Sobre os Empreendedores 32
   - 2.7 Características Comuns aos Empreendedores 34
   - 2.8 O Empreendedor e a Equipe da Nova Empresa 41
   - 2.9 Ética e Responsabilidade Social dos Empreendedores 44
   - 2.10 Notas Finais 45

3. **Oportunidades e Ideias: Criar, moldar, reconhecer e capturar** 47
   - 3.1 Introdução 47
   - 3.2 Oportunidades e Ideias 49
     - 3.2.1 A ideia e a criatividade 51

3.3	Fontes de Novas Ideias	52
3.4	Tendências Ambientais que Geram Oportunidades	55
3.5	Métodos de Geração de Novas Ideias	59
	3.5.1 O *brainstorming*	59
	3.5.2 Os grupos de discussão (ou *focus groups*)	60
	3.5.3 Os questionários (*surveys*)	60
	3.5.4 Observação direta	61
	3.5.5 Análise de inventário de problemas	61
	3.5.6 O método do *check-list*	62
	3.5.7 O método de livre associação	62
	3.5.8 O método de anotações coletivas	62
3.6	Avaliar a Ideia	63
3.7	A Proteção das Ideias	63
	3.7.1 As patentes	65
	3.7.2 As marcas	67
	3.7.3 Os direitos autorais (*copyrights*)	68
	3.7.4 Os segredos comerciais	69
3.8	O Modelo de Negócio	70
3.9	As Redes de Relacionamento	70
3.10	Notas Finais	73
	Anexo: O Franchising no Empreendedorismo	74

4. O Marketing da Nova Empresa — 85

4.1	Introdução	85
4.2	O Estudo de Mercado	86
4.3	A Segmentação do Mercado	93
4.4	Estabelecer uma Posição Única: O Posicionamento	97
4.5	A Marca	97
4.6	O Comportamento do Consumidor	99
4.7	O Marketing Mix	102
	4.7.1 Produto	102
	4.7.2 Preço	104
	4.7.3 Distribuição	107
	4.7.4 Comunicação	109
4.8	Notas Finais	110
	Anexo: Para Trabalhar – Marketing da Nova Empresa	111

5. O Ambiente e o Setor — 117

5.1	Introdução	117
5.2	A Visão e a Missão da Nova Empresa	118
5.3	O Ambiente Externo	119

	5.4	A Análise dos Concorrentes	120
	5.5	A Análise Interna	122
		5.5.1 A cadeia de valor	123
	5.6	A Atratividade do Negócio	125
	5.7	Análise do Setor	125
		5.7.1 A rivalidade entre empresas concorrentes	126
		5.7.2 A ameaça de novas entradas	127
		5.7.3 O poder de negociação dos clientes	128
		5.7.4 O poder de negociação de fornecedores	129
		5.7.5 A ameaça de produtos substitutos	129
	5.8	Estratégias Genéricas de Negócio	131
		5.8.1 A diferenciação do produto	131
		5.8.2 A estratégia de liderança pelos custos	132
		5.8.3 A estratégia de enfoque	133
	5.9	A Análise SWOT	133
	5.10	Notas Finais	135
	Anexo: Para Trabalhar – Estratégia da Nova Empresa		136
6.	**Formar Equipes e Gerir Pessoas**		**141**
	6.1	Introdução	141
	6.2	A Gestão das Pessoas	142
	6.3	Recrutamento e Seleção da Equipe	146
	6.4	A Motivação	149
	6.5	A Liderança	154
		6.5.1 Estilos e tipos de liderança	155
		6.5.2 Comportamentos de liderança	158
		6.5.3 Saber elogiar e criticar	160
	6.6	A Comunicação	163
		6.6.1 Barreiras à comunicação	163
	6.7	A Gestão de Conflitos	167
	6.8	Desenvolver Competências na Equipe	169
	6.9	Notas Finais	170
7.	**As Formas Jurídicas da Nova Empresa**		**171**
	7.1	Introdução	171
	7.2	Empresário	172
	7.3	As Sociedades por Quotas de Responsabilidade (LTDA.)	172
	7.4	As Formalidades a Cumprir na Criação de uma Nova Empresa	174
	7.5	Notas Finais	179
	Anexo: Modelo de Contrato Social de Sociedade Limitada conforme Código Civil/2002		180

8.	**O Financiamento da Nova Empresa**		**183**
	8.1	Introdução	183
	8.2	Financiamento por Endividamento ou por Capital Próprio	184
		8.2.1 Recursos financeiros próprios do empreendedor	185
		8.2.2 A família e os amigos	187
		8.2.3 Outros investidores privados	188
		8.2.4 O banco comercial	189
		8.2.4.1 Como obter um empréstimo bancário?	193
		8.2.5 Os subsídios	195
		8.2.6 O capital de risco	195
	8.3	Determinar o Capital Necessário	199
	8.4	Notas Finais	200
	Anexo: O Empreendedor Pobre		201
	Anexo: Para Trabalhar – O Financiamento da Nova Empresa		205
9.	**Aspectos Econômico-Financeiros da Nova Empresa**		**207**
	9.1	Introdução	207
	9.2	A Atividade da Empresa	208
		9.2.1 O ponto de equilíbrio	210
		9.2.2 Análise de custo – volume – lucro	214
	9.3	As Demonstrações Financeiras	215
		9.3.1 A demonstração de resultados do exercício	215
		9.3.2 O balanço patrimonial	220
		9.3.3 O mapa de fluxos de caixa	223
	9.4	O Equilíbrio Financeiro e o Capital de Giro	225
	9.5	Razões de Análise Econômico-Financeira	227
		9.5.1 Os indicadores de liquidez	228
		9.5.2 Os indicadores de financiamento	229
		9.5.3 Os indicadores de atividade	233
		9.5.4 Os indicadores de rentabilidade	236
	9.6	Notas Finais	237
	Anexo: Para Trabalhar – Análise Econômico-Financeira da Nova Empresa		238
10.	**O Investimento**		**239**
	10.1	Introdução	239
	10.2	A Importância de Realizar Investimentos	240
	10.3	Elementos dos Projetos de Investimento	241
	10.4	Métodos de Atualização	247
		10.4.1 Os juros e a capitalização	248
		10.4.2 A atualização	250

	10.5	Métodos de Avaliação do Investimento..	250
		10.5.1 O valor presente líquido	251
		10.5.2 O período de recuperação do investimento	254
		10.5.2.1 Críticas ao PRI como método exclusivo de seleção.....	255
		10.5.3 A taxa interna de retorno..	256
		10.5.4 O índice de rentabilidade..	256
		10.5.5 Seleção de projetos mutuamente exclusivos	257
	10.6	Notas Finais	259
	Anexo: Para Trabalhar – O Investimento da Nova Empresa..........................		260

11. O Plano de Negócios 263

	11.1	Introdução	263
	11.2	Os Elementos do Plano de Negócios..	264
		11.2.1 Capa e índice	265
		11.2.2 Introdução/sumário executivo	265
		11.2.3 Apresentação do negócio	266
		11.2.4 Equipe fundadora e de gestão	266
		11.2.5 Apresentação da empresa e sua estrutura	267
		11.2.6 Análise do meio ambiente e do setor	267
		11.2.7 O plano de marketing e análise do mercado	268
		11.2.8 A estratégia da empresa	269
		11.2.9 O plano de organização e de recursos humanos	270
		11.2.10 O plano de produção ou de operações	270
		11.2.11 O plano econômico-financeiro	271
		11.2.12 O plano/calendário de implementação............................	271
		11.2.13 Os anexos	272
	11.3	A Apresentação Oral do Plano de Negócios....................................	273
	11.4	Notas Finais	274

Referências	275
Glossário	283
Contatos Úteis...	291
Índice Remissivo...	293

Introdução ao Empreendedorismo

1

Objetivos

- Explicar o que é o empreendedorismo e discutir sua importância.
- Discutir o impacto do empreendedorismo, do ponto de vista econômico e na sociedade.
- Levar o leitor a perceber por que as grandes empresas se beneficiam da presença de pequenas empresas empreendedoras.
- Fazer com que o leitor entenda a importância da dimensão cultural no empreendedorismo.
- Ajudar o leitor a identificar as condições nacionais que promovem ou restringem o empreendedorismo.

1.1 DINAMIZAR O EMPREENDEDORISMO E PROMOVER A CRIAÇÃO DE EMPRESAS

À semelhança do que acontece nas sociedades contemporâneas mais avançadas, a sociedade brasileira defronta-se hoje com novos desafios em relação à sua capacidade de assegurar um crescimento sustentável e garantir o bem-estar da população. Em parte, esses desafios decorrem das mudanças associadas ao processo de globalização, ao desenvolvimento das novas tecnologias de informação e comunicação, às mudanças contínuas nos comportamentos dos consumidores, à necessidade de procurar e entrar em novos mercados, à emergência de novas atividades onde as fronteiras setoriais são cada vez mais tênues. As últimas décadas têm sido marcadas por fenômenos – como a internacionalização das economias – e por progressos – como o rápido desenvolvimento de novas tecnologias, em particular as tecnologias de comunicação e informação – que provocam mudanças inegáveis no comportamento dos consumidores e das empresas, alterando a forma como vivemos, os produtos que consumimos, as expectativas que temos, a forma como despendemos o nosso tempo livre e até os locais onde passamos as férias. As empresas procuram adaptar-se a essas alterações, mas muitas não conseguem operar nesse novo ambiente competitivo e fracassam, pela falta de capacidade de aproveitar as oportunidades ou enfrentar as ameaças; outras empresas empreendedoras encontram, nos períodos de mudança, um clima propício à sua existência. Enquanto velhas empresas abandonam o mercado, novas entram no tecido econômico, modernizando o tecido empresarial. Esse é o cenário para o empreendedor: novos mercados e novas oportunidades para novas empresas.

É nesse contexto que se enquadra a crescente atenção que é dedicada à promoção do empreendedorismo e à generalização de uma "cultura empreendedora" na sociedade brasileira. A criação de uma cultura empreendedora pressupõe a formação de potenciais empreendedores para aproveitar as oportunidades. Requer também um conjunto vasto de alterações culturais, políticas, legais, infraestruturais e institucionais que facilitem o empreendedorismo. O estímulo da cultura empreendedora passa, ainda, pela indução de comportamentos favoráveis à inovação, à introdução de melhorias nos processos, produtos e serviços, bem como pela aceleração do processo de modernização para a promoção do desenvolvimento econômico. Esse desenvolvimento se baseia na capacidade de renovação e na concorrência de pessoas, empresas e instituições que possam promover a evolução tecnológica e uma oferta mais diversificada e de maior qualidade de bens e serviços.

Os empreendedores precisam identificar onde estão as oportunidades futuras. Estas podem ser indicadas por um conjunto de tendências e mudanças sociais, políticas, econômicas e culturais. Também as situações de crise (pesem as consequências nefastas sobre as pessoas) geram oportunidades de criação de mercados capazes de satisfazer certas necessidades e com menores custos, como as novas formas de fazer comércio (exemplo: a troca direta de bens, a venda de vestuário usado etc.) ou as necessidades de racionalização e redução de custos das empresas.

1.2 O EMPREENDEDORISMO NO BRASIL E NO MUNDO

Antes de iniciarmos o estudo do empreendedorismo propriamente dito, é importante conhecermos e debatermos várias questões relacionadas ao empreendedor e ao empreendedorismo. Se percebermos os fenômenos na sua globalidade, poderemos entender como se aplicam a nós. Fazemos, assim, uma breve análise do empreendedorismo no Brasil e no mundo. Em outras palavras, começamos por analisar alguns dos fatores externos que influenciam a nossa própria propensão a SER EMPREENDEDOR. Essa análise, essencialmente descritiva, permite-nos comparar os níveis de empreendedorismo em vários países. Em última instância, permite-nos compreender se os brasileiros são, ou não, mais ou menos empreendedores do que cidadãos de outras nacionalidades. Os relatórios do *Global Entrepreneurship Monitor*[1] (GEM) dão suporte a essa análise.

---

[1] O GEM é um estudo internacional que compara diversos países, inclusive o Brasil, a partir de um conjunto vasto de dimensões. O GEM resulta da colaboração de entidades em diversos países, a saber: África do Sul, Alemanha, Argentina, Austrália, Áustria, Bélgica, Brasil, Canadá, Chile, China, Cingapura, Croácia, Dinamarca, Eslovênia, Espanha, Estados Unidos, Finlândia, França, Grécia, Holanda, Hungria, Inglaterra, Islândia, Irlanda, Itália, Jamaica, Japão, Letônia, México, Nova Zelândia, Noruega, Portugal,

Para quê fazer essa análise? Desde já, porque uma decisão com base em informação minimiza o risco. O primeiro passo deve, portanto, ser o de procurar entender para só depois pensar em, e como, realizar. Como veremos no próximo capítulo, há muitos mitos e estereótipos relativos aos empreendedores, e a maioria deles nem sequer é verdadeira. Possuidores do conhecimento, poderemos compreender o que nos retém, o que nos impede de avançar no sonho e na vontade de sermos patrões de nós mesmos.

1.2.1 O empreendedorismo e a atividade econômica

Por todo o mundo, os países têm procurado fomentar o empreendedorismo. Em parte, esses esforços devem-se à relação esperada entre o empreendedorismo e o progresso econômico. São as pequenas e novas empresas, e não as grandes corporações, as maiores geradoras de empregos. No entanto, os efeitos positivos do empreendedorismo na sociedade não se limitam à criação de empregos. De sua contribuição emerge também a inovação de produtos, serviços, processos, métodos, técnicas e tecnologias. Novas empresas empreendedoras são, muitas vezes, baseadas em algo novo (quase nunca algo radicalmente novo) e impõem padrões de competição sobre as empresas já estabelecidas, forçando-as a melhorar processos e produtos, bem como a serem mais eficientes, eficazes e flexíveis à adoção de novas tecnologias e métodos.

Os benefícios do empreendedorismo não se restringem ao aumento da produção e da riqueza. Também se traduzem na promoção de mudanças nos negócios e na sociedade. Contribuem, ainda, para aumentar as escolhas individuais de realização do indivíduo. O emprego, ou a atividade profissional, está cada vez menos restrito à função de gerar um rendimento mensal (um salário), e os trabalhadores procuram realizar-se por meio de suas escolhas profissionais (como pela opção por ser empresário) e da satisfação pessoal (valorização pessoal, independência, interesse pelo trabalho).

Há, notoriamente, grandes variações entre países no que se refere à atividade empreendedora. Mas as diferenças não são explicadas apenas pela riqueza relativa – ou pelo nível de desenvoltura econômica – dos países. Note-se que, por um lado, nos países mais pobres, as pessoas não têm emprego e não têm fonte de rendimento – seja por meio de um sistema de segurança social, subsídios de desemprego, mecanismos de inserção de desempregados – e a sua própria subsistência pode estar dependente da criação do seu próprio negócio. Provavelmente, um negócio pequeno, por exemplo, um negócio de rua, que apenas exige um investimento mínimo. A dificuldade nesses países é que os sistemas de apoio são muito débeis, mesmo quando os valores de financiamento necessários são baixos – o microcrédito, cujo sucesso foi reconhecido com o Prêmio

---

Suécia, Suíça, Tailândia e Venezuela. O relatório GEM visa: (a) medir e avaliar as diferenças entre países quanto à atividade empreendedora, (b) identificar os fatores que determinam o nível de atividade empreendedora e (c) identificar as políticas públicas necessárias à promoção do empreendedorismo.

Nobel da Paz, concedido para Muhammad Yunus, pretendeu ultrapassar esse problema. Contudo, a verdade é que nesses países há muitas necessidades e insuficiências que não são satisfeitas, e as necessidades insatisfeitas são sempre bons espaços para o surgimento de novas empresas empreendedoras.

Yunus – o pai do microcrédito

> Muhammad Yunus, nascido em Bangladesh, em 1940, economista, doutorado nos Estados Unidos, foi laureado com o Prêmio Nobel da Paz de 2006. Ele pretendeu contribuir para acabar com a pobreza por meio da concessão de pequenos créditos às populações pobres. Yunus notou que as pessoas mais carentes não conseguiam obter qualquer financiamento porque não tinham quaisquer garantias para oferecer pelos créditos. Assim, os bancos lhes recusavam até mesmo quantias muito pequenas, que lhes permitiriam constituir uma pequena empresa e assegurar sua sobrevivência. Yunus criou o Banco Grameen para emprestar dinheiro – sem exigir garantias – aos pobres. Curiosamente, o Banco tem cerca de 97% de mulheres clientes e a taxa de recuperação dos créditos é muito próxima dos 100%.
>
> Yunus concebeu o conceito de microcrédito para se referir a um tipo de crédito de pequeno valor, direcionado para as populações pobres que não têm acesso a outro tipo de financiamento.
>
> Em conjunto com Alan Jolis, ele é autor do livro *O banqueiro dos pobres*, na versão traduzida para português (Editora Ática, 2002).
>
> **Fonte:** <http://www.grameenfoundation.org/>, <http://www.grameen-info.org/bank/GBGlance.htm>.

No entanto, nos países mais ricos o sistema institucional é, pelo menos, razoavelmente eficaz (bancos, seguradoras, agências de apoio ao empreendedor, capitais de risco, escolas etc.), e os sistemas de apoio existem (subsídios de desemprego, apoios à criação da empresa etc.). Como sabemos, se ficarem desempregados, os cidadãos de países mais desenvolvidos podem receber subsídios de desemprego e recorrer a outros sistemas de apoio social. Mesmo assim, podemos observar níveis relativamente elevados de empreendedorismo em países mais desenvolvidos como os Estados Unidos, a Nova Zelândia ou a Austrália. Por quê? Nesses países, as pessoas têm melhor nível de vida, possuem rendimentos superiores e procuram outras formas de realização pessoal. As pessoas veem o empreendedorismo como solução para uma vida ativa e independente. O Gráfico 1.1 mostra que os países europeus mais desenvolvidos têm níveis de empreendedorismo relativamente reduzidos. Contudo, como é visível, também pode haver questões culturais na base dos altos níveis de empreendedorismo em países como China (14%), Brasil (12%), Tailândia (21%), Venezuela (25%) e Nova Zelândia (18%), e dos baixos níveis em países como Hungria (2%), Japão (2%) e Bélgica (4%).

Esses efeitos podem explicar parcialmente por que a própria estrutura industrial varia entre países. Por exemplo, nos países mais pobres tende a haver muitas pequenas e microempresas. Em países mais ricos, a tendência maior é em relação ao número de médias e grandes empresas. Assim, também as pessoas nos países mais ricos conseguem mais facilmente encontrar um emprego nessas empresas maiores e sentem menos necessidade de constituir elas próprias a sua empresa.

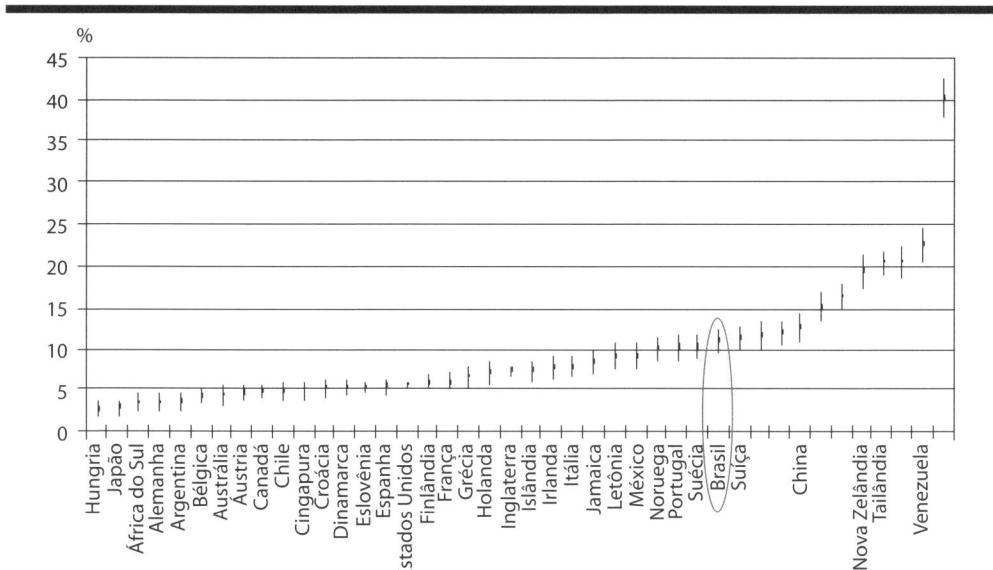

Gráfico 1.1 Nível de empreendedorismo

[Gráfico de barras mostrando o nível de empreendedorismo (%) por país, do menor para o maior: Hungria, Japão, África do Sul, Alemanha, Argentina, Bélgica, Austrália, Áustria, Canadá, Chile, Cingapura, Croácia, Dinamarca, Eslovénia, Espanha, Estados Unidos, Finlândia, França, Grécia, Holanda, Inglaterra, Islândia, Irlanda, Itália, Jamaica, Letônia, México, Noruega, Portugal, Suécia, Brasil, Suíça, China, Nova Zelândia, Tailândia, Venezuela. Brasil destacado com círculo, em cerca de 12%. Venezuela com aproximadamente 40%.]

Fonte: Global Entrepreneurship Monitor (2006).

Não se está desprezando o impacto do empreendedorismo na **inovação**. Esta pode se manifestar no lançamento de novos produtos ou serviços, na introdução de melhorias nos processos e no estabelecimento de novos modelos de negócio. Isso significa que um empreendedor necessita inovar na sua nova empresa? Os empreendedores têm de criar algo de radicalmente novo para terem sucesso? Precisam ter uma ideia que nunca ninguém teve antes? Uma nova tecnologia? Descobrir um segmento de mercado que ainda não está satisfeito?

Idealmente, o empreendedor introduzirá algo de novo, algo que proporcione valor ao cliente e que nenhum outro concorrente faz. No entanto, a maioria das inovações introduzidas no mercado são inovações comuns, incrementais, que podem se basear em aspectos tão simples como um melhor atendimento, horários de funcionamento mais convenientes, melhor decoração do espaço comercial, maior variedade na oferta, preços mais baixos, entre outros aspectos. Efetivamente, mesmo mercados já ocupados podem ainda oferecer oportunidades a novas empresas. De acordo com o GEM, só 7% dos empreendedores geram novos nichos de mercado, e 70% das novas empresas oferecem produtos ou serviços concorrentes de outros já existentes e similares, utilizando tecnologia já conhecida – portanto, que não são baseadas em inovações tecnológicas. Ainda assim, muitas das inovações iniciadas pelos empreendedores têm um enorme impacto na medida em que obrigam outras empresas a não negligenciarem a sua atividade, fornecendo ao cliente um produto ou serviço com um nível semelhante de valor acrescentado. Pense-se, por exemplo, nos novos produtos/serviços que tornam as nossas vidas mais simples, aumentam a nossa produtividade, melhoram a nossa saúde e nos entretêm.

1.2.2 Determinantes nacionais do empreendedorismo

Quais são os fatores que determinam o empreendedorismo? Essa questão é importante porque parece haver um conjunto de "atributos" nacionais que propiciam o empreendedorismo (criação de novas empresas), e existem políticas públicas que visam melhorar esses atributos. Um país empreendedor oferece oportunidades e infraestruturas para ajudar o empreendedor a criar e administrar o seu negócio. Os relatórios do GEM, considerando especialistas entrevistados, indicam que há três principais debilidades limitadoras da atividade empreendedora no Brasil: **1.** políticas governamentais, **2.** apoio financeiro e **3.** programas de educação e capacitação. No caso das políticas governamentais, os empreendedores apontam que o problema maior é a excessiva burocracia para abrir um empreendimento e a elevada carga tributária do País.

As condições nacionais que estão subjacentes a essa análise podem ser agrupadas em nove categorias, como pode-se verificar na Figura 1.1 – consulte o relatório do GEM para mais detalhes.

Figura 1.1 Condições nacionais para o empreendedorismo

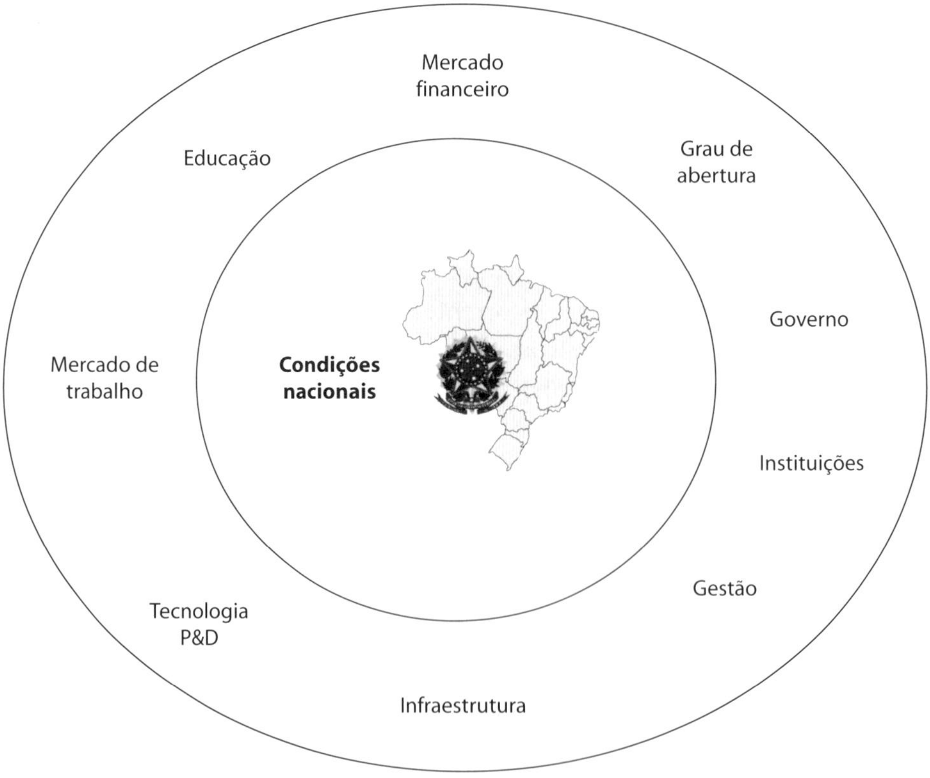

Fonte: elaborada pelos autores.

- **Governo**. Este fator refere-se à intervenção do governo central, regional e local na economia e inclui aspectos da intervenção governamental em domínios como a despesa pública, a fiscalização, a eficácia dos serviços públicos, a qualidade e constância da regulamentação e da legislação etc. Esse ainda é um fator restritivo no Brasil, por exemplo, uma pesquisa realizada em 2008 pela Confederação Nacional das Indústrias mostra que os empecilhos às exportações acontecem pela burocracia na liberação das cargas, pelos atrasos de estadia no porto, pelo tempo de movimentação de cargas nos portos, pela armazenagem nos portos e pela dificuldade de acesso ao complexo portuário.

- **Mercados financeiros**. Esse fator tem uma forte influência sobre o empreendedorismo na medida em que é essencial dispor de capital para começar uma nova empresa. Esse aspecto refere-se a condições do mercado financeiro, eficiência, eficácia, disponibilidade e acessibilidade a recursos financeiros. O mercado financeiro brasileiro é moderno, após ter passado por um período de intensa reestruturação e de programas de privatizações, com a profissionalização da gestão, e tendo ultrapassado modelos de gestão familiar. Um indicador da modernização dos mercados financeiros é também o surgimento de várias empresas de capital de risco.

- **Tecnologia, Pesquisa e Desenvolvimento (P&D)**. A tecnologia e as ações de P&D são essenciais ao desenvolvimento de um país. Novas tecnologias podem conduzir a novas oportunidades de negócio. São conhecidas as limitações nesse domínio no Brasil – os esforços de P&D ainda estão concentrados, em sua maioria, no governo central e realizados em universidades e centros de pesquisa, sobretudo nos públicos. As empresas brasileiras, com algumas exceções, investem pouco em P&D.

- **Educação**. Um sistema de educação-ensino-formação de elevada qualidade e exigência é crucial para o potencial inovador de um país. A educação em empreendedorismo também é necessária para ajudar a alterar a cultura nacional e para formar pessoas com capacidades efetivas para o empreendedorismo.

- **Infraestrutura**. As infraestruturas físicas (vias de comunicação, telecomunicações etc.) do país podem ser um entrave ao desenvolvimento das empresas, criando limitações à sua capacidade competitiva. O Brasil tem realizado investimentos na modernização das infraestruturas existentes, em particular nas telecomunicações, na rede energética, rodoviárias e em breve irá realizar também na infraestrutura aérea e ferroviária como forma de reduzir o tempo de transporte e acelerar a atividade econômica. Ainda assim, esse tem sido um dos principais gargalos do país.

- **Gestão**. Esse fator diz respeito à eficácia da gestão no país. O Brasil tem ainda muito a progredir nesse aspecto, mas é possível notar um crescente investimento na educação no país, apesar da ainda existente desvantagem em relação a outros países da América Latina, como o México e Argentina. Embora os empresários brasileiros tenham melhorado seu nível de escolaridade, o nível de escolaridade dos trabalhadores brasileiros ainda é baixo, o que prejudica a produtividade, especialmente nas regiões mais carentes do país.

- **Mercado de trabalho**. Recursos humanos com competências/capacidades são essenciais. A taxa de desemprego no Brasil apresenta redução como efeito, sobretudo, da estabilidade e do crescimento econômico. Em 2002, o nível de desemprego era de 12,9%, caindo a 8,6% em 2007. A taxa poderia ser menor, visto que parte do nível de desemprego se deve à falta de recursos humanos qualificados. Uma parte significativa da população é composta por inempregados, pessoas com trabalho precário ou intermitente.

- **Instituições**. Um sistema institucional eficaz e eficiente impulsiona o desenvolvimento econômico do país. As instituições são um suporte fundamental aos negócios, facilitando e apoiando a criação de empresas e o empreendedorismo. Existe um esforço de modernização das instituições, sobretudo relacionado a sistemas de informação e de gestão, embora ainda muito aquém do necessário.

- **Grau de abertura**. Esta categoria inclui aspectos como a competição e o comércio internacional, a entrada de empresas estrangeiras no Brasil e a internacionalização de empresas brasileiras no exterior, a regulamentação dos fluxos de investimento e comércio internacionais, a aplicação de tarifas aduaneiras no comércio internacional, a prevenção de monopólios etc. Diversas empresas brasileiras passaram a competir internacionalmente. Segundo um estudo da Fundação Dom Cabral, em 2006, cerca de 882 empresas brasileiras investiam em 52 países diferentes. No mesmo ano, um estudo da empresa KPMG indicava que os ativos de companhias brasileiras mais que dobraram no exterior entre 2005 e 2006. Um estudo de 2008 da KPMG, realizado com 300 multinacionais nas 15 principais economias, indica que os recursos dos investimentos devem migrar para países do BRIC – Brasil, Rússia, China e Índia. Só no Brasil, em cinco anos, houve aumento de previsão de investimentos de 10% para 14%.

É importante que façamos uma reflexão geral sobre a importância dessas condições para o caso brasileiro. No Brasil, apesar da melhoria nas infraestruturas, esse ainda é um gargalo significativo para o desenvolvimento nacional. A atividade empreendedora aqui já ultrapassa a mera incorporação de disciplinas de empreendedorismo nos planos curriculares dos cursos de ensino superior. Pode-se dizer que, fruto de iniciativas passadas, do papel de instituições como Sebrae, Junior Achievement e Endeavor, existe uma cultura empreendedora, sobretudo entre os mais jovens. Diversas empresas e fundos de capitais de risco, assim como incubadoras de negócios, passaram a existir e atuar em diversos ramos de atividade, privilegiando sobretudo empresas de base tecnológica. Os *business angels* ou *angel investors* despontam mais propensos a investir seus capitais em novos negócios. Os procedimentos para a constituição de novas empresas também estão se tornando mais simplificados, e os mercados financeiros têm ganhado eficiência.

> No Brasil, o Sebrae, Serviço de Apoio às Micro e Pequenas Empresas, é o órgão tradicional de apoio à atividade empreendedora no país. Surgiu em 1972 e desde então tem apoiado a abertura e expansão de pequenos negócios. Trata-se de uma entidade privada de interesse público, que tem como receita principal a contribuição recolhida de empresas. Atua fundamentalmente com cinco atividades principais:
> - cursos e palestras – ministrados de forma presencial ou a distância (por internet, rádio ou TV);
> - informação e consultoria – orientação individualizada com relação à abertura de empresas ou melhoria do negócio a partir de um diagnóstico empresarial;
> - publicações – livros, manuais, cartilhas e guias que acompanham o empreendedor nas várias fases de sua vida empresarial;
> - promoção de eventos – feiras e exposições que promovem a aproximação de empresas (compradoras, vendedoras e concorrentes), a geração de negócios, a troca de experiências e novas vivências para as micro e pequenas empresas;
> - premiações – incentivo e estímulo aos pequenos negócios. Uma forma de valorizar pessoas e divulgar as boas práticas.

O Brasil tem procurado suprir suas insuficiências e tem melhorado sua competitividade, apesar de ainda estar longe de outros países desenvolvidos. O Brasil passou para a 64ª posição em 2007, melhorando oito posições, reduzindo seu *gap* em relação ao México. O estudo do GEM considerou nove subdimensões – instituições, infraestrutura, macroeconomia, saúde e educação, ensino superior, eficiência do mercado, preparação tecnológica, sofisticação das empresas, inovação – para avaliar a capacidade competitiva do país. Os dados (Tabela 1.1) mostram que a situação de estabilidade macroeconômica, a descrença nas instituições públicas pela comunidade empresarial, a fraqueza da ética pública, as ineficiências governamentais e os problemas de segurança são aspectos que contribuem negativamente, em grande intensidade, para a competitividade brasileira, enquanto inovação e sofisticação das empresas são os que mais positivamente contribuem para a capacidade competitiva.

Tabela 1.1 Competitividade nacional

País	Geral	Instituições	Infraestrutura	Macroeconômico	Saúde e educação	Ensino superior	Eficiência do mercado	Preparação tecnológica	Sofisticação das empresas	Inovação
Suíça	1	5	2	18	29	6	5	5	3	3
Finlândia	2	1	10	12	7	1	17	12	11	4
Suécia	3	12	9	15	9	3	19	1	5	6
Dinamarca	4	2	5	14	4	2	6	10	9	10
Cingapura	5	4	6	8	20	10	4	2	23	9
Estados Unidos	6	27	12	69	40	5	2	8	8	2
Japão	7	22	7	91	1	15	10	19	2	1
Alemanha	8	7	1	63	71	18	20	20	1	5
Reino Unido	10	15	14	48	14	11	3	6	6	12
Noruega	12	6	19	5	10	9	16	15	19	18
Israel	15	29	24	50	17	20	14	3	17	7
Áustria	17	13	17	36	49	19	26	21	4	17
França	18	24	4	56	12	12	28	25	10	14
Austrália	19	11	18	23	21	14	11	7	28	24
Bélgica	20	26	11	44	15	4	32	27	12	16
Irlanda	21	17	31	20	24	16	13	24	16	20

(continua)

Introdução ao Empreendedorismo

(continuação)								
Coreia do Sul	24	47	21	13	18	21	43	18	22	15
Estônia	25	30	30	16	43	23	25	16	35	30
Malásia	26	18	23	31	42	32	9	28	20	21
Chile	27	25	35	7	57	40	24	35	30	39
Espanha	28	39	22	24	5	31	36	33	27	35
República Checa	29	60	33	42	58	27	41	26	29	28
Portugal	34	28	26	80	16	37	38	37	43	32
Tailândia	35	40	38	28	84	42	31	48	40	33
Itália	42	71	50	84	8	35	78	32	24	43
Índia	43	34	62	88	93	49	21	55	25	26
Polônia	48	73	57	70	26	33	64	51	63	44
Indonésia	50	52	89	57	72	53	27	72	42	37
China	54	80	60	6	55	77	56	75	65	46
Rússia	62	114	61	33	77	43	60	74	77	59
Brasil	**66**	**91**	**71**	**114**	**47**	**60**	**58**	**57**	**38**	**38**
Angola	125	111	113	123	125	125	120	120	123	125

Nota: os valores expressos são a posição (ou *ranking*) dos países na dimensão respectiva.
Fonte: Global Competitiveness Report (2007).

Questões essenciais

- Insuficiente apoio financeiro ao empreendedorismo, quer na concessão de crédito especializado, quer no capital de risco.
- As burocracias e instituições ineficientes são um impedimento importante tanto à constituição quanto à dissolução das empresas.
- O sistema educativo ainda não prepara adequadamente os estudantes para tirar partido de oportunidades emergentes, nem promove o pensamento criativo e inovador, não fomentando, como poderia, a atividade empreendedora. Ainda existe fraca ligação escolas–empresas.
- O número crescente de parques de ciência e incubadoras melhorou as infraestruturas necessárias ao empreendedorismo, mas estas ainda são insuficientes em algumas zonas do país.
- Níveis crescentes, mas ainda baixos, de pesquisa e desenvolvimento (P&D), majoritariamente realizado pelas universidades públicas e com baixa capacidade de comercialização das inovações.
- Legislação relativamente eficaz na proteção da propriedade intelectual, mas ainda com deficiências na implementação e controle.
- A cultura nacional favorece o empreendedorismo. É uma cultura que não é tão avessa ao risco e à incerteza. No Brasil, embora muitos desejem ter seus próprios negócios e que os empreendedores de sucesso sejam admirados, ainda existe muito empreendedorismo com base em necessidade.
- Entidades como Endeavor e outras, além do Sebrae, incentivam o empreendedorismo.
- Fraca capacidade da população, dados os baixos níveis de formação escolar, apesar dos progressos dos últimos anos.

1.2.3 Determinantes pessoais do empreendedorismo

"O empreendedorismo resulta, além das condições nacionais, das percepções dos indivíduos, da necessidade, da existência de oportunidades no mercado e das suas competências e conhecimentos para explorar as oportunidades" (GEM, 2009).

A **necessidade leva** alguns empreendedores a constituírem a sua própria empresa, não por considerarem que existe uma oportunidade que pode ser aproveitada, mas, antes, porque precisam suprir suas necessidades. Essa necessidade financeira pode estar relacionada ao desemprego, vendo no empreendedorismo uma alternativa à falta de um emprego. A necessidade financeira pode ajudar a explicar os níveis relativamente altos de empreendedorismo em países menos desenvolvidos. Nos países mais ricos, que são aqueles em que os sistemas de segurança social são melhores, o fator necessidade financeira tende a não ser tão acentuado, dado que as pessoas têm fontes alternativas de rendimento, sendo menor a pressão para criar a sua própria empresa como forma de sustento.

A **oportunidade** refere-se à percepção de que há opções de negócio que podem ser exploradas no mercado. Essas oportunidades podem estar, ou não, relacionadas ao nível de desenvolvimento do país. Em países menos desenvolvidos pode haver algumas necessidades mais básicas ainda insatisfeitas (abrigo, alimentação etc.), mas nos países mais desenvolvidos, as necessidades são de outro tipo (formação, satisfação, realização pessoal etc.). Note-se que, segundo dados do GEM, é em países desenvolvidos como a Austrália, Nova Zelândia, México e Estados Unidos que mais pessoas têm a percepção de que existem oportunidades de negócio. Necessidades insatisfeitas são oportunidades de negócio. Assim, o empreendedorismo parece estar mais relacionado com a percepção de que há boas oportunidades de negócio do que com a percepção de que é a alternativa razoável ao desemprego.

A percepção dos indivíduos sobre sua **capacidade** (conhecimentos, competências, habilidades, saber fazer) para serem bem-sucedidos como empreendedores influencia a criação de novas empresas. Então, quanto menor for o nível de formação (e podemos falar mesmo da formação acadêmica), menores serão as suas competências e conhecimentos, sua capacidade de desenvolvimento de modelos e de análise crítica de situações, principalmente para a identificação de boas oportunidades de negócio. Maiores serão também os receios de falta de capacidade, de não terem os conhecimentos necessários para gerir a nova empresa. Esse é um dos domínios de atuação por excelência da educação/formação no desenvolvimento de capacidades. Assim, a promoção da educação/formação é importante para a promoção do empreendedorismo.

> No Brasil existe um aumento expressivo na relação empresas x habitantes, saindo de uma empresa a cada 42 habitantes, em 2000, para uma a cada 24, em 2015. A projeção é a de que o universo de micro e pequenas empresas passe de 5 milhões, em 2009, para 8,8 milhões, em 2015. Mais da metade dos negócios (4,8 milhões) estará concentrada no setor de comércio (55%), seguido pelo setor de serviços (34%) e pela indústria (11%).
>
> **Fonte:** pesquisa *Cenários para as Micro e Pequenas Empresas (Mais) do Estado de São Paulo 2009/2015*, realizada pelo Observatório das MPEs do Sebrae-SP.

Em resumo, três fatores – necessidade, oportunidade e capacidade – são, além das condições nacionais, determinantes do empreendedorismo. Os relatórios do GEM indicam que a maioria dos empreendedores são mais determinados pela identificação de uma oportunidade do que pela necessidade sentida, mas há grandes variações entre países. Por exemplo, o Japão é um país muito desenvolvido, com níveis de empreendedorismo bastante baixos – o que pode se dever a características culturais, como a tradicional ênfase no emprego vitalício, a lealdade e/ou empenho à empresa e a característica de coletivismo dos brasileiros que dirige à dedicação ao grupo. Esse tipo de evidência nos leva a observar a importância do fator cultural no empreendedorismo.

1.2.4 O fator cultural

O ambiente cultural em que nos inserimos afeta muitos dos nossos valores, atitudes e comportamentos. A cultura nacional também influencia a propensão para empreendedorismo. Podemos observar o impacto da cultura em análises comparadas entre países. Por exemplo, será que os brasileiros são mais ou menos empreendedores por uma questão de cultura? Caso sejam, que aspectos da cultura são relevantes pelo seu impacto no empreendedorismo? Em primeira análise são aspectos relacionados com a aversão ao risco, a aceitação da mudança, a tolerância diante de situações ambíguas, a aceitação do insucesso. Por exemplo, se a sociedade valorizar mais o nível de formação atingido, é provável que mais indivíduos se esforcem por alcançar níveis mais elevados de escolaridade, relegando para mais tarde quaisquer eventuais incursões empreendedoras.

Afinal, o que é a cultura?

> A **cultura** (ou cultura nacional) consiste em um sistema de valores e normas que são partilhadas e seguidas por um grupo de pessoas, e que é delimitado geograficamente a certo espaço, como um país ou uma região. Os **valores** são ideais abstratos, referentes ao que o grupo acredita ser certo, bom, desejável – isto é, são assunções partilhadas pelas pessoas acerca de como as coisas deveriam ser. As **normas** são regras, princípios sociais e roteiros que prescrevem comportamentos apropriados em situações particulares – isto é, que se espera que a população cumpra e siga. A cultura inclui uma diversidade de aspectos, desde o sistema de valores, alimentação, atitudes, crenças, estética, folclores, religião, estratificação e mobilidade social etc. Embora o termo "cultura" não seja sinônimo de "sociedade", não há sociedade sem uma cultura nem há cultura sem uma sociedade.

No caso brasileiro, a cultura nacional é caracterizada por aversão à incerteza e nível acentuado de coletivismo (ver os estudos de Geert Hofstede[2] a esse respeito). Culturalmente, a preocupação de que a nova empresa não seja geradora de rendimento suficiente e o fator risco associado são fortes entraves ao empreendedorismo de oportunidades no Brasil. No entanto, há *quatro* fatores que merecem algum destaque:

1. **Atitude diante do fracasso ou insucesso**. De acordo com os dados do relatório do GEM, no Brasil, cerca de 40% da população avalia o receio de falhar, de ter insucesso, como uma grande barreira à atividade empreendedora. Essa é uma característica cultural que possivelmente está relacionada com o coletivismo (ver estudos de Hofstede), em que o grupo é privilegiado acima do indivíduo e o sucesso e enriquecimento pessoal ainda não é sempre bem-visto (questiona-se, por exemplo, a honestidade dos que enriquecem). Entretanto, a maior parte acha-se capacitado para empreender, pensa que o empreendedorismo é uma oportunidade de carreira e costuma ler constantemente sobre o sucesso de empreendedores.

---

[2] HOFSTEDE, Geert. *Cultures and organizations*. London: McGraw-Hill, 1991; HOFSTEDE, Geert. *Uncommon sense about organizations:* cases, studies and field observations. Thousand Oaks CA: Sage Publications, 1994; HOFSTEDE, Geert. *Masculinity and femininity:* the taboo dimension of national culture. Thousand Oaks CA: Sage Publications, 1998; HOFSTEDE, Geert. *Cultures and organizations:* software of the mind: intercultural cooperation and its importance for survival. New York: McGraw-Hill, 1996; HOFSTEDE, Geert. *Culture's consequences:* international differences in work-related values. Newbury Park, CA: Sage, 1980.

Introdução ao Empreendedorismo

Geert Hofstede

Segundo vários autores, Hofstede foi o pai da importância da diversidade cultural na gestão. Acadêmico de origem alemã, estudou os traços culturais dominantes em muitos países para chegar a uma tipologia de características culturais composta por cinco dimensões fundamentais: distância ao poder, individualismo, masculinidade, aversão à incerteza e orientação para o longo prazo. Os seus trabalhos têm tido um enorme impacto no estudo dos homens nas organizações e no entendimento dos aspectos culturais com que se defrontam empresas multinacionais.

Apesar das suas inúmeras publicações, o seu trabalho inicial *Culture's consequences*, publicado em vários idiomas e frequentemente citado, ainda se mantém como o mais influente.

As cinco dimensões:

- **Distância ao poder** (ou hierárquica). Reflete o grau de estratificação hierárquico e as relações de desigualdade ou dependência.
- **Individualismo/coletivismo**. Reflete os laços entre as pessoas. Enquanto o individualismo expressa que as relações entre pessoas são pouco firmes, o coletivismo expressa extensas relações e grupos coesos como o centro de análise e de preocupações.
- **Aversão à incerteza**. Reflete a forma como as pessoas reagem a situações ambíguas, em que não conhecem o resultado, à falta de procedimentos e regras bem estabelecidas, a situações desconhecidas e a tudo o que é diferente.
- **Feminilidade/masculinidade**. Nas sociedades masculinas, os papéis sociais são bem diferenciados (por exemplo, o homem para o sucesso material e empresarial, e a mulher para a qualidade de vida). Nas sociedades femininas, os papéis sobrepõem-se e procuram-se os consensos.
- **Orientação para o longo prazo** (também designado por dinamismo confuciano). Reflete o horizonte temporal das pessoas e organizações.

As cinco dimensões das culturas nacionais

País	Distância ao poder	Individualismo/coletivismo	Masculinidade/feminismo	Aversão à incerteza	Orientação para o longo prazo
Argentina	49	46	56	86	–
Austrália	36	90	61	51	31
Áustria	11	55	79	70	–
Brasil	**69**	**38**	**49**	**76**	**65**
Espanha	57	51	42	86	–
Estados Unidos	40	91	62	46	29
Finlândia	33	63	26	59	–
França	68	71	43	86	–
Grã-Bretanha	35	89	66	35	25
Guatemala	95	6	37	101	–
Índia	77	48	56	40	61
Indonésia	78	14	46	48	–
Irlanda	28	70	68	35	–
Japão	54	46	95	92	80
Malásia	104	26	50	36	–
México	81	30	69	82	–
Países Árabes	80	38	52	68	–

(continua)

(continuação)

Noruega	31	69	8	50	–
Peru	64	16	42	87	–
Portugal	63	27	31	104	–
Cingapura	74	20	48	8	48
Suécia	31	71	5	29	33
Turquia	66	37	45	85	
Uruguai	61	36	38	100	–
Venezuela	81	12	73	76	–

De acordo com essas dimensões, o Brasil é uma sociedade "coletivista", com "aversão à incerteza", com tendência "feminina" e "orientação para o longo prazo".

Fonte: adaptado pelos autores de Hofstede (1980).

2. **Capacidade de reagir a oportunidades.** No Brasil, como em vários outros países, há uma relativa dificuldade em aproveitar oportunidades emergentes de negócio. Um dos fatores dessa incapacidade, no Brasil, está ligado às restrições financeiras, talvez pela dificuldade em captar financiamento para novas empresas. Esse é um campo de atuação para as políticas públicas.
3. **Percepção social sobre os empreendedores.** No Brasil, os empreendedores têm estatuto relativamente alto e ser empreendedor é uma forma aceitável de enriquecer no âmbito social. No entanto, nem sempre foi assim; essa percepção mudou, em grande parte, em função das ações do Sebrae e de organizações como a Endeavor, bem como pela grande exposição dos empreendedores de sucesso na mídia.
4. **Falta de proteção da propriedade intelectual.** Alguns empreendedores começam a sua empresa baseados em uma inovação ou melhoria em produtos/serviços ou processos/métodos já existentes. A garantia de proteção das invenções e inovações é essencial para que o empreendedor prossiga com a comercialização sem receio de comportamentos oportunísticos de outros agentes.

1.3 POR QUE ESTUDAR EMPREENDEDORISMO?

A importância de estudar empreendedorismo é baseada em duas premissas que são evidentes ao longo deste trabalho: a convicção de que um indivíduo não nasce empreendedor, mas, sim, se torna um; munidos de formação e informação adequadas, os potenciais empreendedores entenderão melhor os desafios a que estão sujeitos, contribuindo para maior probabilidade de sucesso do empreendimento.

É notório que a maioria dos empreendedores e empresários não tem as competências ou as habilidades de gestão que lhes permita o desenvolvimento de uma nova empresa. Assim, ao longo deste estudo, no caminho para SER EMPREENDEDOR, é importante:

Introdução ao Empreendedorismo

- Compreender os pontos fracos e fortes dos diferentes tipos de empresas.
- Compreender as variáveis inerentes ao processo de empreender.
- Saber avaliar as suas próprias competências e detectar as áreas em que necessita de mais formação.
- Compreender os vários meios para a geração e avaliação de oportunidades e ideias de negócio.
- Entender a importância do capital humano na empresa e a necessidade de selecionar, formar, motivar e liderar equipes.
- Compreender as estratégias genéricas para a sua atuação no mercado.
- Identificar os componentes de um plano de negócios e ter um conhecimento básico em marketing, finanças, operações e estratégia.
- Compreender que nem todos os empreendimentos são bem-sucedidos, e muitos empreendedores falham.

O caminho para se tornar empreendedor e constituir a sua empresa requer que sejam consideradas múltiplas dimensões (ver Figura 1.2), as quais serão desenvolvidas ao longo deste trabalho.

Figura 1.2 Dimensões a considerar na criação de novas empresas

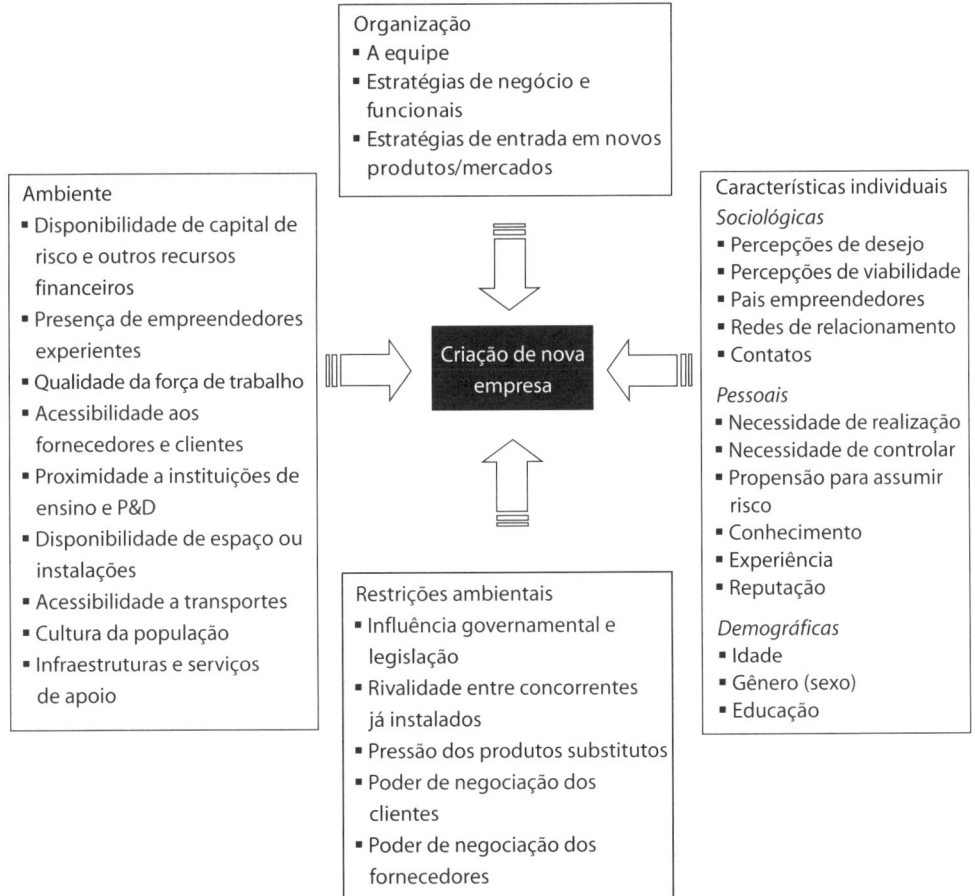

Fonte: elaborada pelos autores.

1.4 O EMPREENDEDORISMO NO FUTURO

SER EMPREENDEDOR tem significados distintos para diferentes pessoas. No entanto, há um conjunto de traços semelhantes, como assumir os riscos envolvidos em um novo empreendimento, a criatividade necessária, a motivação pessoal e a recompensa desejada. Esses são traços que vão se manter no futuro, enquanto mais pessoas procurarão realizar-se pessoal e profissionalmente na criação de algo que seja seu. As escolas têm um papel a desempenhar à medida que incluem disciplinas de empreendedorismo nos planos curriculares dos vários cursos e criam ofertas alternativas em áreas de especialização, de graduação e de pós-graduação, em unidades de ensino a distância e na oferta de cursos de empreendedorismo. Do ponto de vista acadêmico, as escolas também estão investindo mais na investigação em empreendedorismo.

Os governos, não apenas do Ocidente, estão empenhados na promoção do empreendedorismo, em parte, devido ao aumento do desemprego. Os apoios governamentais, os subsídios de diversos tipos, os benefícios fiscais, a construção das infraestruturas de base e de telecomunicações, os centros de empresas e incubadoras facilitam o processo e, assim, estimulam as pessoas a constituir novas empresas empreendedoras. Um fator que ainda está em crescimento no Brasil, já em franco desenvolvimento nos Estados Unidos e na Europa, é o capital de risco. Este visa apoiar empresas, em geral, de base tecnológica e com elevado potencial. Esses apoios devem manter-se no futuro porque novas empresas geram empregos e promovem o desenvolvimento econômico do país. No Brasil, a evolução recente dos indicadores econômicos e o crescimento da quantidade de empreendimentos de base tecnológica, incubados ou não, têm estimulado iniciativas de apoio de empresas e organizações ao empreendedorismo e ao financiamento de negócios, além das iniciativas governamentais.

O empreendedorismo é hoje mais bem-aceito socialmente e ser empreendedor é uma opção respeitada pela população. A mídia também contribui positivamente para essa dinâmica social, sobretudo pela atenção e pelo destaque que dá aos casos de sucesso, como os casos dos líderes e do espírito empreendedor que alguns cidadãos manifestam. Promovem, assim, o empreendedorismo, tornando-o uma opção socialmente aceitável.

Mesmo as grandes empresas começam a valorizar o intraempreendedorismo (ou empreendedorismo pelos seus colaboradores) como forma de ganharem flexibilidade e capacidade de adaptação e inovação perante dos mercados. O intraempreendedorismo pode conduzir não apenas a novos produtos e serviços mas também a novos modelos de comercialização. Algumas empresas procuram internamente, entre os seus colaboradores, os indivíduos mais empreendedores para gerirem unidades autônomas, como forma de compartimentar competências e concorrer nos mercados globais.

Introdução ao Empreendedorismo

Tendências segundo Faith Popcorn

Faith Popcorn, no livro *O relatório Popcorn*, enuncia algumas das principais tendências[3] que estarão presentes nas sociedades modernas:

- **Egonomia** – refere-se à valorização de si mesmo, do eu, e manifesta-se no desejo de autodesenvolvimento para sobressair em relação aos demais por meio de posses, experiências e do uso de serviços personalizados.
- **Retardamento do envelhecimento** – é a procura de ser eternamente jovem, mantendo a energia, a jovialidade, a falta de compromisso e a liberdade. Assim, as pessoas mais velhas gastam mais com roupas joviais, pintam o cabelo, compram brinquedos de adultos, fazem cirurgia plástica e assumem comportamentos que antes consideravam pouco apropriados. É a saudade da infância despreocupada diante da vida adulta demasiado séria e com estresse.
- **Encasulamento** – tendência para a procura de segurança/proteção do lar e para o isolamento, para o convívio em grupos mais restritos de amigos, o impulso de ficar dentro de casa para evitar os perigos no mundo exterior. As pessoas transformam as suas casas em "ninhos", fazem novas decorações, assistem a filmes pela TV a cabo, utilizam a internet para fazer compras e filtram o mundo exterior.
- **Ancoragem** – as pessoas procuram a espiritualidade e um significado para a vida, voltam-se para suas raízes, deixam o material e o egoísmo, orientando-se para o "eu" interior; abandonam as cidades e vão viver no campo.
- **99 vidas** – tendências para as pessoas se tornarem superocupadas, com um ritmo frenético de vida em que o tempo se torna escasso, assumindo diversos papéis e responsabilidades. Esse comportamento leva à tentativa de poupar tempo e à utilização de equipamentos e instrumentos que tornem as atividades mais rápidas.
- **Pequenas indulgências** – refere-se à tendência de as pessoas almejarem objetos de luxo acessíveis. Dessa forma, conseguem satisfação e gratificam-se emocionalmente, mesmo com os riscos financeiros envolvidos.
- **Aventura da fantasia** – as pessoas necessitam de escapadelas emocionais para sair da rotina, procurando mudanças, viagens, novas alimentações, fatos e experiências novos e movimento.
- **Procura por uma vida mais saudável** – o estilo e os hábitos de vida atual (comer mal, fumar, respirar ar poluído) prejudicam a saúde, pelo que as pessoas procuram melhorar a sua saúde e seu bem-estar com uma alimentação mais saudável, a prática de exercícios físicos, encontrar momentos de relaxamento, tratar da aparência visual, procurar serviços que proporcionem uma melhor qualidade de vida.
- **SOS salve o social** – reflete a preocupação e a mobilização para causas sociais, tornando as comunidades mais preocupadas com o meio ambiente, a educação, os direitos das pessoas, a compaixão e a ética. É o emergir de uma nova consciência social.
- **Formação de tribos (ou clãs)** – a procura e orientação para grupos de maior afinidade com quem partilham interesses, ideias, ideais, valores e vícios. É o fazer parte de um grupo com quem se identificam e interagem.
- **Sair, despedir-se** – pessoas que trabalham, ao questionar o valor intrínseco de uma posição de poder, optam por uma vida mais simples, calma e satisfatória. Por exemplo, o executivo que larga a carreira para montar uma pousada nas montanhas.
- **Consumidor vigilante** – reflete a rejeição dos consumidores por produtos de baixa qualidade, maus serviços e mau atendimento e o ganho de consciência sobre sua capacidade para atuar sobre as empresas, forçando-as a assumir práticas mais conscientes e responsáveis. Os consumidores tornam-se mais exigentes, querem mais qualidade, protestam e pressionam as empresas a realizarem produções mais sofisticadas, ecológicas e sociais.

Fonte: POPCORN, Faith. *O relatório Popcorn*. Rio de Janeiro: Campus, 1999.

---

[3] Popcorn descreve 17 tendências: 99 Lives, Anchoring, AtmosFEAR, Being Alive, Cashing Out, Clanning, Cocooning, Down-Aging, EGOnomics, EVEolution, Fantasy Adventure, FutureTENSE, Icon Toppling, Pleasure Revenge, SOS (Save Our Society), Small Indulgences, Vigilante Consumer.

1.5 NOTAS FINAIS

O empreendedorismo é determinado por muitos fatores. Estudaremos nos capítulos seguintes alguns desses fatores em mais detalhes. O ambiente externo, principalmente sob a via das políticas públicas e da (in)existência de infraestrutura de apoio ao empreendedorismo, emerge como um conjunto de fatores essenciais. Há, é claro, fatores mais específicos, relativos ao indivíduo, e ainda outros, externos, relativos à cultura.

Existem muitos estudos e pesquisas sobre empreendedorismo no Brasil. Diversos programas de pós-graduação se dedicam ao tema e, inclusive, os principais congressos de Administração (Enanpad) e de Engenharia de Produção (Enegep) dedicam sessões específicas para esse tema, além de organizações como o Sebrae, que se preocupam com a pesquisa e o monitoramento dos resultados da atividade empreendedora.

Não é possível prever quais as áreas emergentes para o empreendedorismo. Estas variam em função de muitos fatores, tais como a intervenção estatal, as novas tecnologias, a localização, as preocupações com o ambiente e a saúde, a procura por formação e informação, os estilos de vida etc. No entanto, é claro que a atividade privada (portanto, o empreendedorismo) terá novas oportunidades em áreas como a prestação de cuidados/serviços de saúde, de educação, de entretenimento e de segurança social. No entanto, aconselha-se alguma prudência, pois, na maioria dos casos, não é ainda absolutamente claro quais as regras desses mercados e quais os produtos/serviços que vão exigir. Produtos, processos e tecnologias novas podem exigir algum tempo de maturação para avaliação pelos clientes. Os próprios financiadores têm de ser educados para as oportunidades e para os benefícios.

A informática e a multimídia

A inovação e o progresso tecnológico verificados na informática, na televisão e nas telecomunicações, bem como a fusão dessas três áreas, fizeram surgir uma das atividades mais promissoras no âmbito da informação – a criação de equipamentos "multimídia". Nessa atividade, a informática utiliza a imagem animada, aperfeiçoando uma técnica já empregada em jogos de vídeo, acrescentando a "interatividade", ou seja, a possibilidade de o operador intervir em um programa desenvolvido. A televisão utiliza esse recurso para conseguir a "hiperatividade" e, finalmente, as telecomunicações possibilitam as ligações às redes para facilitar o tráfego dos "multimídia".

A mudança ocorre também na forma como as atividades são desempenhadas. Essa mudança é notória nos serviços (cada vez mais pautados pela rapidez, pela flexibilidade, pela qualidade, pela eficácia e por preços mais baixos) e na distribuição – a televenda, por exemplo, é uma forma relativamente recente e inovadora para a comercialização de produtos.

O próprio desenho do trabalho também sofreu mudanças, como o teletrabalho, que consiste, basicamente, na prestação de um serviço sem que o prestador necessite sair de casa, utilizando apenas algum equipamento de informática e um veículo de telecomunicações.

Os serviços

As alterações na estrutura e composição da família, os níveis crescentes de urbanização com desertificação dos espaços rurais, o aumento da expectativa de vida, a participação crescente das mulheres no mercado de trabalho criam novas necessidades de serviços, de poupança de tempo nas tarefas domésticas, na prestação de cuidados e vigilância de saúde e acompanhamento de idosos e de crianças, de entregas em domicílio, de refeições rápidas etc. Esses são espaços para novos empreendedores atuarem.

O ambiente

A preocupação com a proteção do meio ambiente – preservação, reciclagem, reutilização, não poluição – faz emergir toda uma *eco-indústria* dirigida ao tratamento e recuperação de resíduos sólidos, líquidos e gasosos. As empresas industriais começam a adotar "tecnologias limpas", a utilizar processos produtivos geradores de menos poluição e a colocar no mercado produtos que respeitem mais o ambiente.

A saúde

Uma área em que as necessidades individuais são manifestadas é da saúde, que inclui beleza, cuidados com o corpo e com uma alimentação equilibrada. Novas empresas encontram nessas necessidades a oportunidade de oferecer serviços mais sofisticados, com maior incorporação de tecnologia e com recursos humanos mais bem preparados.

Pensávamos que as grandes empresas iriam dominar o mundo dos negócios pelas vantagens que conseguem em termos de custos, da prospecção e da entrada em novos mercados (de produtos e geográficos), do desenvolvimento de novos produtos e de processos tecnológicos. Vemos, hoje, que as grandes empresas procuram racionalizar as suas operações pelo recurso crescente da subcontratação de produções e serviços que abre novos espaços que empresas empreendedoras podem satisfazer. Essas modificações são ajudadas pelos progressos tecnológicos, em particular pelas tecnologias de comunicação, que facilitam a subcontratação internacional. São esses progressos que permitem o aparecimento de novos modelos de negócio – como o da Dell Computers, mas também permitem que países como a Índia e a China sejam crescentemente procurados para operações de *outsourcing* internacional. No fundo, com uma nova face, facilitam a deslocalização (ou mudança) das produções que são mais de trabalho intensivo para países de mão de obra relativamente mais baixa.

Com as mudanças no mundo, mais pessoas encontram espaço para serem empreendedoras.

O Empreendedor
2

Objetivos
- Levar o leitor a entender o que é ser empreendedor.
- Identificar os elementos do histórico do empreendedor.
- Ajudar o leitor a compreender as características do empreendedor.
- Identificar e desmistificar os mitos do empreendedorismo.
- Explicar as diferenças entre inventores e empreendedores, bem como entre gestores e empreendedores.
- Levar o leitor a perceber as diferentes propensões ao empreendedorismo pelos homens e pelas mulheres.
- Ajudar o leitor a compreender a importância da equipe no sucesso do novo empreendimento.
- Levar o leitor a entender a importância de os empreendedores terem comportamentos éticos e socialmente responsáveis.

2.1 INTRODUÇÃO

Todos os dias, milhares de indivíduos fazem a difícil pergunta: "Será que eu devo começar o meu próprio negócio?". A London Business School, a consultoria Ernst & Young e o instituto Kauffman apresentaram em 2001 uma pesquisa mostrando os países segundo a participação de empreendedores na sociedade. O Brasil ocupava o primeiro lugar no trabalho, em relação aos adultos que já montaram, estavam montando ou se preparavam para montar seu próprio negócio. No estudo, para cada oito brasileiros entre 18 e 64 anos, existiria um empreendedor. O índice nacional supera o de países como os Estados Unidos, a Austrália e o Canadá. Apesar de parecer um aspecto positivo, a maior parte dos negócios são baseados em necessidade, montados por empreendedores desempregados.

É importante percebermos o que motiva verdadeiramente o empreendedor a assumir os riscos e a criar a sua nova empresa. As motivações para o empreendedorismo variam muito, mas algumas das principais são o desejo de independência (não querer trabalhar para outro e, antes, ser o seu próprio patrão), ganhar dinheiro, a procura por satisfação no trabalho, a realização pessoal e a observação de uma oportunidade interessante. No entanto, geralmente, em que pesem as motivações mais evidentes, quando as pessoas se sentem seguras e confortáveis em seu emprego, têm uma situação familiar estável e gostam do seu estilo de vida, é provável que não estarão efetivamente dispostas a incorrer nos custos e riscos de SER EMPREENDEDOR. A realidade é que, embora muitas pessoas manifestem o desejo de se tornarem patrões de si próprios, tenham, ou consigam ter, acesso ao capital necessário, detenham os conhecimentos e as capacidades, e até vislumbrem ideias potencialmente viáveis, poucas as concretizam na criação de uma empresa. Nesse contexto, o que distingue o empreendedor dos outros cidadãos? Há algumas características que tenham mais evidentes?

Gráfico 2.1 Trabalhador assalariado ou empreendedor?

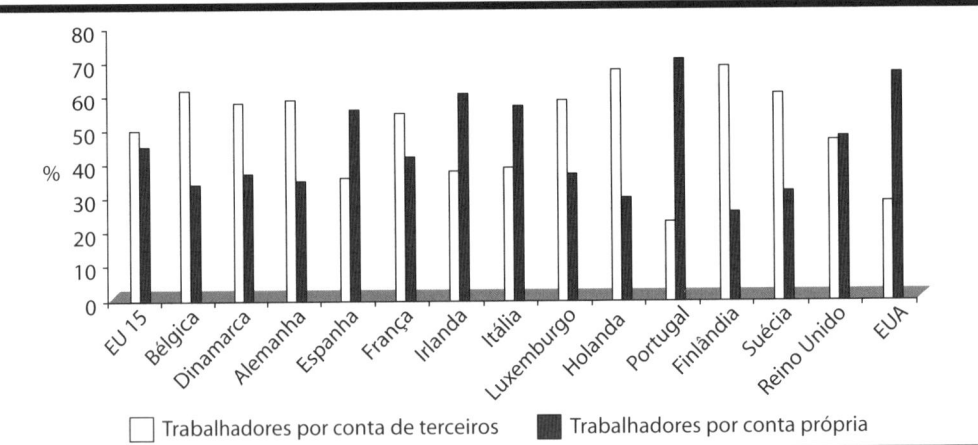

Fonte: *Flash Eurobarometer* n. 134, EOS Gallup Europe, nov. 2002.

Ao longo deste capítulo procuramos entender o que determina o empreendedor e a decisão de SER EMPREENDEDOR, quais são os aspectos e mitos sobre as características dos empreendedores e o que eles procuram; quais são os elementos no histórico pessoal e profissional do indivíduo que aumentam a sua propensão a SER EMPREENDEDOR e a importância de manter comportamentos éticos para realizar esse objetivo, entre outros.

2.2 O QUE É SER EMPREENDEDOR?

Enunciar uma definição de "empreendedor" é uma tarefa complexa, dados os inúmeros elementos que esse conceito deve conter. No entanto, há alguns aspectos marcantes que nos permitem compreender ao que nos referimos quando falamos de empreendedor e empreendedorismo. Esses são aspectos em grande medida comportamentais, como novidade, organização, criação, criatividade, riqueza e risco. Podemos apontar alguns traços principais sobre quem é empreendedor:

1. o empreendedor é o que toma a iniciativa para criar algo novo e de valor para o próprio empreendedor e para os clientes;
2. o empreendedor tem de despender o seu tempo e esforço para realizar o empreendimento e garantir o seu sucesso;
3. o empreendedor recolhe as recompensas sob a forma financeira, de independência, reconhecimento social e de realização pessoal;
4. o empreendedor assume os riscos de insucesso do empreendimento, quer sejam riscos financeiros, sociais ou psicológicos/emocionais.

Portanto, é o empreendedor que organiza os recursos humanos, materiais e financeiros. Nesse esforço, o empreendedor é motivado pela necessidade de atingir algo, de fazer, de realizar e de ser independente de outros.

A palavra "empreendedor" provavelmente surgiu para descrever as pessoas que "assumiam os riscos" entre compradores e vendedores ou que "empreendiam" a tarefa de começar uma nova empresa. Hoje, é comumente usada para descrever as pessoas que perseguem oportunidades, independentemente dos recursos que têm ao seu dispor e que controlam. Baseando-se nas oportunidades, formulam ideias viáveis de negócio, e sozinhas, ou em parceria com outras, as procuram implementar.

O que outros dizem sobre quem são os empreendedores

"... os novos capitães da indústria como os principais agentes do processo industrial e de produção." (Francis A. Walker, 1876.)

"... o empreendedor é o homem que faz as novas coisas acontecerem." (Joseph Schumpeter, 1934.)

"... 'maximização de oportunidades' é uma definição, significativa e precisa, do trabalho empreendedor. Isto implica que efetividade no lugar de eficiência é essencial no negócio. A questão pertinente não é como fazer as coisas certas, mas como encontrar as coisas certas para fazer e concentrar os recursos e esforços nela." (Peter F. Drucker, 1964.)

"... um tipo de comportamento que inclui: 1) tomada de iniciativa, 2) a organização ou reorganização dos mecanismos sociais/econômicos para tirar proveito prático de recursos e situações, 3) a aceitação do risco de falha. Um recurso fundamental utilizado pelos empreendedores é ele mesmo." (Albert Shapero, 1975.)

Fonte: adaptado pelos autores.

O que leva os indivíduos a se tornarem empreendedores? Note que o empreendedor é definido em termos de comportamentos e atitudes, não de traços de personalidade ou outras características inatas. Ninguém nasce empreendedor nem com genes empreendedores. Além de motivações próprias, sobre a forma como querem dirigir a vida, há também fatores exógenos, como a necessidade de ter fontes de rendimento complementares ou uma situação de desemprego, que conduzem ao empreendedorismo. Portanto, não podemos prever quem tem características para se tornar empreendedor, mas podemos ver quais as características que temos e trabalhar/desenvolver as competências que ainda nos faltam para SER EMPREENDEDOR. Podemos, ainda, antever que, com o desenvolvimento da sociedade, há cada vez mais pessoas a pensar que as grandes empresas já não oferecem um ambiente para a autorrealização. Podemos, igualmente, antever que, com a entrada crescente das mulheres na força de trabalho ativa (abandonando o mais tradicional papel de donas de casa), um maior número de mulheres vai optar pela via do empreendedorismo. Evidentemente, as influências são variadas e uma análise exaustiva está fora do nosso escopo, mas indicamos apenas: o ambiente educacional, a personalidade do indivíduo, o ambiente familiar na infância, o histórico profissional, as experiências passadas, a situação profissional atual e perspectivas de mudança, e a situação familiar. Analisaremos alguns desses aspectos em mais detalhes ao longo do nosso estudo.

Para aqueles que criam a sua nova empresa, é provável que enfrentem várias dificuldades e um elevado índice de insucesso por situações como vendas baixas e abaixo dos níveis previstos, elevada rivalidade com os concorrentes, deficiente planificação dos recursos financeiros necessários, incapacidade para formar uma equipe, incorreta identificação da necessidade e/ou da oportunidade, falta de capacidade de gestão, entre outras. Aliás, pesquisadores da área da Ecologia populacional[1] indicam que as novas empresas têm uma elevada probabilidade de falhar nos primeiros cinco anos de vida.

O intraempreendedorismo

Embora ao longo deste livro nos refiramos essencialmente ao empreendedorismo como o processo de criação de uma nova empresa, o empreendedorismo também pode ocorrer dentro de organizações já existentes. Nesses casos, referimo-nos ao **intraempreendedorismo**. Na verdade, todas as empresas têm algum nível de empreendedorismo interno, ainda que em algumas seja um nível muito baixo, possivelmente porque a cultura de empresa e o estilo de liderança não incentivem a colaboração dos trabalhadores. Em última análise, podemos distinguir entre empresas empreendedoras – mais proativas, inovadoras e que assumem riscos – e empresas conservadoras – que "esperam para ver", sendo menos inovadoras e mais avessas ao risco. É possível que, pelo menos em parte, a empresa consiga promover o intraempreendedorismo nos seus colaboradores se conseguir criar mecanismos de estímulo individuais e coletivos.

2.3 A DECISÃO DE EMPREENDER

Em que pesem as dificuldades de iniciar a própria empresa, sejam estas do foro financeiro, cultural, institucional ou individual, muitos indivíduos decidem empreender, e muitas novas empresas são constituídas todos os dias em todo o mundo. Novas empresas são constituídas também independentemente das condições econômicas do país, de períodos de recessão, dos níveis de inflação ou das taxas de juros, de carências várias no sistema de infraestruturas e de uma probabilidade elevada de insucesso. No

---

[1] *Population ecology*, na sua designação anglo-saxônica.

entanto, há evidências de que algumas cidades ou regiões têm um conjunto de infraestruturas, de instituições de apoio, além de uma cultura e atitude favoráveis à criação de novas empresas. O processo de empreender que resulta em novas empresas é muito idiossincrático aos indivíduos, às circunstâncias e aos momentos. À decisão de empreender está implícito um desejo de mudança, a qual envolve a transformação de um estilo de vida (possivelmente de trabalho dependente) em um outro diferente. A questão que nos podemos colocar, para orientar o nosso estudo, é: o que faz com que um indivíduo assuma os riscos sociais, psicológicos e financeiros e inicie um novo empreendimento?

A **mudança do estilo atual de vida**, no abandono da carreira profissional, é uma decisão difícil e com riscos. Essa decisão exige coragem para mudar, mesmo quando a nova empresa atua na área em que se detém experiência profissional prévia. Ainda assim, é mais provável que ocorra a mudança quando o indivíduo recebe um estímulo. Por exemplo, indivíduos que se reformam ou são despedidos podem criar a sua empresa. É provável também que mais novas empresas sejam formadas em períodos e em locais de maior nível de desemprego. Ainda, os jovens que terminam os seus estudos (os recém-formados) podem encontrar no empreendedorismo a sua alternativa profissional ao trabalho dependente. Ou mesmo o trabalhador-estudante que, não sendo promovido após terminar a formação de pós-graduação (por exemplo, um mestrado), decide demitir-se, criando a nova empresa. Há, por fim, situações de descontentamento em relação ao empregador que não reconhece o valor de uma inovação de produto e/ou processo e que leva o indivíduo a aproveitar ele próprio a ideia, estabelecendo a sua empresa com esse objetivo.

Empresa do tipo "estilo de vida"[2]

> Refere-se, normalmente, aos pequenos empreendimentos que sustentam os proprietários e que, em geral, se mantêm relativamente pequenos. A empresa "estilo de vida" tem um crescimento modesto devido à própria natureza do negócio, aos objetivos do empreendedor e ao pequeno valor de investimento. As empresas "estilo de vida", sendo negócios de pequena dimensão, são ajustadas ao empreendedor que a vê como o seu autoemprego, uma forma de manter um nível de vida adequado, de ter liberdade individual e de decidir o seu próprio rumo, podendo ter tempo para si e para a família. Portanto, geralmente, esses empreendedores não visam obter lucros exorbitantes nem um grande crescimento da empresa, pelo contrário, procuram essencialmente a estabilidade da empresa e uma remuneração satisfatória.
>
> **Fonte:** elaborado pelos autores.

---

[2] Há outros tipos, para além das empresas "estilo de vida". Alguns empreendedores procuram criar *negócios de média dimensão* e veem a empresa como uma forma de crescer e obter lucros, dedicando os seus esforços a esses fins, bem como um meio para o reconhecimento pessoal. Em geral, esses empreendedores são inovadores, mas não desenvolvem formas radicalmente novas de atuar, limitando-se a efetuar melhorias nos produtos e nos serviços. Outros, procuram criar *negócios de grande dimensão*, objetivando o sucesso, o qual é marcado pelo "domínio", pelo desejo de criar, de mudar, de "mudar o mundo".

Começou como empresa estilo de vida, acabou por tomar conta de mim

Como para a maior parte das empresas, a história da Tropical Brasil se confunde com a do empreendedor, seu fundador Avelino Bastos. Após construir a sua primeira prancha em 1976, Avelino decide viver da produção de pranchas a partir de 1978. Em 1981, ao passar, propositadamente, no vestibular em Florianópolis, Avelino muda-se para a cidade e funda a Tropical Brasil em novembro desse ano. Escolhe como símbolo da empresa o tucano, animal de estimação na casa de seus pais e digno representante da tropicalidade brasileira. Logo após a fundação da empresa, Davi Husadel, da recém-criada equipe de surfistas patrocinada pela empresa, sagra-se campeão do circuito catarinense de surfe na Praia da Joaquina. A equipe da Tropical Brasil sagra-se também vitoriosa em diversos eventos na década de 1980.

No ano de 1983, Avelino viaja para Europa e Estados Unidos em busca de tecnologia e conhecimentos. Volta ao Brasil sendo capa da revista *Fluir*, tradicional revista de surfe brasileira, em 1984.

As pranchas de surfe são os produtos-chave do negócio da Tropical Brasil. Os conceitos e valores culturais da empresa foram influenciados pelos critérios iniciais do negócio fundado em 1981: qualidade, atendimento, vanguarda, confiabilidade e profissionalismo.

Avelino tinha como meta trabalhar em seu próprio negócio, fazendo algo que sabia fazer bem, que lhe dava prazer e permitia ter um tempo para continuar próximo do mundo do surfe do qual gostava. No entanto, sentiu dificuldades em conciliar suas atividades e interesses, até que, em 1983, após uma tentativa de diversificação de produtos, no qual entraram para o ramo da confecção na linha *surfwear*, teve uma estafa devido ao ritmo intenso de trabalho. Nesse momento, teve uma crise pessoal, sentindo-se sem mobilidade, sem rumo, sem noção de valores e prioridades – foi quando questionou a vida que estava levando e sua participação na empresa.

Fonte: adaptado de Serra, Fiates e Alperstedt (2007).

Empreendedorismo como opção de carreira. Muitas pessoas começam a pensar no empreendedorismo como opção de carreira, em parte como forma de conquistar a realização pessoal e profissional que o trabalho dependente para grandes organizações não permite. No entanto, há ainda poucos estudantes, em particular estudantes do ensino superior, que pensam no empreendedorismo como opção de carreira – poucos se preparam efetivamente para os desafios de SER EMPREENDEDOR. Aliás, mesmo entre os que sabem querer ser empreendedores, relativamente poucos constituirão a sua empresa logo após terminarem as licenciaturas/mestrados. Ainda assim, temos assistido recentemente ao crescimento da oferta de cursos de empreendedorismo. Esses cursos são importantes para que os jovens, futuros empreendedores, adquiram as competências de que irão necessitar em termos de criatividade, financiamento, controle, identificação de oportunidades e ideias de negócio, negociação, obtenção de recursos (principalmente os financeiros), redação e apresentação de um plano completo de negócios, gestão e desenvolvimento da empresa. Os progressos tecnológicos, os avanços nas técnicas de gestão, a maior concorrência entre empresas, a maior consciência da necessidade de ter uma postura mais profissional e competente, têm levado muitos empreendedores a procurar aprender, não apenas por meio de experiências, mas também pela escola.

2.4 O HISTÓRICO DO EMPREENDEDOR

Há um vasto conjunto de fatores que influenciam a decisão de constituir uma nova empresa. Alguns são associados às condições nacionais, outros são mais específicos do ambiente restrito dos indivíduos e outros, ainda, específicos do indivíduo. No capítulo anterior, focamos o impacto da dimensão cultural sobre o empreendedorismo. Por exemplo, há culturas que valorizam os indivíduos que criam as suas próprias empresas e têm sucesso, como é o caso das culturas mais individualistas anglo-saxônicas – por exemplo, Estados Unidos e Inglaterra –, que dão muito valor ao fato de ser o seu próprio patrão, alcançar sucesso e ganhar dinheiro. Não é, por isso, surpreendente que existam nesses países mais indivíduos que criam a sua empresa. Em contraste, em outros, o insucesso acarreta um peso social elevado, pelo fato de que a cultura não estimula a formação de novas empresas. Com relação a esse tema, analisamos alguns dos aspectos do histórico dos empreendedores que parece ajudar a diferenciar os empreendedores da população em geral. Analisamos, brevemente, os seguintes aspectos: o ambiente familiar na infância, a educação/formação, os valores pessoais, a idade e a experiência profissional.

O ambiente familiar na infância. Este fator tem muita influência sobre uma variedade de aspectos na formação do indivíduo. Há alguma evidência de estudos acadêmicos que mostram uma maior propensão a se tornar um empreendedor se os pais o forem ou tiverem sido. Por exemplo, é mais provável que um jovem enverede pelo empreendedorismo se tiver pais que trabalhem por conta própria e eles próprios tenham uma empresa. Talvez a natureza independente e a flexibilidade do trabalho autônomo exemplificadas pelo pai sejam uma inspiração para o futuro empreendedor. Ainda, é importante que os pais dos empreendedores mostrem apoio e estímulo ao desenvolvimento de valores como independência, conquista e realização.

A educação. Qual o papel da formação acadêmica sobre a realização do empreendedorismo? Apesar da ideia usual de que os empreendedores têm menor nível de formação escolar, é possível que essa ideia seja errada ou, pelo menos, que exista uma tendência crescente para pessoas com maiores níveis de formação enveredarem pelo empreendedorismo como opção de carreira profissional. O fato é que os estudos da Global Entrepreneurship Monitor (GEM) indicam que a capacidade do empreendedor é essencial ao sucesso da nova empresa. A formação é importante para, por exemplo, ensinar a gerenciar os problemas que os empreendedores enfrentam, e mesmo para adquirir conhecimentos específicos úteis à atividade técnica da empresa. Ainda que detiver, por exemplo, um grau de ensino superior, como uma licenciatura, não seja um pré-requisito para iniciar uma nova empresa, é surpreendente que muitos empreendedores manifestem a necessidade de receber formação em áreas como a de administração geral, finanças, estratégia, marketing, liderança e comunicação.

É possível que as escolas e os professores possam estimular o empreendedorismo. As escolas podem lecionar cursos de empreendedorismo para incentivar e desenvolver novos empreendedores. Os cursos aumentam a capacidade do indivíduo empreendedor e contribuem para melhorar a forma como a sociedade o vê.

Os valores pessoais. É certo que os empreendedores têm valores pessoais, mas é pouco claro o modo como esses valores se distinguem dos valores de outros profissionais e da população em geral. Por exemplo, os empreendedores tendem a ser bons líderes, mas terão um estilo de liderança diferente do estilo dos bons administradores? Há algumas evidências de que há diferenças no estilo do empreendedor e do administrador (como veremos posteriormente). Indivíduos bem-sucedidos, empreendedores ou não, têm um conjunto de valores pessoais em dimensões como a liderança, criatividade, sucesso, trabalho, ética, objetivos, entre outros.

A idade. Há alguma evidência de que os empreendedores iniciam a sua empresa entre os 22 e os 45 anos, e mais provavelmente por volta dos 30 anos de idade. Esse intervalo é justificado pelo fato de o empreendedor precisar de alguma experiência, credibilidade, apoio financeiro e vitalidade física para se envolver nos esforços do novo empreendimento. Em qualquer caso, a partir de certa idade, e com escassas exceções, pode ser má ideia começar uma empresa com idades mais avançadas. Em particular, a experiência prévia tem sido apontada como um indicador para prever o sucesso da nova empresa.

A experiência profissional prévia. O histórico profissional tem forte impacto – positivo e negativo – sobre as carreiras empreendedoras. O impacto positivo é que a probabilidade de sucesso do empreendedor aumenta quando o novo empreendimento está dentro da área da experiência profissional prévia. O impacto negativo ocorre quando o indivíduo cria a nova empresa para ultrapassar problemas relacionados com insatisfação no emprego atual, falta de desafios na carreira, frustração, demissão ou transferência involuntária para um local indesejado. Muitas vezes, esses aspectos sustentam a decisão de se tornar empreendedor. No entanto, a ausência de experiência prévia aumenta o risco de insucesso e dificulta a obtenção de financiamento.

Para ser empreendedor

- Analise e compreenda os mercados e ouça as pistas que os clientes dão.
- Compreenda a tecnologia e como ela pode ajudar.
- Pense na melhor forma para fazer algo, não apenas na forma mais simples.
- Evite respostas do tipo: "Sempre fizemos assim" ou "Todos fazem assim".
- Experimente e não tenha medo de falhar. Não falha quem não tenta fazer.

2.5 EMPREENDEDORES, GESTORES E INVENTORES: AS DIFERENÇAS

Ainda que muitos empreendedores acabem por se tornar gestores das empresas que criaram, o empreendedorismo é muito diferente da gestão, e as tarefas do empreendedor são distintas das do gestor. As diferenças entre os empreendedores e os gestores emergem em aspectos como a motivação, a orientação para a ação, a postura diante do risco, o modo como se toma decisões, o histórico pessoal e familiar etc. O Quadro 2.1 ilustra as principais diferenças entre o empreendedor e o gestor.

Quadro 2.1 O empreendedor *versus* o gestor

Características	Gestores	Empreendedores
Motivações primárias	Promoção e outras recompensas corporativas tradicionais; motivados pelo poder.	Independência, oportunidade para criar algo novo e dinheiro.
Referência temporal	Curto prazo, gerem orçamentos semanais e mensais, com horizonte anual.	Estabelecem metas de cinco ou dez anos de crescimento do negócio.
Ação	Delegam a ação. Supervisionam e elaboram relatórios.	Diretamente envolvidos. Podem aborrecer os colaboradores quando realizam o seu trabalho.
Aptidões	Administradores profissionais, geralmente formados em escolas de gestão. Ferramentas analíticas abstratas; administração de pessoas e aptidões políticas.	Conhecem muito bem o negócio, têm mais aptidões para o negócio do que para a gestão ou política.
Onde centram as suas atenções	Principalmente sobre fatos que ocorrem dentro da empresa.	Dão prioridade à tecnologia e ao estudo de mercado.
Atitude perante o risco	Cautelosos e evitam decisões de risco.	Assumem riscos calculados; investem muito, mas esperam ser bem-sucedidos.
Pesquisa de mercado	Têm acesso a estudos de mercado com o intuito de descobrir necessidades.	Criam novos produtos que não existem no mercado; falam com os clientes e formam a sua própria opinião.
Decisões	Usualmente concordam com as decisões tomadas pela gestão de topo.	Seguem os seus sonhos, tomando decisões.
A quem servem	Aos outros, seus superiores.	A si próprios e aos seus clientes.
Como se relacionam	A hierarquia é a base das suas relações.	Transações e realização de negócios.
História familiar	Membros da família trabalham em grandes organizações.	Membros da família possuem pequenas empresas.
Estatuto	Preocupam-se com os símbolos de *status*.	Não se preocupam com os símbolos de *status*.
Falhas, erros	Tentam evitar erros e surpresas. Adiam o reconhecimento do fracasso.	Aprendem com os erros e as falhas.

Fonte: adaptado de Kuratko e Hodgetts (2004) e Hisrich e Peters (2002).

Empreendedores *versus* inventores. Um empreendedor não é um inventor, ainda que idealmente deva ser criativo e procurar novas soluções, novos mercados, novas formas de fazer as coisas e servir os clientes. Nem empreender é o mesmo que inventar.

O empreendedor é aquele que cria uma nova empresa, a sua empresa, e os seus esforços dirigem-se a fazê-la sobreviver e crescer. O inventor, no entanto, é aquele que cria ou inventa algo novo, seja um produto, um processo ou um modelo. Segundo o estereótipo estabelecido, um inventor tem elevado nível de formação acadêmica (talvez mesmo um doutorado) e valoriza o pensamento criativo, quer seja na solução de problemas que detecta, quer na criação de coisas absolutamente novas, e é mais motivado pelos resultados do seu trabalho que pelas recompensas materiais e monetárias que dele podem advir. O empreendedor ajuda o inventor a tornar a sua invenção comercialmente viável e a colocá-la no mercado. No entanto, como veremos, não é necessária uma invenção para a iniciativa empreendedora, mesmo que uma invenção comercialmente viável aumente a probabilidade de sucesso de uma nova empresa, em particular uma empresa de base tecnológica.

Assim, enquanto o inventor é aquele que cria algo novo, o empreendedor congrega todos os recursos necessários – o capital, pessoas, estratégia e a tomada de risco de tornar a invenção um negócio viável.

2.6 OS MITOS MAIS COMUNS SOBRE OS EMPREENDEDORES

Há muitos mitos sobre o empreendedorismo que acabam por criar barreiras psicológicas à criação de empresas. Embora esses mitos sejam muitos – como uma pesquisa na internet pode revelar –, incluímos aqui uma listagem dos mais frequentes e descrevemos uma seleção destes.

Mitos sobre o empreendedorismo

1. Os empreendedores nascem, não se fazem.
2. Qualquer um pode iniciar um negócio.
3. Os empreendedores são jogadores/apostadores que assumem riscos excessivos.
4. Há a necessidade de protagonismo.
5. Os empreendedores são "patrões" de si próprios.
6. Trabalham muito.
7. Iniciam negócios de risco.
8. O empreendedorismo é apenas para os ricos.
9. Idade é uma barreira – os empreendedores são jovens e enérgicos.
10. São motivados pelo dinheiro.
11. Procuram o poder e o controle sobre os outros.
12. Se tiverem talento, o sucesso chega em um ou dois anos.
13. Qualquer pessoa com uma boa ideia pode enriquecer.
14. Tendo dinheiro é fácil falhar.
15. Os empreendedores sofrem de estresse.

Um mito comum é o de que *os empreendedores nascem, não se fazem*, ou seja, postula que os empreendedores são natos, nascem para o sucesso. Na realidade, esse mito de que os empreendedores nascem e não são feitos é baseado na crença (errada!) de que algumas pessoas são genética ou intrinsecamente predispostas a ser empreendedoras. O consenso generalizado da investigação existente é de que ninguém nasce para ser um empreendedor, mas, na verdade, todas as pessoas têm potencial para se tornarem empreendedoras. Assim, se algumas pessoas se tornam, ou não, empreendedores, esse fato tem a ver com o ambiente, as experiências de vida e as escolhas pessoais. Portanto, para se tornar um empreendedor de sucesso é importante desenvolver e acumular habilidades, experiências e contatos relevantes, além de aprimorar a capacidade crítica e de análise que permitam "ter visão" e "agarrar" oportunidades.

Outro mito comum refere-se à predisposição dos empreendedores para assumir riscos – *os empreendedores são jogadores que assumem riscos excessivos* – ou ao fato de que eles são "jogadores". Na realidade, esse mito tem pouca razão de ser, porquanto os empreendedores assumem riscos, é claro, mas são riscos controlados. Com um bom estudo do mercado, um bom modelo de negócio, um financiamento equilibrado, uma estratégia viável e com parceiros conhecedores do setor, os empreendedores reduzem grandemente os potenciais riscos de um novo negócio. A verdade é que a maioria dos empreendedores são tomadores de risco (*risk takers*) moderados. É possível que esse estereótipo do "empreendedor jogador" tenha origem no fato de os empreendedores terem empregos pouco estruturados, uma vez que encaram maior incerteza do que pessoas em empregos tradicionais. Contudo, note que muitos empreendedores são "empurrados" para a atividade empreendedora pela necessidade e, portanto, nem sequer têm muito (quer sejam bens, quer seja capital social) para arriscar. Em outro sentido, há aqueles que têm efetivamente uma vontade de atingir algo, de realizar, de conseguir, e esse tipo de ambição e comportamento é facilmente visto como propenso ao risco.

O mito de que os empreendedores *são "patrões" de si próprios* – no sentido de que são "lobos solitários" e não conseguem trabalhar em equipe – não tem uma base real. Os empreendedores tendem de fato a perseguir objetivos ambiciosos e estão dispostos a trabalhar fortemente para atingi-los, mas também tendem a ser bons líderes e a conseguir criar uma equipe motivada e empenhada no sucesso da empresa. Para conseguirem construir uma empresa bem-sucedida, têm de captar a colaboração empenhada dos trabalhadores. Assim, os empreendedores precisam desenvolver um excelente relacionamento com parceiros, clientes, fornecedores e instituições. Note, porém, que as pessoas têm características de personalidade diferentes, mas qualquer uma pode estudar um pouco e praticar técnicas de liderança, motivação e comunicação que serão importantes para obter a cooperação dos trabalhadores.

Há, ainda, o mito de que os empreendedores *são motivados primordialmente pelo dinheiro*. Apesar de ser ingênuo pensar que os empreendedores não procuram recompensas financeiras, raramente o dinheiro é a razão principal pela qual estabelecem a sua empresa. O objetivo mais frequente é a realização pessoal, a independência e a liberdade na gestão do seu tempo. Efetivamente, alguns empreendedores até argumentam que a procura de dinheiro pode ser uma distração.

A idade é uma barreira: os empreendedores devem ser jovens e enérgicos. Esse mito não é confirmado. Apesar das discrepâncias nas estatísticas existentes, "o empreendedor médio" terá entre 35 e 45 anos, bem como alguns anos de experiência profissional em uma grande empresa. Pode-se tornar empreendedor em qualquer idade.

Apesar de ser importante ser enérgico, até pela própria confiança que inspira perante os investidores, o fato é que o que mais inspira confiança na segurança do investimento é a experiência, a maturidade, a reputação sólida e o histórico de sucesso. Assim, é normal que os empreendedores raramente sejam muito jovens, pelo contrário, esses critérios tendem mesmo a favorecer empreendedores mais velhos, e não mais novos.

2.7 CARACTERÍSTICAS COMUNS AOS EMPREENDEDORES

Não há um "perfil empreendedor" único, que inclua todas as características do empreendedor de sucesso. Os empreendedores têm experiências profissionais, níveis de escolaridade, situações familiares, idades, características psicológicas e emocionais diversas. O potencial empreendedor tanto pode ser hoje um desempregado, um professor, um farmacêutico, um vendedor, um pedreiro, um carpinteiro, um estudante, um jovem recém-licenciado em Direito ou uma dona de casa e mãe de duas filhas. O potencial empreendedor pode ser homem ou mulher, com preferência por qualquer clube de futebol, de qualquer etnia ou credo, e viver no Rio de Janeiro ou Salvador. Portanto, não há um perfil único, mas podemos identificar um conjunto de características que parecem mais marcadas nos empreendedores.

Assim, e ainda que ninguém "nasça" para ser empreendedor – a tendência para tornar-se empreendedor não é inata nem hereditária –, embora existam diferentes combinações de características pessoais, de liderança, de motivação e comportamentais que podem indicar a vocação empreendedora, há alguns traços de personalidade e algumas características que os empreendedores bem-sucedidos geralmente partilham.

Antes de apresentarmos e discutirmos quais as principais características de um empreendedor de sucesso, faça o teste a seguir para pensar sobre suas características e identificar quais já tem e quais poderiam ser mais desenvolvidas.

Teste de avaliação do empreendedor

	Sim	Não
1. Você consegue iniciar um projeto e imaginá-lo realizado, em vez de visualizar uma série de obstáculos?		
2. Você consegue tomar uma decisão sobre um assunto e mantê-la mesmo quando desafiado?		
3. Você gosta de comandar e ser responsável?		
4. As pessoas com quem lida respeitam-no e confiam em você?		
5. Você está em boa forma física?		
6. Você está disposto a trabalhar muitas horas sem ter compensação imediata?		
7. Você gosta de conhecer pessoas e desenvolver relacionamentos?		
8. Você consegue se comunicar eficientemente e persuadir as pessoas?		
9. Os outros compreendem facilmente as suas ideias e perspectivas?		
10. Você tem experiência prévia no negócio que quer iniciar?		
11. Você tem conhecimentos de gestão de empresas?		
12. Existe uma necessidade na sua área geográfica, do produto ou serviço que pretende pôr no mercado?		
13. Você tem conhecimentos de marketing e/ou finanças?		
14. Há outras empresas semelhantes que estão tendo sucesso na mesma área geográfica?		
15. Você já pensou no local para a sua nova empresa?		
16. Você tem uma reserva financeira de segurança (fundo de maneio) suficiente para o primeiro ano de operações?		
17. Você tem recursos suficientes para financiar o estabelecimento da nova empresa ou tem acesso a esses recursos por meio de familiares ou amigos?		
18. Você conhece os fornecedores de que vai necessitar?		
19. Você conhece indivíduos que têm o talento e o conhecimento que lhe faltam?		
20. Você quer realmente iniciar esse negócio mais do que qualquer outra coisa?		

Fonte: adaptado de Hisrich e Peters (2004).

Depois de completar o teste, conte o número de respostas "sim". Dê um ponto para cada "sim". Se obteve **menos de 13 pontos**, o seu impulso empresarial é ainda pouco evidente. Embora a maioria das pessoas diga que quer ser empreendedor, na realidade, muitas delas dão-se melhor trabalhando para outras pessoas. **Entre 13 e 17 pontos**, o seu impulso empreendedor não é evidente. Embora você possa certamente ter a habilidade para ser empreendedor, assegure-se de que pode aceitar todos os problemas e dores de cabeça que acompanham a satisfação de ser seu próprio patrão. Se obteve **mais de 17 pontos**, você possui o impulso para ser empreendedor – o desejo, a energia e a capacidade de adaptação para fazer de um empreendimento viável um negócio de sucesso. No entanto, assegure-se de que o empreendimento que está pensando em constituir é realmente bom.

Mesmo que o teste indique que lhe faltam algumas características, não desanime. O teste serve apenas para orientação e para poder fazer a sua autoanálise. O fundamental é que você perceba que o empreendedorismo é ensinado e qualquer um pode aprender a desenvolver as competências exigidas e a pensar como um empreendedor. Afinal, uma boa parte do que constitui a condição de ser empreendedor tem a ver com a transformação de sonhos em realidades, identificar oportunidades e convertê-las em ideias de negócio viáveis e realistas, além de conseguir captar os recursos necessários para o empreendimento. Um empreendedor não desanima perante os obstáculos, antes, encontra formas de ultrapassá-los.

Por que avaliar o perfil pessoal?

> Antes de decidir investir energia e dinheiro em uma nova empresa, avalie todas as variáveis que podem influenciar o seu sucesso. A começar por si próprio!
> Analise o seu perfil e faça o esforço de adaptação perante as exigências da situação.

Há muitos estudos acadêmicos sobre as características dos empreendedores. Entre todas as identificadas, aquelas mais frequentemente associadas ao perfil dos empreendedores são:

- **Necessidade de ser independente e realizar (atingir resultados)** – planejar e trabalhar com autonomia para atingir resultados é tipicamente algo valorizados pelos empreendedores. A necessidade de independência é a necessidade de ser o seu próprio patrão. O empreendedor é, geralmente, uma pessoa que gosta de fazer as coisas à sua maneira e como planejou, tendo, muitas vezes, dificuldade de trabalhar para alguém e seguir ordens. Realizar, ou atingir objetivos, é algo visto como um ciclo contínuo em que a sua concretização será a base para a definição de novos objetivos que constituam um desafio.

Teste a sua necessidade de independência

		Sim	Não
1.	Não gosto de ir comprar roupas sozinho.		
2.	Se meus amigos não querem ver o mesmo filme que eu, então vou sozinho.		
3.	Quero ser financeiramente independente.		
4.	Muitas vezes, preciso pedir a opinião de outros antes de tomar decisões importantes.		
5.	Prefiro que outras pessoas decidam aonde ir a um encontro social à noite.		
6.	Quando sei que estou no comando, não peço desculpas, apenas faço o que tem de ser feito.		
7.	Eu defenderei uma causa impopular se acreditar nela.		
8.	Tenho medo de ser diferente.		
9.	Quero a aprovação dos outros.		
10.	Geralmente, espero que as pessoas me chamem para ir aos lugares em vez de me impor a elas.		

Fonte: adaptado de Robert Hisrich e Candida Brush (1985).

Avalie as suas respostas: respostas positivas às afirmações 1, 4, 5, 8, 9 e 10 indiciam que você não tem grande necessidade de independência.

- **Assunção de riscos moderados** – os empreendedores aceitam bem o risco, mas não correm riscos demasiadamente altos ou desnecessários. Eles analisam-no e observam os ganhos e perdas potenciais, assim como as barreiras que poderão surgir. Apesar da ideia comum, ou mito, de que os empreendedores têm maior tolerância e mesmo maior propensão a tomar riscos que a população em geral, não há evidência dessa relação. Os empreendedores assumem os riscos (financeiros, sociais ou emocionais) necessários para realizar o empreendimento. Responda às questões do teste para aferir o seu comportamento diante de situações ambíguas.

Teste a sua predisposição para enfrentar situações ambíguas

A seguir, é apresentado um conjunto de afirmações. Para cada afirmação, assinale a que melhor corresponde à sua opinião (marque a sua opção com um círculo).

	Discordo completamente	Discordo moderadamente	Discordo ligeiramente	Nem concordo, nem discordo	Concordo ligeiramente	Concordo moderadamente	Concordo completamente
1. Não tolero bem situações ambíguas.	1	2	3	4	5	6	7
2. Tenho dificuldade em reagir quando me deparo com acontecimentos inesperados.	1	2	3	4	5	6	7
3. Não penso que novas situações sejam mais ameaçadoras que situações que me são familiares.	1	2	3	4	5	6	7
4. Sou empurrado para situações que podem ser interpretadas de mais que uma maneira.	1	2	3	4	5	6	7
5. Prefiro evitar resolver problemas que têm de ser vistos sob várias perspectivas diferentes.	1	2	3	4	5	6	7
6. Tento evitar situações que são ambíguas.	1	2	3	4	5	6	7
7. Sou bom em gerir situações imprevistas.	1	2	3	4	5	6	7
8. Prefiro situações que me são familiares a novas situações.	1	2	3	4	5	6	7
9. Problemas que não podem ser considerados sob apenas um único ponto de vista são um pouco ameaçadores.	1	2	3	4	5	6	7
10. Evito situações que não consigo compreender facilmente.	1	2	3	4	5	6	7
11. Sou tolerante para situações ambíguas.	1	2	3	4	5	6	7
12. Gosto de lidar com problemas que são suficientemente complexos e ambíguos.	1	2	3	4	5	6	7
13. Tento evitar problemas que não parecem ter uma "melhor" solução.	1	2	3	4	5	6	7
14. Frequentemente, encontro-me procurando algo novo, em vez de tentar manter as coisas constantes na minha vida.	1	2	3	4	5	6	7
15. Geralmente, prefiro novidade a familiaridade.	1	2	3	4	5	6	7

(continua)

(continuação)

	1	2	3	4	5	6	7
16. Não gosto de situações ambíguas.	1	2	3	4	5	6	7
17. Alguns problemas são tão complexos que só tentar entendê-los já é divertido.	1	2	3	4	5	6	7
18. Não tenho problemas em lidar com acontecimentos inesperados.	1	2	3	4	5	6	7
19. Persigo problemas que são tão complexos que algumas pessoas lhes chamam "quebra-cabeças".	1	2	3	4	5	6	7
20. Tenho dificuldade em escolher quando o resultado é incerto.	1	2	3	4	5	6	7
21. Gosto de surpresas ocasionais.	1	2	3	4	5	6	7
22. Prefiro uma situação em que há alguma ambiguidade.	1	2	3	4	5	6	7

Fonte: adaptado de McLain (1993, p. 183-189).

- **Autoconfiança** – os empreendedores acreditam em si próprios e têm confiança em sua capacidade para atingir os objetivos a que se propõem. Acreditam em suas capacidades para ultrapassar obstáculos e serem bem-sucedidos onde os outros falham.

- **Assunção de responsabilidade** – os empreendedores aceitam a responsabilidade pelo sucesso ou insucesso das suas empresas e negócios. Quando falham, assumem a responsabilidade e não procuram culpar outros pelo insucesso, antes, procuram aprender para evitar insucessos semelhantes no futuro.

- **Capacidade de trabalho e energia** – os empreendedores têm, geralmente, grande capacidade de trabalho. Trabalham durante mais horas que a maioria das pessoas e aparentam grande energia, vigor e persistência.

- **Competências em relações humanas** – apesar de muitas vezes serem péssimos gestores de recursos humanos, os empreendedores são geralmente indivíduos sociáveis e capazes de desenvolver relacionamentos, mesmo com desconhecidos.

- **Criatividade e inovação** – ainda que uma nova empresa não tenha de ser baseada em uma inovação, os empreendedores são, em geral, criativos e inovadores; além disso, muitos desenvolvem novas abordagens, produtos e processos.

O que é a criatividade?

Embora não possamos fornecer uma definição única, a criatividade está relacionada à capacidade de: elaborar teorias científicas, inventar instrumentos e/ou aparelhos, ou produzir obras de arte; produzir coisas novas e valiosas; desagregar a realidade e reestruturá-la de outras maneiras; unir duas coisas que nunca haviam estado unidas e tirar daí uma terceira coisa; resolver problemas.

Siga estas dicas para se tornar mais criativo:

- Não se contente com a primeira ideia que lhe ocorrer, procure desenvolver outras ideias e selecione a melhor.
- Não se acomode diante da forma atual de fazer as coisas, há sempre maneiras de melhorar.
- Cultive a curiosidade e pesquise as causas e implicações.

(continua)

(continuação)

- Procure novas formas, adapte o que já conhece, substitua, modifique, reduza. Há grande potencial nas recombinações para obter inovações incrementais.
- Não se assuste com as barreiras. A novidade tende a "assustar" as pessoas e, mesmo em uma empresa líder, há espaço para fazer mais e melhor.
- Procure a opinião de outros sobre as suas ideias e procure levá-las à prática.
- Ouça os outros e analise de que modo e por qual motivo têm ideias diferentes das suas.
- Procure sair da rotina para estimular o cérebro e faça coisas de modo diferente do que está habituado.

Teste o seu potencial criativo

Analise o seu potencial criativo. Atribua um valor entre 0 e 10 a cada afirmação. Atribua 10 se a afirmação for absolutamente adequada a você e 0 se for absolutamente inadequada. Os valores entre 1 e 9 refletem pontos intermediários.

Afirmação	Pontos
1. A curiosidade é uma característica minha. Quero sempre saber tudo.	
2. Tenho convicções firmes, sei bem o que quero.	
3. Geralmente, tenho uma solução diferente para os problemas, quer em casa, quer no trabalho.	
4. Não gosto de provar comidas diferentes.	
5. Acho fácil mudar de opinião no meio de uma discussão.	
6. Prefiro dramas a comédias e não sou fã de anedotas.	
7. Gosto muito de ir aonde nunca fui, a novos destinos de férias, a restaurantes novos, a casa de novos amigos etc.	
8. Não tenho interesse por assuntos que não estejam relacionados com o meu dia a dia.	
9. Gosto de brincadeiras, trocadilhos, de caricaturas e de piadas.	
10. Começo muita coisa, mas não as termino.	
11. Nunca sinto aversão por coisas ou pessoas diferentes e sempre desculpo os comportamentos "errados" dos outros.	
12. Nunca resolvo as coisas sem pensar e ponderar bem.	
13. Gosto de poesia, de flores, pinturas e paisagens.	
14. Sei que sou uma pessoa imperfeita e isso me incomoda.	
15. Não acredito piamente em nada, acho que tudo "depende".	
16. Tenho medo do perigo, de fazer papel de ridículo etc.	
17. Não tenho um só *hobby*, gosto de muitas coisas.	
18. As minhas soluções são sempre racionais e lógicas.	
19. Não gosto de conversar com pessoas que pensam de forma "diferente".	
20. Faço sempre o que me "dá na cabeça".	
21. Não dou boas respostas na hora, elas me ocorrem mais tarde.	
22. Aprecio-me incondicionalmente como sou.	
23. Tenho facilidade em acreditar no que leio e ouço.	
24. Dou respostas rápidas, nunca fico engasgado.	
25. Levo sempre para frente as minhas ideias e projetos.	
26. Interesso-me bastante por um tipo de esporte – e só por esse.	
27. Tenho muitos palpites e habitualmente os sigo.	
28. Acho importante corresponder às expectativas que os outros têm de mim.	

Fonte: adaptado de Predebon (2003).

(continua)

(continuação)

> **Analise o seu resultado**: as afirmações ímpares referem-se a atitudes que facilitam o uso de sua criatividade, enquanto as pares dificultam-na. **Para calcular o seu resultado**: some as pontuações das afirmações ímpares e, depois, das afirmações pares. Em seguida, subtraia ao total obtido nas afirmações ímpares o total das pares. Se o valor final for positivo, isso indica que as suas atitudes favorecem o treino e o uso da criatividade. Se for negativo, reveja as suas atitudes, porque você pode estar perdendo possibilidades de treinar o seu comportamento. Recorde-se de que o real objetivo desse exercício é conhecer as atitudes que deve procurar desenvolver.

- **Dedicação à empresa** – o trabalho árduo e continuado é também o resultado da "paixão pelo negócio" e da dedicação aos colaboradores que dependem da empresa.
- **Persistência apesar do fracasso** – dado que os empreendedores muitas vezes investem em algo novo, a taxa de insucesso tende a ser elevada. Alguns estudos referem-se à possibilidade de os empreendedores gozarem de um excesso de otimismo ou sobreconfiança.
- **Inteligência na execução** – a habilidade para tornar uma ideia sólida de negócio um negócio viável é uma característica-chave do empreendedor de sucesso. A capacidade de traduzir pensamentos, criatividade e imaginação em ação e em resultados mensuráveis é a essência da inteligência na execução.

No entanto, o **sucesso é uma combinação de fatores** que inclui desde a personalidade orientada para a ação e a realização pessoal até as atitudes empreendedoras, o acreditar em si próprio e em suas capacidades, o contexto social, um evento que o precipita (acaso, sorte), o reconhecimento de uma oportunidade particularmente favorável, a detenção de recursos necessários ou o acesso a estes e o momento certo.

Empreendedor: homens e mulheres

> Nos últimos anos, tem-se verificado um aumento no número de mulheres que se estabelecem por conta própria, criando a sua própria empresa e emprego. Há algum aspecto que distinga homens de mulheres? Embora as características pessoais dos empreendedores, homens e mulheres, sejam semelhantes, há diferenças marcadas pela motivação, mercado de trabalho, agregado familiar, expectativas das mulheres na sociedade atual, níveis de rendimento e mesmo experiência profissional prévia. Por exemplo, os homens são mais motivados pela independência, pelo desejo de fazer, de realizar, enquanto as mulheres são motivadas pela necessidade de realização, de uma atividade (um emprego) e mesmo pela frustração com o emprego atual que não lhes permite o desenvolvimento pessoal e profissional que pretendem.
>
> Os homens parecem ter maior facilidade em mudar de um emprego para a criação de uma nova empresa quando a oportunidade foi observada no emprego atual, ou é uma atividade complementar ao emprego, ou uma ideia que surgiu de um *hobby*. No entanto, as mulheres mudam mais dificilmente e, em geral, diante da frustração com o emprego ou com o entusiasmo do novo empreendimento. Há casos em que é a observação de uma necessidade pessoal, como ocorre quando uma mãe cria uma creche para crianças por não conseguir encontrar uma *babysitter* ou para ter uma ocupação que proporcione mais tempo livre para os filhos.

(continua)

O Empreendedor

(continuação)

Os homens e mulheres empreendedores também diferem quanto ao tipo de financiamento inicial. Os homens costumam procurar investidores, empréstimos bancários e empenhar recursos pessoais para obter o capital inicial, enquanto as mulheres tendem a usar apenas os seus ativos e poupanças. Talvez essa seja uma manifestação de que as mulheres têm maior dificuldade em conseguir financiamentos externos.

A própria experiência profissional prévia dos homens e das mulheres tende a ser distinta. Os homens têm experiência nos domínios de engenharia e produção, gestão, finanças, comércio e outras áreas técnicas, enquanto a experiência das mulheres tende a ser em empregos de nível intermediário, como cargos administrativos e de serviços. As diferenças nos tipos de empresas criadas podem ser em razão das diferenças na experiência profissional.

As mulheres estão entrando mais no mercado de trabalho ativo. A taxa de emprego feminina cresceu 7% entre 1995 e 2003. Em 2003, essa taxa encontrava-se nos 61,4%, diante de 75% da taxa de emprego masculina (CITE, 2005).

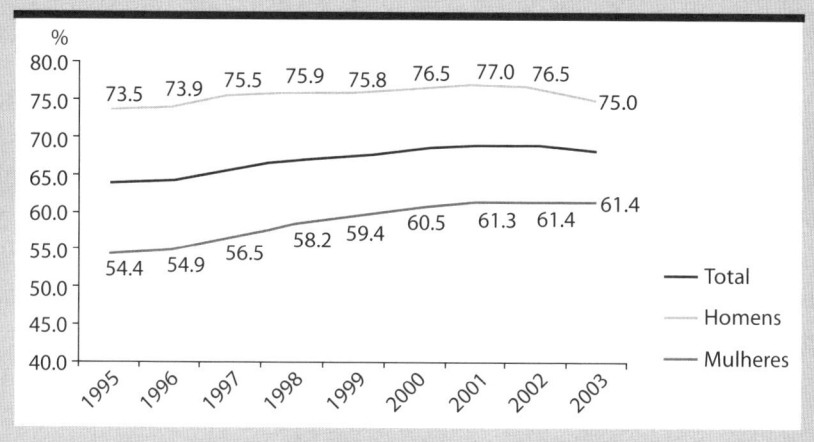

Fonte: Eurostat – dados baseados no European Community Labour Force Survey.

Essa tendência pode indicar que o desenvolvimento futuro do empreendedorismo se centrará mais nas mulheres, dado que a taxa de emprego feminina é inferior à masculina – ou, dito de outra forma, as mulheres são as mais atingidas pelo desemprego. Maiores níveis de desemprego podem, possivelmente, ser explicados por fatores socioculturais e à condição familiar em que a mulher se coloca, que é passível de gerar períodos de ausência longos (gravidez, saúde familiar, entre outros). São as mulheres com mais de 34 anos (sobretudo quando são mães) as mais atingidas pelo desemprego; fato pelo qual, possivelmente, será essa a faixa etária mais empenhada no empreendedorismo.

As remunerações das mulheres também são mais baixas que as dos homens. Entre 1995 e 2000, os rendimentos médios mensais das mulheres eram de 77% dos recebidos pelos homens (CITE, 2005). Receber uma remuneração mensal inferior à dos homens pode conduzir as mulheres à insatisfação profissional e à pesquisa de novas oportunidades, possivelmente na forma de criação do próprio emprego.

Fonte: adaptado de *Mulheres e Homens no Trabalho e no Emprego*, Comissão para a Igualdade no Trabalho e no Emprego, Ministério do Trabalho e da Solidariedade Social, novembro de 2005.
Consulte os dados do INE: Inquérito ao Emprego, 1995-1997 e Estatísticas do Emprego, 1998-2004.

2.8 O EMPREENDEDOR E A EQUIPE DA NOVA EMPRESA

A formação de uma equipe é essencial ao sucesso de um novo empreendimento. Essa equipe é constituída pelos fundadores, trabalhadores-chave e consultores que movem a nova empresa da fase da ideia até sua implementação. Em alguns casos, a equipe começa logo pelo grupo de empreendedores fundadores – como é o caso em uma sociedade entre um grupo de fundadores. A outra parte da equipe, integrando os colaboradores, em geral constitui-se gradualmente, à medida que a empresa tem capacidade para fazer contratações adicionais.

Não há evidência de uma dimensão ótima para a equipe fundadora. No entanto, os estudos existentes mostram que cerca de 50% a 70% de todas as novas empresas são fundadas por mais de um indivíduo. Há a crença de que as novas empresas fundadas por mais que uma pessoa – uma equipe – têm uma vantagem e maior probabilidade de sucesso que uma fundada por um único indivíduo. Uma equipe traz mais talento, recursos, ideias e contatos profissionais para a nova empresa que um único empreendedor. Além disso, o apoio psicológico entre os fundadores de uma equipe pode ser um elemento importante para o sucesso futuro.

A sobrevivência é um aspecto sensível nas novas empresas. Estas têm uma elevada probabilidade de falhar, fenômeno designado por *liability of newness*. Em parte, essa probabilidade refere-se ao fato de muitas novas empresas falharem porque os empreendedores não conseguem se ajustar rapidamente ao seu novo papel e porque as novas empresas não têm um histórico (ou um *track record*) com clientes e fornecedores. Juntar uma equipe talentosa e com experiência é uma forma de ultrapassar essas limitações.

Muitas empresas constituem órgãos consultivos formados por especialistas e outros profissionais a quem recorrem para aconselhamento e estabelecer uma direção estratégica. Um conselho consultivo é constituído por um grupo de peritos que provê conselhos e opiniões de forma permanente. É um conselho sem responsabilidade legal perante a empresa.

Uma vantagem importante de ter um conselho consultivo é que os seus membros podem conferir além da orientação, credibilidade e legitimidade à empresa. Assim, é importante que seus membros sejam peritos, pessoas de bom nome e reconhecidas entidades no setor.

Exemplo de conselho consultivo

Nome	Profissão/atividade	Papel no conselho consultivo
	Engenheiro especialista em X	Dá legitimidade e conselho em matéria X
	Executivo de uma empresa de consultoria financeira	Dá legitimidade e aconselhamento em assuntos financeiros
	Empresa de publicidade e marketing	Dá legitimidade e conselho em questões de marketing e publicidade
	Professor universitário	Adiciona legitimidade à empresa
	Executivo de desenvolvimento de negócio em uma empresa de publicidade	Dá legitimidade e aconselhamento em matéria de publicidade

O que se deve levar em conta quando se constitui um conselho consultivo? Os conselhos consultivos não devem ser apenas figurativos, isto é, devem ser constituídos com o propósito de ajudar a nova empresa. Os conselheiros ficarão desapontados se não tiverem um papel significativo no desenvolvimento e no crescimento da empresa, fato pelo qual é importante auscultar a sua opinião por meio de contato ocasional e/ou reuniões de trabalho. A empresa deve procurar membros que sejam compatíveis e se complementem em termos de experiência e competências. É importante, no entanto, notar que, quando convidar pessoas para pertencerem ao conselho, deve-se esclarecer bem as regras de acesso a, e uso de, informação confidencial.

Curiosidades sobre o empreendedor

- Há alguma tendência para os empreendedores serem os **filhos mais velhos** da família. É possível que o primogênito, ou o filho único, receba maior atenção e desenvolva maior autoconfiança.
- O empreendedor é, geralmente, **casado** quando inicia o seu primeiro negócio. Ainda há maior número de **homens** empreendedores do que de mulheres empreendedoras. No entanto, as mulheres têm sido mais ativas na criação de novas empresas que os homens.
- Um indivíduo tipicamente inicia o seu primeiro negócio quando tem cerca de **30 anos**. Aos mais novos falta experiência e credibilidade e, quando mais velhos, já têm a vida estabilizada. Mas é claro que uma empresa pode ser iniciada em qualquer idade.
- Em geral, a tendência empreendedora do indivíduo fica evidente na **adolescência**. A habilidade para lidar com a ambiguidade e o risco, a criatividade e a propensão para ser independente tornam-se visíveis cedo na vida.
- Em Portugal, por exemplo, normalmente o empreendedor ainda tem baixo nível de formação escolar, tal como a população em geral, mas há um número crescente de empreendedores com **formação superior**, como se verifica na maioria dos países desenvolvidos. As mulheres empreendedoras, em particular, têm maior nível de formação que os homens. A formação do indivíduo é importante para assegurar a credibilidade e mostrar as capacidades para obter financiamento.
- A principal motivação do empreendedor para criar a sua empresa é **ser independente**. Portanto, apesar da ideia generalizada, a principal finalidade não é ganhar dinheiro, adquirir fama, ter poder e muito menos ter segurança no emprego.
- Para se ser bem-sucedido em um novo empreendimento também é preciso ter **sorte**. O trabalho, o dinheiro e uma boa ideia são importantes, mas a sorte também é – estar no lugar certo na hora certa.
- Os objetivos dos empreendedores e dos capitais de risco entram em **conflito** com frequência por serem distintos. Os capitais de risco procuram ter altas rentabilidades para os seus investimentos, enquanto os empreendedores ainda estão interessados em que a empresa sobreviva e esteja consolidada.
- Apesar do mito, os empreendedores não têm particular atração por riscos elevados. Eles apenas assumem **riscos moderados** em decisões planejadas.
- **Não há um "perfil social"** do empreendedor. Em um evento social, nem são particularmente extrovertidos, nem introvertidos, isso depende do indivíduo. Portanto, em uma festa, por exemplo, os empreendedores não se diferenciam dos outros participantes.
- Apesar da crença de que os empreendedores se concentram no setor dos serviços, não há um tipo mais comum de empreendimento que os empreendedores formem. O **tipo e setor de atividade** da nova empresa dependerá de aspectos como as suas experiências profissionais, *hobbies*, conhecimentos etc. No entanto, as mulheres empreendedoras tendem a se estabelecer mais frequentemente no setor dos serviços.

Fonte: adaptado de Hisrich e Peters (2004).

2.9 ÉTICA E RESPONSABILIDADE SOCIAL DOS EMPREENDEDORES

Para sobreviver ao período inicial de implantação da nova empresa, os empreendedores podem encontrar caminhos mais "fáceis" que desfazem o equilíbrio entre uma conduta ética e a necessidade de ter resultados econômico-financeiros positivos. A sociedade contemporânea exige, cada vez mais, das empresas comportamentos éticos e socialmente responsáveis. É provável que os desafios inerentes a uma condução ética, moral e socialmente aceitável sejam maiores para pequenos empreendedores. Para evitar certas atuações do empreendedor, bem como dos seus colaboradores, é importante que se desenvolva (e escreva) um código de conduta ética aplicável a todos os colaboradores da equipe.

No passado, o princípio orientador da atuação das empresas era a maximização do lucro. Quando cada agente econômico procurava maximizar os seus interesses, o resultado seria maior eficiência produtiva, maior riqueza nacional e maior bem-estar geral. Nesse ambiente, a real, e talvez única, obrigação da empresa era a rentabilidade, os lucros. No entanto, essa visão está esgotada e uma nova cultura empresarial é nascente, a qual considera a ética em ações empresariais. Isso não significa apenas o cumprimento da lei para evitar sanções ou penalidades, posto que é, antes, um dever cívico. A empresa é, assim, vista como uma cidadã sujeita às determinações legais, ao pagamento de impostos e, como qualquer cidadão, deve comportar-se com honestidade e integridade, não se envolvendo em corrupção, roubo ou fraude. Contudo, a responsabilidade social vai mais além e integra o respeito e o reconhecimento da dignidade da pessoa humana sem confundir essa postura com atos de filantropia.

Esse é o contexto em que o empreendedor vai conceber a sua empresa. A atuação da nova empresa também deve ser pautada pela consciência do seu impacto (positivo e/ou negativo) sobre a comunidade. Em outras palavras, além do desenvolvimento da sua atividade de exploração, o empreendedor ver-se-á como ator no processo de construção de um mundo mais justo, equitativo, equilibrado e saudável. Portanto, diante das crescentes pressões da sociedade (parceiros, clientes, colaboradores, agências reguladoras etc.), o empreendedor tem de procurar um equilíbrio entre a acumulação de riqueza e a manutenção de um comportamento socialmente responsável e eticamente consciente.

Cumpre ao empreendedor garantir que os seus colaboradores tenham comportamentos éticos. Isso significa que ele deve identificar quais os principais comportamento ilegais e/ou pouco éticos de seus colaboradores e corrigi-los. Além de furto de material da empresa, os colaboradores também podem reduzir o controle de qualidade, encobrir incidentes, abusar das licenças de saúde, mentir e enganar os clientes, abusando do seu poder na organização e exercendo pressão inapropriada sobre outros.

Exercícios para reflexão

> O vendedor X tem uma graduação em Psicologia e um mestrado em Marketing. Nos seus estudos, ele aprendeu "truques" psicológicos que podia usar nas suas vendas. Teve também formação no que diz respeito à avaliação das necessidades dos clientes. Em um determinado caso, ele não estava certo de que o seu produto fosse adequado às necessidades do cliente, mas usou as técnicas que tinha aprendido e conseguiu realizar a venda. (Avalie o comportamento do vendedor.)
>
> Os vendedores da empresa A gastam grandes quantias de dinheiro para cativar seus clientes atuais e potenciais. Não é raro um vendedor convidar um cliente e a sua esposa para um jantar caro (R$ 1.000,00). A empresa do cliente tem uma política contra aceitar "presentes", mas como o vendedor da empresa A gosta de dizer: "todos temos de comer…" (Avalie a prática de despender grandes quantias para "entreter clientes".).

2.10 NOTAS FINAIS

O empreendedor é o indivíduo que cria uma nova empresa, proporcionando valor, dedicando o tempo e o esforço necessários para garantir a manutenção da sua empresa, assumindo os riscos financeiros, psicológicos e sociais, bem como recebendo as recompensas financeiras, de satisfação e de independência pessoal e econômica. Embora muitas pessoas manifestem algum grau de vontade em se tornarem empreendedoras, apenas uma pequena parte realiza esse desejo. A realização do empreendedorismo, na criação de uma nova empresa, envolve o abandono do emprego ou estilo de vida atual e a decisão sobre o empreendimento a implementar diante de condicionantes internos e externos que permitem ou inviabilizam a criação da nova empresa.

Há muitas influências sobre a decisão de ser empreendedor, em particular para os indivíduos que já têm um emprego e necessitam deixar a sua carreira atual. Por exemplo, a insatisfação com o emprego ou a demissão, a identificação de uma necessidade não satisfeita no mercado. Contudo, o ensejo para iniciar o seu próprio negócio é também influenciado por fatores como a cultura ou subcultura, a família, os professores e os colegas, ou mesmo o estímulo de pais empreendedores bem-sucedidos, fatores estes que estão associados à propensão para realizar o empreendedorismo.

Assim, as variáveis que influenciam o empreendedor são muitas, umas intrínsecas ao indivíduo, outras, ao seu meio ambiente. Na verdade, são esses os fatores que diferenciam o empreendedor de qualquer outro indivíduo. No entanto, apesar de podermos apontar um conjunto de características que o empreendedor deve ter, bem como fatores de experiência e vivência prévios deste, isso não exclui outros indivíduos no que diz respeito à possibilidade de se tornarem empreendedores, isto é, não há um perfil típico estabelecido. Afinal, como já nos referimos, ninguém nasce empreendedor!

Oportunidades e Ideias

3 Criar, moldar, reconhecer e capturar

Objetivos
- Levar o leitor a entender a diferença entre uma oportunidade e uma ideia.
- Ajudar o leitor a identificar as fontes de ideias para novos empreendimentos.
- Ajudar o leitor a compreender os métodos de geração de novas ideias de negócio.
- Ajudar o leitor a reconhecer como as tendências ambientais apontam oportunidades de negócio.
- Identificar as características pessoais que tornam algumas pessoas mais aptas a reconhecer oportunidades de negócio.
- Levar o leitor a entender como proteger as ideias de serem usurpadas ou de se perderem.

3.1 INTRODUÇÃO

Toda nova empresa tem início com a finalidade de satisfazer uma necessidade. É ao empreendedor que cumpre identificar a necessidade ainda não satisfeita no mercado e desenvolver uma oferta de produto e/ou serviço para supri-la. Há muitas formas de identificar novas oportunidades de negócio. Para ser bem-sucedido, o empreendedor deve ter uma boa ideia de negócio, porque, de início, uma boa ideia facilitará o sucesso. Contudo, uma boa ideia não é condição suficiente para se ter sucesso como empreendedor.

Comecemos por ver o que é uma ideia. Uma ideia é uma representação mental de algo concreto ou abstrato, um conceito ou uma invenção. Portanto, todos já tivemos e teremos ideias, mais ou menos "geniais", mas deixamos que, em sua maioria, essas ideias passem sem ser implementadas até que, um dia, ao vê-las realizadas por outros, dizemos: "eu pensei nisso há uns anos atrás... você se lembra de eu ter falado?". Portanto, no futuro, quando tivermos uma ideia, vamos, pelo menos, dedicar algum tempo a estudá-la para verificar a sua viabilidade e decidir se é realmente uma oportunidade de negócio.

As ideias surgem de muitos lados e de muitas fontes, tais como de experiências pessoais e de trabalho, de experiências indiretas de que ouvimos falar, de ver outros indivíduos e outras empresas, de viagens internacionais, de ocorrências casuais, de conversas – com colegas, professores, empresários, amigos ou familiares –, de *hobbies*, da leitura de revistas ou jornais, de olhar para as tendências, ver televisão etc. Em outros termos, olhando para além do que é imediatamente visível para todos. E, em uma fase inicial, todas as ideias que surgirem são bem-vindas. Por não darmos o verdadeiro valor a uma ideia que surgiu é que tantas oportunidades passam inexploradas durante tantos anos. Portanto, uma lição a reter é: registrar, apontar, escrever todas as ideias, por mais inviáveis que possam parecer. Mais tarde, faremos a avaliação de cada uma para, então, escolher aquela a que iremos dar corpo.

Oportunidades de negócios estão por todo lado e esperam por um empreendedor para as identificar e aproveitar. Quais as oportunidades que vale a pena aproveitar? O empreendedor precisa demonstrar a capacidade de identificar e avaliar potenciais oportunidades. Como fazer? Pelo estudo atento, observando, pensando, analisando a comunidade ao redor e o mundo. No fundo, o empreendedor precisa desenvolver a capacidade de entender por que umas empresas são mais bem-sucedidas que outras, o que fazem de diferente, quais as razões de sucesso de umas e de fracasso de outras. Afinal, há muitos hotéis, restaurantes e hotéis fazenda, mas apenas alguns figuram no *Guia 4 rodas*. Apesar de todos os dias milhares de empresas serem constituídas pelo mundo afora, a maioria fracassará em pouco tempo. Umas vão ter apenas alguns meses de vida; outras, alguns anos; e há ainda aquelas que ficarão na história das empresas com mais longevidade. A verdade é que, muitas vezes, a diferença reside apenas no empreendedor – no que o empreendedor faz para se diferenciar em termos de produto, localização, marketing ou a forma como concebe o seu modelo de negócio.

Evidentemente, em uma fase inicial todas as ideias são vagas. No entanto, as ideias servem como faróis para a procura de informação e para a análise futura. É a pesquisa futura que dará corpo à ideia e permitirá ao empreendedor desenvolvê-la. Ainda assim, é importante referenciar que a maioria das ideias se direcionam a pelo menos um de três aspectos:

- **Novo mercado**. Muitos empreendedores lançam-se com um produto ou serviço que não é novo no mundo, mas que é novo para o segmento-alvo do mercado ao qual se dirige (por exemplo, em uma nova localização geográfica – outra região, estado ou país).
- **Nova tecnologia**. Alguns novos negócios baseiam-se em novas tecnologias aplicadas aos processos de produção ou aos produtos.
- **Novo benefício**. Alguns empreendedores apresentam novas formas de oferecer um produto ou prestar um serviço, o que implica oferecer algum novo benefício aos clientes.

A sociedade contemporânea está em constante transformação, em parte, devido a mudanças nas tecnologias, na economia, na política e nas formas de organização. Mudam-se as formas de trabalho, os gostos e preferências dos consumidores, as formas de competição entre as empresas. Estas procuram desenvolver sua capacidade de competir em termos de qualidade, custos, preço e rapidez, uma vez que procuram inovações que vão ao encontro das expectativas dos consumidores e/ou clientes. Todo esse cenário é palco para a emergência de novas oportunidades e ideias de produtos e negócios. Por exemplo, a tendência para o envelhecimento da população, famílias monoparentais, idosos em solidão, bem como o problema da crescente obesidade da população nos países ocidentais mais desenvolvidos, são boas oportunidades para novas ideias de produtos e serviços aos clientes e, portanto, áreas que os empreendedores podem explorar para criar as suas novas empresas.

A base do empreendedorismo é a conversão de ideias em novas empresas. É evidente que a criatividade, a inovação e a decisão de assumir riscos são importantes, mas também é importante a capacidade de implementar efetivamente a ideia. Ainda assim, não podemos desvalorizar o papel da criatividade e dos métodos de identificação e avaliação de ideias, quer como técnicas para encontrar soluções para problemas reconhecidos, quer para a criação de novos negócios. Parte importante da criatividade é a identificação da necessidade, é encontrar a solução de um problema e perceber como melhorar a capacidade competitiva diante das empresas rivais.

3.2 OPORTUNIDADES E IDEIAS

As novas empresas são baseadas em uma ideia de negócio e essa ideia tem, frequentemente, origem em uma oportunidade que foi detectada, assim é importante começar por distinguir esses dois conceitos: oportunidade e ideia de negócio. As novas empresas são criadas por iniciativa de pessoas empreendedoras que estão dispostas a correr o risco a partir de uma ideia, baseada na percepção de uma oportunidade.

Na realidade, as oportunidades estão à nossa volta e esperam para ser identificadas. Aliás, todos temos ideias e muitos de nós já pensamos, pelo menos em algum momento, que tínhamos identificado uma excelente ideia de negócio. Afinal, isso significa que pensamos que um certo produto ou serviço teria procura no mercado e outros estariam dispostos e interessados em comprá-los. A questão é saber se essa ideia corresponde, efetivamente, a uma oportunidade. Um novo empreendimento será um bom negócio se existir uma necessidade pelo produto/serviço que se oferece, com as funcionalidades apresentadas, no tempo certo, no local adequado e ao preço proposto. A questão é, como já citamos, saber se as nossas ideias são verdadeiramente boas oportunidades de negócio. Essa fase de identificação, e, depois, de maturação e desenvolvimento da ideia, não deve ser encurtada.

Uma oportunidade materializa-se em uma circunstância favorável, que cria a necessidade de um novo produto ou serviço. Uma boa oportunidade deve possuir quatro qualidades essenciais: ser atrativa, durável, estar disponível no momento e local certos, e ser comportada em um produto ou serviço que adiciona valor ao seu comprador ou utilizador. As oportunidades são externas, estão no ambiente, e compreendem necessidades ou vontades que, embora ainda não estejam satisfeitas, podem vir a ser.

A existência de uma oportunidade estimula a criação da maioria das novas empresas empreendedoras. Essas oportunidades podem ter origem interna ou externa. Nas novas empresas estimuladas internamente, o empreendedor, quando decide começar uma empresa, procura uma ideia, reconhece a oportunidade e começa o negócio. Nas empresas estimuladas externamente, o empreendedor reconhece um problema, ou uma lacuna, que avalia como uma oportunidade, e procura a forma de encontrar solução, começando um negócio para solucionar o problema ou suprir a lacuna. Essa oportunidade pode ser notada por observação de tendências ambientais, por intuição ou por acaso. Por exemplo, a Symantec Corporation criou o antivírus Norton para proteger os computadores.

A tendência para se ficar entusiasmado com as próprias ideias e subestimar a dificuldade de as implementar, os recursos necessários – humanos, físicos ou financeiros –, a regulamentação a cumprir etc. é normal. Para que uma ideia seja uma oportunidade, têm de ser verificados alguns requisitos em termos de funcionalidade, preço, qualidade, durabilidade, valor adicionado (benefício) ao cliente e momento (*timing*) para levá-la ao mercado.

> Uma **oportunidade** é um conjunto de circunstâncias favoráveis que cria a necessidade de um novo produto ou serviço. Uma **ideia** é um pensamento, impressão ou noção, que pode ter, ou não, as qualidades de uma oportunidade.

Portanto, é importante perceber que: (a) o tempo despendido ao analisar uma ideia não é tempo desperdiçado, mesmo que a decisão seja não avançar com ela, até porque novas ideias podem surgir desse processo de pesquisa e reflexão; (b) diferentes empreendedores podem olhar a mesma ideia e a mesma oportunidade por ângulos distintos, chegando a diferentes conclusões sobre a viabilidade da nova empresa e a diferentes formas para satisfazer a necessidade. Assim, é importante que o empreendedor faça uma análise genérica inicial da ideia para perceber se há efetivamente uma oportunidade:

- O que está criando essa oportunidade?
- Durante quanto tempo as condições que criam a oportunidade irão se manter?
- Qual é a necessidade real para o produto/serviço?
- Qual é o público-alvo?
- Como se pode chegar ao público-alvo?
- Qual a sensibilidade ao preço e quanto o produto/serviço vale para os clientes?

- Onde está a concorrência? Os concorrentes não estão satisfazendo a necessidade em que sentido?

Embora todas essas questões sejam no futuro alvo de tratamento mais pormenorizado, nesta análise genérica inicial o empreendedor pode entender as dificuldades que, previsivelmente, encontrará e como adaptar-se a potenciais desvantagens ou ameaças. É evidente que, na construção da ideia, torna-se fundamental conseguir o melhor ajustamento possível entre a ideia e a necessidade, o problema ou desejo dos clientes.

Janela de oportunidade

> O termo "janela de oportunidade" é uma metáfora que descreve o período de tempo em que a empresa pode de fato entrar em um novo mercado. Quando o mercado para um novo produto está estabelecido, a janela de oportunidade abre-se e novas empresas entram. Em determinado ponto, o mercado fica maduro, e a janela de oportunidade para novas entradas fecha-se.

3.2.1 A ideia e a criatividade

Além de a ideia estar relacionada com a oportunidade, está também associada à criatividade. Aliás, é evidente que a criatividade é importante já na transformação de oportunidades em ideias viáveis. *Criatividade é o processo de geração de algo novo.* A criatividade está na gênese das ideias. No entanto, o processo criativo, ao contrário do que comumente podemos pensar, não está restrito a um conjunto limitado de "gênios" ou cientistas, como Leonardo da Vinci, Albert Einstein, Galileu Galilei, Copérnico, Newton, Bill Gates e Chaplin, porque todos temos alguma criatividade.

Criatividade

> É ter a capacidade de olhar para as mesmas coisas, as mesmas necessidades ou problemas que outras pessoas, mas de uma forma diferente, de um ângulo diverso. Por exemplo, pensando em novas formas de vender um produto, uma embalagem diferente, uma localização inexplorada etc. Alguns autores falam sobre intuição. Criatividade e intuição não são sinônimos. A intuição refere-se a um pensamento "inconsciente", a um raciocínio que não é sustentado em análises formais ou fatuais.

A criatividade é encorajada e fomentada pela abertura de pensamento, contato com pessoas e locais diferentes, convívio, leitura, estudo e trabalho, vontade de aprender e procura por informação. As redes de relacionamento são também boas fontes de novas ideias na medida em que nos transmitem dados e informações que desconhecemos.

> Alguns estudos indicam que os adultos utilizam uma menor percentagem do potencial criativo que as crianças. Em parte, isso pode acontecer porque, com o crescimento, os indivíduos encontram maiores restrições aos seus comportamentos e estas diminuem o espaço para o processo criativo. Alguns autores questionam o papel da educação formal sobre a criatividade, porque o modelo de aprendizagem atual é baseado em uma lógica de repetição e de estereótipos, relegando o potencial criativo.

É a criatividade que permite ao empreendedor gerar novos negócios, ao combinar e recombinar partes que já existem, criando novos modelos; ao identificar novos segmentos e necessidades no mercado, novos produtos e serviços; ao adicionar valor a ofertas já existentes para criar uma base de diferenciação. Portanto, uma das formas de germinar a criatividade é olhar de forma diferente para um problema, situação ou necessidade. Em outras palavras, olhar para as ofertas existentes e procurar o que outros ainda não detectaram.

3.3 FONTES DE NOVAS IDEIAS

De onde vêm as ideias? O empreendedor identifica (ou cria) novas oportunidades de negócio. Portanto, o real desafio é identificar ideias que sejam reais oportunidades de negócio. A questão é quando alguém pretende ser empreendedor e não tem qualquer ideia. Ainda que essa situação seja pouco provável, o que fazer nesse caso?

Já vimos que as ideias podem surgir de múltiplas fontes e em contextos distintos, quais sejam: experiências de trabalho anteriores, aulas, *hobbies*, conversas com amigos, familiares e conhecidos, feiras, encontros sociais, leitura de biografias etc. Os novos empreendedores frequentemente retiram as suas ideias dos consumidores, de outras empresas, dos canais de distribuição, do governo e de esforços de pesquisa e desenvolvimento (P&D). Mas também podemos gerar ideias iniciando um processo consciente e deliberado de procura destas. A seguir, apresentamos um conjunto de métodos possíveis para a procura de uma ideia:

1. **Identificação de necessidades**. Todas as empresas têm por base a satisfação de uma necessidade, razão pela qual põem no mercado uma oferta que visa satisfazer algum tipo de necessidade dos clientes e pela qual eles estão dispostos a pagar. Assim, a forma mais elementar de procurar ideias é pesquisar necessidades não satisfeitas e conceber produtos/serviços para supri-las.

2. **Observação de deficiências**. Todos nós já pensamos que algum produto/serviço precisava de algumas melhorias. Efetivamente, quase todos os negócios podem ser melhorados. Os produtos podem ser melhorados, assim como o *design* das embalagens, os espaços físicos, o serviço ao cliente, a rapidez com que um serviço é prestado, o preço, a conveniência etc. Fazer algo semelhante ao que outros já fazem, mas ligeiramente melhor, sensivelmente diferente, por um preço mais baixo, com maior conveniência etc. é uma forma de identificar ideias. Observar deficiências significa, portanto, pensar sobre o que melhorar, sobretudo quando se constitui uma empresa semelhante a outras que já existem.

3. **Observação de tendências**. Olhar para o mercado e observar tendências locais, regionais, nacionais ou internacionais em alguma dimensão ambiental pode permitir formular uma ideia. O mundo, a sociedade e os mercados estão

em constante mutação, transformando-se os gostos e as preferências dos consumidores, mudando-se as tecnologias e os padrões de consumo, alterando-se as estruturas demográficas, urbanas e etárias, os cuidados com os animais e com o ambiente natural, bem como formando-se novas posturas quanto à poluição. O empreendedor pode seguir as tendências para aproveitar oportunidades novas emergentes, sejam estas o resultado de modas que surgem, de ciclos econômicos, de evoluções tecnológicas ou outras.

ECOSECURITIES – Oportunidade no meio ambiente

Hoje, o comércio global de créditos de carbono movimenta mais US$ 10 bilhões anualmente. Essa oportunidade é explorada de forma pioneira há mais de dez anos pela empresa EcoSecurities, fundada em Oxford, na Inglaterra, pelo brasileiro Pedro Moura Costa, líder mundial no desenvolvimento de projetos de créditos de carbono.

"Espero que essa onda chegue ao Brasil rapidamente, onde grande parte do empresariado não está se beneficiando com os créditos de carbono."

Pedro Moura Costa – engenheiro florestal

A EcoSecurities foi criada em 1997 provendo *expertise* financeira para projetos de redução de emissão de gases. Mesmo antes de existir um mercado de créditos de C, o grupo já explorava esse aspecto. A EcoSecurities adquiriu reputação prestando assistência a projetos diversos no mercado emergente de créditos de carbono.

A empresa foi fundamental para a criação da infraestrutura desse mercado, dando assistência a governos, agências internacionais e empresas para se prepararem para os novos desafios ambientais, com trabalhos como:
- desenvolvimento do primeiro sistema de certificação em redução de emissões de carbono, em janeiro de 1997, licenciado pela EcoSecurities para a Société Générale de Surveillance (SGS), a maior empresa de certificação de *comodities* mundial;
- participação no desenvolvimento do programa de mitigação nacional de emissão de carbono da Costa Rica em 1997, o primeiro de um governo no mundo;
- desenvolvimento de algumas das primeiras metodologias aprovadas desde 2001;
- desenvolvimento do primeiro projeto registrado sob o protocolo de Kyoto, no Brasil, em 2004.

Em 2007, a EcoSecurities foi classificada como a 22ª organização no CNBC European Business Magazine's "Top 100 Low Carbon Pioneers".

Fonte: Observatório do Clima – *Valor Online* e www.ecosecurities.com.

4. **Derivação da ocupação atual**. Como já citamos, muitos empreendedores deixam o seu emprego para iniciar a sua própria empresa. Desse modo, não é estranho que muitos empreendedores efetivamente identifiquem a sua ideia de negócio no seu emprego anterior. Na realidade, isso acontece porque a empresa não sabe, ou não quer, ou não pode aproveitar uma oportunidade ou tecnologia emergente, e o empreendedor pensa que se a empresa fosse sua... ele faria melhor. Às vezes, é apenas a constatação de que há algo na empresa que poderia ser melhorado; outras vezes, de que inovações não são utilizadas.

Isso pode levar o empreendedor a estabelecer concorrência com o ex-patrão, mas essa não é condição obrigatória, porque a oportunidade pode ser apenas relacionada e até pode ocorrer que o empreendedor torne-se fornecedor ou cliente do patrão anterior.

5. **Procura por novas aplicações**. Significa procurar/encontrar novos usos para bens que já existem. Os empreendedores podem analisar e monitorizar os produtos e serviços de empresas rivais que operam no mercado para detectar formas de melhorá-los, adequando-os às necessidades e criando uma oferta que o mercado pode privilegiar. No entanto, é importante observar se o mercado é suficientemente grande para comportar uma nova empresa.

6. *Hobbies*. Nos seus *hobbies*, os indivíduos podem encontrar necessidades não satisfeitas – portanto, oportunidades. Muitas empresas relacionadas com, por exemplo, atividades desportivas nascem de ideias de praticantes amadores que sentiram a falta de serviços/produtos direcionados para os seus *hobbies*.

7. **Imitação do sucesso de outro**. Efetivamente, poucos empreendedores lançam empresas com ofertas de fato novas; a maioria das novas empresas posiciona-se muito perto de outras que já existem, isto é, imitam o sucesso de uma empresa que já existe. No entanto, note que, para ter sucesso dessa forma é fundamental analisar bem o que o outro está fazendo, qual a tecnologia, o mercado, o marketing e a fonte de valor acrescentado que oferece aos clientes. Isso significa analisar quais os motivos pelos quais essa empresa está sendo bem-sucedida e em que aspecto; além disso, pode-se incluir alguma forma de diferenciação. Uma má imitação pode condenar a nova empresa ao fracasso, isto é, deve-se fazer o reconhecimento do mercado antes de se aventurar.

8. **Os canais de distribuição** são fontes de novas ideias, pois conhecem melhor o mercado. Os canais de distribuição podem dar sugestões de produtos/serviços novos que os consumidores desejam, de características (*design*, tamanho, características técnicas) que os clientes preferem, e até apoiar na comercialização dos produtos da nova empresa.

9. A adaptação e resposta a regulamentações governamentais pode ser uma fonte de ideias de novos produtos. Por exemplo, quando o governo emite legislação de proteção do meio ambiente ou de segurança no trabalho (por exemplo: melhorar as condições de trabalho) novas empresas podem ser formadas para suprir com produtos/serviços as necessidades das organizações.

10. Os esforços do próprio empreendedor em *pesquisa e desenvolvimento (P&D)* são uma fonte de novas ideias.

3.4 TENDÊNCIAS AMBIENTAIS QUE GERAM OPORTUNIDADES

As tendências sociais, políticas, econômicas, tecnológicas, demográficas, locais, regionais, nacionais e mundiais geram oportunidades. Essas tendências referem-se a mudanças em algum, ou vários, elementos externos que geram uma alteração das condições, lacunas no conhecimento, caos e confusão, inconsistências ou incertezas. A oportunidade pode advir de acontecimentos externos e/ou tendências que induzem transformações sociais, políticas, econômicas, tecnológicas, demográficas, globais ou locais. Por exemplo, o progresso tecnológico em informática e comunicações, bem como em tecnologia de forma geral, está introduzindo novos processos e métodos, novos produtos e novos modelos de gestão que acarretam novos desafios, mas que também trazem novas oportunidades para as empresas. O empreendedor pode aproveitar uma dessas oportunidades emergentes em um setor que manifeste maior probabilidade de ter um crescimento mais acentuado.

O fenômeno da globalização – internacionalização dos mercados e da produção – também acarreta mudanças na forma tradicional de pensar e fazer as coisas. Dessas mudanças, no que diz respeito ao conceito de globalização, surgem tendências e novas necessidades dos consumidores, que são oportunidades para novos empreendimentos. Para se ter sucesso, pode ser importante acompanhar as mutações no macroambiente e responder às novas necessidades do mercado. É bem possível que atualmente seja viável fazer fortuna em áreas como a de preservação do ambiente, de produção de alimentos que não engordam (*fat free*), de produtos "verdes", de cuidados com a saúde para os mais idosos, bem como o seu entretenimento durante a aposentadoria (a tendência subjacente é o envelhecimento da população aliada à sua longevidade). A educação/formação das crianças, a inserção profissional dos desempregados, a personalização de produtos geralmente padronizados, o aconselhamento para hábitos de vida mais saudáveis, bem como os salões de beleza e estética, são também áreas de investimento.

Há um vasto conjunto de autores e acadêmicos que, esporadicamente, alerta para as mutações mais salientes na sociedade mundial. É o caso de John Naisbitt que, no seu livro *Megatendências*, esclarece as dez tendências mais evidentes do mundo contemporâneo. Ele identificou tendências como a transformação da sociedade industrial em uma sociedade da informação, a interdependência mundial entre as economias nacionais, a descentralização da iniciativa e da autoridade nas empresas (efeito que é designado comumente por *empowerment*), a adaptação crescente dos produtos às necessidades e desejos dos indivíduos, principalmente os desejos de individualidade. No livro *O mundo é plano*, Thomas Friedman debruça-se sobre o impacto da maior participação de países como a China e a Índia na economia mundial e mostra como a subcontratação (*outsourcing*) de serviços e produções está afetando muitas profissões, instituições e empresas nos países mais desenvolvidos. Essas transformações são ameaças para as empresas estabelecidas no conservadorismo, mas são também oportunidades para a criação de novas empresas. No entanto, apesar de ser útil a consulta de livros publicados, há muitas tendências que são facilmente observáveis por potenciais empreendedores atentos às transformações no mundo.

Portanto, é importante perceber como as tendências podem criar oportunidades e, para tal, é importante auscultar, permanentemente, tanto o mercado nacional quanto o internacional. Vejamos, de modo breve, um conjunto de dimensões ambientais que merecem acompanhamento (Quadro 3.1).

Quadro 3.1 Condições e tendências ambientais

Econômicas	Demográficas	Socioculturais	Políticas/Legais
PIB e tendência de evolução	Crescimento da população nos países menos desenvolvidos	Mudanças no estilo de vida	Legislação
Elevadas despesas dos governos	Diminuição demográfica em alguns países ocidentais	Alteração no conceito de família – agora mais restrita	Bem-estar
Taxas de juros aumentando	Mudanças na população	Preocupação com a saúde e com a aposentadoria	Alojamento
Taxa de desemprego aumentando, mas com diferenças geográficas e em relação à formação do indivíduo	Imigração	Preocupações ambientais	Agricultura
Níveis de rendimento	Taxas de natalidade	Tendências mais individualistas	Educação
Nível de endividamento crescente das famílias	Taxa de envelhecimento e desequilíbrios na distribuição etária	Mulheres no mercado de trabalho	Proteção e preservação do meio ambiente
Mulheres no mercado de trabalho e aumento do rendimento familiar	Maior esperança média de vida da população	Valor da educação e da formação profissional	Maior abertura aos mercados externos
Maior concentração da riqueza	Maior diversidade étnica no local de trabalho	Preocupação com o ambiente e a responsabilidade social	Mais entradas de empresas estrangeiras

Nota: estas tendências são específicas de um momento, alterando-se ao longo do tempo.
Fonte: elaborado pelos autores.

Ambiente econômico. As forças e as mudanças econômicas afetam o rendimento disponível dos consumidores. Por exemplo, ao analisar como as forças econômicas afetam as oportunidades, é importante avaliar quem tem dinheiro para gastar e quem está tentando cortar nos custos. A tendência atual para a maior participação das mulheres na força de trabalho ativa e o aumento do seu rendimento disponível leva muitas empresas a procurar esse segmento de mercado para fornecer serviços de produtos de diversos tipos.

Oportunidades e Ideias

No contexto atual, em que as empresas também têm de ter maior capacidade competitiva, grandes empresas tentam cortar os custos para fazer frente à competição mais intensa. Alguns empreendedores podem tirar partido dessa necessidade, fornecendo serviços que ajudem as empresas a controlar (reduzir) os seus custos.

Ambiente sociocultural. As tendências e mudanças sociais proporcionam "aberturas" para novos negócios. Por exemplo, a expansão das cadeias de *fast-food* não acontece porque as pessoas adoram comer *fast-food*, mas porque têm cada vez menos tempo disponível e têm algum rendimento que estão dispostas a gastar em refeições relativamente baratas e rápidas. Em outro exemplo, o walkman da Sony foi desenvolvido não porque os consumidores queriam rádios menores, mas, sim, porque as pessoas queriam ouvir música quando estavam em movimento. Portanto, é preciso perceber como as tendências e mudanças sociais proporcionam "aberturas" para novos negócios, como afetarão efetivamente o consumo e quais as necessidades que os clientes procuram satisfazer. A tarefa não é fácil porque são muitos os exemplos de forças sociais que geram novas oportunidades de negócio e que o empreendedor pode (e deve) considerar para o médio e longo prazo:

- **Mudança no padrão de emprego.** Menor estabilidade laboral exige que os trabalhadores se mantenham disponíveis para a mobilidade e atualizem as suas competências acadêmicas e profissionais com maior frequência.
- **Mudança no padrão e comportamentos das famílias.** Famílias menores, mais restritas, mais ocupadas e com maior rendimento *per capita*.
- **O envelhecimento da população.** Gera a necessidade de cuidados com a saúde direcionados para essa clientela, mas também produtos, serviços de apoio e de assistência e atividades de entretenimento.
- **Maior diversidade no local de trabalho.** Colaboradores de diversas nacionalidades, etnias, crenças religiosas, gênero etc.
- **A globalização da indústria.** A internacionalização da produção facilita às empresas a procura por local para cada fase da cadeia de valor que apresente maiores vantagens de localização.
- **A maior ênfase nos cuidados com a saúde, bem-estar e estética (*fitness*).** Uma parcela maior da população preocupada em ter uma vida mais saudável, com melhor alimentação e mais ativa.
- **A proliferação dos computadores e do uso da internet, de celulares, de equipamentos de informática e digitais.** Ainda que essa não seja uma tendência que possamos observar em todo o mundo, simplesmente porque há ainda uma grande parte da população que aufere rendimentos tão baixos que não lhes permite ter acesso a essas tecnologias – cerca de um bilhão de

pessoas no mundo recebem rendimentos inferiores a US$ 1,00 por dia –, o fato é que, nos países ocidentais, um maior número de pessoas tem acesso e usa regularmente o computador e a internet. Esses consumidores são mais informados, mais exigentes e poderão utilizar a internet para fazer as suas compras online. Para as empresas, o uso dessas tecnologias pode também trazer reduções nos custos e maior eficiência na gestão da cadeia de valor.

- **Maior procura por novas formas de entretenimento**. Essa tendência pode originar uma vasta gama de produtos e serviços, desde viagens de aventura a jogos de computador, de cosméticos e terapias alternativas (por exemplo: SPAs) a clubes de interesses específicos.
- **Maior participação das mulheres na força de trabalho**. A entrada das mulheres no mercado de trabalho tem permitido, por um lado, aumentar o rendimento das famílias e, por outro, gerar várias necessidades adicionais. Estas são necessidades relacionadas com o papel que a mulher habitualmente desempenhava na família tradicional: alimentação, cuidados com a habitação, acompanhamento dos filhos etc. Além de serviços que suprem as necessidades emergentes, os lares precisam de equipamentos que facilitem às mulheres o desempenho dos vários papéis.

Ambiente tecnológico. Dado o rápido progresso nas tecnologias, os empreendedores devem manter-se atentos à forma como as novas tecnologias podem afetar os negócios atuais e ao surgimento de futuras oportunidades. Muitos setores surgiram ou tiveram fortes mutações como resultado de progressos tecnológicos, por exemplo, o setor de computadores, internet, biotecnologia, fotografia digital, alimentar e de embalagem. Quando uma nova tecnologia é criada, formam-se novas empresas para aproveitar e desenvolver essas tecnologias. Por exemplo: a RealNetworks começou por adicionar capacidade de áudio à internet.

Ambiente político e mudanças de regulamentação. A ação política e as mudanças na regulamentação proporcionam a base para novas oportunidades de negócio. Por exemplo, as leis que protegem o ambiente geram oportunidades para os empreendedores criarem empresas que ajudem outras empresas e os indivíduos a cumprir as leis e os padrões ambientais. Leis de proteção do consumidor exigem produtos fabricados de acordo com normas de qualidade estabelecidas e limitam a publicidade das empresas (por exemplo: em muitos países, hoje, é proibida a publicidade de tabaco). Benefícios fiscais (ou a sua ausência) favorecem certos investimentos, compras e comportamentos em desfavor de outros (por exemplo, o setor energético é altamente influenciado pela política governamental).

3.5 MÉTODOS DE GERAÇÃO DE NOVAS IDEIAS

Como gerar ideias? Há um conjunto de métodos que podem ser usados para gerar ideias, desde as populares "caixas" para recolher sugestões – de colaboradores, clientes, fornecedores –, técnicas de grupos de discussão (*focus groups*), à técnica de *brainstorming*. Mesmo assim, a geração de uma ideia que sirva de base a um novo empreendimento ainda pode ser um problema difícil. Reveremos brevemente alguns dos métodos mais comuns. As ideias podem visar a expansão horizontal (maior variedade de produtos ou serviços) ou vertical (produtos ou serviços de melhor qualidade/desempenho), quer para acompanhar as tendências no ambiente, quer para aproveitar as novas tecnologias, quer, ainda, para explorar alterações dos gostos e comportamentos dos consumidores.

3.5.1 O *brainstorming*

O *brainstorming* é uma técnica usada para gerar rapidamente um grande número de ideias e soluções para problemas, explorando a criatividade dos indivíduos que participam em dinâmicas de grupo organizadas. Em geral, uma sessão de *brainstorming* envolve um grupo de pessoas e deve ser orientada para um tópico específico. Essa técnica é particularmente eficaz na geração rápida de ideias que talvez poderão dar pistas para a solução de problemas existentes.

Para que uma sessão de *brainstorming* seja bem-sucedida na geração de novas ideias, é importante seguir quatro regras: (a) proibir as críticas e os comentários negativos a ideias e a membros; (b) encorajar o pensamento livre, a criatividade, a irreverência e a improvisação (*freewheeling*); (c) gerar dinâmica na sessão e incentivar o maior número possível de ideias (mais ideias significam maior probabilidade de que uma boa ideia surja); (d) encorajar ou, pelo menos, permitir que se salte de assunto para assunto e de aspecto para aspecto, mesmo que esse saltitar seja desordenado; (e) permitir junções, melhorias e reformulações, por uns, de ideias lançadas por outros.

Por que razão o *brainstorming* pode gerar ideias que, de outra forma, poderiam não surgir? Porque a criatividade das pessoas é mais estimulada quando se encontra com outras. Porque, ao não serem permitidas críticas, as pessoas sentem-se mais livres para oferecer ideias, sem receio de "retaliação". Porque o *brainstorming* foca a criatividade, e não a avaliação das ideias. Note-se que em uma reunião tradicional, quando uma pessoa sugere uma ideia, imediatamente o resto do grupo começa a avaliá-la. Isso acontece porque a maioria das pessoas se sai melhor criticando do que sugerindo novas ideias e perspectivas.

Como organizar uma sessão de brainstorming? Certifique-se de que os elementos do grupo podem efetivamente contribuir para o assunto específico em discussão. Evite que haja relações de hierarquia (relações superior-subordinado) que inibam a criatividade.

Assegure-se de que há um elemento que lidera a discussão e orienta os trabalhos, e um outro elemento que é responsável por tomar notas das ideias avançadas na sessão.

3.5.2 Os grupos de discussão (ou *focus groups*)

O empreendedor pode recorrer a grupos de discussão ou *focus groups* para gerar novas ideias de produtos/serviços e de negócios. Um *focus group* reúne, em geral, de cinco a 15 pessoas (ainda que possa ter outra composição), as quais previamente selecionadas com base nas suas características comuns para discutirem um determinado assunto. Esses grupos são conduzidos por um moderador que lidera o grupo, estimula uma discussão aberta e detalhada, usando técnicas de dinâmica de grupos para capturar uma perspectiva do que as pessoas sentem sobre um certo assunto. Esse método ultrapassa o inconveniente de outros métodos que colocam questões simples e apenas solicitam a resposta dos participantes.

Dado que os participantes têm liberdade para expressar a sua opinião, conhecimento e experiência sobre o assunto em tratamento, o grupo pode também ser usado para aferir, por exemplo, qual a percepção do produto/serviço pelos clientes. O método permite observar e registrar as atitudes, opiniões e reações dos participantes em relação ao produto.

3.5.3 Os questionários (*surveys*)

Os questionários são, com frequência, usados para recolher informações de uma amostra de indivíduos. A aplicação de questionários é um método relativamente rápido e razoavelmente fácil de executar, além de barato, se comparado a outros métodos. Os questionários permitem a confidencialidade dos dados e podem ser usados para atingir um elevado número de indivíduos mesmo que se encontrem geograficamente dispersos ou afastados. Os questionários propiciam o surgimento de ideias de novos negócios, produtos ou serviços, uma vez que permitem fazer perguntas específicas para obtenção de respostas direcionadas. Naturalmente, será necessário considerar alguns aspectos, os quais serão dispostos a seguir.

A *amostra para o questionário*. A seleção da amostra é essencial diante dos objetivos. A qualidade dos dados recolhidos depende de a amostra ser bem selecionada na população.

A *elaboração do questionário*. Para garantir a qualidade dos dados recolhidos, é importante estudar as técnicas para realização de um bom questionário. Isso significa aprender as vantagens e desvantagens de cada tipo de pergunta e dos tipos de classificação das respostas. (Veja mais sobre esse tema no próximo capítulo).

- A seleção da amostra tem de ser aleatória, evitando a autoseleção da amostra, isto é, a amostra deve ser efetivamente representativa de um universo que se pretende estudar e não deve ser composta apenas por voluntários. Assim, deve-se evitar, por exemplo, os questionários com uma amostra que se autoseleciona (*self-selected opinion poll*). A maioria dos questionários em que se solicita aos potenciais participantes que telefonem ou se conectem à internet para responder a um conjunto de questões (frequentes na TV e em revistas) são suspeitos porque a amostra representa o que se designa por *self-selected opinion poll*. Nesses casos, o problema é que a maioria dos participantes colabora porque tem uma opinião altamente positiva ou fortemente negativa sobre o produto ou assunto em questão.

- É importante ter cuidado com a sequência das perguntas no questionário, dado que esta influencia as respostas.
- É importante escolher cuidadosamente as opções de resposta porque podem enviesar as respostas. É regra geral que as escalas permitam respostas "indiferentes" (no meio das opções) e respostas "não se aplica". Forçar os participantes a escolher nem sempre é uma boa solução. Às vezes, a questão não se aplica mesmo, e outras podem ser de resposta efetivamente indiferente.
- Deve-se conhecer as tendências de resposta da população.
- As questões devem ser formuladas de forma clara e concisa, evitando-se ambiguidade e jargão muito técnico, que pode não ser entendido pela amostra.
- O questionário deve incluir perguntas abertas para que os participantes possam expressar opiniões e sugestões para além das já incluídas.

3.5.4 Observação direta

A observação direta dos clientes ao usar um certo produto ou serviço nas suas compras, ou dos trabalhadores ao executarem uma determinada tarefa ou qualquer aspecto do dia a dia, pode permitir a obtenção de muita informação relevante e gerar novas ideias. Esse método se baseia em ter colaboradores da empresa passando um dia com um cliente atual ou potencial, para identificar aspectos do seu comportamento e as atitudes que poderão ser uma base para a criação de novas ideias para um produto, serviço ou negócio. Pela observação, podemos conhecer necessidades, identificar preferências, detectar lacunas que podem ser oportunidades para um novo negócio.

Esse método permite obter, em primeira mão, informações reais sobre a vida dos clientes, além de informação qualitativa. No entanto, é importante reconhecer que a presença de um observador pode influenciar o comportamento do cliente, e o resultado obtido está limitado ao período de tempo em que a pesquisa decorre.

3.5.5 Análise de inventário de problemas

A análise de inventário de problemas pode ser usada para a geração de novas ideias de produtos de forma idêntica à dos grupos de discussão (*focus groups*). No entanto, em vez de se estimular a geração de novas ideias, os participantes recebem uma lista de problemas relativos a uma determinada categoria de produtos. Os participantes são, então, estimulados a identificar e discutir produtos dessa categoria que tenham um determinado problema referido. Esse procedimento é eficaz, dado que é mais fácil relacionar produtos conhecidos com problemas identificados para se conseguir chegar a uma ideia de um novo produto do que gerar uma ideia integralmente nova para um novo produto.

Esse método tem a dificuldade inicial de gerar a listagem de problemas. Além disso, é preciso precaução, porque a ideia a que o grupo chegou pode não ser uma nova oportunidade de negócio. No entanto, esse método pode permitir chegar a ideias interessantes que poderão, depois, ser avaliadas recorrendo-se a um outro método.

3.5.6 O método do *check-list*

Nesse método, uma nova ideia é desenvolvida a partir de um conjunto de questões que é usado pelo empreendedor para guiar a discussão sobre um assunto. Não há regras específicas para a elaboração da lista, esta depende do assunto ou problema, podendo conter questões como as seguintes:

- Que outras formas de utilização pode haver para o produto/serviço?
- Que modificações seriam necessárias para poder ter usos alternativos?
- Que adaptações podem ser feitas para competir com empresas existentes?
- Que características podemos imitar?
- O que modificar no produto? Significado, cor, cheiro, formato, tamanho?
- O que diminuir ou substituir? Miniaturizar? Reduzir tamanho? Encurtar? Dividir?
- O que substituir? Que componente ou material?
- Reorganizar componentes? Mudar o *design* ou o padrão?
- Mudar o horário de funcionamento? Encurtar ou alargar horário?
- Combinar ou misturar? Combinar produtos ou marcas?

3.5.7 O método de livre associação

Esse é um método simples e barato que os empreendedores poderão usar para gerar novas ideias. Em essência, o procedimento consiste em escrever uma palavra relacionada com o problema, depois outra, e assim por diante, procurando com cada nova palavra adicionar algo de novo e, assim, criar uma cadeia de ideias que levem à emergência de uma nova ideia de produto ou negócio.

3.5.8 O método de anotações coletivas

Nesse método, é distribuído a cada participante um bloco de notas com alguns dados pertinentes sobre o problema. Os participantes pensam no problema, no seu dia a dia, e escrevem possíveis soluções e ideias. Ao fim de um determinado tempo, um dos participantes faz um resumo e elabora uma lista com todas as ideias e sugestões. Essa lista é, então, discutida pelo grupo para selecionar e melhorar as ideias.

3.6 AVALIAR A IDEIA

Há várias técnicas que podem ser utilizadas na geração de novas ideias, bem como várias fontes de ideias, desde a experiência no local de trabalho até a intuição do empreendedor, o acaso ou a sorte. No entanto, não interessa apenas entender como as novas ideias emergem, é também importante avaliar o potencial de sucesso de um novo negócio que explore a ideia para um novo produto ou serviço. Em outras palavras, é necessário avaliar o novo produto em termos de oportunidade de mercado, concorrência, marketing e produção.

Qualquer novo produto/serviço é tão bom quanto a necessidade que satisfaz e o mercado que serve. O empreendedor precisa determinar a dimensão da procura efetiva e potencial para a ideia de novo produto. Ao avaliar o mercado, devem ser considerados aspectos como: as características e atitudes dos clientes, a dimensão potencial do mercado, a fase do ciclo de vida do mercado – introdução, crescimento, maturidade ou declínio – e a quota de mercado que previsivelmente a nova empresa poderá conseguir captar.

A avaliação também deve considerar aspectos relacionados com a concorrência: quem são os concorrentes, os preços, as políticas de marketing usadas, os fatores competitivos ou vantagens competitivas que os sustentam e como o novo produto pode ser diferenciado.

É também importante que o empreendedor considere as capacidades internas da nova empresa. Estas são capacidades de gestão, atuação no mercado, força de vendas e de serviço pós-venda, conhecimentos técnicos, equipamentos disponíveis e penetração nos canais de distribuição. A empresa precisará ter capacidade financeira para fornecer o novo produto, sendo, então, essencial a avaliação dos custos de produção e de comercialização diante dos preços de venda que se estima praticar. A empresa também deverá ter capacidade para fabricar o produto novo com os processos, equipamentos e pessoal de que dispõe.

3.7 A PROTEÇÃO DAS IDEIAS

Alguns empreendedores baseiam a sua ideia de negócio em uma inovação no produto/serviço ou processo. Uma vez identificada e desenvolvida a ideia de produto/serviço que sustentará o seu novo negócio, é importante procurar proteger a propriedade intelectual para evitar eventual apropriação por um concorrente. A propriedade intelectual tem o potencial de gerar lucros, podendo ser licenciada ou mesmo vendida, mas também pode ser roubada; assim, deve ser protegida de acordo com a legislação específica (ver também <http://www.inpi.gov.br>).

Figura 3.1 Registro de marcas e patentes – INPI

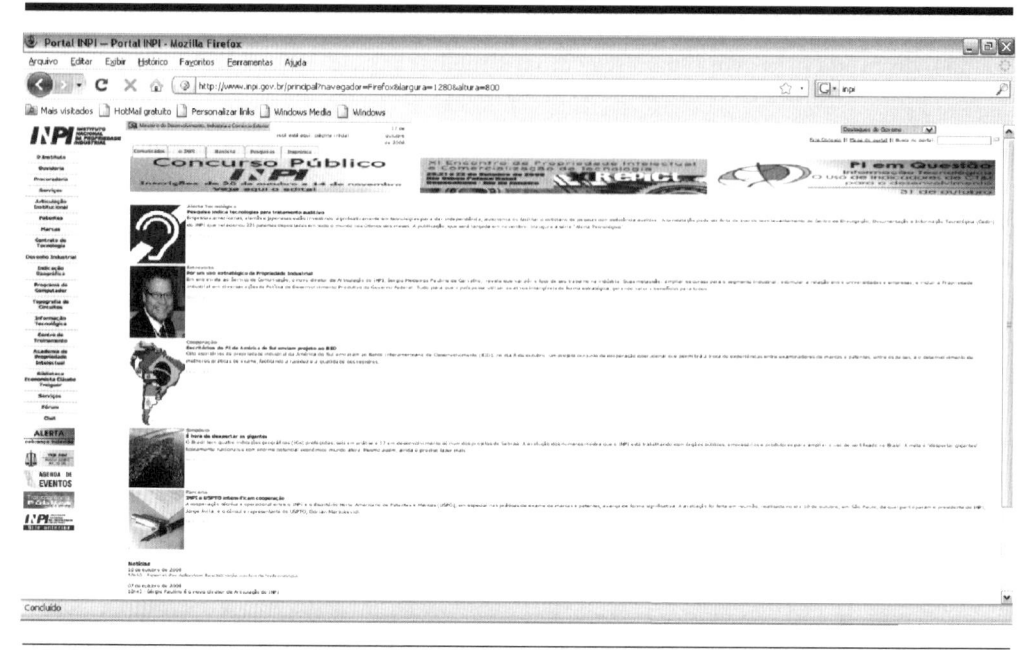

Fonte: disponível em: <http://www.inpi.gov.br/principal?navegador=Firefox&largura=1280&altura=800>.

Propriedade intelectual refere-se a qualquer produto do intelecto humano que é intangível, mas tem valor no mercado. É designada por propriedade "intelectual" porque é o produto da imaginação, criatividade e invenção, pelo que inclui o resultado de atividades intelectuais, por exemplo: invenções (mecânicas, elétricas, químicas), software de computador, processos de produção, *designs*, modelos de negócio e materiais genéticos. Se, tradicionalmente, as empresas pensavam nos seus ativos físicos, tais como terrenos, edifícios e equipamentos, como os mais importantes, cada vez mais são os ativos intelectuais que se tornam imprescindíveis.

Pfizer: inovação para a vida na indústria farmacêutica

A *Charles Pfizer Company* foi fundada em 1849 como empresa na área farmacêutica, pelos imigrantes alemães Charles Pfizer e Charles Erhart. Desde a sua origem, a Pfizer orientou-se para a inovação e qualidade dos produtos diante das necessidades do mercado. O seu primeiro produto foi o Santonim, feito para eliminar vermes e parasitas.

A inovação da Pfizer ficou evidente, desde cedo, com a fabricação, em escala industrial, do ácido cítrico e da penicilina durante a Segunda Guerra Mundial. No entanto, a primeira grande descoberta da Pfizer foi a Terramicina®, um medicamento capaz de combater bactérias responsáveis por mais de cem doenças. A Pfizer iniciou, então, a sua orientação constante para a investigação científica. Esses esforços têm dado muitos frutos, tais como o Diabinese®, para tratar os diabetes tipo II; o Mansil®, um anti-inflamatório; o Zoltec®; o antibiótico Zitromax®; o Zoloft®, um antidepressivo; a droga para a hipertensão Norvasc®; o Geodon®, para o tratamento da esquizofrenia; o Listerine®, um antisséptico bucal; a pomada Polysporin®, que é indicada para tratamentos de pequenas lesões na pele; e o Lípitor®, para redução do colesterol. A carteira de produtos da Pfizer conta, ainda, com o Viagra®, que é um dos medicamentos de

(continua)

Oportunidades e Ideias

> (continuação)
>
> maior sucesso na história da indústria. Apesar de um portfólio invejável, a Pfizer investiu também em P&D para produtos farmacêuticos voltados para animais.
>
> Atualmente, a Pfizer é a maior empresa farmacêutica, a que mais investe em P&D, está presente em vários países, com centros de P&D nos Estados Unidos, França, Japão e Inglaterra.
>
> Os resultados do investimento contínuo em inovação tem dado suporte ao crescimento da Pfizer. A sua estratégia reside em proporcionar produtos e serviços sofisticados que respondam às necessidades de médicos e pacientes, melhorando a qualidade de suas vidas.
>
> Reflita: Como é que o caso da Pfizer deve ser inspirador para um potencial empreendedor? Que lições você retira desse caso?

É importante que o empreendedor analise a necessidade de proteger a sua propriedade intelectual. Quando as características de uma tecnologia dificultam o seu uso exclusivo, o criador pode optar por proteger o seu uso ou licenciá-la a outros, permitindo-lhes que a usem, mediante uma contrapartida. Para proteger a propriedade intelectual, o empreendedor necessita obter o direito de propriedade relativo à tecnologia. Nesta seção expomos as quatro principais formas de proteção de propriedade intelectual: patentes, direitos de autor, marcas e segredos comerciais.

Dado que alguns empreendedores identificam a sua ideia de negócio como resultado de uma invenção feita enquanto trabalhavam em uma empresa, é importante destacar que o direito à patente pertence ao inventor ou seus sucessores. Contudo, se a invenção for realizada no decurso da execução de um contrato de trabalho, em que a atividade inventiva esteja prevista, o direito à patente pode pertencer à empresa, sob condições contratualmente definidas.

3.7.1 As patentes

Uma patente é um benefício dado pelo governo, que concede o direito de excluir outros de produzir, vender ou usar uma invenção enquanto esta durar. Esse direito é concedido por um período alargado, cerca de 20 anos, embora a fixação desse período dependa do tipo de patente. No entanto, ela não dá necessariamente o direito a usar ou praticar a invenção (por exemplo, uma patente de uma nova bomba nuclear).

> Por exemplo, se um inventor obtiver uma patente para um novo tipo de *chip* de computador, e esse *chip* infringir uma outra patente detida pela Intel, o inventor não tem o direito de produzir, usar ou vender o *chip*. Para o produzir, o inventor necessitaria da permissão da Intel, e a Intel pode recusar a permissão ou pedir um pagamento pelo direito de usar a sua patente.
>
> Muitas invenções são melhorias de invenções existentes, e o sistema permite que as melhorias sejam patenteadas e vendidas, mas apenas com a permissão do inventor original, obtendo este os rendimentos do licenciamento.

Alguns empreendedores começam a sua empresa com um novo modelo de negócio. É possível patentear um **método de negócio** (esse tipo de patente é denominado *business method patent*). Essas patentes protegem uma invenção que consiste em usar, ou facilitar, um método de fazer negócio. Por exemplo, o método desenvolvido pela Amazon.com (*one-click ordering system*), ou pela Priceline.com (*name-your-price*), ou mesmo o método desenvolvido pela norte-americana Netflix, que criou um método para permitir aos clientes definir uma lista de filmes (DVDs) que pretendem alugar e que lhes serão gradualmente enviados por correio.

Passos a seguir para solicitar uma patente

1. Verifique se o produto é patenteável
   Antes de seguir em frente é importante verificar a viabilidade de patentear o produto. Para isso, acesse o site <http://www.inpi.gov.br> e consulte a Lei de Propriedade Industrial n. 9.279/96. Por exemplo, não são aceitas obras artísticas, bem como materiais que constam dos artigos 10 e 18 da Lei, e o produto deve ter aplicação industrial.
2. Fazer uma busca para verificar se a ideia é uma novidade
   A invenção deve apresentar novidade e atividade inventiva. Assim, é importante consultar a base de patentes, inclusive no site do INPI, revistas especializadas e produtos de empresas da área.
3. Verifique o tipo de registro
   O registro pode ser de patente de invenção, modelo de utilidade ou desenho industrial.

   > "É patenteável a invenção que atenda aos requisitos de novidade, atividade inventiva e aplicação industrial. Qualquer concepção nova, sejam produtos ou processos, os quais representem um avanço em relação ao estado da técnica e constitua a solução de um problema técnico."

   O modelo de utilidade é um "objeto de uso prático, ou parte deste, suscetível de aplicação industrial, que apresente nova forma ou disposição, envolvendo ato inventivo, que resulte em melhoria funcional no seu uso ou em sua fabricação. Não são aceitos circuitos elétricos, métodos, sistemas ou softwares".
4. Preencher pedido de patente
   O pedido de **patente** é composto de requerimento, relatório descritivo, reivindicações, desenhos (se for o caso), resumo e comprovante de pagamento da retribuição relativa ao depósito.
5. Depositar pedido de patente
   O depósito pode ser feito na sede do INPI localizada no Rio de Janeiro ou por envio postal com aviso de recebimento endereçado à Diretoria de Patentes DIRPA/CADPAT, com indicação do código DPV (AN 127 itens 4.2, 4.2.1 e 4.4), ou nas Delegacias ou Representações Regionais nos demais Estados.
6. Solicitar pedido de exame
   O pedido permanece em sigilo por 18 meses antes de ser publicado, quando se deve solicitar o exame que acontecerá em até 36 meses, contados a partir da data do depósito.
7. Acompanhar despachos
   O processo pode ser acompanhado por intermédio da Revista de Propriedade Industrial (RPI) disponível na biblioteca e no site do INPI, editada semanalmente.
8. Responder pareceres
   Por ocasião do exame técnico será elaborado o relatório de busca e parecer relativo a:
   I – patenteabilidade do pedido;
   II – adaptação do pedido à natureza reivindicada;
   III – reformulação do pedido ou divisão;
   IV – exigências técnicas.

(continua)

(continuação)

> 9. Solicitar carta-patente
> A patente será concedida depois de deferido o pedido e comprovado o pagamento da retribuição correspondente, expedindo-se a respectiva carta-patente. O pagamento da retribuição e respectiva comprovação deverão ser efetuados no prazo de 60 dias contados do deferimento.

Fonte: Abrantes (2005).

3.7.2 As marcas

Uma marca é qualquer palavra, nome, símbolo ou instrumento usado para identificar a fonte ou origem dos produtos ou serviços e para os distinguir dos produtos ou serviços das outras empresas. As marcas também transmitem informação útil aos consumidores. Por exemplo, os consumidores sabem o que esperar quando se ligam ao website da *Yahoo*! Pense o quão confuso seria se qualquer site da internet pudesse chamar-se *Yahoo* ou se não pudéssemos distinguir as empresas pelos seus nomes de marca.

As leis sobre marcas protegem os seguintes itens:

- **Palavras**. As combinações de palavras são elegíveis para registro de marca, incluindo palavras soltas, frases curtas e slogans. Exemplos de palavras e frases registradas: *just do it* da Nike, Oracle.
- **Números e letras**. Estes também são elegíveis de registro, tais como: IBM, 3M, 1-800-flowers.
- **Designs e logos**. Os designs e logotipos podem ser registrados, por exemplo, o símbolo da Nike ou as representações distintas de um edifício (caso da Cisco Systems). CISCO
- **Sons**. Os sons distintivos podem ser registrados ainda que essa forma de proteção seja mais rara. Por exemplo: o rugido do leão da MGM.
- **Fragrâncias**. Podem ser registradas apenas se o produto não for conhecido pela sua fragrância.
- **Formas**. A forma pode ser registrada se não tiver impacto na função do produto. Por exemplo, a forma única das garrafas da Coca-Cola não tem efeito na qualidade da garrafa nem da bebida – por isso, nesse caso, a forma não é funcional, podendo ser registrada.
- **Cores**. A cor pode ser registrada se não for funcional, isto é, se não tiver impacto sob a funcionalidade do produto/serviço.
- **Aparência**. A aparência inclui a embalagem, *design* e configuração do produto. A aparência geral do produto ou empresa pode ser protegida.

Há, no entanto, um conjunto de itens que não são protegidos, tais como:

- **Imorais ou escandalosos**. Palavras, sons e imagens que sejam imorais ou escandalosos não podem ser registrados.

- **Enganosos.** Não podem ser registrados conteúdos enganosos. Por exemplo, uma empresa não pode registrar o nome "maçãs frescas de São Joaquim" se as maçãs não forem de São Joaquim.
- **Descritivas.** Não podem ser registradas expressões se forem apenas descritivas do produto ou serviço.
- **Sobrenomes.** Uma marca que consista, essencialmente, em um sobrenome, tal como "Ferreira", em geral não é passível de registro. No entanto, pode ser registrada se o sobrenome for combinado com outras palavras que distingam um produto ou empresa.

3.7.3 Os direitos autorais (*copyrights*)

Os direitos autorais são uma forma de proteção da propriedade intelectual que concede ao autor o direito legal a determinar como o trabalho é usado e a obter benefícios econômicos deste. Os direitos autorais são o direito sobre a obra, qualquer que seja o gênero ou a forma de expressão. O trabalho protegido não precisa ser artístico para merecer proteção de direitos de autor. Por exemplo, manuais de utilização são elegíveis para proteção de direitos autorais. Os direitos autorais significam que o autor tem direito a reivindicar a paternidade da obra e de assegurar sua genuinidade e integridade, bem como de obter os benefícios econômicos gerados na exploração da obra.

Figura 3.2 Escritório direitos autorais

Fonte: disponível em: <http://www.bn.br/portal/?nu_pagina=28>.

Quais os itens que podem ser protegidos pelos direitos de autor?

- **Trabalhos literários**. Qualquer texto escrito pode ser um trabalho literário, incluindo livros de romance, poesia, livros de estudo, discursos, publicidade e *slogans* publicitários, jogos, manuais para os trabalhadores ou para a utilização de equipamento, programas de software etc. As personagens de uma história também podem ser protegidas se algo as distinguir substancialmente. Por exemplo, o Mickey da Disney é protegido!
- **Composição musical**. Uma composição musical, incluindo os versos que a acompanham são passíveis de ter proteção. Assim, se um grupo musical fizer alguma variação sobre uma música, poderá protegê-la desde que o autor original o permita.
- **Trabalhos dramáticos**. Os trabalhos dramáticos como uma peça de teatro, uma música, uma comédia ou um show na TV podem ser protegidos.
- **Trabalhos coreográficos**. Referem-se a uma composição de movimentos de dança.
- **Trabalhos de escultura, gráficos ou de imagem**. Incluem-se nessa categoria uma variedade de trabalhos, tais como fotografias, impressões, reproduções de arte, desenhos animados, mapas, globos, joias, tecidos, jogos etc.

Assim, ficam excluídos da proteção dos direitos autorais, em primeiro plano, as **ideias**. Por exemplo, um empreendedor pode ter a ideia de abrir um restaurante com o tema do futebol. A ideia em si não pode ser protegida. No entanto, se o empreendedor escrever especificamente como é que esse restaurante será e como irá operar, essa descrição é passível de obter proteção. O princípio legal que descreve esse conceito é designado por dicotomia ideia-expressão. A ideia não pode ser protegida, mas a expressão específica da ideia, sim.

3.7.4 Os segredos comerciais

O segredo comercial é qualquer fórmula, padrão, instrumento físico, ideia, processo ou outra informação que proporcione ao seu dono uma vantagem competitiva no mercado. Incluem-se: planos de marketing, fórmulas de produtos, previsões financeiras, registros de vendas, entre outros tipos de informação proprietária.

O empreendedorismo deve primar pela inovação e invenção que dê suporte a uma ideia de negócio. O tipo de inovação ou invenção e a relativa facilidade com que os concorrentes a podem imitar devem ser analisados para determinar a necessidade e importância da proteção.

3.8 O MODELO DE NEGÓCIO

O modelo de negócio é a forma como a nova empresa vai competir no mercado, usar os seus recursos, estruturar as suas relações com os fornecedores e interagir com os clientes. Em última análise, o modelo de negócio evidencia todas as atividades que definem como a empresa compete no mercado, o que ela faz e o que não faz.

É essencial que o empreendedor defina o modelo de negócios da nova empresa de forma clara e articulada, pois é esse modelo que clarifica como todos os elementos do negócio se encaixam e descreve por que empresas parceiras são necessárias para que a ideia de negócio funcione. Para a concepção do modelo de negócio é importante que o empreendedor analise a cadeia de valor, a qual, como veremos no Capítulo 5, é a sequência de atividades desde os aprovisionamentos até ao consumidor final e serviço pós-venda. Ao analisar a cadeia de valor, o empreendedor conseguirá identificar a forma para criar valor adicional e distinguir-se dos concorrentes. Aliás, essa análise é útil para identificar oportunidades para novos negócios. Pensar de forma criativa o modelo de negócios é particularmente importante para as novas empresas. Estas, em geral, não têm capacidade para desempenhar todas as funções e atividades da cadeia de valor, necessitando recorrer a parcerias com outras empresas.

O modelo de negócio também define como a empresa interage com os clientes e determina a forma como irá competir. Por exemplo, o modelo de negócios da Amazon. com vende livros na internet, enquanto empresas como a FNAC, a Barnes & Noble ou a Saraiva (e a maioria das livrarias tradicionais) vendem principalmente por meio dos seus canais tradicionais (lojas), além da internet. Esses são modelos de negócio distintos. Há ainda o caso da norte-americana Dell Computers, que vende os computadores somente pela internet, enquanto outras empresas como a HP, Compaq ou a IBM vendem sobretudo no varejo – ainda que hoje também permitam que o cliente faça a sua encomenda diretamente na página de internet. A Dell também desenvolveu um modelo significativamente novo, em que o cliente encomenda online, os fornecedores recebem de imediato essa informação e em cerca de uma semana o cliente terá, por exemplo, o seu computador entregue em sua casa.[1]

3.9 AS REDES DE RELACIONAMENTO

Não é o que sabes que conta, mas quem conheces.
Mas, se não souberes o quê, o quem não falará contigo.
(Ditado popular norte-americano)

O ser humano vive em sociedade, interagindo com muitas pessoas ao longo da sua vida pessoal e profissional. É no contexto das suas interações que muita informação,

---

[1] Para conhecer melhor o modelo da Dell, pesquise em: <http://www.dell.com.br>

resultados de experiências, intuições e ideias são trocadas e partilhadas. Pense em quantas pessoas já conheceram até este ponto da sua vida. É provável que, pelo menos, algumas dessas pessoas pudessem ajudá-lo no momento em que se decidisse a criar a sua própria empresa. Por isso, a partir de agora comece a ser mais proativo nos seus relacionamentos, bem como a trazer sempre consigo alguns cartões de visita e uma agenda na qual constem as pessoas que conhece. Aprenda a manter os seus contatos e a cultivar as suas relações, ou seja, crie a sua rede de relacionamentos.

Para o nosso propósito, uma rede de relacionamentos é o conjunto de pessoas que você conhece e com quem mantém algum contato, quer se restrinja a interações profissionais, quer pessoais, quer inclua ambas. Por meio de suas redes, as pessoas e empresas trocam informação, experiências, ideias e a possibilidade de desenvolver algum projeto conjuntamente. Portanto, quanto mais empresas e pessoas conhecer... melhor, porque terá acesso a mais informação, experiências e ideias de outros.

Para o potencial empreendedor é importante que comece, desde logo, a nutrir uma rede de contatos. Para construir a sua rede, siga as seguintes dicas:

- Procure diversificar os seus relacionamentos com pessoas nas mais diversas áreas de atividade, profissões, empresas e mesmo países. Quanto mais diversificada e abrangente for a sua rede, maior a probabilidade de ter acesso a informação nova e diferente.
- Procure a diversidade de opiniões e seja flexível às opiniões daqueles que o rodeiam. Um dos propósitos de ter uma rede abrangente é exatamente o fato de poder ter acesso a opiniões e ideias muito diversas que lhe tragam novas perspectivas, soluções e pontos de vista.
- Tenha uma perspectiva de longo prazo. Você não deve ter um comportamento oportunístico e utilitarista ao criar uma rede. As relações constroem-se ao longo de vários anos, e muitas pessoas só estarão verdadeiramente dispostas a trocar informação quando a relação estiver desenvolvida. No entanto, você deve estar disposto a ajudar os outros, e não apenas à espera que os outros o ajudem.
- Contate com frequência e mantenha as pessoas na sua rede informada dos seus planos e interesses. Se todos estiverem informados uns sobre os outros, é possível que transmitam novas ideias, oportunidades e dicas.
- Mantenha-se visível e esforce-se por introduzir continuamente novas pessoas na rede. Apresente novos "membros" aos outros e construa relacionamentos, por exemplo, contatando em datas comemorativas (aniversário, Natal, Páscoa, férias etc.). Escreva, telefone, envie um e-mail.

- Supere a sua timidez e faça contactos mesmo com desconhecidos. Todos são desconhecidos antes de estabelecerem contato. Frequente reuniões e conferências, vá a feiras e exposições, procure nas associações comerciais, industriais e profissionais.

As redes de relacionamento afetam a identificação e reconhecimento de oportunidades. Redes sociais e profissionais mais extensas expõem mais oportunidades e ideias. Contudo, é fundamental que, na construção da sua rede, você procure novos relacionamentos, desde logo, com pessoas em área diferentes da sua. Por que novos, e não apenas manter os antigos? Falamos de redes de laços fortes (*strong ties networks*) e de redes de laços fracos (*weak ties networks*). Nas Figuras 3.3 e 3.4 representamos os dois tipos de redes relacionais. Uma relação de laços fortes é caracterizada por interações frequentes, tal como entre colegas, amigos, familiares, cônjuges. Essas relações, formadas entre indivíduos "semelhantes", tendem a reforçar ideias e perspectivas que as pessoas já têm. De algum modo são… relações redundantes. Uma relação de laços fracos é caracterizada por interações pouco frequentes, tal como entre "conhecidos". Essas relações, formadas entre conhecimentos casuais, serão mais diversas, daí surge a oportunidade de que uma pessoa possa dizer a outra algo que faça surgir uma ideia completamente diferente. O resultado é que é mais provável que o empreendedor obtenha novas ideias por meio de laços fracos (*weak ties*) do que dos laços fortes (*strong ties*).

Figura 3.3 Rede de laços fracos

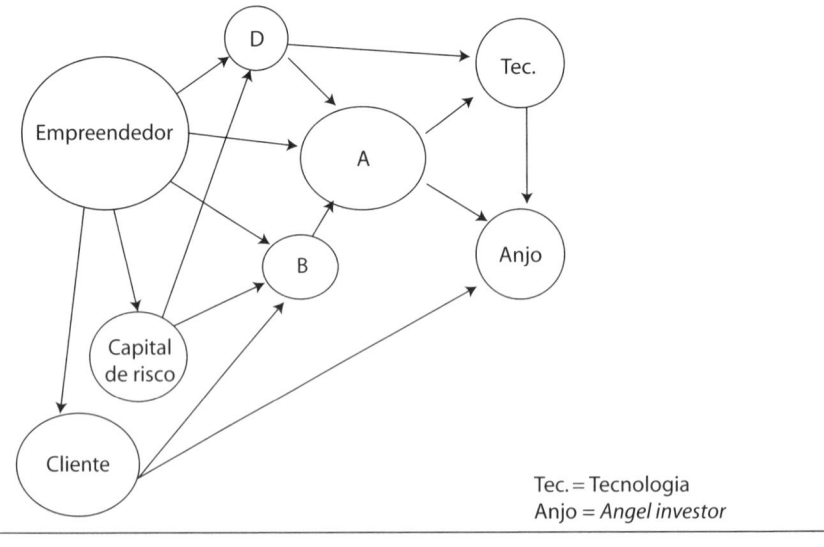

Tec. = Tecnologia
Anjo = *Angel investor*

Fonte: elaborada pelos autores.

Oportunidades e Ideias 73

Figura 3.4 Rede de laços fortes

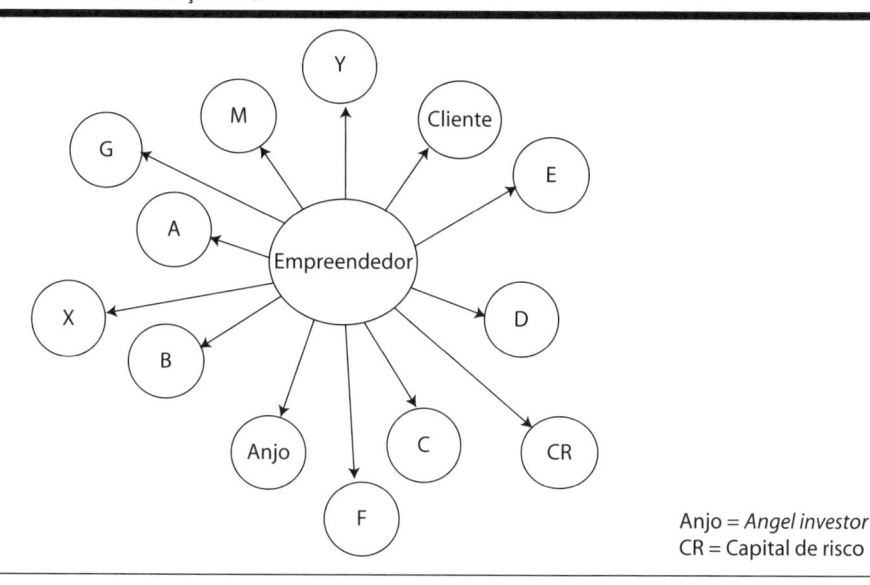

Diagrama: Empreendedor no centro, conectado por setas bidirecionais a Y, M, G, A, X, B, Anjo, F, C, CR, D, E, Cliente.

Anjo = *Angel investor*
CR = Capital de risco

Fonte: elaborada pelos autores.

3.10 NOTAS FINAIS

Uma boa ideia é um bom ponto de partida para um negócio bem-sucedido. No entanto, uma boa ideia não é tudo; é importante que exista uma oportunidade no mercado que comporte a ideia. Em alguns casos, a ideia é efetivamente pautada em uma inovação e, em outros, essa inovação – de produto, processo ou tecnológica – deve ser protegida.

O que fazer quando o empreendedor não tem a ideia? Essa situação é pouco provável. A maioria de nós tem ideias para possíveis negócios. Ainda assim, se não tiver a ideia, há um conjunto de métodos para gerá-las. Aliás, é importante que o empreendedor crie na sua equipe a orientação constante para a melhoria contínua, a inovação, a criatividade para manter a empresa dinâmica e aproveitar as oportunidades que emergem no mercado.

Para trabalhar a ideia

Tem uma ótima ideia de negócio? Responder a um conjunto breve de questões é o primeiro passo para determinar se a sua ideia pode se transformar em uma empresa viável. Use o resto do livro para desenvolver a ideia. Ou... use o que vai aprender para construir uma ideia viável.

1. Qual é a sua ideia?
_____
_____
_____

(continua)

(continuação)

2. Que produto ou serviço se propõe oferecer?
_____
_____
_____

3. Qual a necessidade que se propõe satisfazer?
_____
_____
_____

4. Quem vai comprar o produto/serviço ou quem vai usá-lo?
_____
_____
_____

5. Em que medida o seu produto é diferente ou melhor que o da concorrência?
_____
_____
_____

6. O que o torna "único" ou distinto?
_____
_____
_____

7. Por que razão as pessoas comprarão o seu produto, e não o de um concorrente?
_____
_____
_____

ANEXO – O **Franchising** no Empreendedorismo

Objetivos
- Entender o que é o franchising e como difere de outras formas de negócio.
- Perceber os diferentes tipos de franchising: de produto, de marca e de formato de negócio.
- Entender as vantagens e desvantagens de uma franquia como forma de expandir as operações.
- Identificar alguns aspectos para determinar se a franquia é um bom caminho para o crescimento da empresa.
- Identificar os custos associados à compra de uma franquia.
- Discutir as vantagens e desvantagens do franchising para o franqueador e para o franqueado.

1 INTRODUÇÃO

Muitos empreendedores consideram estabelecer-se pela via do franchising. Neste anexo, apresentamos o franchising como forma de empreendedorismo. A palavra *franchising*, ou *franchise*, tem origem francesa. No francês antigo, *Fran* significava concessão de um privilégio ou de uma autorização. Na Idade Média, era sinônimo uma cidade franca, ou franqueada, que oferecia a livre

Oportunidades e Ideias

circulação de pessoas e bens. Franquear significava conceder um privilégio ou autorização mediante a cessão de uma serventia. Atualmente, o franchising refere-se à filiação em uma empresa líder e ao contrato que materializa tal filiação. Há, atualmente, no Brasil um conjunto de entidades e empresas que promovem o franchising como forma de negócio, tais como a Associação Brasileira de Franchising, que existe desde 1987, ou o Instituto Franchising do Brasil.

Neste anexo, analisamos o franchising como modelo de negócio para o empreendedor criar a sua própria empresa ou como forma de expansão da empresa. Descrevemos as principais vantagens e desvantagens em deter um franchising, o perfil que um franqueador e um franqueado devem possuir para ter sucesso, e classificamos os diferentes tipos de franquias.

2 O QUE É O FRANCHISING

O franchising é um modo de organização em que uma empresa (franqueador) que já tem um produto/serviço bem-sucedido licencia a sua marca e forma de fazer negócio a outras empresas ou indivíduos, em troca de um direito de entrada (ou *franchise fee*) e do recebimento de *royalties*. O franqueador coloca à disposição do franqueado um conjunto de produtos ou serviços, originais ou específicos, a fim de serem explorados pelo franqueado segundo determinadas regras, previamente acordadas.

> **Direito de entrada (*franchise fee*)** – valor que se paga quando da adesão à rede, normalmente na data da assinatura do contrato. Em parte, essa taxa cobre os custos que o franqueador teve para atrair, selecionar e formar o candidato, bem como outros custos que terá até a abertura do estabelecimento. Além disso, o direito de entrada funciona como uma espécie de joia paga pelas vantagens de se tornar membro de uma cadeia já estabelecida no mercado e pelo direito ao uso da marca.
>
> ***Royalties*** – valor pago mensalmente, em geral, por meio de uma percentagem sobre o faturamento, pelo uso contínuo da marca e pelos serviços de apoio prestados pelo franqueador.

Aderir a uma rede de franchising oferece ao empreendedor a possibilidade de abrir um negócio sem que para isso tenha de possuir necessariamente experiência prévia ou conhecimentos sobre a atividade. Aliás, o franchising permite ao franqueado abrir um negócio próprio que já foi testado previamente e com sucesso, ter apoio técnico e administrativo na gestão do dia a dia por uma equipe especializada, bem como formação inicial e contínua. No entanto, o franqueado tem de aceitar as regras impostas pelo franqueador e os limites à sua liberdade e autonomia enquanto empresário. O sucesso do franchising depende de vários fatores: perfil do franqueado, localização do estabelecimento, força do conceito do franqueador e da estrutura de apoio, além da adequação do produto/serviço ao mercado.

Há diferentes tipos de sistemas de franchising. Os mais conhecidos são as franquias de produtos e marcas, que consistem em um acordo pelo qual o franqueador concede ao franqueado o direito/obrigação a comprar os seus produtos e a utilizar a sua marca. Essa é a situação que liga um fabricante a uma rede de distribuidores ou comerciantes, como é exemplo a rede de concessionários que a General Motors estabeleceu para vender automóveis. Esses concessionários utilizam a marca da GM em sua comunicação e publicidade.

Também muito populares no Brasil são as franquias de formato de negócio. Estas consistem em um acordo no qual o franqueador proporciona a "fórmula" para fazer negócio ao franqueado, mas também formação/treino de colaboradores, publicidade e outras formas de assistência técnica e de marketing. Os restaurantes de *fast-food*, as lojas de conveniência e os motéis são exemplos de franquias de formatos de negócio frequentes.

Figura 1 Exemplos de franchising no Brasil

Quadro 1 Obrigações do franqueado e do franqueador

Obrigações do franqueador	Obrigações do franqueado
Testar o potencial de sucesso do negócio durante um período, de modo a mostrar que o negócio pode ser rentável.	Administrar o negócio no dia a dia, selecionar a equipe de colaboradores, tomar decisões, desenvolver as ações de comunicação e publicidade.
Apresentar um negócio baseado em um *know-how* distintivo com uma vantagem competitiva diante da concorrência. A vantagem pode advir de uma oferta mais variada, produtos exclusivos para a rede, preço mais baixo, *design* mais atrativo, ou uma combinação desses fatores.	Realizar o investimento necessário, embora alguns franqueadores facilitem o financiamento ao franqueado.
Transmitir o *know-how* aos franqueados. Os procedimentos devem estar bem especificados em manuais e programas de formação para serem transmitidos aos franqueados.	Fazer os pagamentos acordados (referentes a direitos de uso da marca, de exploração do negócio e pelos serviços prestados pelo franqueador).
	Cumprir as regras da rede sobre a forma de operação e garantir a uniformidade do serviço.

Fonte: adaptado de Santos (2002).

3 O FRANCHISING COMO FORMA DE EMPREENDEDORISMO

Um mercado de trabalho pouco atrativo e os baixos rendimentos do trabalho dependente levam muitas pessoas a procurar na criação do próprio emprego a alternativa a uma vida profissional ativa. No entanto, os potenciais empreendedores esbarram nas dificuldades de criar o seu próprio negócio, ou porque não têm uma ideia, ou porque não dispõem dos conhecimentos que julgam necessários para se estabelecer por conta própria. O franchising é uma via possível para muitos empreendedores e uma alternativa razoável ao estabelecimento de raiz de um novo negócio independente. O franchising pode constituir uma excelente oportunidade de desenvolvimento da vontade empreendedora do indivíduo. No entanto, é preciso fazer uma boa avaliação dele. O sistema de franchising funciona partindo do princípio de que um empreendedor irá gerir o seu próprio negócio, a partir de uma marca conhecida, com a qual os riscos de mercado já foram testados. Isso significa que, em vez de iniciar um negócio sem conhecer as suas características, o empreendedor vai utilizar o conhecimento de um negócio já testado e que lhe será ensinado. O franchising é mais apropriado quando a empresa franqueadora tem uma marca forte (ou potencialmente forte) e/ou um método de negócio bem organizado e testado. Entretanto, esse tipo de negócio tem vários atrativos: ser baseado na força da imagem de uma marca, o que limita o risco incorrido; experiência acumulada e um *know-how* adquirido por parte do franqueador – o que dá algumas garantias de sucesso ao empreendedor. A franquia falhará se a marca do franqueador não adicionar valor para os clientes e/ou se o seu modelo de negócio tiver falhas ou estiver incipientemente desenvolvido.

Assim, a primeira questão que se coloca é: *franchising ou negócio independente?* Quando um empreendedor opta por montar um negócio sozinho, a escolha da área de negócio é geralmente baseada nas suas preferências pessoais, nos seus *hobbies*, nos seus conhecimentos profissionais e/ou acadêmicos, na experiência familiar prévia ou em uma oportunidade que julga existir. Em geral, o pequeno empreendedor possui pouca, ou nenhuma, experiência empresarial e poucos conhecimentos de gestão e marketing. O financiamento é, frequentemente, feito pelo recurso a poupanças acumuladas, alguns empréstimos de familiares e amigos, e o planejamento é baseado na "vontade de ter um negócio próprio". Muitas dessas pequenas empresas não sobreviverão, deixando um empreendedor endividado e desanimado.

O Quadro 2 resume as principais características distintivas entre o franchising e o negócio independente.

Quadro 2 O franchising *versus* o negócio independente

	Franchising	**Negócio independente**
Marca	O franqueado adquire de imediato o direito de uso da marca e logotipo já conhecido, inclusive com boa aceitação no mercado.	É necessário estabelecer um nome próprio para o negócio.
Produtos ou serviços	Oferece produtos ou serviços já testados e implantados no mercado.	Requer um *know-how* para criar produtos, desenvolvê-los, testá-los e implantá-los no mercado.
Formação/Treino	O franqueado torna-se apto para iniciar um novo negócio de imediato, ao se beneficiar dos conhecimentos (transferência do *know-how* e manuais) do franqueador.	Depende exclusivamente da capacidade individual e do perfil do empreendedor.
Implantação do negócio	O franqueador presta serviços de consultoria de produção e comercialização, mercado, plano de marketing e publicidade, promoções, relação com fornecedores, preços e concorrência.	Começa pequeno e levará algum tempo a desenvolver-se. Pode necessitar de apoio ou recursos externos para crescer.

(continua)

(continuação)

Publicidade e promoção	Tem o apoio do franqueador na criação e produção. A divulgação é de responsabilidade do franqueado.	Arca com os custos de criação, produção e da seleção dos canais de comunicação.
Fornecedores	O franqueador especifica os equipamentos e materiais, seleciona os melhores fornecedores e passa os descontos por volumes comprados para a rede.	Tem liberdade de escolha de materiais, equipamentos e tecnologias.
Venda do negócio	Geralmente, há limitações na venda do negócio. O franqueado tem de conceder ao franqueador o direito de preferência.	Tem toda a liberdade de negociar a venda do empreendimento.
Recursos humanos	Apresenta uma metodologia própria para gerir os recursos humanos; possui uma política de gerência já testada e ajustada ao negócio da rede.	A inexperiência do empreendedor na administração do pessoal pode fazer com que tenha de recorrer a gestores externos, incorrendo em maiores custos.

Fonte: adaptado de Santos (2002).

Para muitos empreendedores já decididos a avançar para a criação de um empreendimento pela via do franchising, a dificuldade está em saber como fazer uma escolha acertada. Embora não existam receitas universais, as dicas a seguir poderão ajudar a escolher o franchising.

Oito DICAS para escolher o franchising

1. **O franqueador tem experiência suficiente?** É importante escolher um franqueador já bem estabelecido e sério, com capacidade para atuar no mercado com uma boa campanha publicitária e com experiência de atuação em vários mercados.
2. **O franqueador tem capacidade para prestar apoio?** A capacidade para prestar apoio na gestão, marketing, formação e serviço ao cliente são essenciais ao sucesso do empreendimento.
3. **O franqueador sugere que você se encontre com os outros franqueados?** Quando se procura um franchising é importante conversar com alguns franqueados para se informar sobre como a rede funciona.
4. **O franqueador avalia a capacidade e o currículo dos franqueados?** Alguns franqueadores aceitam qualquer potencial franqueado para crescer mais rapidamente, mas, a longo prazo, uma seleção cuidadosa dos franqueados pode evitar danos à reputação da rede. É importante escolher um franqueador que faça a avaliação dos franqueados e que tenha formas de controlar o desempenho de cada membro da rede.
5. **O franqueador clarifica a formação/treino a conceder aos franqueados?** Muitas franquias baseiam-se em um ótimo serviço ao cliente. É fundamental que o franqueador se comprometa e especifique o programa de formação a proporcionar aos franqueados.
6. **O franqueador tem estabelecimentos próprios?** Esse aspecto é relevante porque é em lojas próprias que o franqueador pode testar o lançamento de novos produtos/serviços.
7. **O franqueador dá assistência contínua?** A assistência ou consultoria contínua é importante para monitorar o progresso do empreendimento e ajudar a solucionar eventuais dificuldades.
8. **A rede do franqueador está crescendo?** É importante selecionar um franqueador ainda em fase de crescimento e com um plano específico de expansão das atividades.

4 VANTAGENS E DESVANTAGENS DO FRANCHISING

É importante que o franqueador apresente um negócio com vantagens em relação à concorrência – quer seja por via da diferenciação do produto, quer pelo preço, quer por qualquer outro fator que permita vantagem competitiva – e que esteja preparado para formar os franqueados nos seus métodos.

Oportunidades e Ideias

O empreendedor deve conhecer as **vantagens** e **desvantagens** do franchising, quer do ponto de vista do franqueador (Quadro 3), quer do franqueado (Quadro 4).

Quadro 3 Vantagens e desvantagens para o franqueador

Vantagens	Desvantagens
Rapidez de expansão: com o sistema de franchise formado, o franqueador pode expandir rapidamente a rede de distribuição a novos locais, expandindo o negócio a novos franqueados.	*Alguma perda do controle*: há uma perda parcial do controle sobre os atos dos franqueados; à medida que as distâncias aumentarem, tornar-se-á mais difícil controlá-los.
Redução de custo: o franqueador pode realizar economias de escala pela centralização das compras e da distribuição. Ao comprar maiores volumes, aumenta o seu poder de negociação com os fornecedores.	*Potencial criação de concorrente*: há uma perda de sigilo à medida que o franqueador transferir o seu conhecimento para o franqueado. Eventualmente, o franqueado poderá montar por si próprio um negócio concorrente, desvinculando-se do franqueador.
Maior participação no mercado: ocorre pelo crescimento da rede, à medida que novos franqueados são selecionados.	*Insuficiência nos serviços*: uma expansão acelerada pode gerar dificuldade de abastecimento dos franqueados ou a incapacidade de prestar o apoio de consultoria necessário.
Maior cobertura geográfica: a expansão da rede de franqueados proporciona maior cobertura geográfica com o serviço de clientes e mercados antes não explorados.	*Seleção inadequada dos franqueados*: uma seleção inadequada dos franqueados pode resultar em problemas na rede, na reputação e na qualidade do produto/serviço oferecido. Por exemplo, um franqueado pode introduzir variações ou novos produtos/serviços, com consequências negativas para a imagem e reputação.
Possibilidade de encontrar franqueados motivados: a motivação de um franqueado pode ser superior à de um colaborador interno. Dado que os franqueados são proprietários dos seus estabelecimentos, eles estarão mais motivados para maximizar as vendas e reduzir os custos para aumentar os lucros.	*Potencial menor de lucro*: os lucros serão menores do que se a empresa crescesse internamente abrindo novas filiais.
Gerar rendimento dos royalties e das taxas de franquia sem ter de investir em novas instalações.	*Potenciais atritos com os franqueados*: em particular, quando estes violam termos do contrato.
Acesso a ideias e sugestões: ainda que o franchise opere com regras predefinidas, é possível beneficiar-se de sugestões dos franqueados.	

Fonte: adaptado de Santos (2002).

Como revelamos no Quadro 4, o franchising apresenta um importante conjunto de vantagens, como a expansão rápida de um negócio por meio da transferência para terceiros dos investimentos necessários à abertura de novos estabelecimentos. O franqueador pode expandir-se mais rapidamente no mercado, utilizando menos capital seu do que seria necessário se optasse por estabelecimentos próprios. O franqueador recebe os direitos de entrada e *royalties*, mas torna-se o fornecedor exclusivo, originando uma relação de dependência para o franqueado.

As desvantagens também são notórias e devem ser ponderadas. Uma primeira desvantagem é que um franqueado não é um empregado e pode não cumprir as regras e procedimentos prescritos ou começar a declarar vendas inferiores às realizadas para pagar menos *royalties*, podendo haver um conflito e consequente ruptura nas relações. Geralmente, o contrato de franchising só permite que o franqueador o encerre em determinadas circunstâncias, visto que a solução para "se libertar" de um franqueado pode ter de passar, por exemplo, pelo fato de adquirir o estabelecimento a um preço inflacionado. Talvez o risco mais sério seja o de o franqueado aprender o sistema e as técnicas de produção ou gestão, e estabelecer um negócio independente, idêntico e concorrente. Tendo em conta esse risco, os contratos de franchising devem conter cláusulas para evitar que o franqueado crie um negócio concorrente na mesma área geográfica, durante um período estipulado após o término do contrato.

Quadro 4   Vantagens e desvantagens para o franqueado

Vantagens	Desvantagens
Maior probabilidade de sucesso: enquanto o empreendedor independente terá de construir o seu negócio do zero, o franqueado se beneficia ao adotar um produto/serviço já conhecido, "comprovado" no mercado e com uma rede e marca bem-sucedidas.	*Controle sobre as operações*: o franqueador realiza auditorias frequentes para detectar falhas no cumprimento das obrigações pelo franqueado. Controla também as vendas, para efeitos de pagamentos de *royalties* e fundo de publicidade, e observa se os procedimentos e as normas estabelecidas estão sendo respeitadas.
Apoio continuado do franqueador: o franqueado se beneficia das vantagens competitivas do franqueador (experiência de gestão, treino e apoio ao franqueado).	*Autonomia e criatividade limitadas*: a autonomia e a criatividade do franqueado são limitadas a apenas alguns aspectos básicos. O empreendedor tem de implementar um modelo existente e não é previsto que exerça da sua criatividade.
Potencial de maiores lucros: é possível que os lucros do franqueado sejam superiores aos de um comerciante independente, dado que ele se beneficia de economias de escala e de uma marca reconhecida.	*Restrições no encerramento da atividade e na cessão/venda da propriedade*: o franqueado não pode ceder o negócio livremente a terceiros. É necessário seguir as cláusulas de cessão no contrato.
Proteção da concorrência de outros franqueados da mesma rede, dado que o contrato, geralmente, concede direitos territoriais exclusivos.	*Custo do franchising*: pode ser mais elevado que em um negócio independente.
Permite aprender com as experiências de outros franqueados: os sucessos e os erros dos outros franqueados são transmitidos à rede, permitindo que todos aprendam.	*Fraco desempenho de outros franqueados*: o franchising é tão bom quanto o desempenho de toda a rede. A má atuação de alguns franqueados pode ter efeitos negativos na reputação de toda a rede.

Fonte: adaptado de Santos (2002).

Apesar de ser uma forma de iniciar um negócio com menor risco, o franchising também tem vantagens e desvantagens do ponto de visto do franqueado. Como vantagens, o menor risco do negócio, dado que está apoiado em um negócio testado e na experiência do franqueador e da rede já estabelecida. A centralização das compras no franqueador permite beneficiar-se de economias de escala, obter melhores condições de pagamento e ter uma melhor assistência técnica. O franqueado também recebe serviços de assistência operacional, de marketing e de gestão. Talvez a vantagem mais proeminente seja a de poder beneficiar-se da comercialização de uma marca reconhecida, enquanto a maioria dos novos negócios sofre do fato de não ser reconhecido pelo público, tornando mais difícil atrair clientes e negociar com fornecedores. Por se tratar de um negócio já conhecido, isso transmite confiança a fornecedores e aos bancos (que são fontes de financiamento).

Oportunidades e Ideias

As desvantagens para o franqueado materializam-se no investimento necessário, principalmente para o pagamento dos direitos de entrada, contribuição para a publicidade e *royalties* sobre a exploração da atividade. Se o franqueado desejar abandonar a rede, pode haver restrições à cessão da propriedade, conforme geralmente é estipulado nos termos do contrato. O franqueado também vê a sua autonomia e criatividade limitadas, e o franqueador exerce elevado controle sobre as operações do franqueado.

Os benefícios do franchising para o consumidor materializam-se, essencialmente, no acesso rápido a produtos de marca, mesmo em aglomerados de menor dimensão, acesso a produtos inovadores, confiança na qualidade dos produtos ou serviços oferecidos e facilidade de identificação dos produtos/serviços diante da publicidade da marca.

5 PERFIL DO FRANQUEADO

Não basta a vontade de ser empreendedor, não basta ter financiamentos acessíveis ou um plano de negócios viável, é também importante ter um perfil adequado para enveredar pelo franchising. Alguns dos traços são comuns aos de qualquer empreendedor, outros traços são distintos. Assim, é importante que qualquer pessoa interessada em iniciar um negócio em franchising faça a sua autoavaliação para verificar se possui estas características:

- **Aceitar que há um risco**. Essa é talvez a característica mais importante de um empreendedor e, ao mesmo tempo, a mais difícil de se identificar na prática. Nem com todos os estudos evita-se completamente o risco, e mesmo empresários experientes sentem ansiedade diante da instabilidade e da incerteza. O franchising não evita o risco, ainda que este possa ser menor do que em outro negócio independente. É importante saber como se reage em situações de risco, avaliando a forma como se convive com a instabilidade e o risco nos negócios.
- **Capacidade de iniciativa**. Alguns franqueados julgam que cabe ao franqueador tomar todas as iniciativas e que o seu papel se limita a cumprir as normas, procedimentos e regras estabelecidas. No entanto, o franchising não é uma fórmula que funciona sozinha, uma vez que são as decisões do dia a dia que determinam o sucesso ou fracasso do franqueado. Mesmo em um franchising bem estabelecido surgem dificuldades, o que torna necessário ter capacidade para atuar, procurar soluções para problemas e antecipar as mudanças do mercado.
- **Motivar os colaboradores**. Por mais dinâmico que seja um empreendedor, ele precisa de uma equipe de colaboradores para o sucesso do seu negócio. O empreendedor é o responsável por liderar a sua equipe, pela criação de uma filosofia de trabalho, por impor respeito nas relações de trabalho, por criar um ambiente de trabalho agradável e pela motivação dos colaboradores, transmitindo-lhes a atitude de serviço ao cliente.
- **Trabalhar com menos autonomia**. Essa é a característica mais marcante que diferencia o perfil do empreendedor independente do perfil do franqueado. Os empreendedores tendem a ser independentes, impulsivos, menos pacientes, a querer impor a sua forma de trabalhar, gerir e pensar, bem como têm dificuldade em aceitar a interferência de terceiros no seu negócio. No entanto, no franchising, o franqueado

precisa ter iniciativa, mas tem de saber aceitar que certas regras e procedimentos sejam estabelecidos por terceiros. O franqueado deve ser menos individualista e aceitar as restrições à sua autonomia.

Responda às seguintes questões para determinar se o franchising é um bom sistema para si

	Sim	Não
• Está disposto a receber ordens? (Os franqueadores tendem a ser bastante "intrusivos" na forma como os estabelecimentos são operados.)		
• Prefere limitar os riscos na medida do possível?		
• Está disposto a fazer parte de um "sistema" de franchising em vez de ter um negócio independente?		
• Sabe como vai reagir se fizer uma sugestão ao franqueador e ele a rejeitar?		
• O que procura em um negócio? Quer trabalhar muito?		
• Está disposto a não comercializar novos produtos/serviços, dadas as restrições impostas pelo franqueador?		
• Está disposto a partilhar os seus lucros com um franqueador?		
• Quer ser membro de uma rede estabelecida e conhecida?		
• Sente que precisa de apoio comercial/marketing e de gestão para ter um negócio?		
• Sente que precisa de apoio para elaborar um plano de negócio?		
• Não se sente preparado para criar um negócio de raiz?		
• Está disposto a vender produtos e serviços criados por outra empresa?		
• Está disposto a pagar *royalties* (taxa de franquia) para ter um negócio já conhecido?		
• Sabe como irá se sentir se o seu negócio estiver gerando um resultado líquido negativo (prejuízo), e ainda tiver de pagar *royalties* sobre os resultados operacionais?		

Nota: quanto mais respostas afirmativas der às questões anteriores, mais ajustado é o seu perfil ao franchising.

6 EXPANSÃO POR MEIO DO FRANCHISING

O empreendedor pode recorrer ao frachising como forma de expandir rapidamente o seu negócio. Como fazer? Primeiro, é preciso desenvolver o **conceito** de negócio, definindo aspectos como: quem são os clientes, quais os produtos e serviços, quem são os concorrentes, qual a melhor localização para o empreendimento, qual a melhor forma de comunicação com o público-alvo etc.

Segundo, depois de definir bem o conceito de negócio, é importante perceber qual é a dimensão potencial da **rede**, isto é, qual o número potencial e máximo de franqueados para determinar a dimensão da rede. Por exemplo, se o objetivo for a expansão a todo o mercado nacional, é necessário determinar quantas unidades franqueadas o território pode suportar. Depois, procede-se à definição da área de influência de cada unidade franqueada, para definir em que condições e localizações é compensadora a abertura de um novo estabelecimento.

Terceiro, a **viabilidade**. Apesar de um bom conceito de negócio ser uma condição essencial para o sucesso do negócio, isso não basta. O negócio tem de ser rentável. É preciso não se esquecer de identificar todos os custos associados ao projeto de franchising (por exemplo: a formação do negócio, a unidade-piloto, a comercialização do franchising, a instalação dos franqueados, a gestão e animação da rede) e todos os proventos (por exemplo: direitos de entrada e *royalties*).

Quarto, é essencial a instalação e implementação da **unidade-piloto** com o objetivo de confirmar a viabilidade do negócio. Nesse processo, o empreendedor necessita definir o formato

Oportunidades e Ideias

de ponto de venda e escolher a área de concessão – ou território exclusivo – para a implantação da unidade-piloto. Essa fase inclui o projeto de arquitetura, decoração e equipamento, o controle da obra, bem como o acompanhamento do momento de abertura e de lançamento do estabelecimento.

Por fim, dado que será necessário treinar os franqueados e os seus colaboradores, o empreendedor precisa desenvolver os **manuais**. É muito importante que os manuais sejam o mais pormenorizados possível, de modo a possibilitar a transmissão fiel de toda a informação relativa a aspectos como o modo de instalação e lançamento do negócio, a clarificação das normas de procedimentos e da organização de indicadores e instrumentos. Em essência, os manuais devem conter uma explicação da atividade a ser desenvolvida, a descrição detalhada das diversas fases de montagem de um estabelecimento, a caracterização dos equipamentos necessários e dos métodos de gestão do franchising.

Os negócios estabelecidos sob a forma de franchising no Brasil têm aumentado. De 1995 a 2007, o faturamento do setor saltou de R$ 10 bilhões para R$ 46 bilhões, passando, respectivamente, de 700 para 1.197 redes em operação, segundo dados da Associação Brasileira de Franchising. No mesmo período, o número de unidades saltou de 23.000 para 65.500. O setor responde hoje por quase 600 mil empregos diretos no país (ABF, 2007).

7 O FRANCHISING NO BRASIL

As franquias de marcas nacionais estão em maior número. No Estado de São Paulo é que se localizam a maior parte das sedes das empresas franqueadoras (52%), seguido pelo Estado do Rio de Janeiro (14%). Considerando a localização dos estabelecimentos, 40% estão em São Paulo e 11% no Rio de Janeiro.

As principais marcas do segmento em 2007 eram O Boticário, com 2.667 unidades, seguida por Kumon, com 1.654 unidades; Wizard Idiomas, com 1.210 unidades; Escolas Fisk, com 966 unidades; e L'Acqua di Fiori, também com 966 unidades (Quadro 5).

Quadro 5 Principais redes de franchising no Brasil

Posição	Marca	N. de unidades no Brasil	Posição	Marca	N. de unidades no Brasil
1	O Boticário	2667	11	Água de Cheiro	580
2	Kumon	1654	12	McDonald's	549
3	Wizard Idiomas	1210	13	Cacau Show	537
4	Escolas Fisk	966	14	Jet Oil	525
5	L'Acqua di Fiori	966	15	Estapar	518
6	Hoken	898	16	BR Mania	517
7	CCAA	805	17	Drogarias Farmais	514
8	Microlins	745	18	CNA	480
9	AM PM Mini Market	709	19	Casa do Pão de Queijo	450
10	Bob's	639	20	Localiza Renta a Car	408

Fonte: Associação Brasileira de Franchising, 2007.

O financiamento de um franchising. Um dos entraves à concretização do franchising é a dificuldade de financiamento. Entretanto, o Governo Federal, por meio do do BNDES e do Ministério do Desenvolvimento, Indústria e Comércio Exterior (MDIC), em parceria com o Serviço Brasileiro de Apoio às Micro e Pequenas Empresas (SEBRAE), lançou o Programa Brasileiro de Franquia. O programa visa fortalecer o Sistema Brasileiro de Franquias, mediante adequação da legislação, da capacitação em gestão empresarial, do crédito e da assessoria técnica aos franqueados e franqueadores, contribuindo para a geração de renda e para a manutenção e criação de postos de trabalho. O BNDES disponibiliza os recursos para investimento em empresas, qualquer que seja a sua dimensão.

Programa Brasileiro de Franquia – condições de financiamento

Itens Financiáveis
- construção ou reforma em imóveis e instalações diversas, vinculados ao objetivo do negócio;
- aquisição de máquinas e equipamentos de fabricação nacional;
- aquisição ou desenvolvimento de softwares;
- treinamento de pessoal;
- pesquisas, estudos e projetos;
- taxa de franquia e publicidade de inauguração do empreendimento;
- uma parcela do capital de giro, quando associado aos demais investimentos financiados.

Linhas de Financiamento
- BNDES Automático – Financiamentos de até R$ 7 milhões, por empresa/ano, para investimento fixo e parcela do capital de giro associado.
- Finame – Financiamentos para compra e *leasing* de máquinas e equipamentos novos de fabricação nacional, de qualquer valor.
- Finem – Financiamentos superiores a R$ 7 milhões, incluindo aquisição de máquinas e equipamentos nacionais, realizados diretamente com o BNDES ou por meio das instituições financeiras credenciadas.

Garantias
- Serão exigidas garantias reais (por exemplo, hipoteca e alienação fiduciária) e pessoais (fiança ou aval) dos sócios controladores da empresa, e, a critério da instituição financeira, poderá ser utilizado o FGPC (Fundo de Aval).
- Para solicitar financiamento, veja encaminhamento específico de cada linha de financiamento: BNDES Automático, Finem e Finame.

Fonte: adaptado de http://www.portaldofranchising.com.

8 NOTAS FINAIS

O franchising é uma opção que o empreendedor potencial pode considerar para constituir o seu próprio negócio. No entanto, é conveniente fazer uma análise prévia de qual franquia adotar, quais os benefícios que o franqueador oferece, qual o potencial retorno do investimento, entre outros fatores. O franchising também apresenta vantagens e inconvenientes que devem ser bem ponderados; não constitui uma fórmula de sucesso garantido, apesar de já ter sido testado e ter funcionado bem em outro território. Contudo, nem todos os empreendedores têm o perfil adequado para serem franqueados. Por isso, avalie o seu perfil para determinar se os seus objetivos se enquadram no modelo de funcionamento da franquia.

O **Marketing** da Nova Empresa
4

Objetivos
- Levar o leitor a entender o papel do marketing na nova empresa.
- Ajudar o leitor a perceber e explicar o objetivo e utilidade da segmentação do mercado.
- Levar o leitor a entender a importância de selecionar o mercado-alvo.
- Levar o leitor a entender formas para construir a marca.
- Ajudar o leitor a compreender a importância do posicionamento.
- Identificar os elementos do marketing mix.
- Ajudar o leitor a compreender os elementos do estudo de mercado.

4.1 INTRODUÇÃO

O marketing, nas suas diversas componentes, é fundamental para o empreendedor desde o momento em que ele decide criar a sua empresa. As empresas existem para os clientes e, por isso, é fundamental perceber como se aproximar deles, contatá-los e fornecer-lhes o produto ou serviço que efetivamente desejam. Esse é o campo do marketing. Infelizmente, muitos empreendedores continuam a ver o marketing como algo acessório à atividade principal e a acreditar que serve apenas para as grandes empresas. É importante mudar essa opinião porque o marketing é central para o sucesso de qualquer empresa, seja pequena ou grande, jovem ou já estabelecida. Neste capítulo, focamos alguns dos aspectos mais importantes do marketing.

Há um conjunto de questões elementares de marketing que todas as novas empresas (as *start-ups*) devem colocar e procurar respostas para serem bem-sucedidas. Essas questões compreendem aspectos como: Quem são os meus clientes? Que produtos/serviços vendo? Que benefícios os meus produtos conferem ao cliente? A melhor forma de atingir os clientes passa pela distribuição direta dos produtos/serviços ou pelo uso de um representante? Como promovo as vendas? Como estabeleço o preço? A seleção do mercado e a posição pretendida é sempre fundamental à nova empresa. Talvez a primeira questão seja mesmo: Qual é o nosso público-alvo e como nós o podemos atrair?

Para responder a essa questão, a empresa deve seguir três passos: **1.** segmentar o mercado, **2.** selecionar ou desenvolver um nicho de mercado e **3.** estabelecer uma posição "única" no mercado-alvo (isto é, escolher o posicionamento mais adequado diante das suas próprias competências), atuando por meio das variáveis do marketing mix (produto, preço, distribuição e comunicação). O sucesso da nova empresa vai depender tanto ou mais da capacidade de atrair clientes e da forma como estes reagem às ofertas da empresa do que da forma como o produto é produzido.

O modo como a empresa vai atuar no âmbito do marketing é expressa no plano de marketing, que é um dos elementos do plano de negócios da nova empresa. É no plano de marketing que o empreendedor explica como vai operar no mercado e estabelecer a sua base de competição. Esse plano indica as ações que o empreendedor prevê usar para a afirmação da sua nova empresa no mercado, principalmente no que se refere às políticas do marketing mix. Além disso, ele explica quais os atributos e o valor que o seu empreendimento oferece aos seus clientes, bem como o posicionamento que almeja para capturar o mercado-alvo que definiu.

O normal é que o plano de marketing foque, essencialmente, a estratégia para um período inicial – de três a cinco anos –, mas a importância de pensar ativa e estrategicamente no marketing perdura muito além desse horizonte de implantação. Efetivamente, quaisquer alterações na produção – e mesmo na estratégia de mercado, de modo mais abrangente – não devem ser efetuadas sem analisar previamente o que a empresa deve fazer no âmbito das políticas do marketing mix. Assim, embora neste capítulo nos debrucemos mais sobre aspectos que devem ser levados em conta pelo empreendedor quando cria a empresa, é fundamental que ele reconheça a importância do marketing para além desse momento inicial. Não esqueça também que os planos de marketing devem ser monitorados quanto à sua execução para determinar os ajustamentos necessários. Na fase inicial da nova empresa isso é particularmente importante.

4.2 O ESTUDO DE MERCADO

Para desenvolver o marketing da nova empresa e o plano inicial do projeto de negócio podem ser necessários alguns estudos de mercado. Esses estudos requerem a recolha de dados, de fontes primárias e secundárias, para aferir algumas das questões essenciais do marketing, tais como: quem comprará o produto/serviço, qual a dimensão do mercado potencial, que preço é mais adequado para o segmento de mercado previsto, que canal de distribuição deve ser usado, e como deve ser feita a comunicação para informar, capturar e manter os clientes. No entanto, é importante ter consciência de que conduzir estudos de mercado pode ser caro, razão pela qual é conveniente manter alguma parcimônia e avaliar bem os itens de informação necessários. Assim, é preciso aferir qual o método de investigação que deve ser usado para recolha da informação, tendo em conta a relação custo-benefício e o tipo de informação pretendida.

Parece claro que as empresas recorrem, de forma crescente, aos estudos de mercado. As causas são variadas e incluem: (a) a abrangência cada vez menos meramente local e cada vez mais nacional e internacional, que obriga as empresas a procurar conhecer mercados que antes desconheciam; (b) mudança nos comportamentos de compra dos consumidores, que se desvinculam de procurar satisfazer apenas as necessidades básicas para procurar também satisfazer desejos e preferências várias; (c) o enfoque no fator preço que, em parte, é substituído pelo enfoque em outros fatores não preço; (d) a maior rivalidade com empresas nacionais e estrangeiras; (e) as necessidades "impostas" pelos progressos tecnológicos e inovações etc.

Os estudos de mercado podem ser feitos pelo próprio empreendedor ou contratados de uma empresa especializada (como é o caso da ACNielsen – empresa de *market research* – Figura 4.1). Em qualquer caso, um estudo de mercado deve ser iniciado com a definição de quais são os objetivos e itens de interesse. Embora pareça fácil, a verdade é que a maioria dos empreendedores não dispõe de conhecimentos em marketing e não sabe especificar qual a informação de que necessita. Até por isso é importante que o empreendedor seja envolvido ativamente nos estudos de mercado, integrando a equipe que o irá realizar.

Figura 4.1 O website da ACNielsen

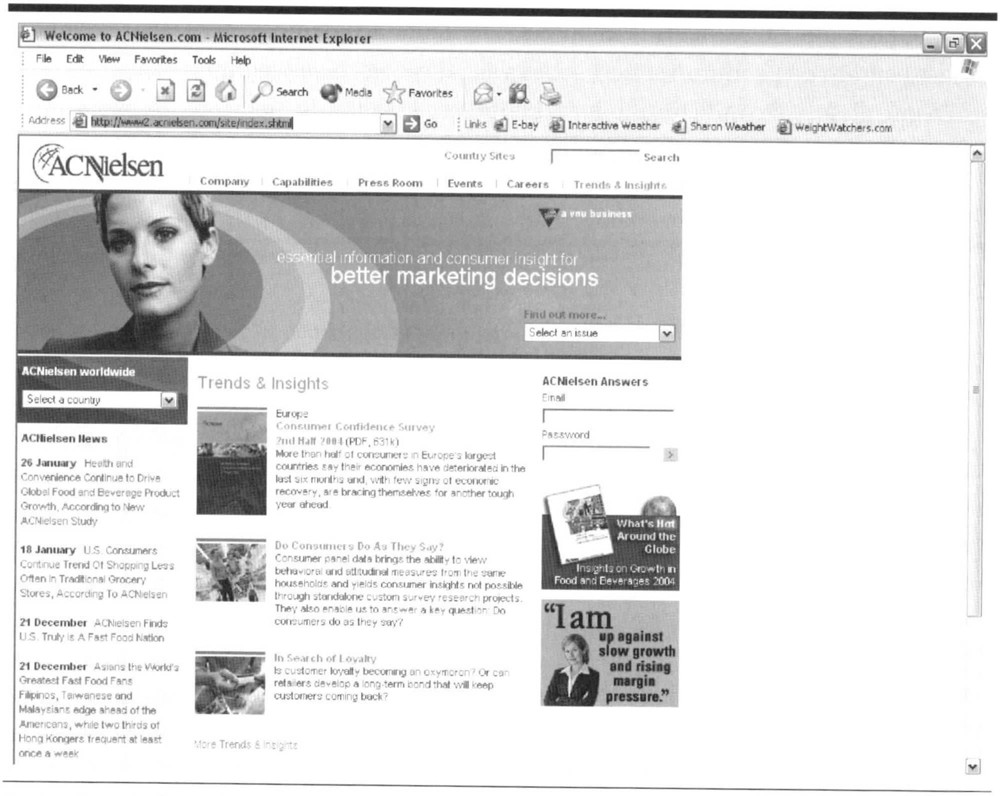

Fonte: disponível em: <http://www2.acnielsen.com/site/index.shtml>.

Há quatro fases principais em um estudo de mercado: definição dos objetivos, coleta dos dados, análise e interpretação dos resultados. Consideramos cada uma dessas fases (Figura 4.2).

Figura 4.2 Etapas do estudo de mercado

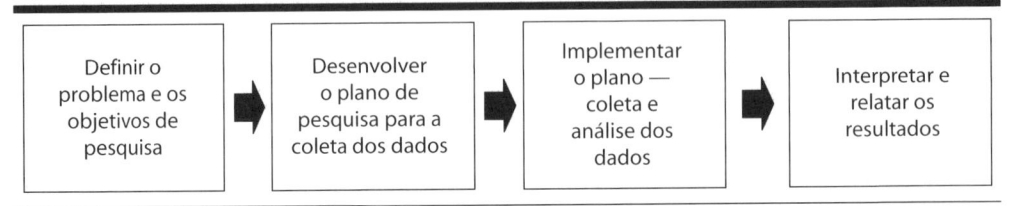

Definir o problema e os objetivos de pesquisa → Desenvolver o plano de pesquisa para a coleta dos dados → Implementar o plano — coleta e análise dos dados → Interpretar e relatar os resultados

Fonte: Ferreira, Reis e Serra (2009).

1ª fase: *Definir objetivos*. A primeira tarefa é determinar quais são as informações necessárias para se preparar o plano de marketing. É provável que o empreendedor tenha uma ideia sobre quem serão os clientes, mas não consiga definir concretamente o segmento-alvo. Ele poderá querer informação sobre se o produto é adequado às necessidades, qual a dimensão do segmento-alvo, qual o meio mais adequado para fazer a comunicação ou qual o canal de distribuição mais ajustado. Assim, o empreendedor estará interessado em colher informação sobre elementos demográficos, sobre o que as pessoas pensam do produto/serviço, sobre a sua disposição para comprar, sobre o preço etc. Diante disso, vai conduzir um dos três tipos de estudos de mercado que explicamos em seguida (Figura 4.3).

Figura 4.3 Tipos de estudo de mercado

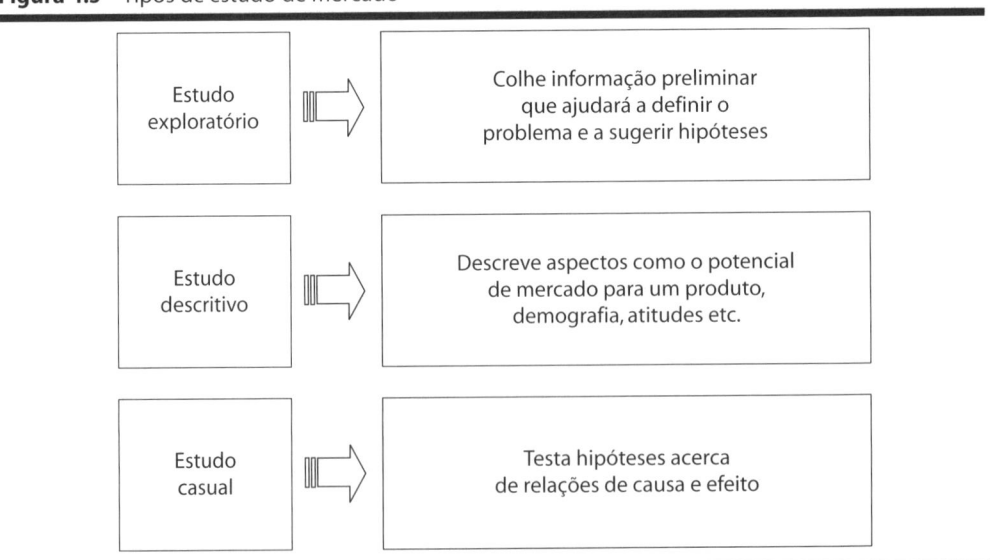

Estudo exploratório → Colhe informação preliminar que ajudará a definir o problema e a sugerir hipóteses

Estudo descritivo → Descreve aspectos como o potencial de mercado para um produto, demografia, atitudes etc.

Estudo casual → Testa hipóteses acerca de relações de causa e efeito

Fonte: Ferreira, Reis e Serra (2009).

Os diferentes tipos de estudo têm diferentes objetivos. Assim, os **estudos exploratórios visam objetivos como**: analisar o potencial de uma oportunidade; reformular um problema mal definido; gerar hipóteses relativas a um problema; reunir e analisar informações facilmente acessíveis; familiarizar o analista com o problema/mercado etc. Por sua vez, os **estudos descritivos têm por objetivo** descrever a organização, o canal de distribuição ou a estrutura de um mercado etc.; estimar a percentagem de indivíduos no público-alvo que tem certos tipos de comportamentos e apresentar o seu perfil social e demográfico; prever o nível de procura em um dado mercado; descrever o comportamento de compra de diferentes grupos de consumidores; detalhar a imagem e a percepção da sua marca e de marcas rivais. Os **estudos causais** procuram verificar a existência, o sentido e a intensidade de uma relação de causa e efeito entre uma variável de resposta e uma ou mais variáveis de ação; medir em termos quantitativos a taxa de influência da variável de ação relativamente à variável de resposta; formular previsões sobre a evolução da variável de resposta para diferentes níveis de intervenção das variáveis de ação etc.

2ª fase: *Desenvolver o plano de pesquisa*. Nessa fase, é necessário determinar qual a informação necessária, desenvolver um plano para colher dados, de forma eficiente e eficaz, e apresentar esse plano à gestão para *feedback* e aprovação. Isso significa que será preciso, por exemplo, especificar as fontes de dados existentes, quais as técnicas de investigação a usar, os planos de amostragem e quais os instrumentos que serão utilizados para a recolha dos dados.

3ª fase: *Coleta de dados de fontes secundárias*. Antes de decidir que precisa fazer o estudo de mercado – ou seja, antes de tentar obter dados primários –, o empreendedor pode, e deve, procurar os dados de que necessita em fontes secundárias. Os dados secundários já existem e estão disponíveis em relatórios, estudos, publicações, podendo ser encontrados em revistas, bibliotecas, agências governamentais e internet. Essa pesquisa permitirá encontrar publicações sobre o setor, empresas concorrentes e inovações recentes, entre outras. É possível também recorrer a empresas especializadas em estudos de mercado, mas esses dados obrigam à compra de relatórios vendidos a preços relativamente elevados. Há, ainda, outras que disponibilizam informação gratuitamente, tais como as universidades, empresas sem fins lucrativos, câmaras de comércio e indústria, associações empresariais e comerciais, alguns bancos, imprensa e TV. Algumas bibliotecas públicas subscrevem os serviços de informação de empresas privadas, tais como os da Dun and Bradstreet.

Coleta de dados primários. Quando é o próprio empreendedor a recolher os dados, ou para tal contrata diretamente um indivíduo ou empresa, dizemos que se obtêm dados primários. Em geral, a coleta de dados primários é feita por um meio, como um questionário, entrevistas e/ou contatos pessoais e diretos com associações, *focus groups* ou experiências. Também se coletam dados primários por observação dos clientes.

Figura 4.4 Tipos de fontes de informação

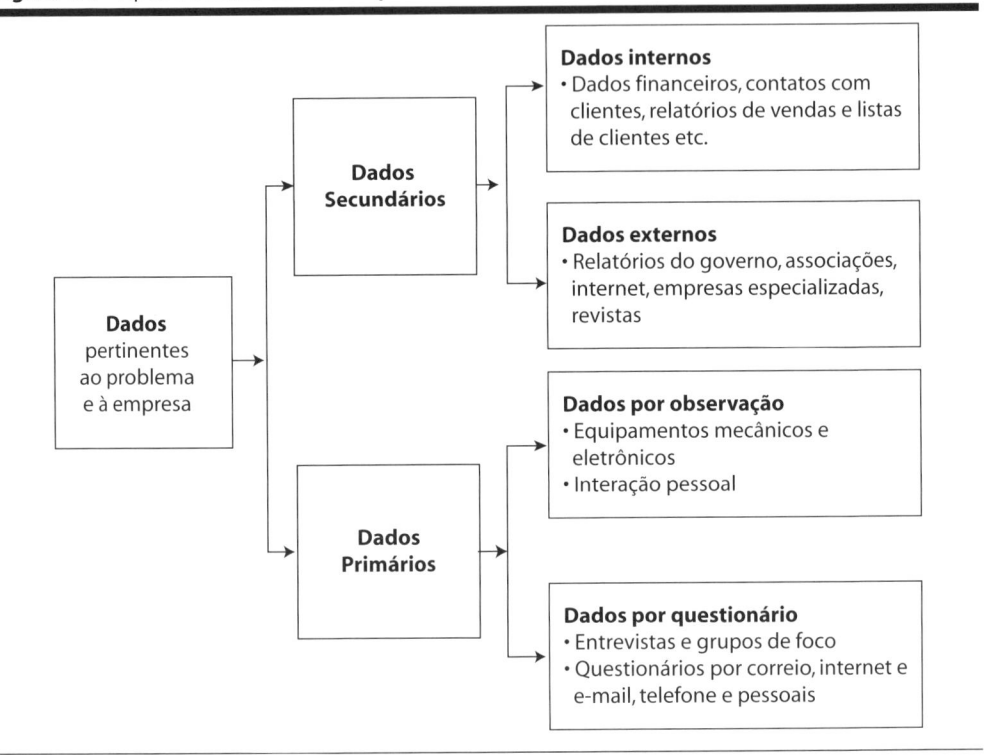

```
                                    ┌─────────────────────────────────────┐
                                    │ Dados internos                      │
                               ┌───►│ • Dados financeiros, contatos com   │
                               │    │   clientes, relatórios de vendas e  │
                               │    │   listas de clientes etc.           │
                 ┌──────────┐  │    └─────────────────────────────────────┘
                 │  Dados   │──┤
            ┌───►│Secundários│ │    ┌─────────────────────────────────────┐
            │    └──────────┘  │    │ Dados externos                      │
            │                  └───►│ • Relatórios do governo, associações,│
            │                       │   internet, empresas especializadas,│
┌────────┐  │                       │   revistas                          │
│ Dados  │──┤                       └─────────────────────────────────────┘
│pertinentes│
│ao problema│                       ┌─────────────────────────────────────┐
│e à empresa│                       │ Dados por observação                │
└────────┘  │                  ┌───►│ • Equipamentos mecânicos e          │
            │                  │    │   eletrônicos                       │
            │    ┌──────────┐  │    │ • Interação pessoal                 │
            │    │  Dados   │──┤    └─────────────────────────────────────┘
            └───►│ Primários│  │
                 └──────────┘  │    ┌─────────────────────────────────────┐
                               │    │ Dados por questionário              │
                               └───►│ • Entrevistas e grupos de foco      │
                                    │ • Questionários por correio, internet│
                                    │   e e-mail, telefone e pessoais     │
                                    └─────────────────────────────────────┘
```

Fonte: Ferreira, Reis e Serra (2009).

O empreendedor pode **observar** os comportamentos de compra e de uso de clientes potenciais para determinar algum aspecto relevante. A utilização de câmaras de vídeo em espaços comerciais permite essas observações sem que se seja intrusivo. As *entrevistas* com indivíduos ou representantes de associações industriais ou profissionais também facultam dados primários e são uma forma barata de conhecer as necessidades e suas dimensões, os problemas atuais etc. que as empresas e as pessoas sentem. Também se pode entrevistar uma amostra de clientes potenciais por meio de contatos pessoais diretos, por telefone, por e-mail ou pelo correio. Cada um desses meios tem vantagens e desvantagens que devem ser consideradas (ver Quadro 4.1)

Muitos empreendedores, talvez mais frequentemente os jovens saídos das escolas, recorrem à técnica dos questionários para procurar conhecer o mercado. Estes merecem, portanto, uma nota adicional. O ***questionário*** deve incluir questões que permitam obter dados direcionados para conhecer os objetivos especificados pelo empreendedor. As questões devem ser claras e formuladas de modo a não influenciar as respostas dos entrevistados. Todas as questões devem estar relacionadas com a necessidade de se obter informação que permita verificar a necessidade, a localização, os atributos da oferta, o preço que estão dispostos a pagar ou alguma fase do processo de compra. Pode, por exemplo, procurar saber onde o participante procura informação ou a quem recorre para aconselhamento. Como a maioria dos empreendedores não tem formação específica na elaboração de questionários, pode-se obter apoio para essa elaboração nas agências promotoras do empreendedorismo. Recomendamos fortemente que você procure quem tenha conhecimentos das técnicas de elaboração de questionários, sobretudo para evitar alguns erros frequentes. No Quadro 4.2, mostramos alguns dos erros mais comuns.

Quadro 4.1 Comparação entre as técnicas de investigação

Técnica	Custo	Flexibilidade	Taxa de resposta	Rapidez	Grau de detalhe
Telefone	▪ Barato, se a distância for curta e a duração da entrevista, breve. ▪ Para estudos locais é, provavelmente, o mais barato.	▪ Tem alguma flexibilidade para esclarecer ou explicar perguntas em que o participante tenha dúvidas.	▪ Geralmente, tem uma boa taxa de respostas. ▪ Permite acesso a clientes mais distantes.	▪ Permite contatar rapidamente muitos clientes.	▪ Permite poucos detalhes, porque não é conveniente fazer entrevistas longas. ▪ Tem algumas limitações para colocação de perguntas abertas.
Correio	▪ Pode ser barato, mas depende do número de envios e do peso da correspondência.	▪ É inflexível, dado que os questionários são auto-administrados. ▪ O instrumento precisa ser muito claro ou há o risco de os dados serem inúteis.	▪ Tem uma taxa de resposta relativamente baixa (< 20%).	▪ Lento, pelo tempo necessário para enviar a correspondência, seu preenchimento e recepção de regresso.	▪ Permite algum detalhamento, uma vez que o entrevistado pode ir preenchendo o questionário. ▪ Deve-se lembrar que questionários demasiadamente longos podem ser abandonados.
Entrevista pessoal	▪ É uma forma cara e intensiva em tempo. ▪ Requer contato pessoal para a entrevista.	▪ Tem grande flexibilidade, dado o contato pessoal. ▪ Permite recolher aspectos emocionais e opiniões.	▪ Tem bons níveis de resposta, dado o contato pessoal. ▪ É possível que o cliente seja sensível ao assunto.	▪ É relativamente lento, dado que exige o deslocamento do entrevistador e demora mais tempo para cada entrevistado.	▪ Permite grande detalhamento e a utilização de perguntas abertas.

Fonte: adaptado de Hisrich e Peters (2004).

Quadro 4.2 Problemas frequentes na elaboração das questões

Problema	Exemplo de questões mal formuladas	Explicação do problema
Perguntas que orientam a resposta	Por que é que gosta mais dos sorvetes saborosos da empresa X do que dos da concorrência?	Nesse caso, o consumidor é sugestionado a ter uma opinião favorável da marca X.
Perguntas ambíguas	Costuma almoçar em restaurantes do tipo *fast-food*?	O que se quer dizer com "costuma"? Uma vez por semana é um costume? Quantas vezes são necessárias?
Questões sem resposta	Qual foi momento em que bebeu o seu primeiro café?	Quem consegue lembrar-se disso? Isso interessa para quê?
Perguntas não exaustivas	Onde mora? ☐ em casa própria ☐ com familiares.	O que responder caso se more com um amigo(a)? Em um hotel/pensão?
Duas perguntas em uma só	Quando vai à lanchonete, bebe o refrigerante XX e come salgadinhos? ☐ sim ☐ não.	O que vai responder se beber o refrigerante e não comer salgadinhos? Qual lanchonete?
Respostas mutuamente exclusivas	Qual é a sua idade? ☐ menos de 20 anos ☐ 20-30 anos ☐ 30-40 anos…	Qual das respostas um indivíduo com 30 anos deveria assinalar?

Fonte: Ferreira, Reis e Serra (2009).

Uma alternativa é a utilização dos *focus groups*. Os **focus groups** (grupos focais), consistem em uma amostra de potenciais clientes que são convidados a participar de uma discussão informal sobre os produtos/serviços da nova empresa. Por fim, por meio de **experiências**, o que o empreendedor pretende é ter algum grau de controle sobre variáveis específicas. Tipicamente, a condução de experiências exige um "ambiente laboratorial" no qual o pesquisador pode controlar e investigar os efeitos de certas variáveis. Em uma experiência, o pesquisador mantém constante, ou fixo, um quadro de referência enquanto manipula as variáveis (independentes) de interesse para medir o seu efeito nas variáveis dependentes. Embora interessante, na maioria das vezes esse não é um método ajustado às necessidades de informação dos empreendedores.

4ª fase: *Análise e interpretação dos resultados*. Definidos os objetivos e obtidos os dados, importa agora analisar e avaliar o que esses dados nos dizem. A forma de exposição dos dados deve ser ajustada às necessidades de informação. Por exemplo, se o empreendedor pretender comparar resultados de acordo com o gênero, a idade, a profissão, a localização etc., ou com qualquer outra finalidade para a qual foram coletados, essa mensagem deve ser veiculada de forma clara. No Quadro 4.2 mostramos algumas dimensões a que o estudo de mercado pode procurar dar resposta.

Na análise e interpretação dos dados, é fundamental ter cuidado com a apresentação, uma vez que esta pode induzir em erro. Por exemplo, alterações na escala dos eixos de referência de um gráfico podem conduzir a interpretações muito distintas, como mostramos no exemplo a seguir. É importante denominar e quantificar adequadamente os eixos. No Gráfico A parece que as vendas da empresa estão aumentando significativamente; no entanto, quando alteramos a escala de medição, as vendas já parecem quase estabilizadas, e o crescimento é pequeno.

Gráfico 4.1 Exemplo de apresentação inadequada

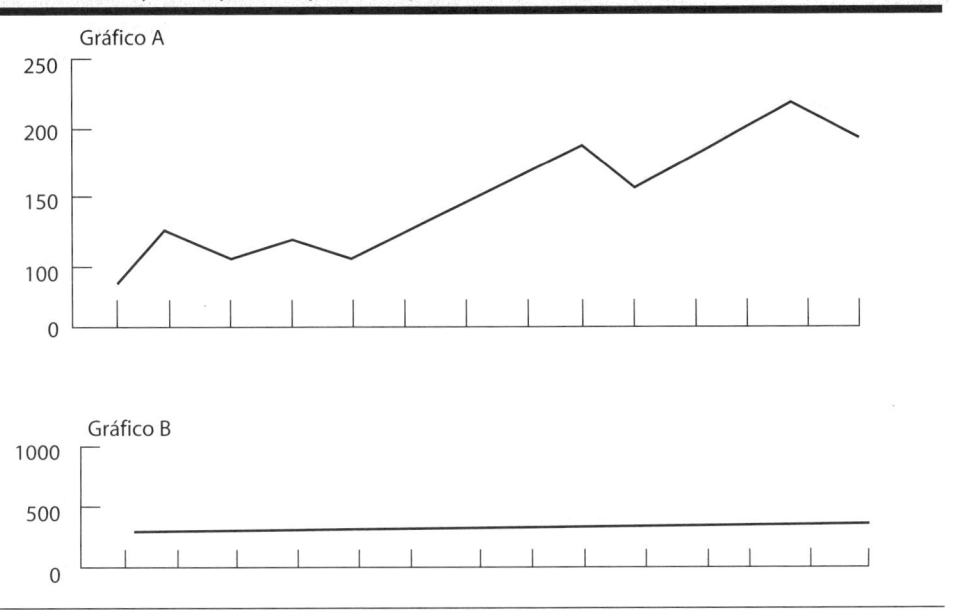

Fonte: Ferreira, Reis e Serra (2009).

4.3 A SEGMENTAÇÃO DO MERCADO

As empresas precisam definir com razoável precisão quais são os seus clientes. A importância de uma correta e bem pensada segmentação do mercado tem salientado-se no acréscimo da concorrência e na individualização do consumidor – por oposição ao "consumidor massificado", que foi contemporâneo do consumo em massa. Hoje, percebemos que nem todos os consumidores desejam beber Coca-Cola no almoço ou enquanto comem um hambúrguer do McDonald's; não pretendem todos ter um televisor *Sony* de 63 cm *Nicam* stereo nem um BMW série 5 na garagem. O consumidor, como soberano, conduziu à obrigatoriedade de os produtores terem em conta acima de tudo a sua individualidade, porque é o consumidor que irá comprar-lhes o produto, de acordo com seus gostos pessoais e dos produtos que estão habituados a vender. É, todavia, evidente que poucos produtores conseguem oferecer um produto único para cada cliente, visto que o preço de produtos absolutamente individualizados é, em geral, muito elevado. Note que um construtor de aviões até pode fazer um avião "à medida" do cliente; na confecção de camisas até é possível, dentro de certos limites, a *customization*[1] em que é o cliente quem escolhe o tecido, a estética, as golas, os punhos, os botões etc., e tudo isso em pouco mais de 48 horas. Contudo, de forma geral, as empresas industriais que produzem bens razoavelmente padronizados utilizam tecnologias que permitem realizar economias de escala, fato pelo qual precisam manter um certo volume de produção, sendo menos flexíveis para fazer adaptações.

O objetivo da segmentação é dividir o mercado total de um produto ou serviço em vários "submercados" menores, baseando-se nas suas características específicas e na forma como reagem, diferenciadamente, às estratégias de marketing. Por meio da segmentação, o empreendedor procura isolar características que diferenciam os grupos de indivíduos. Em outras palavras, irá procurar no mercado grupos de pessoas (ou segmentos) com características semelhantes (isto é, grupos com algum grau de homogeneidade) – sejam elas os atributos que os clientes valorizam, os rendimentos, a classe social, a profissão ou ocupação, a etnia ou religião, a forma como percebem o valor, locais em que compram os produtos etc.

Ao identificar o segmento de mercado, o empreendedor poderá adaptar-se melhor às necessidades específicas desse segmento. A alternativa de direcionar-se para um segmento de mercado seria a oferta de um produto/serviço que satisfizesse a todos os consumidores. Atualmente, tal possibilidade parece pouco razoável. No entanto, essa lógica esteve subjacente no crescimento da Ford Motor Company, liderada por Henry Ford, que produzia um único modelo automóvel (Ford modelo T), com uma só cor (preto), em um só tamanho etc. A Ford procurava apelar ao mercado de massas e produziu efetivamente em grandes quantidades, a custos mais baixos, pelos benefícios da especialização do trabalho e organização da cadeia de produção.

A segmentação do mercado é importante para a nova empresa porque esta geralmente só tem os recursos necessários para atender a um segmento do mercado, pelo menos em uma fase inicial. Uma nova empresa empreendedora dificilmente consegue estabelecer-se para servir, de modo imediato, todo o mercado. Ainda que segmentar o mercado não seja fácil, esse processo pode ser feito de muitas maneiras diferentes, como veremos adiante.

O processo de segmentação. Para segmentar o mercado, a empresa deve definir o que pretende atingir. Isso requer que se divida o mercado em grupos mais homogêneos, com base, por exemplo, nas características do cliente ou nas situações de compra. Depois, selecionar o(s) segmento(s) a atingir, e, por fim, criar um plano de marketing que integre

---

[1] A *mass customization* está tornando-se mais popular, dando origem a novos negócios (ou novas formas de organização de negócios antigos). Trata-se da capacidade de preparar em massa produtos desenhados individualmente para satisfazer as necessidades individuais. A *customization* permite ao comprador participar na produção do produto que irá adquirir, introduzindo-lhe as especificações desejadas e individualizando-o. A difusão dos produtos e serviços "feitos sob medida" está aumentando, compreendendo dos restaurantes ao vestuário, às bicicletas, aos automóveis etc., tudo sob a égide das novas tecnologias de produção mais flexíveis, as quais permitem reduzir enormemente os custos desse "feito sob medida".

as quatro dimensões: produto, preço, distribuição e comunicação. Essas etapas estão refletidas nas quatro fases do processo de segmentação (Figura 4.5): a seleção dos critérios e método(s) de segmentação, a descrição das características de cada segmento, a seleção do(s) segmento(s) e, por fim, a seleção da estratégia de marketing mais adequada.

Figura 4.5 Fases do processo de segmentação

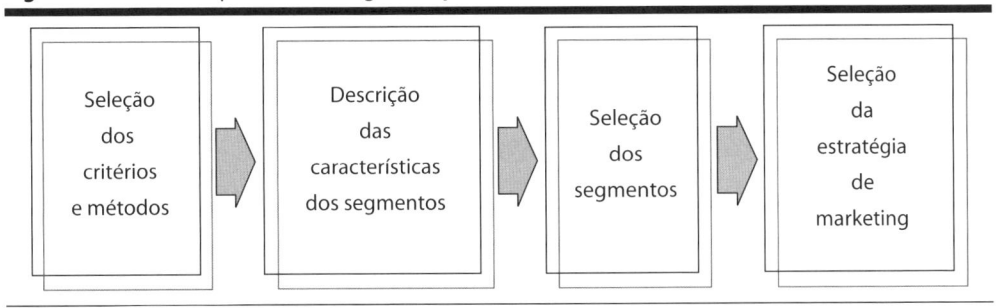

Seleção dos critérios e métodos → Descrição das características dos segmentos → Seleção dos segmentos → Seleção da estratégia de marketing

Fonte: Ferreira, Reis e Serra (2009).

1. Seleção dos critérios e método(s) de segmentação – consiste em determinar quais os critérios que vão presidir à segmentação e como colocá-los em prática (métodos). Será mais "sensato" segmentar em função da idade, do sexo, da etnia? Ou da profissão, do estilo de vida? Usamos apenas um critério ou vários critérios combinados? Convém realçar que, regra geral, não é suficiente utilizar apenas um critério (por exemplo, a idade) para identificar o segmento; teremos, então, de pensar em usar outros critérios adicionais (por exemplo, o nível de rendimento, a localização geográfica, o estilo de vida, a imagem pretendida etc.).

2. Descrição das características de cada segmento – definidos e delimitados os segmentos, é necessário conhecê-los, saber o que os consumidores preferem, o que valorizam e as suas características.

3. Seleção do(s) segmento(s) – nessa fase, o empreendedor tem de decidir a qual, ou quais, segmento(s) irá se direcionar. Essa decisão influenciará a estratégia de marketing a seguir. Caso se concentre sobre um (ou poucos) segmento específico, deverá desenvolver uma estratégia de marketing concentrada; se, no entanto, optar por servir vários segmentos, mas com produtos especialmente adaptados, deve desenvolver uma estratégia de marketing diferenciada.

> Por exemplo, o setor de automóveis adota diferentes estratégias. Enquanto a Peugeot, a Renault, a Citroën, a Toyota e a Opel se dirigem a vários segmentos com necessidades e aspirações diversas, pelo que oferecem, desde veículos comerciais, pequenos utilitários, familiares, familiares esportivos até esportivos etc., outras construtoras como a Rolls Royce, a Bentley ou a Jaguar são claramente orientadas para a classe alta (ou rica) da população. Portanto, dentro de um setor, as opções são diferentes.

Critérios de segmentação. Para a segmentação, precisamos selecionar uma dimensão, ou um conjunto de dimensões, que permita delimitar o segmento-alvo. Essas dimensões devem necessariamente variar em função da natureza do produto ou serviço prestado e do posicionamento que a empresa pretende definir. No entanto, algumas variáveis frequentes são:

- **Variáveis geográficas**: estas incluem aspectos como o clima, a dimensão do meio urbano (dimensão da cidade), região, cultura, hábitos, valores etc. A segmentação geográfica é uma das formas mais antigas de segmentação, mas, geralmente, não é suficiente por si só, tendo de ser utilizada com outros critérios.
- **Variáveis demográficas**: incluem aspectos como a idade, sexo (ou gênero), dimensão e composição do agregado familiar, ciclo de vida da família, profissão, nível de educação, nacionalidade, etnia, religião e rendimento. Esse tipo de segmentação pode ser utilizado, por exemplo, por fabricantes de eletrodomésticos, de mobiliários, de automóveis, de produtos alimentares. Por exemplo, quanto maior for a dimensão do agregado familiar, maiores as embalagens dos embutidos frigoríficos, mais mobiliário será necessário, maiores as embalagens de arroz... Essa é uma forma frequente de segmentação, sendo incluída complementarmente na generalidade das análises.
- **Variáveis psicográficas**: estas incluem aspectos como os *hobbies*, atividades sociais, hábitos de assistir televisão, filiação em clubes desportivos, atividades culturais, convicções políticas e religiosas, personalidade, estilo de vida, classe social, atitude diante da inovação etc.
- **Variáveis de uso**: incluem aspectos como a ocasião (normal, especial), benefícios (qualidade, serviço, rapidez, conveniência), taxa de utilização (utilizador ocasional, profissional), lealdade (leal, não leal, média lealdade), atitude em relação ao produto (positiva, indiferente, negativa) ou estado do consumidor (informado, interessado, não pretende comprar, pretende comprar).

Por exemplo, se quisermos analisar os compradores de bens alimentares (virtualmente toda a população), começando por um nível mais detalhado, observamos que entre os compradores existem diferenças e semelhanças na resolução das necessidades. Alguns consumidores preferem ir às compras diariamente e obter os produtos em vários estabelecimentos especializados, outros preferem fazer as compras semanal ou mensalmente em um único estabelecimento, completando as suas aquisições posteriores com compras de produtos frescos. Esses dois grupos resolvem, de forma diferente, as suas necessidades e podem constituir dois segmentos de mercado distintos.

4.4 ESTABELECER UMA POSIÇÃO ÚNICA: O POSICIONAMENTO

Depois de selecionar o mercado-alvo, a empresa necessita estabelecer uma "posição" dentro desse mercado, isto é, necessita definir o seu *posicionamento*. A empresa estabelece uma posição única na mente dos consumidores ao atrair a sua atenção para dois ou três atributos do produto que definem a sua essência e o distinguem dos outros produtos concorrentes. De certa forma, o posicionamento é uma afirmação de qual o segmento de mercado a que a empresa se dirige.

Nesse contexto, ele consiste no conjunto de ações que visam formar ou manipular a percepção dos consumidores relativamente ao(s) produto(s) e marca(s). Em geral, o posicionamento tem por base alguma característica diferenciadora do produto ou marca em relação à concorrência. Por exemplo, a fabricante de automóveis Volvo é reconhecida pela "segurança". Certos estabelecimentos comerciais apostam na amabilidade do atendimento, outros, na variedade da oferta, e outros, ainda, na prática dos preços mais baixos. No entanto, o posicionamento não é só baseado nos atributos dos produtos ou serviços; também os seus benefícios, a relação qualidade/preço, o grau de satisfação da necessidade e o tipo de usuários contribuem para formar o posicionamento.

As empresas podem desenvolver uma frase – ou *slogan* – que será usada consistentemente no material de comunicação (ou publicidade) da empresa (por exemplo, *Just do it* da Nike) para reforçar a posição que almejam. Um *slogan* deve ser uma expressão simples, curta, que fique facilmente na memória, crie o posicionamento desejado e associe um conjunto de benefícios da utilização ou posse do produto/serviço que a empresa quer que o consumidor recorde. A *Linea*, por exemplo, oferece a liberdade de comer "sem perder a linha", utilizando o *slogan* publicitário: "Todo o sabor com menos calorias". O posicionamento que construiu foi: produtos de alto nível, com a melhor qualidade, para pessoas modernas, das zonas urbanas e praticando um preço um pouco mais elevado. A Volkswagen pretendia transmitir confiabilidade nos seus automóveis para consumidores exigentes e dispostos a pagar um pouco mais por esses atributos, utilizando o *slogan* "se tudo na vida fosse de tanta confiança como um…".

Para o posicionamento, é importante recordar que muitos empreendedores procuram, de modo errado, posicionar os seus produtos em termos das características em vez dos benefícios. No entanto, um posicionamento baseado nas características do produto, como os seus atributos técnicos, é menos eficaz que uma estratégia fundamentada nos benefícios que o produto pode trazer. Por exemplo, em vez de anunciar as especificações técnicas e as funções de uma máquina de lavar, pode ser melhor anunciar a economia de tempo e de energia que a máquina oferece.

4.5 A MARCA

Idealmente, o empreendedor deve planejar o desenvolvimento de uma marca o mais rápido possível. Uma marca é um ativo valioso, e a lealdade dos consumidores à marca pode permitir à empresa diminuir a sensibilidade dos clientes a aumentos de competição no mercado. As marcas são construídas por meio de um conjunto de técnicas: publicidade, relações públicas, patrocínios e apoio a causas sociais, bom desempenho etc.

O que é a marca? A marca é o conjunto de atributos – positivos (por exemplo, confiabilidade, facilidade de uso etc.) ou negativos (por exemplo: má qualidade, "baratos", dificuldade na utilização) – que as pessoas associam à empresa e aos seus produtos. A empresa deve criar valor pela marca, oferecendo algum tipo de benefício que os consumidores estejam dispostos a pagar. É notável o quanto associamos marcas (bem) conhecidas com a maior qualidade dos produtos. O nome da empresa, logotipo, website *design*, e mesmo o grafismo, são parte da marca. É importante para as *start-ups* começarem imediatamente a construir uma boa imagem, para que possam ter maior credibilidade quando contatam potenciais clientes e/ou fornecedores.

Há dezenas de marcas que podemos enunciar de memória, e muitas outras que conseguimos identificar. Há, inclusive, marcas que tomam os nomes dos próprios produtos. Não é invulgar ouvir um cliente pedir um Black & Decker, quando procura uma furadeira – caso em que a situação é algo caricata: "Um Black & Decker da Bosch por favor", ou, em um bar, pedir "um chopp Brahma". Essas são marcas com elevado reconhecimento, e os benefícios do reconhecimento da marca são evidentes.

Figura 4.6 A marca

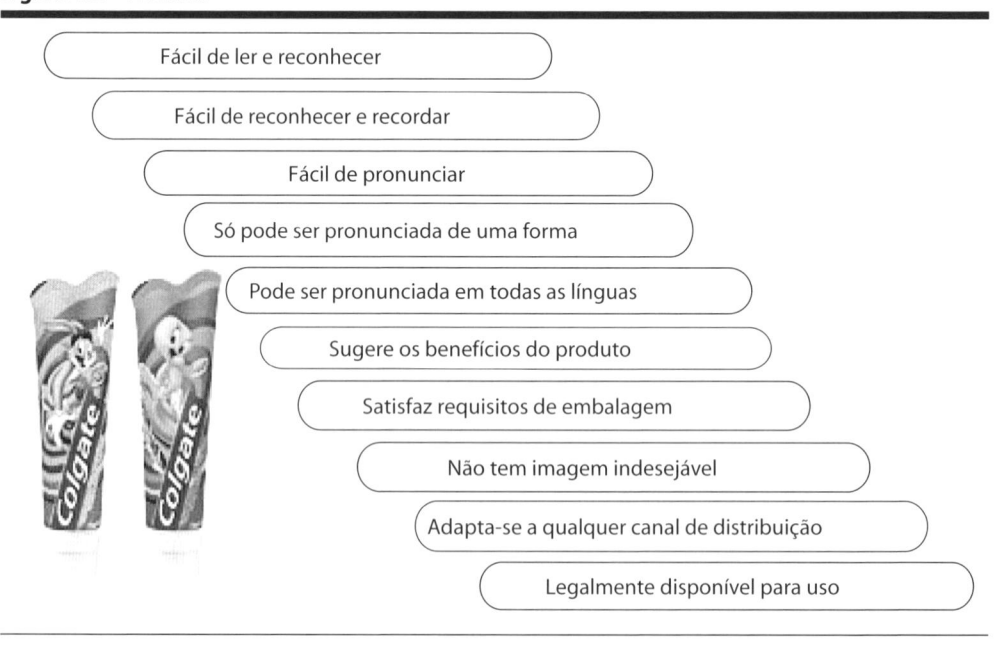

- Fácil de ler e reconhecer
- Fácil de reconhecer e recordar
- Fácil de pronunciar
- Só pode ser pronunciada de uma forma
- Pode ser pronunciada em todas as línguas
- Sugere os benefícios do produto
- Satisfaz requisitos de embalagem
- Não tem imagem indesejável
- Adapta-se a qualquer canal de distribuição
- Legalmente disponível para uso

Fonte: elaborada pelos autores.

4.6 O COMPORTAMENTO DO CONSUMIDOR

Estudar o comportamento do consumidor é, porventura, uma das tarefas mais difíceis, dado que envolve a compreensão das motivações, atitudes, necessidades e aspirações dos clientes. Apesar de o comportamento de compra ter dois agentes principais – cliente e empresa –, note que, em muitas compras, a complexidade é maior porque há vários agentes participando no ato: o iniciador, o influenciador, o decisor, o comprador, o consumidor e o avaliador. Assim, quem compra, ou quem influencia a compra, não é necessariamente quem decide sobre ela. Nesses casos, precisamos compreender as atitudes e motivações de cada um desses participantes. É possível que compreender o consumidor envolva entender a sua cultura, a sua classe social, os grupos a que pertence ou aos quais aspira – ou seja, as variáveis que influenciam a sua decisão.

> O processo de decisão de compra tem cinco fases, desde a identificação do problema ou necessidade até ao comportamento pós-compra (Figura 4.7). Na fase de identificação das necessidades, o indivíduo reconhece a falta de algo, uma diferença entre o seu grau de satisfação atual e o grau pretendido; nota, portanto, insatisfação. Na fase seguinte, o indivíduo inicia o processo de procura por informação sobre produtos ou serviços que poderão satisfazer essa necessidade. Diante das informações recolhidas, as pessoas começam, então, a avaliar alternativas para escolher a melhor forma de satisfazer as necessidades. Essa etapa é seguida pela decisão de compra. Importa aqui ressaltar que os consumidores não procuram apenas satisfazer necessidades funcionais (por exemplo, uma camisola para o frio), mas têm, antes, um conjunto mais amplo de necessidades emocionais, de status ou prestígio, de identidade. É aqui que a capacidade de diferenciação dos produtos da nova empresa será mais clara. Como muitos pequenos empreendedores se estabelecem no fornecimento de serviços, é importante cuidar da qualidade no atendimento aos clientes. O processo acaba com o comportamento pós-compra, e é relevante afirmar que quanto mais satisfeito o cliente ficar, maior será a probabilidade de repetir a compra ou recomendar aos amigos.

Figura 4.7 Fases do processo de compra

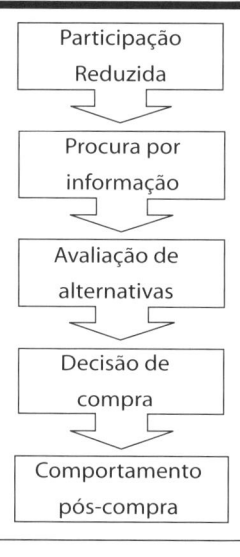

```
Participação
Reduzida
    ↓
Procura por
informação
    ↓
Avaliação de
alternativas
    ↓
Decisão de
compra
    ↓
Comportamento
pós-compra
```

Quais os principais fatores que influenciam o comportamento de compra? Há muitas variáveis que explicam o comportamento humano (logo, também o de compra), mas começamos por focar a **motivação**. O tema da motivação foi desenvolvido por Maslow, com a sua pirâmide das necessidades (ver Capítulo 6, Figura 6.1). De acordo com Maslow, são as necessidades que motivam os comportamentos. Assim, se um indivíduo tem fome, fará tudo para obter alimento; se tem frio, para obter roupa; se tem necessidade de estima, procurará ser "sociável e bem aceito" etc. Com o desenvolvimento da sociedade e a invasão do mercado por novos produtos, nem sempre as necessidades têm correspondências tão simples de estabelecer como as da fome com o alimento ou do frio com a roupa. Muitos comportamentos humanos são mais bem explicados por razões do foro íntimo, psicológico e de necessidade de aceitação social.

No entanto, há muitas outras variáveis que influenciam o comportamento de compra. Por exemplo, a personalidade de um indivíduo, a família, o estilo de vida, a vontade de exibir um consumo ostensivo e a profissão são alguns dos aspectos que focamos a seguir, os quais, sendo conhecidos, ajudam a prever o comportamento dos clientes.

A personalidade. A personalidade do indivíduo é o quadro de valores que o diferencia das demais pessoas e um dos fatores que explica diferentes reações perante situações idênticas. O que é a personalidade? Deixando de lado as definições, é evidente que há pessoas geralmente tristes ou alegres, calmas ou nervosas, tímidas ou extrovertidas, racionais ou emocionais, decididas ou hesitantes, inseguras ou seguras. Podemos pensar em termos da tipologia de personalidades proposta por Karen Hurney – que distingue as pessoas segundo a sua atitude perante os outros em três tipos:

(a) indivíduos que se orientam positivamente em relação aos outros – pretendem que gostem deles, querem ser apreciados e sentir-se úteis, e, portanto, procuram ser aceitos pelos outros, evitando conflitos com eles;

(b) pessoas que se orientam de modo agressivo relativamente aos outros – são caracterizadas pela procura do sucesso, a fim de serem admiradas, e consideram que o interesse pessoal é o único motor das ações humanas;

(c) pessoas que são distantes dos outros – estas desejam estabelecer o máximo de distância emocional entre elas próprias e os outros, procuram a independência e a liberdade, apreciam a inteligência e a razão mais que os sentimentos.

O essencial nessa fase é entender que indivíduos com personalidades distintas poderão ter diferentes comportamentos de compra.

O estilo de vida. O estilo de vida do indivíduo é evidenciado por muitas das suas opções. Ele é construído por meio de um processo complexo, em que a identificação pessoal, o comportamento, as atitudes, as motivações e os desejos, bem como as emoções e expectativas, interagem entre si. Assim, o tipo de compras e o local onde são realizadas servem para caracterizar, ainda que apenas parcialmente, o estilo de vida do indivíduo.

Nesse contexto, o estilo de vida pode ser descrito por três variáveis, a saber: **(a) as atividades** – incluem tudo o que as pessoas fazem, como trabalho, lazer, exposição aos diferentes meios de comunicação (rádio, televisão, imprensa) e hábitos de compra; **(b) os valores pessoais** – são o(s) sistema(s) de valores, as características de personalidade e os aspectos psicossociais, tais como, a percepção do modo pelo qual os diferentes papéis sociais devem ser desempenhados (por exemplo, uma mulher que pense que o seu papel de mãe de família e de esposa deve ser o objetivo de toda a sua atenção agirá diferentemente de uma mulher que queira estabelecer mais igualdade entre ela e o seu marido); **(c) as opiniões** – são as representações que os indivíduos fazem do seu ambiente social em geral (por exemplo, as opiniões sobre ecologia dos indivíduos podem influenciar o ambiente de consumo. Em alguns países, as pessoas preocupam-se mais com o que diz respeito ao meio ambiente, havendo maior procura por produtos "verdes").

Profissão. Além de uma série de produtos e serviços cuja aquisição é específica a determinados grupos profissionais (por exemplo, software para engenheiros ou gestores), há padrões de consumo que são semelhantes entre os indivíduos com a mesma profissão.

O consumo ostensivo. Designamos por consumo ostensivo aquele que visa demonstrar riqueza ou status. A posse desse tipo de bem simboliza sucesso, ascensão e que o consumidor pertence a uma classe superior, fato pelo qual a escolha recai, geralmente, sob bens de marca e de preço mais elevado. O consumo ostensivo, por definição, não se aplica a todos os tipos de bens, sendo manifesto em bens visíveis, isto é, bens que os pares possam ver e apreciar (por exemplo, carros, relógios e roupas).

A família. A família – dimensão e composição do agregado familiar – influencia as compras e é também um importante grupo de referência. Em outras palavras, os comportamentos de compra variam entre jovens solteiros, jovens casados, casados com filhos, casados sem filhos etc. Para o empreendedor, é importante pensar se a família é uma variável de segmentação e como é que pode procurar satisfazer as necessidades desse grupo. É fundamental também que perceba alguns aspectos, por exemplo: como e quem decide as compras? No entanto, nem todas as compras têm a mesma importância, ou significado, em termos do peso que representam no orçamento familiar. Há decisões relevantes relacionadas com a compra de habitação, de carro, de eletrodomésticos (bens duráveis), e uma série de decisões secundárias, que dizem respeito às compras do dia a dia (produtos de higiene, alimentares, vestuário, decoração etc.). Perceber qual é o membro da família que influencia cada tipo de compra ajuda a orientar o marketing, pelo menos na vertente de comunicação.

4.7 O MARKETING MIX

Há quatro variáveis de marketing que são fundamentais, as quais são comumente designadas por "marketing mix"', ou "4's" do marketing, e incluem: produto (*product*), preço (*price*), distribuição (*place*) e comunicação (*promotion*). Realizado o estudo de mercado, o empreendedor já terá uma boa percepção de qual é seu segmento-alvo. Conhecer o segmento-alvo é essencial para ajustar as diferentes variáveis do marketing mix. O Quadro 4.3 mostra alguns exemplos de decisões sobre cada uma dessas variáveis.

Quadro 4.3 Exemplos de decisões no marketing mix

Marketing mix	Exemplos de decisões
Produto	Qualidade dos componentes, *design* e estilo, características técnicas e funcionais, opções, marca, embalagem, tamanho, serviços incorporados, assistência e garantias.
Preço	Preço praticado, prática de descontos, promoções sazonais, cupons e vales, condições de pagamento e de crédito.
Canais de distribuição	Seleção do canal a ser usado, comercialização por distribuidores ou varejistas, tipo de varejistas ou de distribuidores, extensão do canal, cobertura geográfica, manutenção de estoques pelo intermediário e responsabilidade pelo transporte.
Comunicação	Meios (mídia) disponíveis, mensagem a comunicar, potencial da venda pessoal, promoções (cartazes, *outdoors* etc.).

Fonte: Ferreira, Reis e Serra (2009).

4.7.1 Produto

O produto (ou serviço) comercializado pela nova empresa é uma das variáveis do marketing mix. No entanto, a definição do produto ou serviço deve incluir mais do que as características físicas do produto em si. Por exemplo, a Ferrari comercializa automóveis, mas esse é também o produto da Citroën, Renault e Peugeot. Para distinguir a oferta da Ferrari da de outros fabricantes de automóveis, temos de recorrer a um conjunto mais amplo de atributos emocionais, de reputação e de imagem, de marca e de posicionamento, de preço etc. Portanto, o produto é mais do que seus componentes físicos – inclui também aspectos como embalagem, marca, preço, garantias, serviços pós-venda, reputação e imagem, prazo de entrega, *design* e estilo, entre outros (ver Figura 4.8). O empreendedor deve considerar todas essas componentes na concepção da sua oferta para melhor satisfazer às necessidades do seu segmento-alvo.

O Marketing da Nova Empresa 103

Figura 4.8 Os elementos do produto

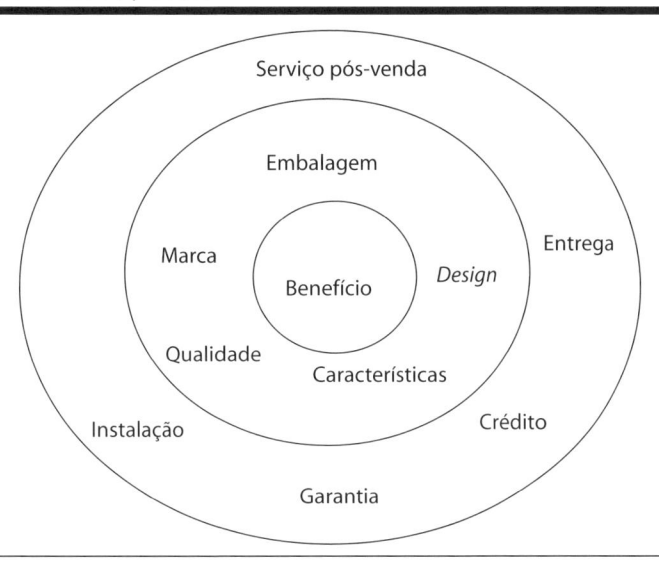

```
                    Serviço pós-venda

                        Embalagem

                                              Entrega
            Marca
                     Benefício    Design

            Qualidade
                      Características
                                        Crédito
        Instalação

                         Garantia
```

Fonte: Ferreira, Reis e Serra (2009).

Assim, torna-se evidente que um produto é definido em duas dimensões: (1) características técnicas e funcionais – que se referem às especificações técnicas, tecnologia incorporada, desempenho, quantidade de serviços englobados (garantias, seguros, assistência, montagem etc), entre outras, e (2) características de imagem – se o produto ajuda o seu detentor a exprimir a sua autoimagem pelo *design*, marca, preço, local de compra etc. A percepção dos consumidores sobre o produto é fundamental. Portanto, o empreendedor deve atuar sobre os quatro seguintes componentes do produto:

Marca	Produto físico
A marca é importante na identificação, memorização e diferenciação dos produtos e das empresas. Além de permitir cobrar um preço *premium*, transmite uma identidade, uma personalidade e possibilita a associação ao produto, podendo ser um suporte utilizado no lançamento de novos produtos.	Constitui um componente que deve ser estudado com muito cuidado. Determine sempre as características fundamentais do produto diante das necessidades dos consumidores e do posicionamento desejado. Considere possíveis adaptações em tamanho, formato, materiais utilizados, cores, componentes etc.
Embalagem	**Serviços**
Contribui para valorizar (ou depreciar) a imagem do produto e da empresa. A embalagem contribui para o posicionamento (cores, formato, grafismo, materiais utilizados) e é um meio de informação de uso, o qual deve seguir prescrições técnicas e oferecer segurança para o consumidor (proteção contra contaminações, avarias no transporte, condições ambientais, perecibilidade). Atenção aos custos de fabricação e de transporte na concepção da embalagem.	Os serviços de apoio a venda incluem aqueles que ocorrem antes, durante e depois da venda (instalação, manutenção, garantia). Os serviços abrangem: serviço e atendimento a clientes, entrega em domicílio, formação e informação, demonstração, garantia, peças de substituição, crédito à aquisição, substituição temporária, reparação e manutenção. Geralmente, quanto maior a quantidade de serviços incorporados, mais atrativos serão os produtos para os clientes.

Serviço ao cliente. A atividade comercial da pequena empresa empreendedora requer que foquemos a questão do serviço ao cliente. Todas as empresas devem procurar satisfazer e fidelizar os seus clientes. Um serviço de fraca qualidade pode levar o cliente a procurar outra empresa. Portanto, o que pode se fazer para aferir se, e garantir que, estamos satisfazendo o cliente?

- Faça com que todos os colaboradores conheçam a sua filosofia de atendimento aos clientes. Se necessário, escreva um breve manual com os princípios, cuidados e procedimentos que todos devem ter e seguir.
- Dê formação específica aos colaboradores que interagem diretamente com os clientes.
- Crie um mecanismo de avaliação do grau de satisfação do cliente, atribuindo a um colaborador a tarefa de telefonar regularmente aos clientes para avaliar sua satisfação.
- Crie um sistema de recompensas aos colaboradores pelo bom atendimento.
- Faça, regularmente, contato com os clientes (por telefone, carta, fax, e-mail). Assim, irá fazer com que os clientes não se esqueçam da empresa e poderá aproveitar para informá-los a respeito dos novos produtos.
- Implemente sistemas que permitam o processamento rápido de pedidos dos clientes. A maioria das pessoas não gosta de ficar sem resposta ou que demorem muito tempo a fazê-lo.

4.7.2 Preço

O preço é uma das variáveis mais complexas, figurando entre uma das mais importantes, na atuação de marketing. As decisões sobre preços devem incorporar a influência de aspectos como os custos, descontos oferecidos, concessão de crédito e transportes, mas não se limitar a componentes de custo. O objetivo da empresa é realizar um determinado montante de lucros, então é normal que o preço praticado seja importante. Para que exista um lucro, é necessário que as vendas sejam superiores ao Ponto de Equilíbrio, ou seja, é preciso que as vendas sejam suficientes para cobrir todos os custos e ainda originar um excedente. Isso não significa que o preço deva ser determinado exclusivamente por comparação com os custos, mas, antes, deve ser pensado de modo estratégico. De fato, o preço precisa refletir a valorização efetiva que é dada ao produto e a um conjunto de serviços complementares. Qual é o preço apropriado que se deve praticar pelo produto/serviço? Um preço mais elevado por si só também assinala maior qualidade do produto, visto que os consumidores tendem a associar preços mais altos a produtos de maior qualidade, melhor reputação, marca mais conhecida e mais confiáveis.

Conhecer os preços praticados pelas empresas concorrentes pode ser útil como referência para balizar limites inferiores e superiores dos preços. Provavelmente, na maioria dos casos, o empreendedor deve estipular o preço do seu produto em algum ponto nesse intervalo, mas também pode decidir que a melhor estratégia de preço para o seu negócio seja praticar um preço mais alto ou mais baixo. A comparação de preços não deve servir apenas como "arma competitiva" para ganhar quota de mercado e combater os rivais.

Fatores que influenciam a sensibilidade do consumidor ao preço. A sensibilidade dos consumidores ao preço varia de acordo com muitos fatores, os quais tornam a valorização percebida pelo consumidor em um processo complexo de análise. No entanto, esses fatores devem ser entendidos pelo empreendedor.

1. **Exclusividade do produto (único).** As reações dos consumidores a alterações (principalmente aumentos) de preços de produtos que consideram ser únicos são menores. Em outras palavras, há menor sensibilidade ao preço de produtos exclusivos.

2. **Possibilidade de substituição.** Quando há muitos produtos substitutos, a sensibilidade ao preço é maior. Então, os consumidores reagem a um aumento do preço deslocando o consumo para um produto substituto, mais barato.

3. **Dificuldade de comparação.** Quando a comparação entre produtos (ofertas) competitivos é difícil, os consumidores são menos sensíveis ao preço (por exemplo, se estou contente com um determinado detergente, não o troco por outro que não sei se é mais eficaz). O que é evidente aqui é a dificuldade do consumidor em valorizar a oferta do produtor.

4. **Importância nas despesas totais do indivíduo/família.** O consumidor é mais sensível a alterações no preço de um bem em que despende uma proporção maior do seu rendimento disponível – representa uma maior fatia da despesa total. (Isso, em certa medida, explica as disparidades nos preços de um hipermercado, em que são feitas as compras do mês, e de uma loja de conveniência, na qual são feitas pequenas compras de necessidade mais ou menos sentida).

5. **Custo repartido.** A sensibilidade ao preço do produto é tanto menor quanto menor for a percentagem desse preço que o cliente vai efetivamente pagar (por exemplo, consulta médica e coparticipação do Estado ou de uma seguradora). Lembre-se de que quem toma a decisão de compra não é necessariamente quem paga.

6. **Investimento já efetuado.** Os consumidores são menos sensíveis a alterações nos preços dos produtos para os quais já realizaram grande investimento (por exemplo, gás para um isqueiro *Ronson* ou tinta para uma caneta *Mont Blanc*).

7. **Relação preço-qualidade.** A sensibilidade ao preço é menor quando o preço mais elevado sinaliza um produto de maior qualidade. Essa sensibilidade é, ainda, diminuída nos casos em que: (a) o custo incorrido quando de uma

escolha de má qualidade tiver sido superior ou (b) falte informação suficiente para avaliar a qualidade antes da compra.
8. **Possibilidade de constituir estoques**. A sensibilidade ao preço é maior quando os consumidores julgam estar perante aumentos temporários dos preços e têm capacidade de armazenar o produto. Os consumidores compram imediatamente grandes quantidades e aguardam até que o preço volte ao seu nível "normal" para efetuarem novas aquisições.

Estratégias de preços. As estratégias de preços estão associadas à fase do Ciclo de Vida do Produto (CVP), fato pelo qual o preço de um produto recém-lançado no mercado é diferente do de um produto já em fase de maturidade. Recorde o preço inicial elevado dos celulares há oito ou nove anos atrás e compare-o com os preços atuais; notando que os atuais são tecnologicamente superiores e integram um conjunto de funcionalidades e serviços complementares bastante sofisticado (pagamentos via caixa eletrônico, seguros, informações variadas, receptor de mensagens etc.). Contudo, ainda que a estratégia deva ser adequada à fase do CVP, há diferentes alternativas. Por exemplo, na fase de introdução do produto, podemos optar por uma estratégia de **desnatação** do mercado ou por uma de **penetração** no mercado.

A **estratégia de desnatação do mercado** é mais usada quando o produto incorpora uma inovação significativa em relação à concorrência, quando a procura é pouco elástica diante do preço, quando o cliente não tem outros produtos (preços de) para comparar ou quando os custos de produção são tão elevados que só a prática de um preço elevado viabiliza a sua produção e comercialização (embora o torne acessível apenas aos segmentos de mercado mais elevados). Em uma estratégia de desnatação, o vendedor fixa um preço inicial elevado e centra-se nos consumidores que mais valorizam o produto. À medida que essa "bolsa" de clientes diminui, os preços são sucessivamente reduzidos para abarcar grupos adicionais de consumidores que não estavam dispostos a pagar um nível de preços superior, mas que estão dispostos a pagar um preço ligeiramente inferior, e assim por diante.

A desvantagem mais relevante dessa estratégia é o incentivo intrínseco de promover a entrada de novos concorrentes diante dos elevados lucros gerados. Esses inconvenientes podem ser ultrapassados se a empresa rapidamente estacionar o preço em um nível baixo o bastante para manter lucros, mas de forma a retirar parte da atratividade do mercado para novos concorrentes.

A **estratégia de penetração no mercado** consiste na prática de um preço suficientemente baixo para conquistar clientes e "agarrar" uma quota de mercado elevada. Essa estratégia necessita, para uma boa aplicação, do perfeito conhecimento do mercado, dos preços da concorrência, dos atributos mais valorizados pelos consumidores e da sua curva de sensibilidade ao preço. Os "custos" de uma estratégia de penetração são os lucros sacrificados por cobrar inicialmente menos dos consumidores que estariam dispostos a pagar um preço superior. O ganho potencial deriva de uma quota de mercado mais extensa.

O preço é, muitas vezes, usado indiscriminadamente e de forma inconsistente como arma estratégica. Diminui-se o preço para aumentar as vendas, eleva-se o preço para aumentar os lucros, baixa-se o preço para fazer frente à nova entrada de um novo produto ou concorrente, inflaciona-se o preço quando a procura é expansionista etc. Para todo e qualquer acontecimento, uma "mexida" no preço parece ser "remédio santo". A verdade é que alterações nos preços podem ter consequências na percepção dos clientes, prejudicando o posicionamento do produto.

4.7.3 Distribuição

Por meio da distribuição, a nova empresa vai tornar o produto acessível ao cliente no momento e local certos. Há vários canais de distribuição a que o empreendedor pode potencialmente recorrer, seja a utilização de distribuidores, de varejistas, da internet ou da venda pessoal direta. Para novas empresas, a internet oferece um canal de informação e distribuição eficaz e barato. Por exemplo, a empresa norte-americana de computadores *Dell Computer Corporation* teve grande sucesso no seu modelo de negócios baseado nas vendas por internet. No entanto, ainda que não pretenda vender apenas na internet, é cada vez mais importante ter um bom website disponível, até porque um número crescente de pessoas procura informação na internet antes de fazer uma visita ao espaço comercial físico do estabelecimento. Além disso, é importante perceber o que os concorrentes estão fazendo, que canais usam e por que, bem como o motivo de não utilizarem outros canais.

O *marketing direto* é também uma forma relativamente simples e barata de uma nova empresa conhecer o seu mercado-alvo. Para o marketing direto, o que o empreendedor precisa obter é uma boa lista de contatos (*mailing*) para enviar correspondência (tal como um catálogo com uma descrição do(s) produto(s) e indicações para contato).

Canais alternativos. O produtor pode optar por distribuir por meio de vários canais alternativos. Além da opção de vender diretamente ao consumidor final, sem recorrer a qualquer intermediário, o empreendedor pode também preferir recorrer a diversos tipos de distribuidores. A análise que deve definir a escolha precisa considerar a relação custo-benefício, ou custo-eficácia. Como se observa na Figura 4.9, a existência de distribuidores contribui para aumentar a racionalização dos circuitos comerciais, na medida em que reduz o número de relações entre os produtores e clientes. No entanto, ao delegar parte da tarefa de venda ao distribuidor, o produtor está prescindindo de parte do controle da cadeia que o separa do cliente, o que naturalmente comporta alguns riscos.

Figura 4.9 Intermediários na distribuição

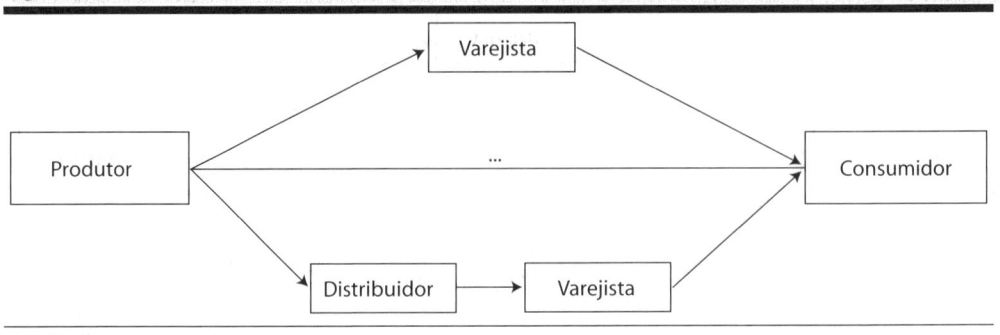

```
                    ┌───────────┐
              ┌────→│ Varejista │────┐
              │     └───────────┘    │
┌──────────┐  │         ...          ↓  ┌────────────┐
│ Produtor │──┼──────────────────────→  │ Consumidor │
└──────────┘  │                         └────────────┘
              │  ┌─────────────┐   ┌───────────┐  ↑
              └─→│ Distribuidor│──→│ Varejista │──┘
                 └─────────────┘   └───────────┘
```

Fonte: Ferreira, Reis e Serra (2009).

Como vemos na Figura 4.9, a **cadeia de distribuição** pode ser mais ou menos longa. Há, essencialmente, três estratégias possíveis quanto à extensão da cadeia de valor:

1. **Distribuição exclusiva**. Quando o produtor limita o número de intermediários para o seu produto, permitindo-lhe manter um controle próximo sobre a qualidade de serviço fornecido pelos distribuidores. A forma extrema de distribuição exclusiva é o caso do distribuidor apenas poder comercializar produtos do produtor/marca, e não simultaneamente produtos concorrentes (por exemplo: lojas Levi's, concessionárias de automóveis, lojas Sony). Com essa estratégia de distribuição, pretende-se construir uma imagem de elevada qualidade, com ótimo serviço, o que permite a prática de preços superiores.

2. **Distribuição intensiva**. Distribuir intensivamente é colocar o bem à disposição do consumidor em tantos locais quanto possível (por exemplo, os distribuidores de combustíveis entenderam que, além de promover o seu produto, já percebido como mais ou menos diferenciado, também seria válido pôr o combustível à disposição no máximo de locais, cobrindo intensivamente o mercado).

   A distribuição intensiva não é a ideal para todos os produtos, na medida em que há posicionamentos distintos. Quando se opta por distribuição intensiva, também se perde algum controle sobre a apresentação final do produto ao cliente, bem como sobre o preço praticado, e, em última análise, prejudica-se a imagem que se quer defender.

3. **Distribuição seletiva**. A distribuição seletiva está entre a exclusiva e a intensiva em termos do número de intermediários que têm o produto. As vantagens são que a empresa não massifica a sua venda, mas obtém maior cobertura do mercado e maiores vendas, mantendo simultaneamente o controle suficiente sobre a cadeia. Por exemplo, a Marisol, tradicional fabricante de roupas e calçados, mudou sua estratégia ao passar a administrar marcas. Além de produzir

O Marketing da Nova Empresa

roupas e calçados em suas fábricas, a empresa vende grande parte dos seus produtos em lojas próprias, atuando em um sistema verticalmente integrado. A marca Lilica Ripilica/Tigor T. Tigre, em 2007, possuía cinco lojas próprias e cerca de 130 franquias no Brasil – algumas na sua expansão fora do Brasil.

O plano de marketing deve especificar as opções em termos de política de distribuição, tais como o tipo de canal usado, a localização dos canais, os benefícios e desvantagens potenciais etc. No entanto, tenha em mente que as quatro variáveis do marketing mix devem ser vistas de modo integrado e coerente. A política de distribuição também precisa ser coerente com as outras variáveis do marketing mix pelo fato de que, por exemplo, um produto de alta qualidade provavelmente terá um preço elevado e deve ser distribuído por meio de canais com uma imagem de qualidade.

4.7.4 Comunicação

A política de comunicação compreende os conteúdos e os meios de se comunicar (imprensa, rádio ou televisão) com os clientes, informando-os, permitindo-lhes conhecer os produtos e ensinando-os a utilizá-los. A comunicação deve ser ajustada ao mercado-alvo e ao tipo de produto. Note que enquanto os mercados mais amplos podem justificar o uso de meios mais caros, como a televisão, revistas e jornais nacionais, os mercados mais restritos podem ser cobertos com o uso de imprensa regional, rádio ou catálogos. O empreendedor precisa avaliar os diferentes meios diante dos custos e da eficácia em atingir o segmento-alvo.

Uma forma de comunicação potencialmente interessante para a nova empresa, em particular uma que ofereça produtos ou processos inovadores, é a mídia – jornais, revistas, rádio, TV, internet –, que muitas vezes passa na forma de notícia informações sobre novos empreendimentos e lançamentos de produtos. Esse recurso permite, pelo menos, uma apresentação inicial e gratuita da nova empresa ao público em geral. No entanto, analisemos as principais vantagens e desvantagens dos meios de comunicação (ver Quadro 4.4):

Quadro 4.4 Os meios de comunicação

Meio	Vantagens	Desvantagens
Televisão	• Elevada cobertura/audiência • Popular • Com âmbito alargado • Combina som, imagem e movimento • Apelativo aos sentidos	• Muito dispendioso • Dificuldade de selecionar audiência
Rádio	• Elevada audiência • Clientela muito diversificada de acordo com o horário • Possibilidade de selecionar a audiência demográfica e geograficamente • Baixo custo	• Apenas permite som • Menor atenção que a televisão • Preços variam muito

(continua)

(continuação)

Imprensa	• Boa cobertura do mercado local • Alta credibilidade • Flexibilidade • Possibilidade de selecionar audiência	• Efeito de curta duração • Baixa qualidade de reprodução
Cartazes (outdoors)	• Flexibilidade • Baixo custo • Baixa competição • Exposição repetida	• Não permite selecionar audiência • Limitações criativas • Requer ação complementar de outros meios
Cinema	• Alta seletividade	• Alcance limitado • Dependente da audiência e do tipo de classe a que se dirige • Segmento restrito

Fonte: adaptado de Kotler (1994).

4.8 NOTAS FINAIS

O plano de marketing é uma componente obrigatória do plano de negócios e um precioso auxiliar ao próprio empreendedor para o entendimento das vicissitudes do mercado e da sua oferta diante dos rivais e das necessidades dos clientes. Para elaborar um bom plano de marketing e conhecer o mercado, pode ser interessante conduzir um estudo de mercado mais aprofundado. Algumas agências de promoção de investimentos podem dar apoio, ou mesmo auxiliar financeiramente, nos custos desses estudos.

Para os estudos de mercado, pode-se recorrer a dados primários ou secundários. É sobre os dados recolhidos que se determinam, ou ajustam, as políticas de marketing quanto a produto, preço, distribuição e comunicação. No entanto, o progresso deve ser monitorado em relação aos objetivos definidos e aos eventuais desvios corrigidos.

A verdade é que muitos planos fracassam, não por uma má gestão ou por um produto ser de fraca qualidade, mas porque o plano não foi bem-feito, contendo uma análise inadequada da situação, sem prever movimentações dos concorrentes ou acasos. Algumas causas de fracasso dos planos podem ser prevenidas e controladas por um empreendedor meticuloso na elaboração do plano de marketing, tais como: *falta de um bom plano* – o plano de marketing é superficial e carece de detalhes; *falta uma análise adequada da situação* – é importante deter um conhecimento profundo do ambiente externo que oriente a definição dos objetivos e das políticas de marketing; *objetivos irrealistas* – possivelmente, estes ocorrem por incompreensão real da situação do ambiente; *movimentações dos concorrentes, deficiências do produto e fatalidades*. Todos esses aspectos podem ser razoavelmente antecipados por meio de uma boa análise de situação, da avaliação da concorrência, de sistemas de controle de qualidade e do grau de ajustamento às necessidades (testes piloto), bem como mediante um pouco de prudência. Ainda há alguns fatores imponderáveis sobre os quais não é possível ter qualquer controle, mas essas situações deviam ser reduzidas a um mínimo.

No plano de marketing da nova empresa, o empreendedor deve incluir um conjunto de informações e análises que apresentamos aqui. No entanto, é importante reafirmar que a elaboração de um plano de marketing não é um evento único, antes, deve ser revisto e reformulado com frequência (se possível anualmente). Aliás, esse plano deve ser orientador da atuação do empreendedor. O objetivo é que o empreendedor considere os quatro componentes do marketing mix e entenda como as suas atuações vão influenciar a presença da empresa no mercado. No entanto, em uma fase inicial, é preciso ter um plano de marketing que deve: fornecer uma estratégia para a realização dos objetivos de marketing da empresa; ser baseado em fatos e dados confiáveis – fundamentados em investigações primárias e/ou secundárias reais; ser ajustado às possibilidades e à disponibilidade de recursos (financeiros, de equipamento e humanos) da empresa; contemplar os mecanismos de implementação, controle e avaliação do próprio plano; ser simples e sucinto – porque planos excessivamente longos em geral não são usados e "não saem da gaveta" –, mas, ainda assim, deve ter detalhes suficientes para que seja operacionalizável.

ANEXO – Para Trabalhar

Marketing da Nova Empresa
(Pense sobre o seu projeto empreendedor e responda às questões seguintes)

1. Faça uma breve descrição da **ideia de negócio**.
_____
_____
_____

2. Descreva o **produto/serviço** que pretende oferecer.
_____
_____
_____

3. Responda por que pensa que os consumidores têm efetivamente **a necessidade** que seu empreendimento propõe satisfazer?
_____
_____
_____

4a. **Quem são os públicos-alvo?** Identifique e caracterize os clientes potenciais (tipo, poder de compra, dimensão, rendimento etc.). Procure saber quem são os clientes no serviço e conhecer as suas características em termos, por exemplo, demográficos, tipo de setor ou comércio etc.
_____
_____
_____

(continua)

(continuação)

4b. Qual a dimensão do mercado total para esse tipo de produto/serviço? Nessa fase, queremos aferir qual é o mercado potencial para o produto/serviço, avaliando o número de clientes potenciais, o volume de negócios, a nossa quota de mercado e quaisquer outros indicadores que nos permitam avaliar nossa capacidade competitiva no mercado.
_____
_____
_____

4c. Qual é uma estimativa realista do número de pessoas que poderá comprar o produto de você, e não de um concorrente?
_____
_____
_____

4d. Tem algum dado ou pesquisa em que possa basear essa estimativa?
_____
_____
_____

5a. Como as pessoas ficarão sabendo a respeito e conhecerão o seu produto?
_____
_____
_____

5b. Como fará a publicidade?
_____
_____
_____

6. Descreva como **valorizou** o seu produto/serviço tendo em vista o mercado.
_____
_____
_____

7a. Um aspecto importante na definição do **preço** é o **custo de fornecer o produto**. Calcule qual o custo dos seus produtos/serviços e indique quais os elementos em que se baseou para o cálculo.
_____
_____
_____

7b. Qual o preço de venda que terá de praticar para obter algum lucro? Esse preço é razoável diante dos níveis de preços dos concorrentes?
_____
_____
_____

7c. Qual será o preço que vai cobrar pelo produto?
_____
_____
_____

7d. Como esse preço se compara com os preços dos concorrentes?
_____
_____
_____

(continua)

O Marketing da Nova Empresa

(continuação)

8a. Quais os **canais de distribuição** que pretende usar? Ou seja, quem fará a distribuição dos seus produtos? Justifique.
___
___
___

8b. Vai distribuir o produto diretamente ou precisa de intermediários?
___
___

8c. Quantos intermediários existirão entre sua empresa e o consumidor final?
___
___
___

8d. Como e quanto é que cada um dos intermediários será pago?
___
___
___

9. Quais são as **opiniões dos seus potenciais clientes** acerca dos seus produtos/serviços (gama de produtos, qualidade, preço, garantia etc.)?

Nome do cliente	Opinião do cliente

10. A comunicação com os clientes é essencial à empresa. Avalie os diferentes **meios de comunicação**, apontando os benefícios e desvantagens de cada um para a sua empresa. Quais pensa usar?

Meios	Benefícios	Desvantagens	A usar (✓)
Venda direta			
Vendas por catálogo			
Feiras e exposições			
Marketing direto			
Demonstrações no local de venda			
Cartazes e *outdoors*			
Anúncios na imprensa (nacional ou regional)			
Mala direta			
Anúncios na rádio			
Internet			
Merchandising			
Cupons e brindes			
Outros, indique			

(continua)

(continuação)

11a. **Quem são os seus concorrentes** e por que os considera como tal?
_____
_____
_____

11b. Preencha a matriz a seguir para **comparar a oferta de sua empresa com a das principais empresas concorrentes**. É importante identificar quem são os concorrentes e qual a nossa posição diante deles. Em outras palavras, como nos comparamos com os concorrentes. Idealmente, você conseguirá identificar as fontes de vantagem competitiva de cada concorrente, que modificações têm feito, que reposicionamentos operaram, o que oferecem de diferente etc.

Item	Minha empresa	Concorrente A	Concorrente B
Como compara o seu produto com o dos rivais?			
Que vantagens tem o produto sobre o das empresas rivais?			
E que desvantagens?			
Qual é a qualidade dos produtos?			
Quais são os serviços complementares?			
Qual é a gama de produtos?			
Tem notoriedade, imagem e prestígio?			
Há alguma propriedade intelectual a proteger?			
Os produtos têm impacto negativo sobre o ambiente?			
O que oferece que satisfaz a necessidade identificada?			
Há algum benefício que só você oferece?			
Afinal, por que os clientes preferirão o seu produto ao dos concorrentes?			
Qual o nível de preço praticado?			
Quais os meios de comunicação usados?			
Por que usar esses meios de comunicação?			
Qual é o canal de distribuição usado?			
Quais as vantagens que obtêm com o canal de distribuição?			

(continua)

O Marketing da Nova Empresa

(continuação)

12. Quais as **principais tendências no mercado**? Aqui, analisamos as tendências do mercado observando, por exemplo, indicadores longitudinais (ao longo dos últimos – digamos cinco anos), como volumes de vendas, concorrentes e quotas de mercado, evolução dos preços, evolução da procura, novos produtos substitutos que emergiram etc.

Fator	Tendência
▪ Volume de vendas no mercado	
▪ Número de empresas concorrentes instaladas	
▪ Evolução dos preços	
▪ Emergência de novos produtos substitutos	
▪ Custo dos meios de comunicação	

Fonte: elaborado pelos autores.

O **Ambiente** e o Setor
5

Objetivos

- Levar o leitor a compreender o que é a missão da empresa.
- Levar o leitor a compreender o que é a visão da empresa.
- Ajudar o leitor a entender a importância de fazer uma análise do ambiente externo e do setor.
- Identificar as cinco forças competitivas que determinam a rentabilidade do setor.
- Explicar o papel das "barreiras à entrada", na criação de desincentivos ao estabelecimento de novas empresas no setor.
- Identificar as questões relativas ao setor antes de prosseguir com uma ideia de negócio.
- Levar o leitor a compreender a importância da análise dos concorrentes.

5.1 INTRODUÇÃO

> *Não há saber doméstico, por um lado, e saber internacional, por outro.*
> *Só existe uma economia mundial, ainda que a organização*
> *opere em nível nacional, regional ou local.*
>
> Don Tapscott, *O novo paradigma*

As empresas não atuam isoladamente no mercado. Na maioria das vezes, as novas empreendedoras se estabelem em mercados em que há a concorrência de empresas já estabelecidas. É, portanto, fundamental, para que a nova empresa tenha sucesso, a capacidade de ser competitiva. Uma empresa é competitiva quando está ajustada ao mercado, ou seja, quando sua oferta satisfaz necessidades existentes, quando se diferencia dos concorrentes, tem bom atendimento do cliente, mantém boas relações com os fornecedores etc. Portanto, uma preocupação do empreendedor deve ser definir a estratégia competitiva da nova empresa – ou como vai concorrer no mercado. Isso significa que o empreendedor deve conhecer as forças e fraquezas da sua empresa, mas também as oportunidades e ameaças a que está sujeita. O objetivo deve ser sempre o de criar e sustentar uma vantagem competitiva.

Uma empresa tem uma vantagem competitiva quando consegue oferecer aos clientes mais valor que as empresas concorrentes. O que é esse valor? O valor pode ter origem em múltiplos aspectos. Por exemplo, pode ser um preço mais baixo, maior qualidade, melhor atendimento, imagem de exclusividade do produto, status associado à posse ou utilização, tecnologia mais sofisticada, *design* mais atrativo. O valor pode ter um suporte tangível (características técnicas ou materiais do produto) ou intangível (percepção e imagem do produto).

As empresas operam dentro de um setor. Um setor é formado por um grupo de empresas que produzem um produto ou serviço semelhante. Por exemplo, falamos do setor da construção civil, da aviação civil, dos transportes aéreos de mercadorias, das bebidas, dos jogos de computador, da eletrônica de consumo, dos computadores, dos automóveis, farmacêutico etc. É também importante que o empreendedor conheça o setor em que vai operar. Ao analisar o setor, o empreendedor procura determinar o seu potencial, verificar se o segmento de mercado que identificou para si é acessível e qual a possível reação das empresas já instaladas a uma nova entrada, a importância das barreiras à entrada (por exemplo, barreiras legais, necessidade de investimento, de recursos humanos). Em última análise, deve-se identificar e compreender os prós e contras do setor em que se pretende entrar.

Vamos, então, considerar o ambiente e a concorrência no setor, bem como as estratégias que as empresas podem adotar.

5.2 A VISÃO E A MISSÃO DA NOVA EMPRESA

Os fundadores de uma empresa – os empreendedores – devem ter uma visão clara de qual a área de negócio em que a empresa quer atuar, o seu posicionamento no mercado e no setor, os fatores de diferenciação, a sua estratégia e forma de atuação. Em outras palavras, é preciso ter uma ideia clara de visão – a imagem que a empresa tem de si e do seu futuro (ou seja, aquilo que almeja ser, mais do que de fato é atualmente). Assim, a visão é um mapa que guia o futuro da empresa na sua orientação futura em termos de tecnologia-produto-cliente, nos mercados geográficos a perseguir, nas capacidades e competências a desenvolver, bem como no tipo de gestão que a empresa procura criar.

Exemplos de visão:

VALE	Ser a maior empresa de mineração do mundo e superar os padrões consagrados de excelência em pesquisa, desenvolvimento, implantação de projetos e operação de seus negócios.
O Boticário	Conectar as pessoas aos ideais de beleza, sendo a marca preferida, com rentabilidade e crescimento acima do mercado.
SPOLETO CULINÁRIA ITALIANA	Criar o máximo de oportunidades para o máximo de pessoas e tornar-se a melhor rede de culinária italiana do mundo.

O empreendedor deve também formular a sua declaração de missão. A missão é a tradução da estratégia da empresa, que expressa o propósito da sua própria existência. Em outros termos, a missão reflete a resposta a três questões: "Quem somos?", "O que fazemos?" e "Por que fazemos?". Ou, de outra forma, a missão expressa a finalidade (a razão de ser), a estratégia (objetivos e posicionamento no mercado), os valores (princípios éticos que orientam a atuação da empresa) e os padrões de atuação da empresa (a forma como se espera que os colaboradores atuem). A missão deve ser concisa, curta e facilmente memorizável.

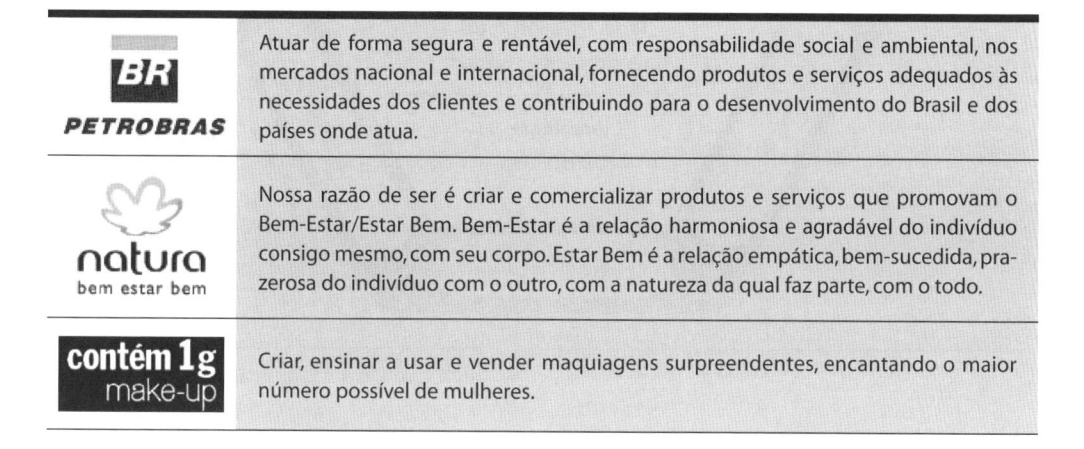

BR PETROBRAS	Atuar de forma segura e rentável, com responsabilidade social e ambiental, nos mercados nacional e internacional, fornecendo produtos e serviços adequados às necessidades dos clientes e contribuindo para o desenvolvimento do Brasil e dos países onde atua.
natura bem estar bem	Nossa razão de ser é criar e comercializar produtos e serviços que promovam o Bem-Estar/Estar Bem. Bem-Estar é a relação harmoniosa e agradável do indivíduo consigo mesmo, com seu corpo. Estar Bem é a relação empática, bem-sucedida, prazerosa do indivíduo com o outro, com a natureza da qual faz parte, com o todo.
contém 1g make-up	Criar, ensinar a usar e vender maquiagens surpreendentes, encantando o maior número possível de mulheres.

5.3 O AMBIENTE EXTERNO

Compreender o ambiente geral e as principais tendências e mudanças que afetam o setor em que a nova empresa vai operar é o primeiro passo no processo de pensamento estratégico. Este envolve para cada uma das dimensões externas (ver Figura 5.1): (a) identificar sinais de mudanças e tendências, (b) entender o seu significado para a atividade atual e especialmente para a atividade futura da empresa, (c) desenvolver projeções dos resultados encontrados e (d) determinar qual o *timing* e importância dessas mudanças e tendências para a estratégia e gestão da empresa.

No entanto, não basta analisar as dimensões do ambiente geral, porque também o chamado ambiente transacional deve ser monitorado e avaliado. Essa análise integrada deve permitir entender quem são e serão os clientes, compreender as capacidades e estratégias dos fornecedores (capacidade de serviço e financeira, produtos, tecnologia etc.), avaliar os concorrentes (por exemplo, em termos das suas expectativas, capacidades, estratégias, comportamentos, concorrentes potenciais, produtos substitutos, grupos estratégicos) etc.

Para o empreendedor criar a sua própria empresa é primordial a análise do mercado e dos clientes (que analisamos no Capítulo 4), bem como a análise da concorrência.

Figura 5.1 O ambiente geral

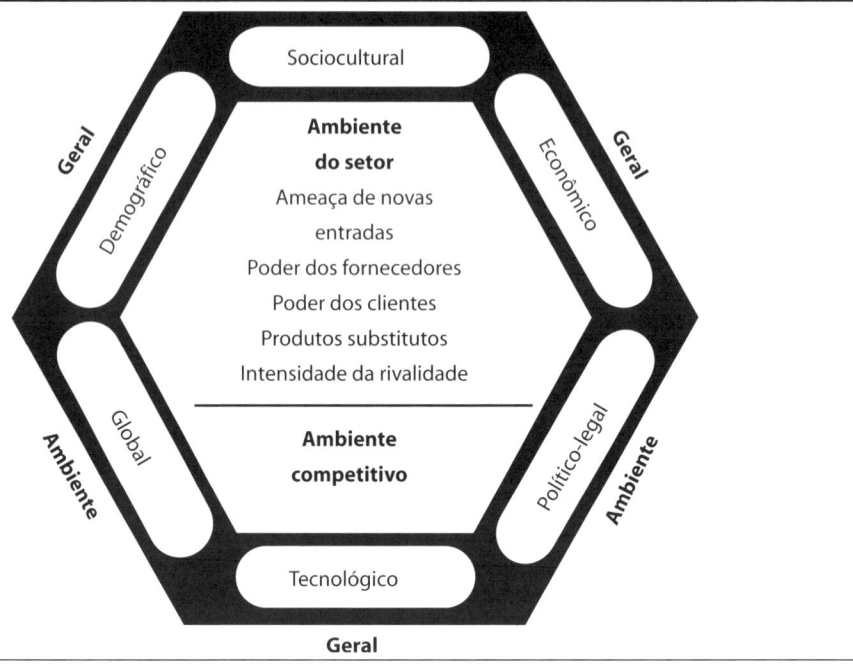

```
                    Sociocultural

         Geral                        Geral
    Demográfico    Ambiente      Econômico
                   do setor
                Ameaça de novas
                   entradas
                Poder dos fornecedores
                Poder dos clientes
                Produtos substitutos
                Intensidade da rivalidade

  Ambiente  Global   Ambiente       Político-legal  Ambiente
                   competitivo

                    Tecnológico
                       Geral
```

Fonte: Ferreira, Santos e Serra (2008).

5.4 A ANÁLISE DOS CONCORRENTES

Ainda que a concorrência seja uma componente central a todo este capítulo, a sua análise merece novo destaque. Todas as empresas estão sujeitas à concorrência, seja esta nacional ou internacional (salvo raras exceções protecionistas), devendo, por isso, estar preparadas para o confronto. Para tal, é importante conhecer os concorrentes, o seu mercado, quem o integra, o lugar que ocupam no mercado, os seus pontos fortes e fracos, as necessidades que satisfazem, quem são os clientes, que organização e métodos de venda utilizam, de que técnicas de publicidade e de venda se valem, as condições de venda que praticam etc.

A análise dos concorrentes (ou seja, a análise detalhada da concorrência da empresa) permitirá ao empreendedor compreender a competição com que se vai deparar. Ajuda a empresa a perceber as posições dos seus maiores concorrentes e as oportunidades que estão disponíveis. Com a informação recolhida sobre os concorrentes, a empresa poderá organizar a informação em alguma forma gráfica para mais fácil observação – por exemplo em uma matriz de análise da concorrência (ver Figura 5.2). Há instrumentos para organizar a informação que a empresa recolhe sobre os seus concorrentes e podem ajudá-la a se comparar com esses concorrentes, dar ideias de mercados a perseguir, bem como identificar as suas principais fontes de vantagem competitiva ou áreas em que podem ser conseguidas.

O Ambiente e o Setor

Figura 5.2 Matriz de análise da concorrência

Tipo de recurso	Nós	#1	#2	#3
Financeiros				
Humanos				
Técnicos				
De reputação				
Organizacionais				
...				

Nota: o objetivo é definir quais são os fatores fundamentais para atuar no setor e como a nova empresa se compara com as empresas já existentes.
Fonte: Ferreira, Santos e Serra (2008).

A listagem a seguir destaca alguns dos mais importantes aspectos a analisar quanto à concorrência.

Check-list **para a concorrência**

1. Liste os concorrentes diretos por produto e por mercado geográfico. Quem está à procura do mesmo cliente que você? (Veja bem se aquele que você identificar é de fato um concorrente. Por exemplo, as lojas de especialidade concorrem com outras lojas de especialidade, mas não com as de grande superfície).
2. Liste os concorrentes indiretos por produto e mercado geográfico (por exemplo, os cinemas são concorrentes indiretos dos clubes de vídeo).
3. Liste concorrentes emergentes que atualmente entram no setor ou mercado.
4. Descreva as forças e fraquezas dos concorrentes por produto e mercado. Veja como se relacionam com as suas próprias forças e fraquezas.
5. Descreva a quota de mercado dos concorrentes para cada produto (em percentagem, quantidade ou valor).
6. Discuta a informação relevante sobre cada concorrente. Inclua o perfil dos gestores, história da empresa, mapas financeiros e mostre em que são fracos e em que são fortes.
7. Como o seu produto conseguirá competir com os da concorrência? (Produto superior? Preço? Publicidade? Distribuição?)
8. Em que atividade você tem vantagem? (Operações, produto, preço, serviço, entrega etc.)
9. Como o seu produto se compara ou difere do dos concorrentes pela perspectiva dos clientes?
10. Essa nova empresa ameaça os objetivos estratégicos de empresas já estabelecidas? Tentarão destruir a nova empresa a todo o custo?
11. Se a concorrência tentar destruir a sua posição no mercado, como poderá retaliar? Que técnicas de marketing planeja usar?
12. Qual é a base de competição do setor (preço, qualidade, promoção, venda pessoal, inovação, questões legais etc.)?
13. Qual é o histórico do setor no que diz respeito à "recepção" dada a novas empresas? Quão fácil ou difícil é entrar no setor?
14. Qual tem sido o destino das novas empresas que entraram no setor? Têm sido bem-sucedidas?
15. O que mantém outras empresas fora e as impede de entrar?
16. Quais são as barreiras à saída?

É importante que na coleta de informação sobre os competidores o empreendedor assuma uma postura ética. De fato, o empreendedor não precisa enveredar por espionagem industrial para obter informação, basta ir a conferências e feiras comerciais, ler relatórios, revistas, livros e websites com informação sobre a indústria, falar com clientes sobre o que os motivou a comprar o seu produto em vez de um da concorrência, comprar produtos da concorrência para compreender suas características, seus benefícios, suas funcionalidades, seus defeitos etc. ou mesmo analisar os websites dos concorrentes.

5.5 A ANÁLISE INTERNA

Além da análise externa, também a análise interna é essencial. O desenvolvimento de uma estratégia competitiva requer que a empresa olhe para o seu interior e entenda quais são as suas forças e fraquezas – ou os seus recursos únicos e competências que a distinguem da concorrência. Em última análise, requer que o empreendedor entenda o que tem de fazer para almejar uma vantagem competitiva (preferencialmente uma vantagem que seja sustentável ao longo do tempo). Por que a necessidade da análise interna? Em essência porque, embora o ambiente externo seja idêntico para todas as empresas em um setor, algumas empresas conseguem ter maior capacidade competitiva e melhor desempenho que outras. Em outras palavras, mesmo em setores pouco rentáveis há empresas que têm lucros elevados, enquanto outras geram prejuízos. Para entender a razão dessas diferenças, podemos e devemos olhar para dentro da própria organização e pensar quais são as competências que a distingue das demais empresas e o que fazemos melhor.

As competências da nova empresa permitir-lhe-ão ser melhor que os concorrentes em termos de fatores como *eficiência* (e custos mais baixos), *qualidade* (aumenta o valor para o cliente), *inovação* (aumenta o valor da oferta ao cliente ou baixa custos) e melhor *capacidade de adaptação/resposta ao cliente*. Esses quatro fatores contribuem para a geração de uma vantagem competitiva, como ilustra a Figura 5.3 a seguir.

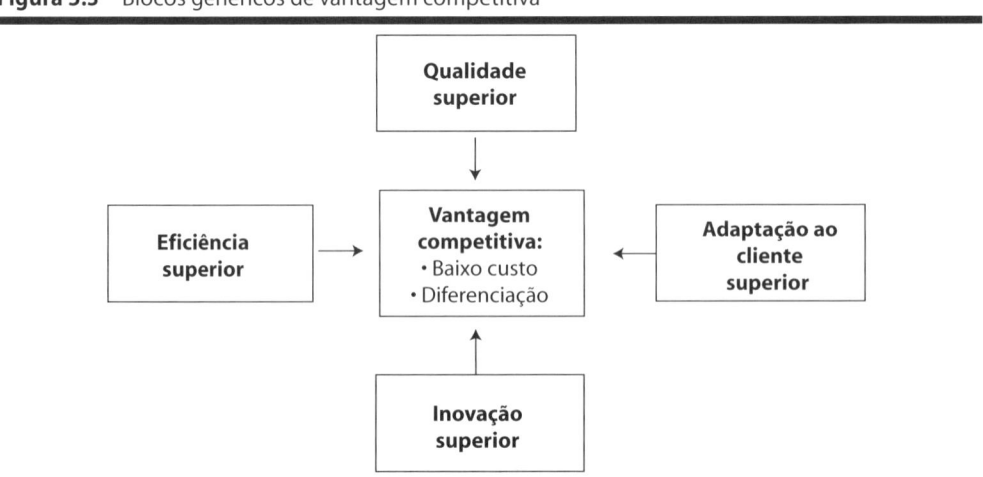

Figura 5.3 Blocos genéricos de vantagem competitiva

Fonte: adaptado de Porter (1980).

Então, como integramos a análise dos fatores internos na concepção da estratégia da nova empresa? A Figura 5.4 ilustra as inter-relações entre as dimensões internas na busca da estratégia competitiva. Note que os recursos de que a empresa dispõe (tangíveis ou intangíveis), bem como as suas competências, permitem-lhe atuar na oferta de produtos/serviços com maior eficiência, qualidade, inovação e/ou mais adaptados ao cliente. A estratégia de negócios poderá ser então definida, quer em termos de diferenciação, quer de liderança pelos custos para a criação de uma oferta de valor ao cliente.

Figura 5.4 Capacidade competitiva da empresa

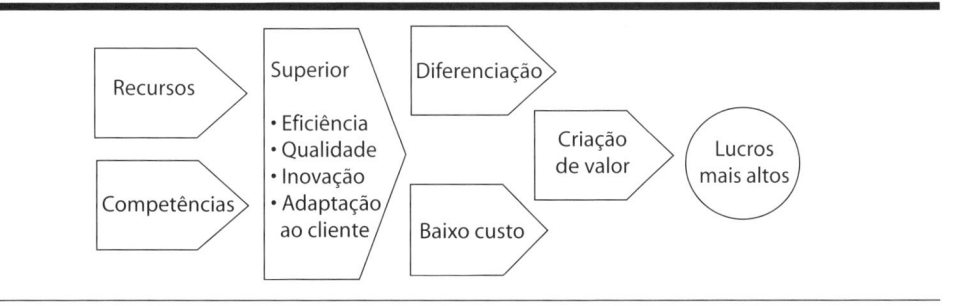

[Diagrama: Recursos e Competências → Superior: Eficiência, Qualidade, Inovação, Adaptação ao cliente → Diferenciação / Baixo custo → Criação de valor → Lucros mais altos]

Fonte: adaptado de Serra, Torres e Torres (2002).

As empresas criadas pelo empreendedor encontrarão a concorrência de outras empresas já instaladas e operarando no mercado. Por isso, é fundamental que o empreendedor avalie cuidadosamente em quais áreas está efetivamente gerarando valor e consegue deter uma vantagem competitiva. Para isso, é importante analisar a cadeia de valor, decidindo quais atividades são importantes manter e quais podem ser subcontratadas. Diante da pequena dimensão das novas empresas, o estabelecimento de parcerias ao longo da cadeia de valor é essencial.

5.5.1 A cadeia de valor

Muitas vezes, os empreendedores fazem planos complexos e concebem os seus negócios para desempenhar todas as atividades. No entanto, é importante que analisem atentamente quais atividades efetivamente devem desempenhar, quer porque são aquelas em que poderão diferenciar-se ao usar as suas competências, quer por qualquer outro motivo. Assim, os empreendedores devem examinar a *cadeia de valor* – a sequência de atividades que acrescentam valor ao longo de todo o processo produtivo, desde a obtenção de matérias-primas até à disponibilização do produto ao consumidor.

Se tradicionalmente as grandes empresas eram caracterizadas por elevados níveis de integração vertical, desempenhando no âmbito interno grande parte das atividades ao longo do ciclo produtivo, elas tendem cada vez mais a recorrer a fornecedores externos para a fabricação de inúmeros componentes, execução de diferentes fases operacionais e de logística. Os produtores (ao longo dos diversos setores de atividade, dos automóveis à eletrônica de consumo, dos computadores aos produtos de grande consumo) especializam-se e desenvolvem as suas competências em uma ou poucas fases da cadeia de valor e subcontratam as restantes. Essa desintegração vertical proporciona aos potenciais empreendedores muitas oportunidades (como vimos anteriormente) para fornecer às empresas maiores, inclusive às multinacionais. É conhecido o fato de que a multinacional norte-americana Nike apenas realiza as extremidades da cadeia de valor: a pesquisa e desenvolvimento de novos produtos e o marketing, subcontratando todas as demais operações. Essa possibilidade de atuação é muito interessante para o pequeno empreendedor que não dispõe dos ativos necessários para o desempenho eficaz de todas as atividades que conduzem ao produto final.

Desse modo, o empreendedor precisa saber quais são as competências e recursos que a nova empresa deve desenvolver que sejam capazes de proporcionar vantagens em diferentes mercados, bem como nos ativos, com elevado interesse estratégico. Para diagnosticar as fontes de vantagem competitiva, Michael Porter (1986) sugere a desagregação da **cadeia de valor** interna (as diversas partes, funções e atividades) da empresa, a qual tem dois elementos fundamentais: as atividades de suporte e as atividades primárias. Segundo esse modelo, todas as empresas são compostas por nove atividades genéricas, que contribuem, positiva ou negativamente, para o valor gerado pela empresa. As quatro atividades de suporte incluem: logística, P&D, gestão de recursos humanos e infraestrutura. As cinco atividades primárias são as envolvidas na criação física do produto ou serviço e a sua entrega no mercado. Porter descreve as cinco funções do modelo: logística de compras, operações, logística de vendas, marketing e vendas, e serviço pós-venda (Figura 5.5).

Figura 5.5 A cadeia de valor

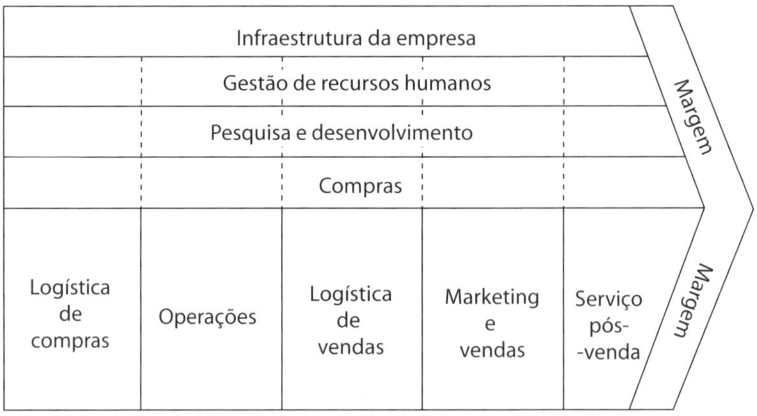

Infraestrutura da empresa					
Gestão de recursos humanos					Margem
Pesquisa e desenvolvimento					
Compras					
Logística de compras	Operações	Logística de vendas	Marketing e vendas	Serviço pós-venda	Margem

Fonte: adaptado de Porter (1980).

Em suma, cada atividade da cadeia de valor pode ser realizada internamente (na empresa) ou subcontratar outras empresas.

5.6 A ATRATIVIDADE DO NEGÓCIO

O empreendedor deve sempre pensar em tornar o seu negócio o mais atrativo possível, para aumentar o potencial de crescimento e de lucro do negócio e desenvolver a capacidade competitiva diante dos rivais. Assim, em um primeiro momento, é essencial ao empreendedor refletir sobre o negócio em que vai atuar. Pensar a sua estratégia de negócio significa encontrar respostas para três questões básicas:

- O que será satisfeito? O empreendedor precisa identificar quais as necessidades dos consumidores (por exemplo, a Apple distinguiu-se ao fornecer facilidade de utilização em um momento em que os computadores IBM e compatíveis tinham uma interface de utilização menos amigável para o usuário). Idealmente, o empreendedor conseguirá desenvolver uma oferta diferenciada da dos concorrentes.

- A quem se quer satisfazer? O empreendedor vai determinar quem são efetivamente os clientes, identificando os segmentos de mercado e definindo o mercado-alvo.

- Como serão satisfeitas as necessidades dos consumidores? O que a empresa vai fazer, ou consegue fazer, melhor que os seus concorrentes para satisfazer as necessidades identificadas dos clientes almejados – pode ser pela eficiência, qualidade, inovação ou capacidade de adaptação aos clientes.

As estratégias de negócio procuram criar diferenças entre as posições relativas das empresas e as dos seus rivais. Para se posicionar, a empresa tem de decidir se pretende realizar as suas atividades de forma diferente de como são realizadas ou optar por realizar outras atividades diferentes das dos concorrentes.

5.7 ANÁLISE DO SETOR

A capacidade competitiva da empresa começa por se desenhar no setor em que está presente, e o setor influencia a atratividade do negócio. O empreendedor deve avaliar bem a intensidade das forças no ambiente em que a empresa irá se inserir, ou seja, no setor. Assim, a análise das cinco forças **competitivas que determinam a rentabilidade do setor**, como propostas por Michael Porter (Figura 5.6), é um método de conhecermos o posicionamento da empresa diante de seus clientes, concorrentes e fornecedores.

O modelo das cinco forças pode ser usado para aferir a atratividade de um setor ao determinar o nível de ameaça à rentabilidade deste para cada uma das forças. Se o empreendedor observar que há muitas ameaças à rentabilidade, pode reconsiderar se entra ou não no setor, ou pensar qual a melhor posição a ocupar, dadas as cinco forças. O objetivo da análise do modelo de Porter é entender a estrutura de um setor ao examinar as cinco forças principais que determinam a sua rentabilidade. Empresas bem geridas procuram posicionar-se de modo a evitar ou diminuir o impacto das cinco forças – e, claro, ser mais rentáveis.

As cinco forças são: (1) a rivalidade entre empresas concorrentes, (2) a ameaça de novas entradas, (3) o poder de negociação dos clientes, (4) o poder de negociação de fornecedores e (5) a ameaça de produtos substitutos. Analisemos brevemente cada uma dessas forças.

Figura 5.6 As cinco forças de Porter

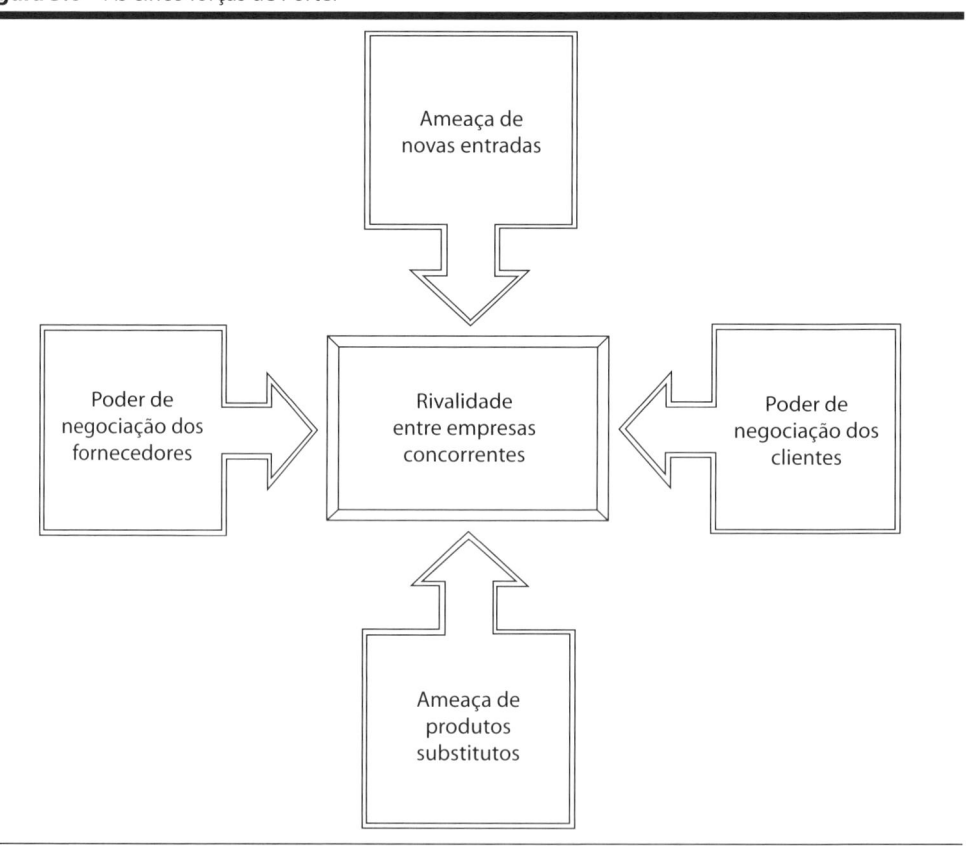

Fonte: Porter (1980).

5.7.1 A rivalidade entre empresas concorrentes

O nível de competição entre empresas é um forte determinante da rentabilidade de um setor. A rivalidade entre os concorrentes é função das características do setor em que a empresa opera. Algumas dessas características são: a fase do ciclo de vida do setor, a estrutura do setor, a diferenciação dos produtos e marcas das empresas, a capacidade de produção instalada em relação à utilizada etc. É, portanto, essencial que o empreendedor examine o setor, procurando respostas para questões como:

- Qual o *status quo* em termos de força relativa dos concorrentes no setor?
- O crescimento no setor está diminuindo, levando ao aumento de rivalidade?
- Qual o excesso de capacidade instalada no setor?
- Os nossos concorrentes são capazes de forçar e aguentar uma guerra de preços?
- Quão únicos são os objetivos e estratégias dos nossos maiores concorrentes?

A rivalidade entre os concorrentes tende a ser maior em setores maduros e em fase de declínio do que em setores em crescimento. Alguns setores são tão competitivos que os preços chegam a descer abaixo dos custos e todo o setor sofre perdas. Em outros, a competição é muito menos intensa e há pouca competição com base nos preços. Assim, a rivalidade será tanto mais forte quanto: (a) maior o número de concorrentes de dimensão semelhante (forças equilibradas), (b) menor o crescimento do mercado, (c) menores os custos de mudança, (d) menor a diferenciação dos produtos, e) maiores as variações na capacidade produtiva – produção em grandes quantidades (excesso de oferta sobre a procura), (f) maiores os custos fixos, (g) maior a importância estratégica do negócio e (h) mais elevadas as barreiras à saída.

Barreiras à entrada

- Economias de escala
- Diferenciação do produto baseada em conhecimento proprietário
- Identidade da marca
- Custos de mudança
- Necessidades de capital
- Acesso à distribuição
- Vantagens absolutas nos custos
  - Curva de aprendizagem
  - Acesso a *inputs* necessários
  - *Design* proprietário e de baixo custo
- Política governamental
- Retaliação esperada

5.7.2 A ameaça de novas entradas

Quanto mais atrativo for o setor – ou seja, maiores os lucros que as empresas registram – e menores as barreiras à entrada, maior o interesse de outras empresas e empreendedores em entrarem nesse setor e conquistar uma parcela do mercado. Contudo, novos concorrentes provocam o aumento da capacidade instalada no setor com o objetivo de ganhar participação no mercado, o que aumenta a intensidade competitiva e diminui os lucros. Assim, as empresas já instaladas procuram erguer barreiras à entrada para manter menos empresas no setor. Uma barreira à entrada é uma condição que cria um desincentivo a uma potencial nova entrada no setor.

As principais barreiras à entrada são: (a) diferenciação do produto, (b) custos de mudança/transferência (*switching costs*), (c) economias de escala, (d) acesso aos canais de distribuição, (e) desvantagens de custos independentes de escala, (f) política governamental, (g) necessidades de capital e (h) outras economias de custos (que não de escala). Assim, as barreiras a novas entradas são maiores quando, por exemplo, o produto está na fase de maturidade ou declínio, as economias de escala são significativas, ou se há proteções legais, se os consumidores reconhecem as marcas, se os canais de distribuição são de difícil acesso, se as necessidades de investimento são elevadas, se o potencial de retaliação dos concorrentes é alta.

O empreendedor deve questionar-se:
- Novas tecnologias ou procura de mercado permitirão aos concorrentes minimizar o impacto das tradicionais economias de escala?
- Os clientes aceitarão a nossa argumentação de diferenciação positiva do nosso produto?
- Novas entradas potenciais serão capazes de juntar os capitais necessários?
- As vantagens de custos são permanentes?
- As condições mudarão de modo que os concorrentes terão acesso igual aos canais de marketing?
- A política governamental acerca da concorrência no setor poderá mudar?

5.7.3 O poder de negociação dos clientes

Os clientes podem reduzir a rentabilidade de um setor ao exigir outras condições, como concessões nos preços ou aumento de qualidade. Por exemplo, a indústria automobilística é dominada por um grupo pequeno de grandes empresas que adquirem produtos de milhares de fornecedores em diferentes indústrias menores. Isso lhes permite reduzir a rentabilidade das empresas fornecedoras ao exigirem preços mais baixos. Algumas das principais determinantes do poder de negociação dos clientes são: o nível de concentração dos clientes, o volume que os clientes compram, os custos de mudança dos clientes (*switching costs*) relativamente aos custos de mudança para a nossa empresa, a sua capacidade de integrar verticalmente a montante e a existência de produtos substitutos.

O poder de negociação dos clientes é tanto maior quanto: (a) maior a concentração e volume de compras (as compras do cliente têm grande impacto nas vendas da empresa), (b) maior a padronização do produto, (c) baixos custos de mudança entre fornecedores, (d) maior a ameaça (possibilidade) de integração vertical a montante, (e) o produto é pouco importante para a qualidade dos produtos e/ou serviços do comprador, (f) menor a importância do produto no custo total do comprador.

Assim, o empreendedor necessita saber se:
- Consegue não ser muito dependente dos seus clientes.
- Os clientes reagiriam bem à sua tentativa de diferenciação.
- Os seus clientes poderão se integrar verticalmente.
- Deve considerar a integração a jusante.

5.7.4 O poder de negociação de fornecedores

Os fornecedores podem reduzir a rentabilidade de um setor aumentando os preços ou reduzindo a qualidade dos bens que fornecem. Se um fornecedor reduz a qualidade dos componentes que fornece, a qualidade do produto final baixa, e o produtor terá, eventualmente, de baixar o preço. O poder de negociação dos fornecedores depende, essencialmente, dos mesmos fatores que o poder de negociação dos clientes, mas agora visto pela óptica do cliente. As principais determinantes do poder de negociação dos fornecedores são: (a) *inputs* diferenciados, (b) custo de mudança entre fornecedores, (c) presença de produtos substitutos, (d) grau de concentração dos fornecedores, (e) a importância do volume de compras para o fornecedor, (f) o impacto dos *inputs* nos custos ou na diferenciação e (g) a ameaça de integração vertical a jusante pelos fornecedores relativamente à ameaça de integração vertical a montante pela indústria

O poder de negociação dos fornecedores aumenta quando: (a) os fornecedores estão mais concentrados, (b) não há produtos substitutos, (c) o produto do fornecedor é importante para o comprador, (d) existe a ameaça de integração vertical a jusante, (e) o produto é diferenciado e os custos de transferência são elevados, (f) existem poucos rivais competindo no mesmo mercado.

Assim, é importante que o empreendedor questione:
- Quão estável é a composição e o número do seu grupo de fornecedores?
- É provável que os fornecedores tentem integração vertical a jusante?
- É provável que, no futuro, existam fornecedores alternativos?
- Esses fornecedores alternativos podem tornar-se seus próprios fornecedores?

5.7.5 A ameaça de produtos substitutos

O preço que os consumidores estão dispostos a pagar por um produto depende, em parte, da disponibilidade de produtos substitutos, do preço desses produtos e do custo de substituição para os clientes. Quando há muitos substitutos para um produto, a rentabilidade do setor diminui, porque os consumidores deslocam-se caso o preço suba muito (isso depende da elasticidade ao preço). No entanto, isso depende também da propensão dos consumidores a mudar para o produto substituto – em alguns casos, os consumidores podem ser leais à marca ou o custo dessa mudança no consumo pode ser elevado. Por isso, algumas empresas oferecem outros "benefícios" aos consumidores para reduzir a sua propensão a mudar, mesmo diante de aumentos de preço.

Na análise da ameaça de produtos substitutos, o empreendedor precisa questionar se:

- É provável que apareçam novos substitutos?
- Estes serão competitivos em termos de qualidade e preços?
- É possível lutar contra os substitutos por meio dos preços ou de publicidade, ou diferenciando o nosso produto?
- Que ações podemos tomar para reduzir o potencial de os produtos substitutos parecerem substitutos legítimos?

A análise do setor deve, por fim, verificar qual a posição relativamente às barreiras à entrada e à saída do setor. As possibilidades são evidenciadas na Figura 5.7; o melhor caso para o empreendedor é aquele em que as barreiras à entrada são altas, mas o empreendedor consegue ultrapassá-las, posto que as barreiras à saída são baixas. Nesse contexto, é mais difícil o surgimento de novas empresas concorrentes, mas se, por algum motivo, a atratividade baixar, o empreendedor pode redirecionar a sua atividade para outro negócio.

Figura 5.7 Barreiras à entrada e à saída

	Barreiras à saída	
	Baixas	Elevadas
Barreiras à entrada Baixas	Baixos rendimentos	O pior caso
Elevadas	O melhor caso	Altos rendimentos, mas arriscado

Fonte: Ferreira, Santos e Serra (2008).

5.8 ESTRATÉGIAS GENÉRICAS DE NEGÓCIO

O objetivo da estratégia é conseguir atingir uma vantagem competitiva diante dos concorrentes. Para melhorar a sua competitividade, a empresa tem de optar por selecionar a estratégia mais adequada. Porter[1] indica **três estratégias genéricas** para conseguir um bom desempenho: liderança pelos custos, diferenciação (de produto, imagem, serviço, pessoal) e enfoque (Figura 5.8). Quando a empresa não consegue implementar uma dessas opções estratégicas e não desenvolve qualquer vantagem competitiva, designa-se por *stuck in the middle*, sendo esta uma deficiência que conduzirá a empresa a uma situação difícil.

Figura 5.8 Estratégias genéricas de negócio

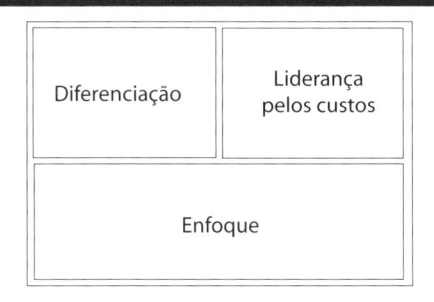

Diferenciação	Liderança pelos custos
Enfoque	

Fonte: Porter (1980).

Apesar de aparentemente ser uma tipologia muito simples de estratégias genéricas, as aplicações pelo empreendedor podem ser muito variadas.

5.8.1 A diferenciação do produto

Se o empreendedor implementar uma estratégia de diferenciação, o que vai procurar é diferenciar o seu negócio do dos concorrentes. A estratégia de diferenciação consiste em criar produto, marca, imagem, atendimento dos clientes, exclusividade, ambiente, ou qualquer outro atributo que o valorize e o distinga diante dos concorrentes e do consumidor. Embora muitos empreendedores e empresas compreendam a importância de se diferenciarem, a verdade é que procurarão fazê-lo de forma diferente uns dos outros. Em parte, essas diferenças existem porque o próprio empreendedor vê oportunidades diferentes e concebe o seu negócio de forma ligeiramente diferente. Altos níveis de diferenciação permitem manter margens de lucro consideráveis, uma vez que a lealdade à marca reduz a sensibilidade ao preço, ou seja, clientes leais tendem a suportar aumentos do preço sem substituírem o seu consumo. Apesar de a estratégia de diferenciação não ignorar os custos, estes não são o alvo prioritário da atenção estratégica.

---

[1] Ver o livro: PORTER, Michael. *Competitive strategy*. New York: The Free Press, 1980.

A diferenciação insere-se em uma estratégia de obtenção de retornos acima da média porque cria uma posição defendida das cinco forças competitivas, embora de forma diferente da de liderança pelos custos.

- Protege da rivalidade entre concorrentes porque há lealdade do consumidor à marca e, logo, há menor sensibilidade ao preço. Também aumenta as margens, o que exclui a necessidade de uma posição de baixo custo.
- Coloca barreiras à entrada da concorrência graças à lealdade à marca/empresa pelo consumidor, com a consequente necessidade de o novo concorrente superar a supremacia da empresa.
- Defende a empresa dos fornecedores porque concede a formação de margens mais altas que permitem maior poder de negociação.
- Protege a empresa do poder de negociação dos compradores que não têm alternativas comparáveis – sendo, por isso, menos sensíveis aos preços.
- Protege dos produtos substitutos porque criou lealdade do consumidor e está mais seguro que a concorrência dos efeitos desses produtos.

Portanto, dois objetivos fundamentais são subjacentes a essa estratégia: primeiro, conceber, fabricar, desenhar, comercializar os produtos de forma que eles sejam percebidos como únicos; segundo, criar lealdade do consumidor ao produto (à marca), eliminando ou reduzindo a sensibilidade ao preço.

5.8.2 A estratégia de liderança pelos custos

O ponto central da estratégia de liderança pelos custos é atingir o custo mais baixo em relação à concorrência (preferencialmente, não negligenciando a qualidade, a assistência, e outras áreas não passíveis de serem ignoradas). O grande problema dessa estratégia é que muitos empreendedores compreendem e tentam implementá-la, ocasionando muitas vezes uma guerra de preços, à redução das margens e à falência. O baixo custo exige: a construção agressiva de instalações dimensionadas para a escala ótima de produção (a mais eficiente), a redução de custos pela experiência, o controle rígido das despesas gerais, a gestão eficiente dos estoques, da assistência e força de vendas, e da publicidade.

A posição de custo defende a empresa contra todas as cinco forças competitivas:

- Proporciona defesa contra a rivalidade dos concorrentes, porque os seus custos mais baixos demonstram que ainda pode obter retorno depois de os concorrentes terem consumido os lucros na competição.
- Protege de compradores poderosos, uma vez que os compradores só podem exercer influência até o nível de preços que iguala os preços do concorrente mais eficiente.

- Defende de fornecedores poderosos, pois proporciona maior flexibilidade para enfrentar o aumento dos preços dos *inputs*.
- Defende de novas entradas, visto que proporciona barreiras à entrada baseadas nas economias de escala e vantagens de custos.
- Defesa contra os substitutos, porque mantém um nível elevado de competitividade diante de possíveis substitutos.

Observamos, assim, que uma posição construída em baixos custos protege a empresa das cinco forças competitivas posto que toda a negociação só pode continuar até o nível mínimo de preços dos concorrentes mais eficientes; os menos eficientes, por sua vez, sofrerão antes os efeitos das pressões competitivas.

5.8.3 A estratégia de enfoque

Essa terceira estratégia consiste na ênfase dada a um determinado e selecionado grupo de compradores, mercado geográfico ou linha de produtos. Um elemento diferenciador relativamente às outras estratégias é o alvo, o qual é restrito a um determinado segmento, e não a todo o setor ou mercado. O empreendedor que pratica uma estratégia de enfoque pretende explorar o melhor serviço de um segmento (ou de poucos), para o qual desenvolve uma posição de baixo custo em relação ao seu segmento, ou diferenciada, ou ambas cumulativamente, ou seja, a empresa poderá ganhar vantagens competitivas em termos de custos ou diferenciação. Essa estratégia genérica também proporciona proteção contra as forças concorrenciais pela ação em situações em que os concorrentes são mais fracos ou os substitutos mais vulneráveis.

É importante terminar essa análise com uma referência aos empreendedores que falham e ficam *stuck in the middle*. Se a nova empresa ficar em uma posição intermédia, terá baixa rentabilidade, porque nem consegue fornecer aos baixos preços exigidos pelos clientes mais sensíveis ao preço, nem pode oferecer a diferenciação que clientes mais sofisticados exigem. Recomendamos, portanto, aos empreendedores que procuram tomar uma decisão estratégica, quer esta seja voltada para a liderança (ou paridade) de custo – o que, em geral, implica a realização de grandes investimentos para se modernizar –, quer se dirija a um determinado segmento (enfoque), ou, ainda, busque desenvolver a sua diferenciação diante da concorrência.

5.9 A ANÁLISE SWOT

Realizada a análise interna e externa, podemos sistematizar a informação em uma análise SWOT. Na Análise SWOT, examinamos conjuntamente dimensões internas à empresa (as forças e as fraquezas), bem como dimensões externas (as oportunidades e as ameaças). Para uma estratégia bem concebida, as forças e fraquezas devem estar ajustadas às oportunidades de mercado e às ameaças exógenas.

Figura 5.9 Análise SWOT

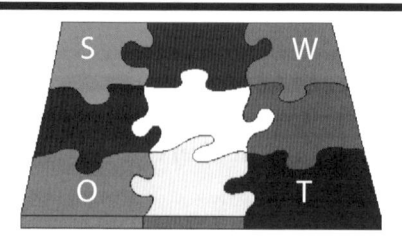

Strengths – **F**orças

Weaknesses – **F**raquezas

Opportunities – **O**portunidades

Threats – **A**meaças

Fonte: Serra, Torres e Torres (2002).

As *forças* são algo que a empresa faz bem ou uma característica que aumenta a sua competitividade. Elas podem manifestar-se em aspectos como os seguintes:

- competências ou *know-how*;
- ativos físicos;
- recursos humanos;
- ativos organizacionais;
- ativos intangíveis;
- um atributo que dá uma vantagem no mercado à empresa;
- alianças com parceiros competentes.

As *fraquezas* são algo que a empresa não tem ou não faz bem, posto que lhe confere uma desvantagem competitiva diante das empresas rivais. São exemplos de fraquezas:

- deficiência no *know-how* ou conhecimento/competências que a empresa não tem;
- falta de ativos físicos, organizacionais ou intangíveis essenciais.

As oportunidades e as ameaças estão no ambiente externo, como apresentamos no início deste capítulo e observamos no Capítulo 3. Mas, por exemplo, o que são ameaças? As ameaças externas podem englobar fatores como a emergência de tecnologias melhores ou mais baratas, a introdução de melhores produtos pelos rivais, a pressão competitiva intensificada, o aumento das taxas de juro, o potencial de uma aquisição hostil (*hostile takeover*), as tendências demográficas desfavoráveis, as mudanças prejudiciais nas taxas de câmbio ou a instabilidade política em um país, entre muitas outras. De forma idêntica, as oportunidades são manifestações positivas externas de algo que pode ser aproveitado pela empresa, por exemplo, necessidades emergentes, mudanças nos gostos dos consumidores em favor de certos produtos/serviços etc.

No Quadro 5.1 sistematizamos um conjunto de exemplos de forças, fraquezas, oportunidades e ameaças. Note, porém, que estes são apenas exemplos, uma vez que as forças e fraquezas são específicas à empresa e que as oportunidades e ameaças são específicas ao setor em que esta opera.

Quadro 5.1 Análise SWOT

Exemplos de forças	Exemplos de fraquezas potenciais	Exemplos de oportunidades	Exemplos de ameaças
Boa estratégia	Ausência de direção estratégica	Servir grupos adicionais de clientes	Entrada de novos concorrentes
Finanças saudáveis	Instalações obsoletas	Expandir para novos mercados geográficos	Perda de vendas para os substitutos
Marca, imagem e reputação fortes	Finanças desequilibradas	Alargar a linha de produtos	Abrandamento da taxa de crescimento do mercado
Reconhecida líder de mercado	Custos mais elevados que os dos rivais	Transferir competências para novos produtos	Alterações prejudiciais nas taxas de câmbio e políticas comerciais
Tecnologia proprietária	Lucros mais baixos que a média	Integração vertical	Novos regulamentos que requerem investimentos elevados
Vantagens nos custos	Problemas operacionais internos	Conquistar parcela de mercado dos concorrentes	Vulnerabilidade a ciclos e sazonalidade
Publicidade forte	Falta de investimento em P&D	Aquisição de concorrentes	Demografia
Competências em P&D	Linha de produtos demasiado estreita	Alianças para expandir cobertura	
Bom serviço ao cliente		Estender a imagem de marca	
Melhor qualidade do produto			
Alianças ou JVs			

Fonte: adaptado de Serra, Torres e Torres (2002).

5.10 NOTAS FINAIS

As empresas criadas pelo empreendedor encontrarão a concorrência de outras empresas já instaladas e operando no mercado. Por isso, é fundamental avaliar cuidadosamente o setor em que pretende se instalar, examinando a concorrência e delineando a estratégia a ser desenvolvida. Sabe-se que alguns setores serão mais atrativos – por exemplo, pelo fato de as empresas já existentes gerarem lucros elevados –, e é possível que estes também sejam setores em que as barreiras à entrada são altas. Analisar criteriosamente em que fases da cadeia de valor a nova empresa pode ter uma vantagem competitiva pode permitir o desenvolvimento de novos modelos de negócio e mesmo a entrada em setores já populosos. É, portanto, essencial examinar quem são os concorrentes e o que estes estão fazendo para perceber qual é a melhor forma de atuar no mercado.

A estratégia da nova empresa deve ter em vista tanto as dimensões do ambiente externo (contextual e transacional) quanto do ambiente interno. A construção de estratégias empreendedoras e planos de negócio requer o profundo entendimento do ambiente externo e das necessidades dos consumidores-alvo. Assim, uma boa estratégia é a que permite o ajustamento entre as vantagens internas com as oportunidades externas. É, portanto, fundamental que o empreendedor analise o setor e identifique qual a melhor forma de competir, selecionando os recursos que necessita desenvolver e ajustando o seu próprio modelo de negócio às alterações, oportunidades e tendências emergentes.

ANEXO – Para Trabalhar
Estratégia da Nova Empresa

MONITORAMENTO DO AMBIENTE

O empreendedor deve manter o monitoramento constante dos fatores externos que afetam ou podem vir a afetar a sua empresa, tais como o setor, os concorrentes, os clientes, as condições econômicas, as tendências culturais etc. Esse monitoramento ajuda a perceber o que está ocorrendo e, possivelmente, a antecipar mudanças futuras. Recomendamos que faça o monitoramento do ambiente externo. Como roteiro para o seu trabalho, analise e responda às questões expostas a seguir (adicione outras que considerar pertinentes em relação ao seu negócio em particular). É possível que para dar respostas coerentes a estas questões necessite investigar o mercado. Procure relatórios e estudos já existentes. Pesquise na internet. Discuta com especialistas e outros empreendedores.

O setor

1a. Como espera que venha a evoluir a procura pelo seu tipo de produto/serviço no futuro? Por quê?

1b. Quais são as principais tendências que afetarão a procura? Considere tendências demográficas, econômicas, regulatórias, tecnológicas etc., bem como tendências no âmbito global.

1c. Que tendências afetarão a forma como conduz os seus negócios?

1d. Como as condições econômicas afetarão a procura pelo seu tipo de produto/serviço?

A concorrência

2a. Quem são os seus concorrentes mais fortes? Para cada um dos concorrentes identificados, descreva o seu produto, imagem, cliente típico, preços, marketing e como se diferenciam das demais empresas.

(continua)

O Ambiente e o Setor

(continuação)

2b. O que os seus concorrentes fazem melhor? Quais são as suas fraquezas?
_____
_____
_____

Os segmentos de mercado

3. Para cada um dos seus segmentos de mercado, descreva como é o consumidor típico, em aspectos como:
a. Demografia (idade, sexo, nível de escolaridade, nível de renda etc.)
_____
_____
_____

b. Geografia (onde moram)
_____
_____
_____

c. Psicografia (estilo de vida e atitudes)
_____
_____
_____

d. Por que compram os seus produtos/serviços (benefícios, preços, conveniência, serviço, status)?
_____
_____
_____

e. Que outros segmentos de mercado podem ser atrativos para você, e quais podem servir no futuro?
_____
_____
_____

Análise SWOT

4a. Preencha a tabela a seguir. Inclua as forças e fraquezas que identificou da análise interna da sua empresa ou do seu projeto de criação da empresa. Inclua também as oportunidades e ameaças externas que identifica em função de seu monitoramento do ambiente.
_____
_____
_____

> A Análise SWOT – *Strengths, Weaknesses, Opportunities and Threats* (Forças, Fraquezas, Oportunidades e Ameaças) – é um bom instrumento para o ajudar a compreender o seu negócio. Os fatores internos são avaliados pelas forças e fraquezas (por exemplo, qualificação dos trabalhadores, equipe de gestão, tecnologia). Os fatores externos são avaliados como oportunidades ou ameaças (por exemplo, ambiente econômico, desemprego, mudanças no mercado, preferências dos consumidores).
>
> As **forças** devem ser usadas para obter uma vantagem competitiva. Exemplos: reputação no mercado, sofisticação tecnológica, excelência na gestão, propriedade intelectual.
>
> As **fraquezas** devem ser corrigidas. Exemplos: custos elevados, fraca imagem no mercado, ausência de uma estratégia coerente.
>
> As **oportunidades** podem lhe permitir melhorar a situação. Exemplos: mudanças nas preferências dos consumidores, novas tecnologias, alianças estratégicas, novos mercados, novas regulamentações e acessibilidades.

(continua)

(continuação)

> As **ameaças** são problemas em potencial. Considere como irão afetar o seu empreendimento e o setor. Exemplos: regulamentação governamental, leis ambientais que limitam a poluição, mudanças nos gostos dos consumidores, alterações tecnológicas, novos concorrentes na indústria.

Forças	Fraquezas
▪	▪
▪	▪
▪	▪
▪	▪
▪	▪
Oportunidades	**Ameaças**
▪	▪
▪	▪
▪	▪
▪	▪
▪	▪

4b. Identifique os três ou quatro itens que requerem a sua atenção mais imediata.

5. Quais os itens da Análise SWOT sobre os quais necessita fazer mais pesquisa para avaliar a sua evolução passada e as perspectivas de futuro, bem como os que têm potencial para influenciar mais a empresa?

6a. Quão fácil é entrar nesse negócio?

6b. Se é fácil, o que impede outros de criarem uma empresa semelhante?

7a. Quais são as suas competências centrais? Enumere as competências, habilidades e tarefas nas quais você será melhor que os seus rivais e que os seus clientes mais apreciarão.

7b. Você tem algum conhecimento especial ou competências que outros não têm?

(continua)

(continuação)

Competências ou competências centrais

Você pode usar a Análise SWOT para determinar quais são as suas competências. Competências são capacidades ou tarefas nas quais é particularmente bom e que são valorizadas pelos clientes. Uma competência central pode ajudar a sua empresa a atingir uma vantagem competitiva, como uma equipe comercial excelente, marca forte, processos eficientes, tecnologia proprietária ou quaisquer outros bens que sejam críticos para o seu sucesso. Portanto, a sua empresa pode ter muitas competências, mas as competências centrais são aquelas que contribuem na sua diferenciação dos concorrentes.

Olhe para as forças que identificou e procure as que são ou podem vir a ser as competências centrais. Uma estratégia deve ter por base essas competências. Pense nelas como os seus ativos invisíveis.

Note, porém, que as competências mudarão ao longo do tempo, seja em função das movimentações dos concorrentes, dos progressos tecnológicos ou dos produtos que a empresa oferece.

Formar **Equipes** e Gerir Pessoas
6

Objetivos
- Levar o leitor a entender a importância da equipe na nova empresa.
- Ajudar o leitor a compreender a importância de uma boa gestão dos recursos humanos.
- Ajudar o leitor a compreender a forma como considera os recursos humanos.
- Levar o leitor a entender o que significa a motivação.
- Ajudar o leitor a compreender como motivar os colaboradores.
- Levar o leitor a entender a importância e estilos de liderança.
- Levar o leitor a entender a importância da comunicação na empresa.
- Ajudar o leitor a compreender o impacto da crítica e do elogio para motivar.
- Ajudar o leitor a compreender a forma como gerir conflitos na organização.

6.1 INTRODUÇÃO

As empresas são formadas por pessoas. O empreendedor terá de selecionar e formar uma equipe para levar o seu empreendimento ao sucesso. Cultivar um bom relacionamento com os colaboradores e entre estes é essencial para o sucesso de uma empresa. No entanto, há ainda muitos empreendedores que não percebem a importância desse fator e mantêm uma perspectiva "legal" da relação laboral – a do contrato de trabalho. Outros, procuram apenas contratar os indivíduos que estão dispostos a ganhar o menor salário possível.

Criar uma equipe para a nova empresa significa mais que agrupar um conjunto de pessoas com conhecimentos e funções distintas. É preciso criar uma cultura de empresa favorável, que estimule o espírito de equipe e mobilize as pessoas em torno do projeto da empresa, porque a equipe é uma das chaves do sucesso. A concentração de todas as decisões e o controle de todas as atividades na pessoa do empreendedor tendem a tolher a vontade de colaborar e de contribuir para a empresa. Se em outra parte deste livro falamos das características do empreendedor, neste capítulo focamos algumas das características importantes na óptica de gestão das relações humanas: liderança, motivação, comunicação, espírito de equipe e gestão de conflitos. Note que, em muitas empresas, as barreiras à comunicação são um grande impedimento à própria transmissão de valores, estratégias e atuações, em todos os níveis. São as pessoas que ajudam as empresas a atingir os seus objetivos; nesse sentido, pensar que os trabalhadores que não atinjam os objetivos devem ser despedidos e outros contratados para o seu lugar apenas demonstra uma grande incompreensão da gestão das relações e dos recursos humanos.

A economia e a sociedade contemporâneas impõem constantemente novos desafios às empresas, em razão de mudanças no ambiente político, legal, cultural, tecnológico, concorrencial e econômico. Além disso, exige novos modelos de tratamento das pessoas – modelos que já não se ajustam aos estilos de liderança autoritários. Aliás, em muitos casos, os recursos humanos são mais importantes que os recursos financeiros e os meios tecnológicos, como muitos empresários já vivenciaram. Atualmente, existem muitas pesquisas no âmbito do comportamento das pessoas dentro e fora das organizações, e já começamos a compreendê-lo melhor. Esses conhecimentos têm mostrado que, ao contrário do que se pensava, as pessoas não evitam o trabalho nem procuram formas de não o desempenhar. Também concluímos que as pessoas não gostam de atividades absolutamente rotineiras e até estão dispostas a assumir alguma responsabilidade e riscos, se devidamente recompensadas. De fato, os próprios objetivos profissionais de muitos colaboradores são convergentes com os objetivos das empresas em que trabalham.

O empreendedor deve conhecer bem os seus colaboradores e perceber como atuar. Neste capítulo, desenvolvemos algumas das questões que o empreendedor deve ter em mente. Embora muitos empreendedores possam ter boas capacidades técnicas ou mesmo excelente formação e experiência profissional e acadêmica, poucos estão preparados para as dificuldades de formar uma equipe e de gerir pessoas. Na realidade, criar um ambiente propício a captar a cooperação e o empenho dos colaboradores requer atenção constante e não é tarefa fácil.

Exercício para reflexão

> Recorde duas situações em sua vida profissional nas quais foi capaz de inovar ou melhorar algo porque estava em um ambiente em que a inovação, a participação e a invenção ou criatividade eram nutridas.
> Em seguida, recorde duas situações em que se sentiu coibido ou desencorajado de participar ativamente, quer com ideias, quer com ações, e lembre qual o tipo de ambiente que o rodeava.
> Em uma folha de papel, e para cada uma das situações, resuma os seus sentimentos e quais foram os seus comportamentos em situações seguintes.
> O que um colaborador seu diria se lhe pedíssemos para fazer essa mesma reflexão?

6.2 A GESTÃO DAS PESSOAS

São as pessoas que fazem as organizações. A constituição de uma equipe é uma tarefa inicial do empreendedor, mas depois é importante saber geri-la. Ainda que muitos empreendedores possam ter uma ideia de negócio que começam sozinhos, é provável que seja necessário contratar pessoas. Essas pessoas têm objetivos próprios, para além daqueles estabelecidos para a empresa. Aliás, o empreendedor pode ter como objetivo realizar um lucro elevado, mas como isso motiva o colaborador? Em última análise, o que o colaborador ganha se o empreendedor tiver um lucro elevado? Qual a sua motivação para ajudar a atingir esse objetivo? A tarefa do empreendedor não é fácil!

A gestão de pessoas é hoje reconhecidamente uma função importante. Se no período pós-Revolução Industrial ou no início do século XX, a óptica da produção dominava a atenção de empreendedores e gestores, a competição contemporânea vem exigir que as empresas inovem, proporcionem mais valor aos clientes, tenham melhor atendimento, sejam mais competitivas. O empreendedor moderno necessita utilizar princípios e técnicas muito díspares das usadas pelos empreendedores de anos atrás (ver Quadro 6.1). Na realidade, a transição que se opera entre o "antes" e o "agora" é a mudança de perspectiva de *homem máquina* em organizações rígidas e pouco propensas à mudança e adaptação, para a perspectiva de *homem social* em organizações modulares, flexíveis e que privilegiam o trabalho em equipe, a inovação e o envolvimento de todos, em todos os níveis.

Quadro 6.1 A gestão dos recursos humanos

Antes	Agora
Crítica, punição e coação dominantes como formas de controle.	A crítica é construtiva e procura a melhoria dos desempenhos, resultados e motivação.
Recompensas limitadas a aspectos financeiros, negligenciando o ser social e emocional.	O trabalho é concebido em e para a equipe.
Controle apertado e punição pelo erro.	Os colaboradores participam na tomada de decisões e assumem a sua responsabilidade (o *empowerment*).
Tarefas limitadas a trabalhos rotineiros, repetitivos e o mais simples possível.	As empresas reconhecem os méritos das relações pessoais e informais como mecanismos facilitadores e de aprendizagem.
Ausência de participação nas decisões.	As tarefas e os trabalhos são mais flexíveis e procuram evitar a rotina, promovendo o enriquecimento das tarefas e a inovação.
Liderança autoritária e impositiva.	O estilo de liderança é democrático, participativo e com competências delegadas.
Elevada formalização e burocracia, estabelecendo procedimentos e rotinas.	A motivação dos colaboradores é essencial, e as empresas desenvolvem veículos de comunicação, instituem recompensas e eventos para a promover.
Comunicação apenas vertical, informando e ordenando.	

Fonte: Ferreira, Santos e Serra (2008).

Hoje, há o reconhecimento de que essa flexibilidade, e o consequente sucesso empresarial, depende da detenção uma equipe adequada e de uma boa Gestão de Recursos Humanos, uma vez que não basta dispor da mais avançada tecnologia, de uma base financeira sólida ou de uma posição dominante no mercado para assegurar o sucesso. É também fundamental ter uma equipe motivada, com um perfil de aptidões e competências voltado para o futuro e com elevada produtividade. Assim, a concepção tradicional do pessoal, como uma fonte de custos que é necessário minimizar, tem dado lugar a uma concepção na qual os recursos humanos (ou capital intelectual) são um recurso estratégico (talvez o recurso mais importante da maioria das empresas) em que é necessário investir (dando competências, promovendo a formação, liderando, motivando). Esse é o novo ambiente em que o empreendedor contemporâneo precisa atuar.

O empreendedor tem, atualmente, um grande desafio na gestão dos seus recursos humanos. Ser empreendedor é muito mais que ter e desenvolver a ideia e obter financiamento para a implementar na criação de uma nova empresa, também é ter a capacidade de construir uma equipe que assegure a sua operacionalidade.

Como você vê a sua equipe?

Para percebermos melhor a forma como construir uma equipe, é importante entendermos a forma como olhamos para os colaboradores. Os estudos de McGregor – conhecidos como a Teoria X e Y – permitem-nos distinguir duas grandes linhas de pensamento.

Na **Teoria X**, o gestor considera que os trabalhadores são preguiçosos e evitarão o trabalho sempre que possível, sendo o dinheiro o seu único interesse. Assim, os trabalhadores precisam ser supervisionados, e a empresa necessita de sistemas de controle apertado. O resultado é um estilo de gestão autoritário, baseado na ameaça de "punição" e apoiado em uma estrutura hierárquica.

De acordo com a **Teoria Y**, os gestores consideram que os colaboradores podem ser ambiciosos, automotivados, desejosos de aceitar novas responsabilidades e exercer autocontrole e estabelecer o seu próprio trabalho com autonomia. Assim, é possível obter maior produtividade, dando aos trabalhadores a liberdade de atuar sem supervisão, uma vez que eles querem ser criativos.

Teoria X	Teoria Y
As pessoas são naturalmente preguiçosas e preferem não fazer nada.	As pessoas são naturalmente ativas e gostam de se esforçar.
As pessoas trabalham, principalmente, por dinheiro e estatuto.	As pessoas procuram satisfação no trabalho.
As pessoas trabalham por medo de ser despedidas.	As pessoas trabalham para realizar os seus objetivos pessoais e sociais.
As pessoas são dependentes dos seus líderes.	As pessoas aspiram à independência, responsabilidade e autorrealização
As pessoas não querem pensar por si próprias.	As pessoas gostam e são capazes de pensar por si, sem direção superior.
As pessoas resistem a mudanças e preferem manter as rotinas antigas.	As pessoas gostam de experimentar e cansam-se da rotina.

Analise-se a si próprio completando o teste a seguir.

Formar Equipes e Gerir Pessoas

Teste como vê os trabalhadores (X e Y)

Leia as afirmações a seguir. Atribua a cada par (A e B) de afirmações o peso de 0 a 10, de modo que a soma dos pontos de cada par seja 10. Note que não há respostas certas nem erradas, apenas importa a sua reflexão individual.

1. A	É da natureza humana que as pessoas trabalhem tão pouco quanto puderem sem serem punidas.	
1. B	Quando as pessoas evitam trabalhar, normalmente é porque o seu trabalho perdeu o significado.	
2. A	Se os trabalhadores tiverem acesso à informação que desejarem, tenderão a ter melhores atitudes e a comportar-se de modo mais responsável.	
2. B	Se os trabalhadores tiverem acesso a mais informação do que necessitam para realizar as suas tarefas imediatas, tenderão a usá-la mal.	
3. A	O problema de se solicitar ideias aos trabalhadores é que a sua perspectiva é demasiado limitada para que as ideias e sugestões tenham algum valor prático.	
3. B	Solicitar ideias aos trabalhadores alarga a sua perspectiva e leva ao aparecimento de sugestões úteis.	
4. A	Se as pessoas, em geral, não usam muita imaginação e engenho no seu trabalho, provavelmente é porque poucas têm uma boa dose dessas qualidades.	
4. B	A maioria das pessoas é criativa e imaginativa, mas não pode mostrar porque o trabalho e os supervisores a impedem.	
5. A	As pessoas tendem a elevar os seus padrões se forem responsáveis pelos seus próprios comportamentos e pela correção dos seus próprios erros.	
5. B	As pessoas tendem a baixar os seus padrões se não forem punidas pelos seus erros e pelos seus maus comportamentos.	
6. A	É melhor dar às pessoas tanto as boas quanto as más notícias, porque a maioria dos trabalhadores quer saber toda a história, independentemente de quão dolorosa esta seja.	
6. B	É melhor não divulgar as notícias desfavoráveis sobre os negócios, porque a maioria dos trabalhadores apenas quer ouvir as "boas novas".	
7. A	Um supervisor que admite que um subordinado está certo ou errado, terá seu prestígio enfraquecido, pois o supervisor tem um status mais elevado que os subordinados.	
7. B	Dado que todas as pessoas na organização merecem igual respeito, independentemente do nível hierárquico em que se encontram, o prestígio de um supervisor aumenta quando reconhece que um subordinado está certo ou errado.	
8. A	Se você der suficiente dinheiro às pessoas, elas, provavelmente, estarão menos preocupadas com aspectos intangíveis, como responsabilidade e reconhecimento.	
8. B	Se você der às pessoas trabalho estimulante e interessante, é menos provável que se queixem a respeito de coisas como pagamento e benefícios suplementares.	
9. A	Se permitir que as pessoas estabeleçam os seus próprios objetivos e padrões de desempenho, elas tenderão a elevar o padrão a um nível mais alto do que o chefe colocaria.	
9. B	Se permitir que as pessoas estabeleçam os seus próprios objetivos e padrões de desempenho, elas tenderão a colocá-los mais baixo do que o chefe poria.	

(continua)

(continuação)

10.A	Quanto maior o conhecimento e a liberdade que uma pessoa tem sobre o seu trabalho, maior o controle necessário para mantê-lo na linha.
10.B	Quanto maior o conhecimento e a liberdade que uma pessoa tem sobre o seu trabalho, menor o controle necessário para mantê-lo na linha.

Fonte: adaptado de Minicucci (1985).

Resultado: Para saber o seu resultado, adicione os pontos que atribuiu às seguintes questões:
X = 1, 4, 5, 7, 10, 12, 13, 15, 18, 19
Y = 2, 3, 6, 8, 9, 11, 14, 16, 17, 20

Uma forma rápida de alienar as pessoas – e uma forma muito praticada em organizações públicas e privadas – é tomar decisões que têm impacto sobre os seus comportamentos e afetam a sua atividade, sem lhes permitir conhecer as razões de forma clara e objetiva. Essa é uma péssima prática, na medida em que aliena os colaboradores, trata-os como se fossem incapazes de pensar por si, despreza as suas opiniões e, quanto mais conflituosa for a decisão, maior o efeito na redução do empenho. Portanto, informe e explique as suas decisões, procurando envolver as pessoas no esforço e na adaptação que daí decorre.

Seguidismo

O seguidismo é um problema em equipes fortemente unidas e coesas que privilegiam a unanimidade e a sua própria coesão em desfavor da qualidade das suas decisões. No contexto dessas equipes, os colaboradores que apontam soluções diferentes, que se manifestam descontentes, que dão voz aos conflitos são apelidados de desleais e marginalizados. No entanto, o seguidismo também pode emergir quando a equipe está pressionada pelo tempo para tomar decisões, não procurando opiniões externas.

Para evitar o seguidismo, procure incentivar a participação mais alargada e solicite o *feedback* sobre as suas decisões.

6.3 RECRUTAMENTO E SELEÇÃO DA EQUIPE

O primeiro passo na constituição de uma equipe é a detecção de quais os recursos ou competências de que necessita. O empreendedor precisa certificar-se sobre o perfil pretendido para a função e em relação às expectativas de negócios futuros da empresa. Na análise, é importante que esclareça três aspectos do perfil a preencher, quais sejam: (a) a identificação e especificação da função e o seu posicionamento na organização; (b) a especificação dos requisitos que o candidato deve possuir, isto é, as aptidões e competências técnicas e de gestão, a experiência profissional anterior, as aptidões comportamentais, a disponibilidade para deslocamentos nacionais e internacionais etc.; (c) o que a empresa tem para oferecer, em termos de salário, benefícios de assistência, plano de formação, oportunidades para desenvolvimento pessoal, local e horário de trabalho, e várias outras condições especiais, por exemplo, o regime de exclusividade.

Em seguida, irá, então, iniciar um processo para o recrutamento e seleção dos membros da equipe. O recrutamento compreende um conjunto de técnicas e procedimentos para atrair os candidatos com um perfil possivelmente mais adaptado às necessidades. Idealmente, deve-se atrair um número suficiente de candidatos, dos quais será feita a seleção, sejam estes internos ou externos.

Uma empresa que já exista, mesmo relativamente jovem e pequena, pode procurar no ambiente interno candidatos para uma determinada função. Nesse caso, pode ser proposto a um colaborador uma promoção ou uma transferência. O recrutamento interno tem a vantagem de ser mais rápido e barato, bem como de ser uma fonte de motivação para os colaboradores que aspirem a possibilidades de crescimento dentro da empresa, além de poder criar um espírito saudável de competição e empenho entre os colaboradores. No entanto, se gerido incorretamente, pode conduzir à situação descrita como o "Princípio de Peter" – as empresas, ao promoverem incessantemente os seus empregados, elevam-nos sempre à posição em que demonstram o máximo da sua incompetência. Isso também torna a empresa mais fechada à entrada de novas ideias e novas experiências.

Para uma empresa em fase embrionária, o recurso ao mercado de trabalho é a solução para contatar candidatos disponíveis. Nesse caso, pode-se optar por uma, ou mais, das seguintes *técnicas de recrutamento*: apresentação de candidatos pelos atuais colaboradores da empresa, contato com a associação profissional; contatos com jovens estudantes ou recém-licenciados nas escolas; contatos em conferências e palestras em escolas; anúncios em jornais, revistas etc.; contratação de uma agência de recrutamento, entre outras.

Quadro 6.2   O recrutamento externo

Vantagens	Desvantagens
Traz "sangue novo", novas experiências, conhecimentos e competências para a empresa.	Pode ser caro e demorado.
Renova e rejuvenesce a equipe na empresa.	Corre-se o risco contratar alguém que não é bem ajustado ao perfil pretendido e não se adapte à cultura da empresa.
Beneficia-se dos investimentos que outras empresas ou os próprios indivíduos fizeram na sua formação.	Pode levar à desmotivação dos colaboradores atuais, que não têm acesso a formas de progressão interna que promovam o empenho e o mérito.

Fonte: Ferreira, Santos e Serra (2008).

Inicia-se, então, o processo de seleção, ou de escolha, entre os candidatos recrutados, da pessoa mais adequada à função pretendida. Na seleção, é importante que o empreendedor avalie cuidadosamente tanto os **requisitos da função** quanto o **perfil dos candidatos** que se apresentaram.

Para a seleção, o empreendedor pode recorrer a uma, ou várias, das seguintes técnicas: entrevistas de seleção, provas de conhecimentos ou de capacidade (gerais e/ou específicos), testes psicométricos, testes de personalidade, ou outras, como as técnicas de simulação (por exemplo: *role-playing* ou dramatização). Para sistematizar os dados, pode-se usar uma ficha de seleção como a seguinte (Quadro 6.3).

Quadro 6.3   Ficha de seleção

Nome do candidato	
Data	
Função	

Item	Análise	Comentário
Formação acadêmica		
Experiência profissional		
Verificação de referências		
Entrevista		
Competências técnicas a) b) c)		
Conhecimentos de línguas Inglês Espanhol …		
Conhecimentos de informática Ms Office Bases dados …		
Competências comportamentais a) b) c)		
Testes psicológicos		
Prova de conhecimentos		
Prova de grupo		

Fonte: adaptado de Costa (2003).

Selecionado o colaborador, é importante acolhê-lo na empresa. Esse é um processo de adaptação e integração do novo colaborador na organização, no grupo de trabalho e na função que irá desempenhar. No decurso da recepção, deve-se garantir ao novo colaborador um conjunto de informações. Por exemplo, as informações relativas à estrutura organizacional, visão e missão da empresa, a sua política de recursos humanos, os direitos e deveres dos colaboradores, as informações específicas sobre o departamento em que irá trabalhar, a descrição das funções que vai desempenhar, os procedimentos que deve conhecer e quais os relevantes para a execução do trabalho etc. Muitas dessas informações podem ser reunidas em um manual, a ser entregue no primeiro dia de trabalho do novo colaborador: o *Manual do funcionário*.

6.4 A MOTIVAÇÃO

Os empresários questionam muitas vezes: "como posso motivar os trabalhadores?" ou "o que é que é preciso fazer para que se sintam mais motivados para o trabalho?". Contudo não há uma forma única de responder a essa questão nem uma fórmula mágica para o conseguir. Vale a pena, entretanto, conhecer alguns princípios e técnicas de motivação de equipe que podem ajudar a melhorar o desempenho e a criar boas relações dentro da empresa.

Por que a motivação é importante? Porque é a motivação que leva as pessoas a ter determinados comportamentos, e os comportamentos com base em motivação serão mais fortes para satisfazer as necessidades da empresa. Necessidades não satisfeitas conduzem a frustração, estresse, agressividade, problemas cardíacos, depressão etc.

Sobre as necessidades como fator de motivação, Abraham Maslow[1], em *Motivation and personality*, propôs a pirâmide da hierarquia das necessidades (Figura 6.1). Segundo Maslow, as pessoas têm necessidades primárias (fisiológicas e de segurança) e secundárias (sociais, de estima e autorrealização), e por meio de seus comportamentos vão tentar satisfazer, em primeiro plano, aquelas que são mais intensas. Em outros termos, algumas necessidades têm prevalência sobre outras. Assim, se, por exemplo, o indivíduo estiver com fome e sem emprego, tentará primeiro resolver a fome, uma vez que podemos passar alguns meses sem emprego, mas poucos dias sem comer. De forma idêntica, se o colaborador estiver em uma situação laboral precária, não irá procurar realizar-se no desempenho de suas tarefas sem antes tentar resolver o problema da falta de segurança no trabalho. As necessidades são fatores fortemente motivadores do desempenho!

---

[1] Abraham Maslow, psicólogo comportamental, doutorado pela Universidade de Columbia. Maslow ficou conhecido nos anais da gestão pela sua *hierarquia das necessidades,* em que argumentava que existia uma pirâmide de necessidades composta por cinco estágios: necessidades fisiológicas, de segurança, sociais, de autoestima e de autorrealização. As necessidades motivavam o comportamento, fato pelo qual era fundamental o gestor entender sobre quais deveria atuar para conseguir aumentar o desempenho dos trabalhadores.

Figura 6.1 Pirâmide das necessidades

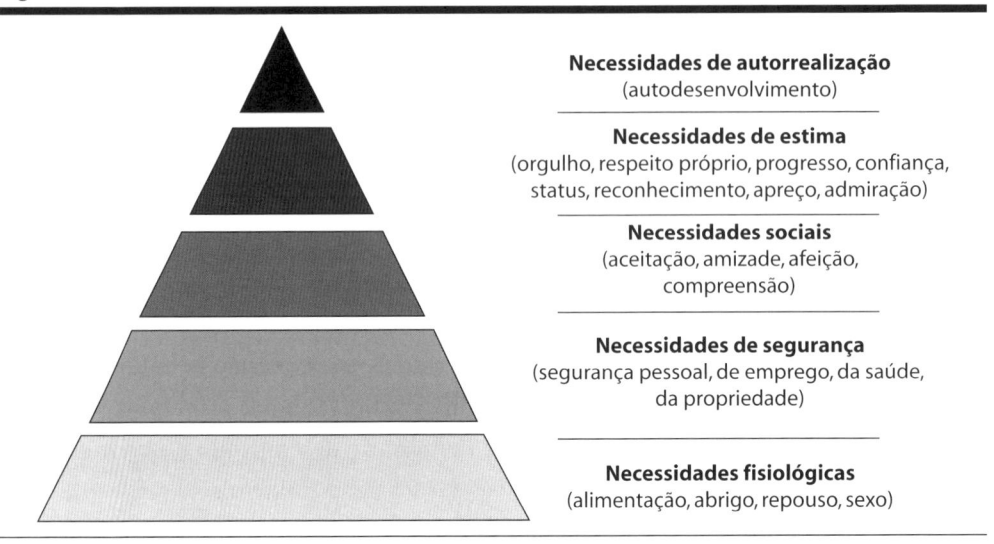

```
                    ▲
                   ╱ ╲          Necessidades de autorrealização
                  ╱   ╲              (autodesenvolvimento)
                 ╱─────╲
                ╱       ╲        Necessidades de estima
               ╱         ╲    (orgulho, respeito próprio, progresso, confiança,
              ╱───────────╲    status, reconhecimento, apreço, admiração)
             ╱             ╲       Necessidades sociais
            ╱               ╲     (aceitação, amizade, afeição,
           ╱                 ╲           compreensão)
          ╱───────────────────╲
         ╱                     ╲   Necessidades de segurança
        ╱                       ╲ (segurança pessoal, de emprego, da saúde,
       ╱                         ╲         da propriedade)
      ╱───────────────────────────╲
     ╱                             ╲  Necessidades fisiológicas
    ╱                               ╲ (alimentação, abrigo, repouso, sexo)
   ╱─────────────────────────────────╲
```

Fonte: Maslow (1954).

- **Necessidades fisiológicas.** Incluem a necessidade de ter alimento, ar para respirar, água, de excreções, de atividade sexual, de sono e repouso, de abrigo, de evitar a dor. Entre estas, aquela que não estiver satisfeita assume maior importância que qualquer outra para o indivíduo.

- **Necessidades de segurança.** Quando as necessidades fisiológicas estão resolvidas, esse segundo grupo torna-se evidente. O indivíduo interessa-se em procurar um ambiente seguro, estável e protetor. É uma necessidade por estrutura e ordem para evitar os medos e ansiedades, como a necessidade de segurança da saúde, da família, da propriedade e no emprego. Por exemplo, ameaças de demissão baixam a motivação e aumentam o estresse, o medo, a tensão, a dificuldade de concentração e os erros.

- **Necessidades sociais.** Referem-se à necessidade de ter amigos, relações próximas e incluem a necessidade de aceitação, de amizade e amor, de bom relacionamento laboral. Por exemplo, o empreendedor deve procurar promover a integração plena com os colaboradores e com os grupos informais. Na vida diária, essas necessidades observam-se no desejo de casar, de ter uma família, de ser membro da comunidade, membro de uma associação desportiva, cultural, política, socioprofissional ou religiosa.

- **Necessidades de estima.** O quarto patamar da pirâmide refere-se à necessidade de respeito dos outros, de status, glória e fama, reputação, apreço e dignidade. O empreendedor pode atuar por meio de, por exemplo, reconhecimento público do trabalho, desempenho ou progresso dos colaboradores.

- **Necessidades de autorrealização**. Esse nível é mais complexo, na medida em que essas necessidades são menos visíveis e mais intrínsecas ao próprio indivíduo. Referem-se a, por exemplo, necessidade de independência e competências. O empreendedor pode ajudar, estimulando os colaboradores a estabelecer objetivos mais ambiciosos, a aumentar a sua formação profissional, acadêmica, e a desenvolver o seu potencial.

Essa descrição das necessidades como fator motivacional é útil para perceber que, por exemplo, recompensas financeiras não são sempre a melhor forma de motivação. Em alguns casos, basta o reconhecimento, em outros, é preciso incentivar os colaboradores a serem tudo o que podem ser, e há aqueles, ainda, em que a melhor recompensa pode ser "um lugar no quadro" para ultrapassar a necessidade de segurança. O empreendedor deve procurar conhecer cada colaborador para entender, a cada momento, qual o patamar de necessidades em que ele está e como melhor motivá-lo ao bom desempenho.

Segundo Herzberg[2], há dois fatores distintos que devem ser considerados quando tentamos compreender o que procuram as pessoas na situação de trabalho: os fatores motivacionais (ou internos) e os fatores higiênicos (ou externos). Os fatores motivacionais são os que verdadeiramente contribuem para gerar satisfação e motivação para o trabalho, dado que se referem ao conteúdo da função desempenhada, às tarefas e aos deveres relacionados com a função em si. Envolvem, assim, sentimentos de realização, de crescimento e de reconhecimento profissional manifestados por meio do exercício de tarefas e atividades que oferecem suficiente desafio e significado para o trabalhador. Por sua vez, os fatores higiênicos referem-se às condições que rodeiam a pessoa enquanto trabalha, sendo, portanto, incapazes de criar motivação intrínseca para o trabalho. Quando são ótimos, apenas evitam a insatisfação, mas quando são precários, provocam-na.

Assim, os meios práticos de proporcionar ou incentivar esses fatores incluem a delegação de responsabilidade, a possibilidade de promoção, o uso pleno das habilidades pessoais, o estabelecimento e a avaliação de objetivos, bem como o enriquecimento do cargo. Os fatores internos incluem aspectos como a personalidade, a capacidade de aprendizagem, os valores, atitudes etc., e dependem de cada um. São internos ao próprio indivíduo, são abstratos porque envolvem as necessidades e aptidões de cada pessoa, razão pela qual é difícil para a empresa atuar sobre esses fatores. Por

---

[2] Herzberg foi psicólogo clínico e um dos primeiros investigadores a procurar as opiniões dos trabalhadores nas pesquisas sobre as condições de trabalho nas organizações. O seu trabalho *The motivation to work* é uma referência na área da gestão. Um dos principais progressos foi a sua demonstração de que a motivação dos trabalhadores não é função exclusiva de recompensas financeiras, mas também do desenvolvimento pessoal e de suas necessidades, principalmente, bem como do reconhecimento do seu desempenho.

exemplo, a necessidade de reconhecimento que um trabalhador possa ter não é fácil de se detectar – é um fator interno. O trabalhador que quer maior reconhecimento não fica satisfeito apenas com maior remuneração, antes ele precisa de expressão do reconhecimento. Por seu turno, os fatores higiênicos incluem aspectos como: as condições de trabalho e conforto, as políticas e procedimentos da organização, o relacionamento com o supervisor, a competência técnica do supervisor, os salários, a segurança no cargo e o relacionamento com os colegas. Essas são, por excelência, as áreas em que as empresas atuam, por serem mais facilmente detectáveis e visíveis.

Um elemento importante na motivação das pessoas é a forma como se sentem em relação ao modo como são tratadas – quando se comparam com outros colegas. Segundo Stacy Adams[3], o indivíduo compara o seu ganho com o de outros e compromete o seu esforço no trabalho de acordo com o que percebe ser o esforço despendido por outras pessoas que constituem o seu termo de comparação (normalmente, colegas em posições e funções similares). O indivíduo poderá considerar que existe equidade, ou seja, que ele e o colega se dedicam igualmente à organização, por exemplo, e ambos recebem o mesmo reconhecimento. Ou, ao contrário, pode sentir-se prejudicado (iniquidade por falta) ou beneficiado (iniquidade por excesso) comparativamente a um colega. Portanto, mais do que um salário elevado é a percepção de equidade na retribuição aos colaboradores que contribui para a satisfação. Hoje, a importância de tratamentos equitativos é reconhecida como fundamental para se compreender o nível de satisfação e de motivação, bem como os comportamentos dos colaboradores.

Algumas dicas para aumentar a motivação

- Promova a aprendizagem conjunta em vez da aprendizagem individual.
- Procure modelos de organização flexíveis para os grupos, para aumentar a motivação intrínseca do grupo.
- Permita tarefas criativas em vez de limitar os indivíduos à repetição de tarefa.
- Procure fazer com que os colaboradores conheçam as causas do sucesso ou do fracasso de uma tarefa.
- Reconheça publicamente o sucesso e o bom desempenho dos colaboradores e de cada colaborador.
- Mais que o bom desempenho absoluto, reconheça também os progressos realizados.
- Procure dosar a complexidade e dificuldade das tarefas. Tarefas relativamente fáceis podem ser motivadoras para outras, mais complexas, a serem desempenhadas a seguir.
- Promova a identificação do indivíduo com a tarefa para que ele tenha prazer na sua realização.
- Esteja atento ao estabelecimento de objetivos. Desafios "impossíveis", ou excessivamente fáceis, levam a desmotivação, frustração e ansiedade.
- Confira a autonomia no desempenho da tarefa – isso aumenta a motivação e a autoestima.
- Mantenha um bom ambiente de trabalho, de otimismo, estabilidade e confiança.

(continua)

---

[3] Stacy Adams formulou a sua teoria da equidade (*Equity theory*) na motivação do trabalho em 1965. A teoria foi fundada na assunção de que os trabalhadores esperam ser tratados de forma justa, com *fair-play*, e de modo equitativo em relação aos outros. Ver: Adams, J. S. Inequity in social exchange. *Adv. Exp. Soc. Psychol.*, n. 62, p. 335-343, 1965.

Formar Equipes e Gerir Pessoas

(continuação)

- Comunique os objetivos a todos os colaboradores e procure fazer com que se identifiquem com eles.
- Evite repreender publicamente os colaboradores.
- Comunique-se com frequência com os colaboradores e informe-os dos resultados do seu trabalho.
- Procure conhecer cada um dos colaboradores e a sua posição na equipe.
- Promova algum grau de competição entre os colaboradores e os grupos.
- Compreenda que não há regras definitivas sobre motivação – o que é eficaz com um indivíduo pode não o ser com outro – atenda às diferenças individuais.

O que motiva os seus colaboradores?

Aplique este teste em seus colaboradores. Leia as afirmações a seguir. Selecione as que considera mais importantes. Escolha entre 4 e 16 afirmações, elas referem-se ao **que considera mais importante em um emprego**.

#	Afirmação	Assinale (✓)
1.	Emprego estável e segurança.	
2.	Que me respeitem como pessoa.	
3.	Horário, intervalo para almoço, tempo livre.	
4.	Salário elevado.	
5.	Uma empresa com boa reputação.	
6.	Boas condições físicas de trabalho.	
7.	Possibilidade de ter um automóvel de serviço, combustível pago etc.	
8.	Possibilidade de fazer um trabalho de qualidade.	
9.	Boas hipóteses de promoção.	
10.	Relacionar-me bem com todos.	
11.	Um bom sistema de informação interna.	
12.	Possibilidade de correr riscos.	
13.	Posição, estatuto dentro da empresa.	
14.	Possibilidade de fazer carreira.	
15.	Trabalho estimulante.	
16.	Seguros de vida e doença, reforma, benefícios sociais, suplementares etc.	
17.	Poder me beneficiar de serviços: prática desportiva, viagens, descontos etc.	
18.	Empresa sólida.	
19.	Não ter um trabalho muito pesado.	
20.	Saber o que se passa na empresa.	
21.	Sentir-me desempenhando um trabalho importante.	
22.	Ser membro da comissão de trabalhadores.	
23.	Ter uma função em um posto de trabalho bem definido.	
24.	Ter um patrão que me diga se estou fazendo um bom trabalho.	
25.	Uma empresa em que eu possa ter um lugar de destaque (positivamente) em relação aos outros.	
26.	Uma empresa dinâmica.	
27.	Assistir ao máximo de reuniões.	
28.	Concordar com os objetivos da empresa.	
29.	Ter o máximo de liberdade de execução do meu trabalho.	
30.	Uma boa oportunidade para desenvolvimento pessoal.	

(continua)

(continuação)

31.	Que o mau trabalho seja sancionado, punido.	
32.	Ter um chefe competente.	
33.	Ter a possibilidade de escolher a data de férias.	
34.	Trabalhar sob controle apertado.	
35.	Ter um local de trabalho perto de casa.	

Resultado: As 35 afirmações estão relacionadas com as cinco necessidades do indivíduo identificadas por Maslow. Essas necessidades estão relacionadas no quadro a seguir, com sete afirmações correspondendo a cada uma das necessidades. Assinale com um círculo os números das afirmações que escolheu.

Necessidades	Número da afirmação	N. de seleções	Percentagem
Fisiológicas	3, 6, 7, 17, 19, 33, 35		
Segurança	1, 9, 16, 18, 22, 31, 34		
Sociais	2, 5, 10, 11, 20, 27, 32		
Autoestima	4, 8, 13, 21, 23, 24, 29		
Autorrealização	12, 14, 15, 25, 26, 28, 30		
	Total de círculos		**100%**

6.5 A LIDERANÇA

A liderança foi entendida como um traço de personalidade, o qual dependia exclusivamente das características pessoais e inatas dos indivíduos. Um bom empreendedor nascia líder. Hoje, sabemos que uma atitude de liderança pode ser treinada e aperfeiçoada, e entendemos liderança como um processo pelo qual uma pessoa influencia os comportamentos, atitudes e mesmo valores de um indivíduo ou grupo. Ainda, apesar de a liderança envolver alguma relação de poder, o fato de ter poder não significa ter capacidade de liderar. Por exemplo, um colaborador pode até ter a admiração pela competência técnica do gestor, mas o gestor pode ser incapaz de influenciar o seu desempenho. Assim, ser um chefe significa ser um líder. O chefe (tal como um dono de uma empresa) até tem o poder legítimo (por exemplo, possui o direito de exercer influência, de solicitar do colaborador que desempenhe determinada tarefa), podendo também ter o poder de recompensa (por exemplo, recompensar alguém pelo seu esforço) e o coercitivo (por exemplo, punir alguém pela sua ineficácia), mas ser incapaz de motivar para além do conhecimento que o colaborador tem de que pode ser despedido, por exemplo.

Há vários tipos de líder e muitos tipos de liderança, como uma leitura da bibliografia existente, ou mesmo uma pesquisa na internet, pode mostrar. Podemos, por exemplo, distinguir entre liderança estatutária e emergente. O líder estatutário (ou formal) é o que detém uma posição na estrutura hierárquica (ou um cargo) que lhe confere poder formal, ou seja, os seus poderes são formalmente reconhecidos. Por sua vez, o líder emergente é o que surge de modo natural em grupo, independentemente da posição que ocupa. Nesse caso, mesmo que um indivíduo não tenha um cargo "de liderança", terá influência sobre o grupo. Assim, é importante não confundir liderança com chefia ou com liderança formal –

estabelecida por nomeação ou eleição –; devemos, antes procurar reconhecer os líderes emergentes e entender como os colaboradores reagem aos líderes.

Afinal, o que é a liderança? A capacidade de liderança está relacionada com competências de comunicação e de transmissão de ideias, mas há várias definições de liderança. Liderar significa influenciar o comportamento de outros; ter a capacidade de promover uma atuação coordenada para atingir os objetivos da organização; ter a capacidade de conduzir as pessoas a envolver-se com entusiasmo, e até voluntariamente, em atividades para a concretização de objetivos. Em última análise, o líder será, então, aquele que decide o que deve ser feito e que faz com que as pessoas executem essa decisão. Portanto, é importante que o empreendedor perceba como é visto pelos outros na sua função de liderar.

Há um *líder natural*? Durante muito tempo, a liderança era vista de forma relacionada a características pessoais e inatas do indivíduo. A teoria dos traços de personalidade dá corpo a essa corrente que considerava o líder um grande homem. Os esforços de investigação não conseguiram, porém, isolar um conjunto restrito de características, ou traços, que servissem para definir o líder. Por exemplo, uma pessoa competente, extrovertida, inteligente, confiante, carismática pode ser líder, mas também pode não o ser. Começou, então, a surgir a convicção de que a liderança pode ser treinada e aprendida, sustentada pelas teorias sobre os estilos de liderança. Isso significa, pelo menos em parte, aprender a usar recompensas e punições, a desenvolver habilidade de relacionamento interpessoal, a comunicar ideias e projetos, a reconhecer as necessidades dos colaboradores etc.

6.5.1 Estilos e tipos de liderança

Apesar de haver muitos estudos sobre os estilos de liderança, a teoria mais utilizada foi desenvolvida por Lewin, White e Lippitt,[4] os quais sugeriram que um líder pode assumir diferentes estilos de liderança, desde os mais autoritários aos mais participativos. Segundo **esses autores**, há três tipos básicos de liderança: autoritária, *Laissez-faire* (ou liberal) e democrática (ou participativa).

O líder autoritário. É aquele que não procura a participação dos colaboradores, determinando ele próprio as formas de execução dos trabalhos, nomeando trabalhadores para as tarefas, construindo os grupos de trabalho. O líder autoritário é dominador, diretivo, pessoal nos elogios e nas críticas, e impositivo. Em consequência, tolhe a criatividade, a espontaneidade e a iniciativa dos colaboradores e todos os esforços são direcionados para obtenção de lucros. Geralmente, estilos de liderança autoritária provocam um grande sentimento de tensão, agressividade e frustração no grupo.

---

[4] Um dos estudos mais conhecidos sobre os efeitos de diferentes tipos de liderança foi conduzido, nos anos 1930, por Lewin, Lippitt e White em *Journal of Social Psychology*, n. 10, p. 171-299.

O líder *laissez-faire* (ou liberal). Esse estilo é também designado liberal, evidenciando que não há imposição de regras. O líder não se impõe ao grupo e só toma decisões em casos extremos de pânico ou quando obrigado, mas tentando sempre evitar conflitos. Os colaboradores têm liberdade para tomar decisões sobre aspectos como a divisão das tarefas e a composição dos grupos, quase sem consultar o líder. O líder é incapaz de tomar medidas disciplinares e procura manter um comportamento de conformismo com tudo o que o rodeia. Este é considerado como o pior estilo de liderança, dado que crescem a desmotivação, a desorganização, o desrespeito e a ausência de uma coordenação efetiva dos trabalhos.

O líder democrático. Esse estilo é baseado na colaboração e no debate entre todos os indivíduos, e é a equipe que planeja como atingir os objetivos, as tarefas e a composição dos grupos. O líder ouve e procura as opiniões dos colaboradores, consultando-os frequentemente. A administração define as estratégias, e as decisões operacionais são deixadas aos níveis mais baixos. Nesse estilo de liderança, a motivação é baseada em recompensas positivas – como as oportunidades de promoção, realização pessoal e financeira –, e evitam-se as punições. Os colaboradores participam ativamente nas decisões e compartilham o ônus da sua implementação. Esse estilo de liderança promove as boas relações, amistosas, francas e de confiança, bem como a amizade entre o grupo. O papel do líder democrático é, em essência, o de orientação e apoio.

Quadro 6.4 Estilos de liderança

	Autoritário	***Laissez-faire***	**Democrático**
Tomada de decisão	• Centralizada • Ocorrências comunicadas ao líder • Não valoriza sugestões dos níveis mais baixos	• Decisões gerais são do líder, após consulta • Trabalhadores decidem como realizar o seu trabalho, chefias decidem estratégias	• Em grupo • Incorporam sugestões de níveis mais baixos
Sistema de comunicação	• Vertical • Descendente • Transmite ordens e instruções	• Em todos os sentidos (horizontal e vertical) • Transmite ordens e instruções • Transmite sugestões e ideias	• Em todos os sentidos (horizontal e vertical) • Troca frequente de informações para maximizar sinergias e colaborações
Relacionamento interpessoal	• Considerado prejudicial • Informalidade é desconfiada • Concepção das tarefas para evitar relações humanas	• Relacionamento humano é favorecido • Relações de confiança	• Próximo e amistoso • Trabalho em equipe • Relações baseadas na confiança mútua • Bom relacionamento entre todos os membros
Sistema de recompensas	• Ênfase em punições e medidas disciplinares • Limitadas a questões salariais e financeiras	• Privilegia recompensas materiais (salário e promoções) e simbólicas (prestígio) • Podem ocorrer punições	• Financeiras, emocionais e simbólicas • Punições são raras

Fonte: Ferreira, Santos e Serra (2008).

Se a equipe é fundamental ao sucesso do empreendimento, cabe ao empreendedor escolher o estilo de liderança diante do projeto, da equipe, do contexto, dos prazos da nova empresa, e trabalhar para aprender como liderar. O empreendedor deve escolher o estilo que traga os melhores resultados à empresa e aos colaboradores, inclusive monitorar como os outros membros o veem enquanto líder. No entanto, também é importante notar que raramente os líderes acumulam estilos puros de liderança, antes, o que se verifica é que os líderes têm mais ou menos características de um ou de outro estilo.

Embora não seja fácil ajustar o estilo de liderança, vale a pena tentar. Por exemplo, um líder do tipo *laissez-faire* que tenha perdido o controle da equipe pode tentar adotar um estilo mais autoritário. Um líder democrático pode assumir uma postura mais autoritária para conseguir cumprir prazos apertados de um projeto. Os estilos podem variar em função do próprio desempenho da equipe e da forma como esta reage às alterações. O maior risco pode ser quando o indivíduo ajusta o estilo de liderança às suas próprias características pessoais e adota, por exemplo, um estilo autoritário para esconder a sua própria insegurança ou falta de competência.

Os cinco P's da liderança

- **Preste atenção ao que é importante.** Concentre-se no que é essencial e deixe o resto para a equipe. Organize o seu tempo e esforço para ter tempo de se dedicar ao que é mais importante.
- **Premie aquilo que quer manter.** Premiar é reconhecer atitudes acertadas, mas sem abusar nos prêmios, para que estes não percam a sua força motivadora e mantenham um impacto positivo sobre o desempenho das pessoas.
- **Puna o que quer que deixe de acontecer.** Recorde sempre que gerir pelo medo tende a paralisar e a limitar a iniciativa dos colaboradores. Assim, sem exagerar, procure encontrar formas de penalização para a repetição de comportamentos que procura eliminar.
- **Pague pelos resultados que quer obter.** Para encorajar e recompensar os colaboradores pelo seu desempenho, use recompensas financeiras, mas não apenas essas. Procure recompensar com presentes, bônus, dias de folga, reconhecimento etc.
- **Promova as pessoas que conseguem os resultados.** Uma forma de recompensar o elevado desempenho é a promoção. A promoção pelo mérito.

Fonte: Bock (2006).

O empreendedor pode ajustar o estilo de liderança às características da sua equipe. Geralmente, uma equipe jovem, com pouca experiência, pode necessitar de um estilo mais autoritário e diretivo. Uma liderança mais autoritária pode também ser mais eficaz para equipes com competências mais fracas, formação insuficiente e que precisem ser instruídas para conseguir realizar as tarefas. No entanto, equipes de pessoas com elevados níveis de competência, elevada formação e com grande experiência podem preferir um estilo de liderança mais democrático e participativo e um líder cujo papel seja o de estabelecer uma orientação para a concretização dos objetivos.

A verdade é que não há um estilo de liderança válido para todas as circunstâncias e é sempre importante que o empreendedor analise bem os três fatores: o líder, os colaboradores e o contexto (a situação e tipo de empresa, objetivos, estratégia etc.). Um líder pode ser bem-sucedido em um contexto e malsucedido em um outro – ou com uma equipe diferente.

6.5.2 Comportamentos de liderança

Os estudos e teorias mais recentes da gestão apontam para o fato de que, em uma economia mais globalizada e competitiva, o recurso mais importante da empresa deixou de ser o capital e passou a ser o conhecimento, a competência e a curiosidade dos colaboradores. Desse modo, os empreendedores deverão preocupar-se mais com o desenvolvimento das competências e capacidades dos colaboradores e não tanto com os sistemas de controle dos seus comportamentos. Em outras palavras, os empreendedores precisam ter algumas das competências que Henry Mintzberg[5] enunciou para os gestores. Segundo o autor, as funções de um gestor não podem se limitar a planejar, organizar, comandar, coordenar e controlar; os gestores devem, antes, também ter competências que se relacionam com a capacidade de criar uma visão orientadora das atividades e de mobilizar as pessoas para atingir os objetivos. Os empreendedores também têm um papel importante na criação de condições para que os colaboradores se sintam identificados com os objetivos da organização.

Exercício para reflexão

> Pense em termos de liderança e imagine que lhe pedem para fazer uma lista de dez qualidades pessoais que qualquer líder deve possuir. Faça essa lista.
>
> Agora pense até que ponto alguns líderes reconhecidos e que não fizeram o bem, como Hitler, Stalin, Mussolini, se enquadram nas qualidades que enunciou. É claro, há líderes agressivos, arrogantes, autocratas e egoístas que podem chegar ao topo, mas, frequentemente, têm de passar por cima de muita gente para lá chegar. A verdade é que essa forma de "sucesso" nem é boa, nem manifesta uma capacidade de gestão ou liderança correta. Pense antes de continuar a ler.
>
> Voltemos ao seu exercício inicial – a listagem de qualidades. A sua resposta pode conter muitas qualidades, mas é provável que tenha incluído algumas das seguintes: integridade, entusiasmo, capacidade de mobilizar esforços dos colaboradores, bom senso, empenho, cooperação, conhecimento, capacidade de comunicação, lealdade e capacidade de captar a lealdade dos outros, aparência, conduta etc.

O empreendedor deve conhecer alguns comportamentos necessários a uma liderança eficaz. Cabe a ele aplicá-los de acordo com o contexto, as características da equipe e os objetivos a atingir. O empreendedor, enquanto líder, deve cuidar para ser:

- **Justo**. Um líder empreendedor deve ser justo e praticar tratamentos similares em circunstâncias idênticas. Além disso, deve tratar equitativamente todos os trabalhadores, porque a falta de equidade em um grupo gera descontenta-

---

[5] MINTZBERG, Henry. *On management*. New York: The Free Press, 1989.

mento e desconfiança. A nossa percepção de justiça e de justiça relativa nesse contexto é difícil de praticar, fato pelo qual o empreendedor deve sempre estabelecer critérios objetivos que embasem as suas decisões e procurar fazer com que estes sejam conhecidos por todos, em particular para aplicar recompensas e punições.

- **Honesto**. Um líder empreendedor deve ser sempre um indivíduo "de palavra" e que cumpre o que promete. Assim, não deve fazer promessas que não cumpre e, antes de prometer, precisa avaliar se tem capacidade de as satisfazer.
- **Capaz de lidar com as emoções**. O líder empreendedor deve equilibrar a racionalidade com a capacidade de expressar emoções, entusiasmando e incentivando as pessoas, mas sendo mais discreto na expressão de emoções negativas. Emoção exagerada pode gerar desconfiança e mau ambiente no grupo.
- **Assertivo**. O líder empreendedor deve procurar resolver os problemas de forma assertiva e segura, sem ser agressivo, sem magoar sentimentos, considerando as pessoas. Em particular, na gestão de conflitos internos, a racionalidade e a expressão honesta da sua opinião é uma estratégia mais segura que a emoção.
- **Proporcionar *feedback***. O líder empreendedor deve dar *feedback* do desempenho e da evolução, elogiando e repreendendo quando necessário. Contudo, enquanto os elogios devem ser públicos, as repreensões surtem melhor efeito se feitas em um ambiente privado (uma humilhação pública dificilmente é esquecida).
- **Conhecer as suas competências e limitações**. O líder empreendedor deve conhecer bem as suas competências e limitações. A disponibilidade para aprender mais e a humildade para reconhecer que não sabe tudo conduzem ao esforço para melhorar e procurar profissionais com as competências que lhe faltam.
- **Capaz de motivar**. O líder empreendedor tem de conseguir motivar os colaboradores, estabelecendo os fins a atingir, interagindo com os colaboradores, identificando-os com o empreendimento e incentivando-os para um melhor desempenho.
- **Empático e de confiança**. O líder empreendedor tem de gerar empatia e confiança. Os líderes empáticos ouvem os outros, mostram um efetivo e genuíno interesse, ouvem as suas sugestões e compreendem as suas preocupações.
- **Atuar para a realização de objetivos**. O líder empreendedor deve clarificar especificamente o que pretende fazer, prever potenciais dificuldades e, então, atuar para concretizar os objetivos.
- **Disponível para partilhar os "louros"**. O líder empreendedor deve partilhar os méritos de bons resultados com os seus colaboradores. A partilha dos

méritos implica um reconhecimento que as pessoas gostam de receber e aumenta a motivação.

Assim, podemos relacionar algumas características que um bom líder deve possuir[6]: autodisciplina, determinação, orientação para resultados e para realização, responsabilidade por suas ações e decisões, conhecimento/competência e capacidade para trabalhar cooperativamente para alcançar os objetivos definidos.

Exercício para reflexão

Neste exercício, você tem de ser realmente isento. Pense em um subordinado seu, talvez o que considera mais competente. Colocando-se no lugar dele, escreva um resumo explicativo da forma como pensa que o seu colaborador o vê. É importante que não escreva o que gostaria de ser ou transmitir aos outros, mas, antes, aquilo que sua própria intuição e acontecimentos anteriores lhe dizem sobre o que o seu subordinado pensa de você.
O objetivo deste exercício é fazer com que você identifique suas lacunas e procure melhorar.

6.5.3 Saber elogiar e criticar

É competência do líder empreendedor proporcionar *feedback* aos colaboradores. Por meio do *feedback* – elogio ou crítica – o colaborador pode conhecer a avaliação que a chefia faz do seu desempenho e fica consciente do que precisa mudar. É importante que o empreendedor aprenda a elogiar os membros da sua equipe pelo sucesso, por ideias inovadoras, pela dedicação e empenho, mas também saber criticar objetivamente diante do insucesso. É pelo *feedback* que o empreendedor pode promover a mudança. Focamos aqui os elogios e as críticas, mas, antes, convém ressaltar que o empreendedor deve, ele próprio, perceber como lida com as críticas e os elogios para entender como irão influenciar o colaborador.

O elogio. Prepare o elogio e tenha a certeza de que o receptor percebe exatamente por que está sendo elogiado – um elogio deve referir-se a algum(ns) aspecto(s) específico(s), como uma tarefa, um objetivo atingido, um projeto com êxito, um esforço adicional. É por meio dele que o empreendedor deve reforçar determinado comportamento. O elogio deve ser adequado – na medida em que é excessivo pode ter um efeito perverso, se entendido como ironia ou falsidade –, dado no momento certo e com moderação – porque elogios constantes acabam caindo na rotina e perdem o impacto desejado.

O que é um elogio? Pode ser apenas uma atitude como um sinal de aprovação ou uma expressão verbal de apreço. Às vezes, basta um simples "o seu desempenho foi...", "quero felicitá-lo pela sua...", "gosto da forma como você tem...", "parabéns por...". Qualquer uma dessas manifestações, apesar de muito simples, reforça a motivação, por meio

---

[6] Ver: KRAUSE, Donald G. *A arte da guerra para os executivos – Sun Tzu*. São Paulo: Makron Books, 1995.

do incentivo positivo. E lembre-se de que mesmo os colaboradores com elevada formação, elevada autoestima e elevada confiança pessoal gostam de receber elogios. Como os elogios são dados pelos superiores hierárquicos, têm o efeito de aumentar a motivação e a predisposição para manter o comportamento positivo.

A crítica. Se muitos empreendedores têm dificuldade com os elogios, ainda mais dificuldade têm com as críticas. É desagradável criticar! No entanto, a ausência de crítica pode ter efeitos ainda mais perversos, na medida em que a ausência de punição pode levar o indivíduo a pensar que, afinal, tudo está bem e a sua atuação cumpriu com o previsto. Portanto, a crítica é saudável, mas há dois tipos de críticas: a construtiva (que devemos privilegiar) e a destrutiva (que devemos evitar).

A *crítica construtiva* pretende informar ao colaborador que o resultado obtido difere do esperado. Nessa crítica, o que se pretende não é destruir a autoestima do colaborador, mostrar a sua incompetência, a falta de dedicação ou qualquer outra lacuna, mas, antes, criar um ambiente em que o criticado possa discutir o que correu mal, o que pode ser feito para que os erros não se repitam, identificar suas lacunas para o desempenho da tarefa etc. Em última análise, a crítica construtiva ideal deve gerar um trabalho de reflexão em conjunto para perceber o que não deu certo e tem de ser modificado.

A *crítica destrutiva* pretende ser uma avaliação pejorativa do criticado, que pode assumir a forma de expressões verbais como "Você percebe pouco disto...", "Não entendo como fez isso...", "não passa pela cabeça de ninguém...", "se você parasse para pensar...". Ora, o efeito desse tipo de crítica é a frustração, a desmotivação, o decréscimo de confiança, a rejeição das opiniões do crítico, que minam o ambiente na empresa. Críticas destrutivas conduzem a um resultado: conflitos e colaboradores desmotivados. Não esqueça que o objetivo da crítica é evitar erros futuros, e não revelar as fraquezas do criticado, menosprezando-o. Além disso, a crítica excessiva não é apenas ineficaz como também altamente desmotivadora. Assim, o empreendedor precisa saber criticar.

Ao fazer críticas...

Recorde os seguintes procedimentos quando tiver de fazer uma crítica a algum colaborador:
1. Identifique o comportamento que você quer criticar. Direcione a crítica para a ação, não para a pessoa.
2. Torne a crítica específica. Não diga "você sempre esquece os prazos de entrega", mas, sim, "você perdeu o prazo de 15 de maio para a entrega do relatório".
3. Esteja certo de que o comportamento a ser criticado pode ser mudado. Sotaques e outros hábitos nem sempre podem ser modificados.
4. Utilize "eu" e "nós" para demonstrar que também quer resolver o problema, o que é muito mais produtivo do que ameaçar.
5. Esteja certo de que a outra pessoa compreende o motivo da crítica.
6. Não enrole. Seja prático e gentil, sem discursos.
7. Ofereça incentivos para mudanças de atitude. Ofereça ajuda para a pessoa corrigir seu problema.

(continua)

(continuação)

> 8. Não faça uma voz sarcástica ou que expresse raiva. Ambas são improdutivas.
> 9. Mostre à pessoa que você entende seu sentimento.
> 10. Se você decidiu escrever a crítica, acalme-se antes de começar a escrever o memorando. E saiba que só a pessoa deve ler o que você escreveu.
>
> Comece falando algo positivo.
> No final, reafirme seu apoio e segurança na pessoa.
>
> Fonte: *Revista Liderança & Supervisão*. n. 13, jun. 2005; disponível em <http://www.lideraonline.com.br>.

Como criticar? O objetivo da crítica é ajudar as pessoas a perceber o que falhou, não é certo punir, humilhar ou até insultar. Ainda que a crítica deva ser feita em particular e de modo discreto, há casos em que a crítica pública pode ser feita – particularmente quando, por exemplo, um colaborador mina a equipe e a crítica visa mostrar que o colaborador está errado. Deixando de lado as exceções, é melhor utilizá-la em particular, refletir antes de fazê-la e orientar a pessoa criticada para o entendimento e reflexão conjunta do problema. A crítica pode até ser antecipada por um elogio e concluída com uma manifestação de confiança, por exemplo: "João, tenho observado com gosto a sua evolução no desempenho do seu trabalho, mas temos um problema que..., mas tenho confiança que em situações futuras semelhantes as coisas vão voltar a correr bem".

Fazer uma crítica pode nem sequer envolver expressão oral. Todos reconhecemos um olhar de reprovação ou o silêncio quando são manifestações de crítica.

Contudo, fundamentalmente, não se esqueça de que uma das piores coisas é fazer críticas injustas. Avalie bem se houve de fato um erro, se há circunstâncias atenuadoras, se o objetivo de criticar um colaborador não é eleger um "bode expiatório", se o colaborador já tinha manifestado a necessidade de apoio adicional para levar o objetivo a bom termo.

> Nos anais da gestão dos recursos humanos tem ganhado popularidade o conceito de "inteligência emocional", popularizado pelo livro de Daniel Goleman, *Emotional inteligence*, publicado em 1995.
>
> Esse trabalho realça a importância das relações interpessoais, do trabalho em grupo, da capacidade de ouvir e de se pôr na posição dos outros. A proposição essencial é a de que, além da inteligência "intelectual", a inteligência "emocional" é uma forte determinante do sucesso.
>
> O empreendedor, assim como o gestor, precisa aprender a entender os sentimentos. De acordo com Goleman, "a chave para tomar boas decisões pessoais é ouvir os sentimentos" e ter consciência de que controlar as emoções é importante, inclusive nas relações com os outros.
>
> O reconhecimento dos sentimentos dos outros tem um papel central na inteligência emocional. O empreendedor precisa dominar a empatia, a habilidade de reconhecer o que os outros sentem, e, para isso, precisa perceber as suas próprias emoções; assim, será capaz de reconhecer as emoções dos outros. Em particular, é importante atentar para a comunicação não verbal como meio de expressão dos sentimentos das pessoas. As evidências indicam que aquelas mais empáticas são mais sensíveis a esses sinais e emoções, motivo pelo qual são mais indicadas para profissões que requeiram contato e negociações com o público.

6.6 A COMUNICAÇÃO

A comunicação é fundamental para a empresa e central em todo o processo de liderança. Em essência, a comunicação consiste em um processo em que uma pessoa (o emissor) emite uma mensagem a outra pessoa (o receptor). É por meio da comunicação que os líderes procuram influenciar as suas equipes e motivá-las, para conseguir que canalizem os seus esforços visando alcançar os objetivos da organização. No nosso âmbito, o empreendedor será, na maioria das vezes, o emissor e precisará comunicar informações, estratégias, objetivos, planos operacionais com os trabalhadores. Dado que é do líder empreendedor que as pessoas esperam receber as informações da empresa, a forma como ele transmite essas informações e decisões interfere diretamente na percepção e no desempenho dos colaboradores.

Poucos empreendedores dão a atenção merecida a esse aspecto dos recursos humanos, e poucas empresas preparam os líderes com a capacidade de transmitir a visão, a missão, os objetivos e as preocupações da empresa, mas a comunicação pode ser uma arma importante. A informação e a comunicação permitem compartilhar conhecimento, criam um ambiente positivo e ajudam a envolver os colaboradores. Um empreendedor que não informa continuadamente a sua equipe, que não compartilha os progressos, que não esclarece sobre os objetivos e estratégias, que não dá *feedback*, dificilmente conseguirá o envolvimento dos colaboradores.

Falar ou ter uma conversa? Muitos executivos transmitem dados aos colaboradores e evitam conversar com eles. Essa é uma forma de comunicação unilateral, a qual não dá oportunidade de resposta nem de diálogo e, portanto, que não permite verificar se houve entendimento. Muitos empreendedores falam muito mais do que ouvem! No entanto, é também importante que percebam que apenas uma pequena fração da comunicação efetiva está nas palavras ditas (ou escritas) e muito mais está tanto na forma ou tom de voz (ou escrita) quanto na postura e no comportamento do emissor. Atualmente, demasiada informação é enviada por e-mail e de modo impessoal por meio de memorandos da gerência. É fundamental conversar mais cara a cara com os colaboradores. Ainda assim, muitas empresas descuram a comunicação cara a cara e substituem-na pela afixação de cartazes e avisos em locais determinados, envio de e-mails e *newsletters*. O empreendedor tem de analisar se essas formas impessoais são eficazes para a transmissão de informação e a captura do envolvimento dos colaboradores.

6.6.1 Barreiras à comunicação

As barreiras à comunicação impedem que a mensagem circule entre emissor e receptores ou que não seja entendida por estes (Figura 6.2). Nesses casos, não ocorre efetivamente comunicação. Por exemplo, apesar de em muitas empresas serem usados termos técnicos na comunicação, se alguém não os conhece ou sabe o que significam, não poderá compreender o conteúdo da comunicação. Os profissionais de informática frequentemente usam termos técnicos como se fossem conhecidos por todos... mas não são. Assim, o mais seguro é evitar o jargão técnico. É sempre mais fácil usar jargões, mas um bom comunicador os dispensa e adapta a sua mensagem às características do receptor. Deve-se também tentar evitar os estrangeirismos, procurando as palavras adequadas em português. Entretanto, as barreiras à comunicação são variadas. Barreiras comuns à comunicação incluem: as barreiras físicas, a utilização inadequada de palavras, o medo, a pressuposição da compreensão da mensagem, incapacidade de concentração, o não saber ouvir, os estereótipos etc. Descrevemos, em seguida, algumas das mais frequentes barreiras.

Figura 6.2 Ruído na comunicação

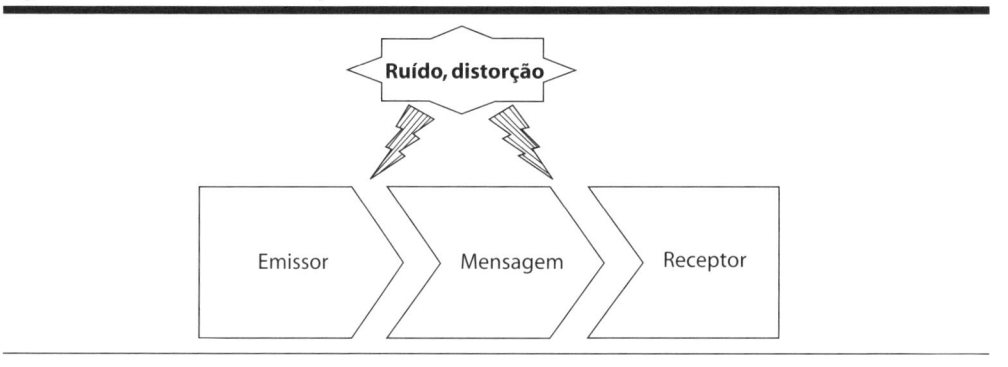

Fonte: Ferreira, Santos e Serra (2008).

- **Barreiras físicas**. As barreiras físicas no local de trabalho incluem um telefone que toca frequentemente, um local de reunião desconfortável, ruídos que são distrações comuns. Mesas de reunião muito longas tornam as conversas mais impessoais e criam uma barreira. Os locais desconfortáveis por serem demasiado frios ou quentes ou, por exemplo, por estarem mobiliados com cadeiras desconfortáveis. As interrupções frequentes, em locais de maior movimento, prejudicam a comunicação.
- **Barreiras perceptuais**. Um dos problemas na comunicação é que cada pessoa vê o mundo de forma diferente. A forma como vê o mundo é determinada pelas suas próprias experiências e personalidade. Como as suas percepções são "únicas", as ideias que pode querer transmitir diferem das do receptor. Mesmo quando duas pessoas participarem de um mesmo evento, as suas imagens mentais do evento não serão idênticas, porque cada uma absorve uma parte, captura os detalhes que lhe parecem importantes e foca a atenção de forma diferente – trata-se de um processo de percepção seletiva.

- **Barreiras emocionais**. As barreiras emocionais são grandes empecilhos às comunicações abertas e livres. Na emoção, incluímos o medo, a desconfiança, a suspeição. Essas emoções são normais e ensinadas desde criança. Quem já não ouviu dizer que "não se fala com estranhos", "não fale até que falem contigo"? Apesar de algum cuidado ser desejável, a excessiva preocupação com o que os outros pensam de nós pode tolher o nosso desenvolvimento. É necessário também compreender a importância da relação que se estabelece entre as partes. A verdade é que o contato pode não ser evitável, mas é relevante reconhecer que se deve estar alerta para os potenciais de mal-entendidos com pessoas emocionalmente abaladas. Assim, a comunicação eficaz se apoia na compreensão do estado emocional do emissor e do receptor.
- **Barreiras culturais**. Muitos empreendedores querem que as suas empresas desenvolvam uma cultura de empresa específica. Os novos colaboradores devem procurar integrar-se nessa cultura, aprendendo as normas e rituais da empresa, tendo comportamentos que mostram a sua pertença ao grupo e que o grupo aceita. No entanto, ainda que a empresa tenha uma cultura forte, há geralmente uma tendência para que se formem subculturas dentro da organização, em função, por exemplo, das características de cada área ou setor: subcultura da produção, subcultura da área comercial etc.
- **Barreiras de linguagem**. As palavras não são a realidade final. Elas, na forma como o receptor as entende, são combinadas com as percepções do que significam para formar o entendimento final. Quando um indivíduo fala, a própria escolha de palavras sinaliza a outros qual o grupo, a cultura ou subcultura a que pertence. A linguagem pode ser uma barreira porque as mesmas palavras podem ser interpretadas de várias formas. Para evitar essas barreiras, procure usar uma linguagem simples e específica, bem como palavras que seu interlocutor irá entender. É importante que os novos colaboradores sejam ensinados sobre a linguagem da empresa.
- **Mensagens confusas**. A comunicação eficaz requer mensagens claras e inequívocas para que o receptor não fique incerto sobre o propósito do emissor. Uma mensagem confusa pode ser o resultado de o próprio emissor estar confuso ou a mensagem ser pouco mais que uma ideia. Cumpre ao emissor tornar a mensagem clara.
- **Os estereótipos**. Os estereótipos são simplificações mentais que nos permitem avaliar rapidamente eventos, pessoas, situações, coisas, crenças e opiniões. Por exemplo, rotulamos os professores como estudiosos. Os estereótipos são uma barreira à comunicação, na medida em que levam as pessoas a atuar de uma

certa forma, como se já soubessem a mensagem, ou mesmo como se nenhuma mensagem fosse necessária porque "todo mundo sabe que...". O empreendedor deve evitar os estereótipos que substituem o pensamento, a análise, a abertura de espírito para novas situações que vão encontrar.

- **Falta de *feedback*.** Sem *feedback* a comunicação é apenas unidirecional – por meio dele o receptor mostra que percebeu a mensagem. O *feedback* pode ter várias faces, pode exigir apenas que se peça ao colaborador para repetir o que foi dito, pode ser mais implícito como um franzir de sobrancelhas ou um olhar interrogativo. O essencial é que o empreendedor não se esqueça de dar sempre *feedback* e de procurá-lo por parte dos colaboradores depois de transmitir uma mensagem – o *feedback* expressa a percepção, não a descoberta do problema em si.

- **Não saber ouvir**. Ouvir é difícil. Uma habilidade importante é saber ouvir ativamente, em vez de passivamente. Aprenda a procurar o significado no que o emissor está dizendo. Faça um resumo mental dos principais pontos. Evite interromper o emissor até que ele tenha acabado de dizer o que queria.

  Uma das maiores barreiras à comunicação é a falta de atenção do receptor quando ele tem de ouvir informação difícil de entender ou que parece não lhe causar impacto direto. Portanto, procure parafrasear o que ouviu e entendeu, analisar as situações da perspectiva do emissor e evite formular conclusões precipitadas. Esclareça o significado fazendo perguntas simples, e não agressivas. Ao agir dessa forma, você estará não apenas garantindo que entendeu a mensagem mas também proporcionando *feedback*, ao evidenciar ao outro que o entende.

  Portanto, faça perguntas. Acene com a cabeça. Olhe a pessoa nos olhos. Incline-se para a frente e mostre ser um ouvinte ativo. Repita os aspectos fundamentais. O empreendedor vai considerar essas técnicas particularmente úteis quando interagir com um colaborador furioso. Nesse caso, encoraje-o a falar, a expressar sentimentos. Dizer a alguém que está furioso para se acalmar muitas vezes gera o efeito oposto.

A verdade é que muitas empresas apontam como causa do insucesso da implementação de projetos a "falta de comunicação", mas poucas têm planos ativos para melhorá-la. No entanto, as empresas nem sempre informam devidamente os seus colaboradores sobre as grandes decisões (estratégicas ou tácticas) que são tomadas. Assim, é fundamental que o empreendedor tenha uma visão clara do, e para o, futuro e que a compartilhe com todos os colaboradores, para obter o seu empenho e para que estes saibam qual o rumo a seguir e em que os seus esforços devem resultar.

Falar em público

Assim, procure melhorar também a sua capacidade para falar em público; observe os seguintes cuidados:

- Não evite falar. Aproveite as oportunidades para falar em público.
- Mostre o seu "entusiasmo" com o assunto, mas de forma moderada, para gerar confiança e credibilidade.
- Não fale de tudo. Foque a sua comunicação nos aspectos mais relevantes e disponibilize-se para dar mais detalhes em particular.
- Prepare, mas não decore, o que vai dizer, revele alguma espontaneidade.
- Muito cuidado com as piadas; e se quer ter segurança, evite-as completamente.
- Se incluir dados concretos, procure que sejam o mais recentes possível.
- Dê exemplos, conte casos que conhece bem.
- Por muito que saiba do assunto, não demonstre arrogância.
- Pense que quem o ouve está tentando descobrir uma forma de resolver o seu problema; por isso, mostre como consegue resolver os problemas de quem ouve.
- Procure fazer contato visual com quem o ouve, com cada pessoa presente.
- Procure identificar aqueles que o apoiam.
- Mostre o seu envolvimento com o assunto e com as pessoas presentes.
- Não seja pretensioso.
- Cuide de sua apresentação visual.

Fonte: adaptado de Peters (2002).

6.7 A GESTÃO DE CONFLITOS

Quantas pessoas conhece que se queixam do ambiente de trabalho? Das más relações com as chefias? Das querelas entre colegas? Dos conflitos que existem? Quantas vezes já sentiu que há um conflito, que as coisas não estão bem ou que o ambiente é tenso? Muitas vezes, os sinais de conflito são explícitos e visíveis em uma troca amarga de palavras, mas, outras vezes, não se consegue ver o conflito, embora se "sinta no ar" ou se pressinta, em um ambiente silencioso. A verdade é que esses problemas geram um desempenho menos eficiente, discussões, tensão laboral, formalismo e demasiada suscetibilidade, evitando-se contato social entre colegas, entre outros. Cumpre ao empreendedor resolver, ou ajudar a resolver, os conflitos que grassam na equipe. Um conflito pode ser observado quando existe um desacordo entre os indivíduos. A dificuldade está no fato de que o conflito pode emergir de muitos contextos e razões. As pessoas têm padrões de comportamento diferentes, valores, atitudes, perspectivas, educação e prioridades, personalidades e sentido de humor. Todas essas idiossincrasias podem levar ao conflito.

Exercício para reflexão

Recorde uma experiência profissional ou pessoal marcada por conflito. Quais os sintomas de conflito mais visíveis? E invisíveis?

Qual o impacto do conflito sobre o moral dos trabalhadores, a comunicação, a hostilidade entre pessoas ou grupos? Quais as causas que identifica para esse conflito?

Há várias fontes possíveis de conflito. Por exemplo, a má definição das responsabilidades, divergências de objetivos, incompatibilidade de personalidades, desempenhos insuficientes, críticas excessivas ou inadequadamente formuladas, diferenças culturais, ambiguidade nos procedimentos e regras, estresse, favoritismos, estereótipos, fraca coesão do grupo, excessiva centralização, estilo de liderança inadequado à equipe, barreiras à comunicação, clima de desconfianças pessoais, familiares, sociais. Todas essas fontes, entre outras, são potencializadoras do conflito. O empreendedor irá encontrar muitas situações em que será preciso saber atuar diante de conflitos. O melhor é aprender antes a lidar com eles.

Como administrar os conflitos? Podemos indicar cinco formas, ou estilos, principais de abordar os conflitos (ver Quadro 6.5).

Quadro 6.5 Estilos de administração de conflitos

Estilo "evitar"	Consiste na tentativa de negar a existência de conflitos. O indivíduo evita envolver-se no assunto, permitindo que os eventos sigam o seu próprio curso. Pode se manifestar em atitudes como dar a razão a outra parte, mesmo que esta não a tenha, só para evitar o conflito. Esse estilo é positivo quando: os assuntos são pouco importantes, há falta de informação, e, portanto, não convém tomar certas atitudes que podem revelar-se erradas; não se tem poder para tomar uma posição ou há outro indivíduo que consegue resolver melhor o problema. Vantagem: pode evitar a escalada do conflito. Desvantagem: não resolve o problema subjacente, sendo apenas uma "solução" temporária.
Estilo "calmo"	Permite a existência de conflitos, mas sem que haja grandes discussões sobre o assunto. Esse estilo pode ser bem utilizado nas seguintes situações: quando existe uma carga emocional elevada entre as partes envolvidas; quando é importante manter um ambiente harmonioso; o conflito existente baseia-se na personalidade de cada um, e não nos objetivos ou meios utilizados. Vantagem: encoraja a cooperação futura. Desvantagem: fracassa em lidar com o problema subjacente; a outra parte pode fazer exigências crescentes.
Estilo "ditador"	Esse estilo é baseado em uma ditadura, e o ditador tem de conseguir levar a sua perspectiva avante. Geralmente, esse estilo deve ser evitado em empresas modernas, mas, em certas situações, pode ser positivo, por exemplo: quando é necessário tomar uma ação imediata ou é preciso tomar medidas pouco populares que podem prejudicar outros. Desvantagem: pode gerar ressentimentos e dificultar negociações posteriores.
Estilo "compromisso"	O indivíduo procura obter um compromisso entre o que pretende e o que os outros pretendem. Nesse estilo, é frequente que se siga um caminho para chegar a um acordo parcial.

(continua)

(continuação)

	Esse estilo pode ser eficaz em situações em que: é melhor ter algum acordo que nenhum; não é possível levar para frente a nossa "posição" porque não é possível vencer; as perspectivas existentes são muito diferentes. Vantagem: soluções rápidas. Desvantagem: nenhuma das partes fica satisfeita e pode dificultar soluções criativas para os problemas.
Estilo "colaborativo"	Esse estilo consiste em colaborar com os liderados, procurando obter um acordo entre todos que minimize os possíveis danos para cada uma das partes envolvidas. É um estilo aconselhável quando: o objetivo é o mesmo e só há divergência na forma como o atingir; há necessidade de se conseguir um consenso; é importante chegar a uma solução de qualidade. Situações em que esse estilo tem de ser evitado: quando há pouco tempo para longos debates; quando há a possibilidade de aparecerem aspectos negativos de elementos do grupo. Vantagem: as partes lidam com o problema, e não apenas com os sintomas. Desvantagem: consome muito tempo.

Fonte: Ferreira, Santos e Serra (2008).

6.8 DESENVOLVER COMPETÊNCIAS NA EQUIPE

A capacidade de adaptação das empresas é uma condição para a sua sobrevivência e prosperidade. É, portanto, importante que a empresa pense em formar e desenvolver competências, pensando nas necessidades atuais, mas também fazendo um exercício de projeção para prever as necessidades futuras perante, por exemplo, os desenvolvimentos tecnológicos. A formação assume um caráter estratégico nas empresas, e não deve ser apenas e exclusivamente direcionada para a aquisição de conhecimentos em aspectos técnicos, mas, sim, focar a adoção de atitudes e comportamentos, visando tanto a melhoria das pessoas como trabalhadoras quanto como pessoas.

Assim, a empresa necessita monitorar continuamente as competências de que dispõe e avaliá-las em relação às suas estratégias de médio e longo prazo. Desse processo, são identificadas as necessidades de formação que permitirão o desenvolvimento de competências. No entanto, é também relevante notar que nem todas as competências que a empresa deve procurar desenvolver na sua equipe são técnicas; ao contrário, há também competências comportamentais e sociais que não devem ser negligenciadas. Assim, o plano de formação deve visar:

- desenvolver as capacidades técnicas e profissionais dos colaboradores;
- desenvolver as competências comportamentais e de atitude que permitam aos colaboradores ser mais eficazes, eficientes e gozar de maior satisfação profissional no exercício da sua função;
- incentivar os conhecimentos necessários ao desenvolvimento da carreira de cada um dos colaboradores.

As vertentes da formação

Natureza
- Conhecimento (saber-saber)
- Técnica (saber-fazer)
- Comportamental (saber-ser)
- Desenvolvimento pessoal (saber-saber e/ou saber-fazer e/ou saber-ser)

Objetivo
- Orientada para o cargo, a função
- Orientada para o desenvolvimento

Forma
- Formação interna
- Formação externa
- Formação em sala, ou no posto de trabalho (*on the job*)
- Formação online

Sujeito
- O indivíduo
- O grupo
- A organização

Fonte: adaptado de Camara et al. (2001).

6.9 NOTAS FINAIS

O empreendedor não pode descurar da sua equipe. A equipe é fundamental ao sucesso do empreendimento, e, portanto, o trabalho não se esgota no momento da contratação de novos membros, mas, antes, continua sempre para garantir a motivação, a produtividade e o esforço conjunto, evitando conflitos e promovendo a criação de uma cultura organizacional, bem como o desenvolvimento de competências técnicas e comportamentais da equipe.

Hoje, um empreendedor deve ser um líder orientado para os seus colaboradores. Um empreendedor orientado para as pessoas é mais sensível aos seus problemas e aspirações, olha-as como seres humanos providos de objetivos pessoais e profissionais – e não como meras máquinas de trabalho –, preocupando-se com seu bem-estar e motivação. O resultado dessa orientação é uma equipe mais coesa, empenhada e previsivelmente mais produtiva.

As **Formas Jurídicas** da Nova Empresa

7

Objetivos
- Ajudar o leitor a compreender a importância de uma seleção adequada da forma jurídica.
- Levar o leitor a entender as diferentes formas jurídicas que a nova empresa pode adotar.
- Ajudar o leitor a compreender as características de cada forma jurídica.
- Ajudar o leitor a compreender as vantagens e desvantagens de cada forma jurídica.

7.1 INTRODUÇÃO

Uma das decisões da constituição de uma nova empresa é a seleção da sua forma jurídica, a qual classifica as empresas de acordo com as responsabilidades civis e comerciais e os seus direitos e obrigações contratuais ou/e legais. As formas jurídicas relacionadas às empresas de pequeno porte são:

- Natureza jurídica "empresário"
- Sociedade empresária limitada (Ltda.)
- Sociedade simples (Ltda.)
    - Sociedade simples de profissão regulamentada
    - Sociedade simples de uniprofissionais
    - Sociedade simples de pluriprofissionais

Examinaremos em mais detalhes as principais características, vantagens e desvantagens de cada forma jurídica. A seleção da forma jurídica não é apenas uma formalidade legal, uma vez que tem implicações para o negócio e para o empresário, principalmente em termos da sua responsabilidade pelas dívidas contraídas, pelo nível de fiscalização a que estará sujeito e facilidade de obtenção de recursos a crédito de terceiros.

A única forma de empresa desenvolvida por uma única pessoa é a natureza jurídica empresário. Todas as demais referem-se a empresa constituídas por um conjunto de pessoas.

Em qualquer dos outros casos estará se constituindo uma empresa privada. Na sua designação comum, a empresa privada simboliza a moderna empresa capitalista, na qual o fim último é a maximização do excedente (ou seja, do lucro). Qualquer empresa privada é caracterizada por ser uma organização coletiva que reúne trabalhadores e proprietários, sendo detentora de fatores de produção, orientada para o mercado e para a obtenção de um lucro. A empresa privada é, portanto, aquela cuja propriedade e gestão é de particulares, e o objetivo máximo dessa gestão será, eventualmente, a obtenção de lucro que se pressupõe como a remuneração do capitalista ou investidor.

7.2 EMPRESÁRIO

As firmas individuais são aquelas em que a direção e responsabilidade são assumidas por uma só pessoa. Nessa categoria existe somente a natureza jurídica empresário (antiga firma individual).

Nesse caso, a natureza jurídica é constituída por uma única pessoa, com responsabilidade ilimitada e individual pela empresa (ou pelos seus atos). Assim, pela responsabilidade ilimitada pelos compromissos assumidos no mercado, o empresário pode comprometer seus bens pessoais.

O nome da firma é o mesmo do titular, confundindo-se a pessoa física com a pessoa jurídica. Essa forma jurídica pode ser aplicada tanto a atividades de indústria como de comércio. Isso quer dizer que o lucro obtido acontece pela comercialização de mercadorias, e não pela prestação de serviços.

Embora os ativos e passivos (equipamentos, estoques, contas a pagar etc.) possam ser transferidos para outra pessoa jurídica, a empresa, por se tratar de uma firma individual, é intransferível, ou seja, nem pode ser vendida, nem pode ter sócios.

O processo de registro de uma firma comercial na junta comercial tem as mesmas etapas que uma sociedade mercantil. A diferença reside somente no fato de que a firma individual não possui contrato social, mas, sim, uma declaração de firma individual.

7.3 AS SOCIEDADES POR QUOTAS DE RESPONSABILIDADE (LTDA.)

Uma sociedade é um acordo consensual, no qual, de livre e expontânea vontade, duas ou mais pessoas se unem para gerir um negócio em conjunto. Podem ser classificadas em:
- sociedades simples (antiga sociedade civil) – formada para prestar serviços com ou sem fins lucrativos, sem, entretanto, a comercialização de mercadorias;

Sociedades simples quando prestam serviços que não visam lucros, normalmente apresentam a expressão S/S à frente de seu nome.
Os contratos das sociedades civis são arquivados no Cartório de Títulos e Documentos (cartório civil).

(continua)

(continuação)

> **Sociedade Simples de Profissão Regulamentada**
> As sociedades simples podem ser de profissão regulamentada quando todos os sócios da empresa exercem atividades de profissões legalmente regulamentadas e sejam domiciliados no Brasil.
> Sociedade simples de uniprofissionais ocorrem quando pessoas da mesma profissão se associam.
> Sociedade simples de pluriprofissionais ocorrem quando pessoas de profissões diferentes se associam.

- sociedades empresarias (antiga sociedade comercial) – formadas para comercializar mercadorias com fins lucrativos.

> Sociedades empresarias compram e vendem, transformam matérias-primas em produtos com a finalidade de obter lucro.
> Os contratos das sociedades comerciais são arquivados na Junta Comercial.
> A sociedade é constituída por dois ou mais sócios para exercer atividade comercial ou industrial. A responsabilidade de cada sócio está limitada ao valor do capital social que é dividido em quotas e distribuído em determinada proporção entre os sócios.

Quadro 7.1 Formas jurídicas

Forma	N. de sócios	Características
Empresário (antiga firma individual)	Um único indivíduo	
Sociedade Simples (antiga sociedade civil)	Mínimo de 2 sócios	<ul><li>Além de integralizar o capital social em dinheiro, o sócio poderá fazê-lo em contribuição em serviços.</li><li>Os sócios respondem, ou não, subsidiariamente pelas obrigações sociais, conforme previsão contratual.</li><li>Capital social, expresso em moeda corrente ou outra espécie de bens, suscetíveis de avaliação pecuniária.</li><li>Registro da empresa no Cartório das Pessoas Jurídicas em até 30 dias da constituição (art. 998).</li><li>Responsabilidade ilimitada dos sócios.</li><li>Responsabilidade solidária do sócio cedente das cotas com o cessionário, até dois anos após alteração e averbação de sua saída.</li><li>Os sócios respondem na proporção da participação das cotas, salvo se houver cláusula de responsabilidade solidária.</li><li>Impossibilidade de excluir sócio na participação dos lucros ou perdas.</li><li>O credor de sócio de empresa pode, não havendo outros bens, requerer a execução nos lucros da empresa.</li><li>Retirada espontânea de sócio: aviso prévio de 60 dias, em caso de contrato por prazo indeterminado, ou judicialmente, se o contrato for por prazo determinado.</li><li>A Sociedade Simples poderá, se quiser, adotar as regras que lhe são próprias ou, ainda, um dos seguintes tipos societários: Sociedade em Nome Coletivo, Sociedade em Comandita Simples ou Sociedade Limitada.</li></ul>

(continua)

(continuação)

Sociedade Empresária (antiga sociedade comercial) Ltda.	Mínimo de 2 sócios	• A responsabilidade dos sócios é restrita ao valor de suas quotas, mas todos respondem solidariamente pela integralização do capital social. • A sociedade limitada rege-se pelo novo Código Civil e, nas omissões, pelas normas da Sociedade Simples ou pelas da Sociedade Anônima, se assim o contrato social estabelecer. • O capital social divide-se em quotas, iguais ou desiguais, cabendo uma ou diversas a cada sócio. • É vedada contribuição que consista em prestação de serviços. • Os sócios não poderão distribuir lucros ou realizar retiradas, se distribuídos com prejuízos do capital. • O contrato pode instituir conselho fiscal composto por três ou mais membros e respectivos suplentes, sócios ou não (opcional/facultativo). • É assegurado aos sócios minoritários, que representarem pelo menos 1/5 do capital social, o direito de eleger um dos membros do conselho fiscal e o respectivo suplente. • Pela exata estimação de bens conferidos ao capital social respondem solidariamente todos os sócios, até o prazo de cinco anos da data do registro da sociedade.

Fonte: adaptado de Sebrae do Maranhão; disponível em: <http://www.sebrae.com.br>.

7.4 AS FORMALIDADES A CUMPRIR NA CRIAÇÃO DE UMA NOVA EMPRESA

O Sebrae oferece, por intermédio dos Balcões Sebrae, diversos serviços aos pequenos e médios empresários, entre estes, o apoio à abertura de novos negócios. Entretanto, a constituição de uma empresa requer um conjunto de procedimentos.

O Balcão Sebrae

O Serviço de Apoio às Micro e Pequenas Empresas, Sebrae, foi fundado com o objetivo de fortalecer e incentivar o surgimento de novos negócios, bem como de aumentar a longevidade das pequenas empresas. O Balcão Sebrae para o atendimento às empresas "oferece serviços de consultoria empresarial a empreendedores formais e informais, além de técnicos capacitados para lhe fornecer informações sobre tudo que você precisa saber para abrir o seu negócio". Existem balcões Sebrae em diversos pontos em todo o Brasil.

Além disso, oferece vários serviços aos pequenos e médios empresários da região em que atua, como:
- Abertura de empresas
- Cartão de crédito empresarial
- CDI – Centro de Documentação e Informações
- SRT – Serviço de Resposta Técnica
- Linhas de créditos/financiamentos

Fonte: Sebrae/RJ; disponível em: <http://www.sebraerj.com.br>.

A Figura 7.1 apresenta o roteiro básico para a legalização de negócios, que será apresentado a seguir.

As Formas Jurídicas da Nova Empresa   175

Figura 7.1   Portal da "Empresa na hora"

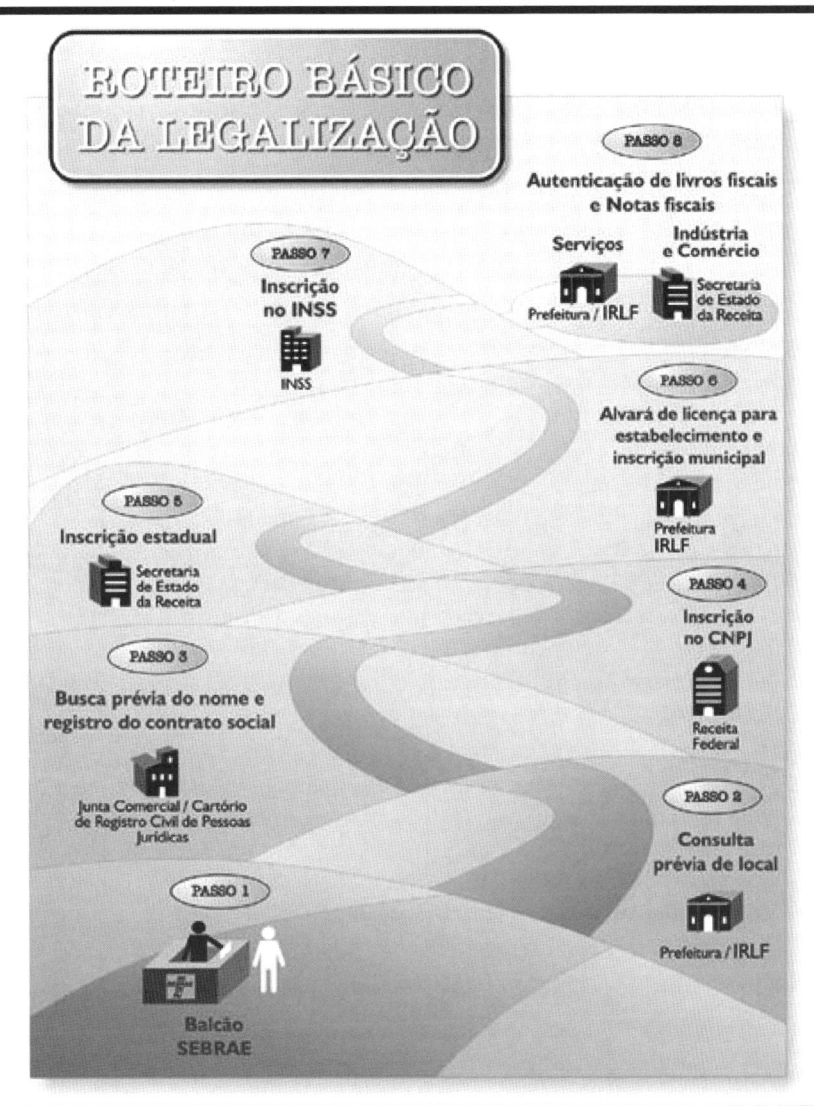

ROTEIRO BÁSICO DA LEGALIZAÇÃO

PASSO 8 — Autenticação de livros fiscais e Notas fiscais
- Serviços: Prefeitura / IRLF
- Indústria e Comércio: Secretaria de Estado da Receita

PASSO 7 — Inscrição no INSS

PASSO 6 — Alvará de licença para estabelecimento e inscrição municipal — Prefeitura IRLF

PASSO 5 — Inscrição estadual — Secretaria de Estado da Receita

PASSO 4 — Inscrição no CNPJ — Receita Federal

PASSO 3 — Busca prévia do nome e registro do contrato social — Junta Comercial / Cartório de Registro Civil de Pessoas Jurídicas

PASSO 2 — Consulta prévia de local — Prefeitura / IRLF

PASSO 1 — Balcão SEBRAE

Fonte: disponível em: <http://www.sebraerj.com.br>.

Os passos reproduzidos a seguir são os apresentados pelo Sebrae/RJ para a abertura de um novo negócio (disponível em <http://www.sebraerj.com.br>):

1º Passo – Orientação empresarial no Balcão Sebrae
  O Sebrae presta orientação empresarial, fornecendo princípios básicos para quem pretende montar uma empresa. Enfoca a importância de uma análise prévia e planejamento adequado antes de constituir-se uma empresa, orientando quanto aos órgãos envolvidos no processo de legalização da empresa, tributos e benefícios tributários.

(continua)

(continuação)

2º Passo – Consulta prévia do local

Verifica a possibilidade da empresa funcionar no endereço pretendido. Para conhecer a legislação local, consulte a Prefeitura ou o Balcão Sebrae mais próximo.

3º Passo – Busca prévia do nome da empresa e registro do Contrato Social/Declaração de Empresário

A busca prévia do nome da empresa objetiva verificar a existência de nome idêntico ao escolhido para o registro da empresa.

O Contrato Social, em linhas gerais, estabelece o regime jurídico, as regras para o funcionamento e a liquidação da Sociedade, e necessita ser registrado no órgão competente. As Sociedades Empresárias e empresário devem registrar-se na Junta Comercial. Já as Sociedades Simples deverão registrar-se no Cartório de Registro Civil de Pessoas Jurídicas.

Documentação necessária:

1. Sociedade Empresária

Para a busca do Nome da Empresa
- Guia de Recolhimento.

Para registro do Contrato Social
- Capa de Processo/Requerimento para Junta Comercial, assinada por um dos sócios.
- Contrato Social em 3 vias.
- Cópia da carteira de identidade dos sócios gerentes (autenticada).
- Formulário de Declaração de Desimpedimento dos sócios-gerentes.
- Ficha de Cadastro Nacional (modelos 1 e 2, formulário/papelaria – 1 via de cada modelo).
- Guia de Recolhimento para Junta Comercial.
- DARF (código 66.21 – Serviço de Registro de Comércio) – (formulário/papelaria – 2 vias).

   Atenção:

   a) Se a empresa enquadrar-se como Microempresa e/ou Empresa de Pequeno Porte, fica dispensada do visto do advogado no contrato social. Para a solicitação de enquadramento, a empresa deverá apresentar ainda:
      - Formulário de Declaração de Enquadramento, assinada pelos sócios, em 3 vias.
      - Capa de Processo/Requerimento Padrão Junta Comercial.

   b) Caso o Contrato Social possua cláusula com declaração de desimpedimento, não é necessária a apresentação do Formulário de Declaração de Desimpedimento.

2. Empresário

Para a busca do Nome

Como o nome utilizado é o nome do próprio titular, acompanhado da especificação da atividade, é aconselhável realizar a Busca Prévia no caso de pessoas que tenham a possibilidade de nome idêntico ao de outras.
- Guia de Recolhimento – Junta Comercial.

Para registro da Declaração de Empresário
- Declaração de Empresário.
- Capa de Processo/Requerimento para Junta Comercial.
- Cópia da identidade e do CPF do titular (autenticadas).
- Guia de Recolhimento para Junta Comercial.
- DARF (código 66.21 – Serviço de Registro de Comércio)
- Guia de Recolhimento para Junta Comercial, utilizada para busca do nome, devidamente aprovada, conforme o caso.

(continua)

(continuação)

Atenção:
Se a empresa enquadrar-se como Microempresa e/ou Empresa de Pequeno Porte, deverá apresentar ainda:
- Formulário de Declaração de Enquadramento.
- Capa de Processo/Requerimento Padrão Junta Comercial.

3. Sociedade Simples

Para a busca do Nome da Empresa
- Certidão de Busca Prévia do Nome

Para registro do Contrato Social
- Contrato Social em 2 vias com firma reconhecida de todos os sócios.
- Requerimento, com firma reconhecida de um dos sócios, ou procurador.
- Visto dos sócios em todas as folhas e assinatura de duas testemunhas.
- Certidão Criminal, exceto para as Microempresas ou as Empresas de Pequeno Porte.
- Declaração de Microempresa e/ou de Empresa de Pequeno Porte.
- Visto do advogado, exceto para as Microempresas ou as Empresas de Pequeno Porte.

Atenção:
Se a empresa enquadrar-se como Microempresa e/ou Empresa de Pequeno Porte, deverá apresentar ainda:
– Declaração de Microempresa e/ou de Empresa de Pequeno Porte, assinada por todos os sócios.

4º Passo – Inscrição no CNPJ

A inscrição no Cadastro Nacional da Pessoa Jurídica – CNPJ é feita através do site do Ministério da Fazenda.

Procedimentos:
- Acesso aos programas CNPJ versão 2.5 e Receitanet. Os dois aplicativos estão disponíveis nas agências da Receita Federal ou pelo site <http://www.receita.fazenda.gov.br> na internet.
- Preenchimento da Ficha Cadastral da Pessoa Jurídica – FCPJ, no programa CNPJ, acompanhada, no caso de inscrição de sociedades, do Quadro de Sócios ou Administradores – QSA. Gerar o disquete contendo a FCPJ e transmiti-lo via o programa Receitanet.
- Após a operação acima, imprimir recibo de entrega contido no disquete do programa CNPJ. Com o número do recibo, acompanhar o processo no site da SRF. Após alguns dias estará disponível o Documento Básico de Entrada – DBE para impressão e o endereço da unidade cadastradora da SRF de sua jurisdição para o qual deverá ser encaminhada a seguinte documentação via Sedex da EBCT:
  – Uma via original do Documento Básico de Entrada – DBE, assinado pela pessoa física responsável perante o CNPJ ou por seu preposto, quando anteriormente indicado, ou por procurador. A assinatura deverá obrigatoriamente ter firma reconhecida em cartório.
  – Cópia autenticada em cartório da procuração, por instrumento público ou particular, quando o DBE for assinado por procurador.
  – Cópia autenticada do Contrato Social/Declaração de Firma Individual, devidamente registrado.
- Quando a documentação chegar à unidade cadastradora, a SRF fará a verificação dos dados transmitidos com os documentos enviados. Caso o processo seja deferido, será disponibilizado no próprio site da SRF o "Comprovante de Inscrição".

Observação:
Caso a empresa tenha condições de obter a opção pelo Simples, enquadrando-se nos critérios de Microempresa e/ou de Empresa de Pequeno Porte, deverá solicitar a inclusão no mesmo processo de inscrição da empresa, indicando na tabela de eventos, no programa CNPJ.

(continua)

(continuação)

5º Passo – Inscrição estadual

Toda empresa que tem atividade de Circulação de Mercadorias deve solicitar sua inclusão no Cadastro de Contribuintes do Imposto sobre Circulação de Mercadorias e Serviços – ICMS, obtendo, assim, sua Inscrição Estadual. A inscrição é feita na Secretaria de Estado de Fazenda. No caso do município do Rio de Janeiro, essa inscrição é realizada na Inspetoria Seccional de Fazenda da jurisdição da empresa.

Documentação necessária:

I – Original do DARJ relativo ao recolhimento da Taxa de Serviços Estaduais (código 200.3).

II – Documento de Cadastro do ICMS – DOCAD em 3 vias originais (formulário/ papelaria).

Observações:
- No caso de uma sociedade constituída por mais de três sócios, deverá ser anexado ao DOCAD o formulário DOCAD – Folha Complementar, também em 3 vias.
- O DOCAD deverá ser assinado pela pessoa física indicada como responsável ou por seu procurador, constituído por instrumento público (registrado em cartório) ou particular.
- No caso do DOCAD ser assinado por procurador, deverá ser apresentada uma cópia autenticada da procuração pública ou particular outorgada pelo sócio ou pelo titular.

III – Documentos referentes à Sociedade ou Empresário:
- Instrumento constitutivo da sociedade ou declaração de empresário, devidamente arquivado na Junta Comercial.
- Comprovante de inscrição no Cadastro Nacional de Pessoa Jurídica – CNPJ.

IV – Documentos referentes ao imóvel onde o requerente exercerá sua atividade:
- Primeira folha do IPTU do imóvel, para confirmação do correto endereço do estabelecimento e identificação do código do logradouro.
- Comprovante de propriedade do imóvel, caso seja próprio; ou do contrato de locação do imóvel, devidamente acompanhado de documentação que identifique o seu proprietário; ou da autorização da Administração do Shopping Center ou local assemelhado para a ocupação de área de circulação (quiosque localizado no corredor ou no estacionamento do empreendimento); ou do licenciamento da municipalidade ou instrumento que autorize a ocupação do solo, no caso de contribuintes que vão exercer atividades de organização rudimentar em quiosques, trailer ou reboque, minibar, carrocinha, barraca ou veículo de qualquer natureza localizados em vias ou logradouros públicos.
- Autorização expressa do proprietário para a utilização do imóvel com fins comerciais, quando se tratar de edificação unifamiliar (casa) e, no contrato de locação, constar o uso residencial.

V – Documentos referentes aos sócios ou ao titular:
- Documento de identidade
- CPF
- Comprovante de residência

VI – Documentos referentes ao contador indicado:
- Certificado de Regularidade Profissional emitido pelo Conselho Regional de Contabilidade do Estado do Rio de Janeiro.
- Contrato de prestação de serviços ou contrato de trabalho com a empresa.

(continua)

(continuação)

> Atenção:
> As empresas que estão se legalizando e que têm condições de enquadrar-se no Regime Simplificado do ICMS como Microempresa ou Empresa de Pequeno Porte, deverão preencher, no formulário "Documento de Cadastro do ICMS" – DOCAD, o campo 40 com o código 5.9, o campo 42 com o código da categoria de enquadramento e o campo 43 com o número da faixa de contribuição.
>
> **6º Passo** – Alvará de licença para estabelecimento e Inscrição Municipal
> Cumpridas as exigências dos passos anteriores, deverá ser solicitado à Prefeitura local o Alvará de Licença para Estabelecimento.
> O Alvará é uma licença concedida pela Prefeitura, permitindo a localização e o funcionamento de estabelecimentos comerciais, industriais, agrícolas, prestadores de serviços, bem como de sociedades, instituições, e associações de qualquer natureza, vinculadas a pessoas físicas ou jurídicas.
> O funcionamento sem alvará caracteriza o estabelecimento como ilegal e pode acarretar seu fechamento e punição dos responsáveis na forma da lei.
> Os prestadores de serviços estão obrigados a efetuar a inscrição no cadastro de contribuintes do Município, obtendo sua Inscrição Municipal.
> Para se conhecer a legislação, bem como a documentação e formulários a serem apresentados no município onde se pretende instalar a empresa, deve-se consultar a Prefeitura local ou o Balcão Sebrae mais próximo.
>
> **7º Passo** – Inscrição no Instituto Nacional do Seguro Social – INSS
> Estando de posse do CNPJ e do Contrato Social, no prazo de 30 dias do início de suas atividades, o representante deverá dirigir-se à Agência da Previdência, para solicitar o cadastramento da empresa e seus responsáveis legais.
>
> **Documentação exigida para a inscrição da empresa:**
> - Contrato Social (original ou cópia).
> - CNPJ.
>
> **Documentação exigida para a inscrição do empresário:**
> - Número da Carteira de Identidade e do CPF.
> - Comprovante de residência.
>
> **8º Passo** – Impressão de notas fiscais e autenticação de livros fiscais
> Para iniciar suas atividades, será necessário solicitar a Impressão Notas Fiscais e a Autenticação de Livros Fiscais.
> As empresas de prestação de serviços deverão dirigir-se à Prefeitura local.
> As empresas que se dedicam às atividades de indústria e comércio deverão dirigir-se à Secretaria de Estado da Fazenda.
>
> **Fonte:** adaptado pelo autor de <http://www.sebraerj.com.br>.

7.5 NOTAS FINAIS

A seleção da forma jurídica mais apropriada tem implicações sobre o processo de constituição (os procedimentos e obrigações) e, fundamentalmente, sobre a responsabilidade dos proprietários. A distinção mais marcante relaciona-se a assumir de forma limitada ou ilimitada a responsabilidade, que é mais premente em caso de insolvência. Tem também impacto sobre a forma como os empreendedores podem realizar o capital social.

ANEXO – Modelo de Contrato Social de Sociedade Limitada conforme Código Civil/2002

Contrato de Constituição da "Empresa Exemplo Objeto Ltda" ou "A & B Ltda" ou "A & Cia Ltda"

Pelo presente Instrumento Particular de Contrato Social:

SÓCIO A, nacionalidade, estado civil (indicar o regime de bens – art. 977, da Lei n.10.406/2002), data de nascimento (se solteiro), profissão, n. do CPF.................., n. do RG ....(se apresentado como documento de identificação: certificado de reservista, carteira de identidade profissional, carteira de trabalho e previdência social, carteira de habilitação, devendo ser indicado o seu número, órgão expedidor e a Unidade da Federação onde foi emitida), residente e domiciliado na.................................. (tipo e nome do logradouro, n., complemento, bairro/distrito, município, UF e CEP).

SÓCIO B, nacionalidade, estado civil (indicar o regime de bens – art. 977, da Lei n. 10.406/2002), data de nascimento (se solteiro), profissão, n. do CPF.................., n. do RG ....(se apresentado como documento de identificação: certificado de reservista, carteira de identidade profissional, carteira de trabalho e previdência social, carteira de habilitação, devendo ser indicado o seu número, órgão expedidor e a Unidade da Federação onde foi emitida), residente e domiciliado na.................................. (tipo e nome do logradouro, n., complemento, bairro/distrito, município, UF e CEP).

Têm entre si justa e contratada a constituição de uma sociedade limitada, nos termos da Lei n. 10.406/2002, mediante as condições e cláusulas seguintes:

DO NOME EMPRESARIAL, DA SEDE E DAS FILIAIS

CLÁUSULA PRIMEIRA. A sociedade gira sob o nome empresarial................................ (denominação social, firma ou razão social) (art. 997, II, CC/2002).

CLÁUSULA SEGUNDA. A sociedade tem sede na (endereço completo: tipo e nome do logradouro, número, complemento, bairro ou distrito, CEP, Município e Estado).

CLÁUSULA TERCEIRA. A sociedade poderá, a qualquer tempo, abrir ou fechar filial ou outra dependência, mediante alteração contratual, desde que aprovado pelos votos correspondentes dos sócios, no mínimo, a três quartos do capital social, nos termos do art. 1.076 da Lei n. 10.406/2002.

DO OBJETO SOCIAL E DA DURAÇÃO

CLÁUSULA QUARTA. A sociedade tem por objeto social a (industrialização, comércio, produção, prestação de serviço etc.) (art. 997, II, CC/2002).

CLÁUSULA QUINTA. A sociedade iniciará suas atividades na data do arquivamento deste ato e seu prazo de duração é indeterminado (art. 997, II, CC/2002).

DO CAPITAL SOCIAL E DA CESSÃO E TRANSFERÊNCIA DAS QUOTAS

CLÁUSULA SEXTA. A sociedade tem o capital social de R$ .... (................................ reais), dividido em .... quotas no valor nominal de R$ .... (................ reais) cada uma, integralizadas, neste ato, em moeda corrente do País, pelos sócios, da seguinte forma:

Sócio	N. de Quotas	%	Valor R$
A			
B			
Total		100	

CLÁUSULA SÉTIMA. As quotas são indivisíveis e não poderão ser cedidas ou transferidas a terceiros sem o consentimento do(s) outro(s) sócio(s), a quem fica assegurado, em igualdade de condições e preço direito de

(continua)

(continuação)

preferência para a sua aquisição, se postas à venda, formalizando, se realizada a cessão delas, a alteração contratual pertinente (art. 1.056, art. 1.057, CC/2002).

CLÁUSULA OITAVA. A responsabilidade de cada sócio é restrita ao valor de suas quotas, mas todos respondem solidariamente pela integralização do capital social (art. 1.052, CC/2002).

DA ADMINISTRAÇÃO E DO *PRO LABORE*

CLÁUSULA NONA. A administração da sociedade caberá .... com os poderes e atribuições de representação ativa e passiva na sociedade, judicial e extrajudicialmente, podendo praticar todos os atos compreendidos no objeto social, sempre de interesse da sociedade, autorizado o uso do nome empresarial, vedado, no entanto, fazê-lo em atividades estranhas ao interesse social ou assumir obrigações, seja em favor de qualquer dos quotistas ou de terceiros, bem como onerar ou alienar bens imóveis da sociedade, sem autorização do(s) outro(s) sócio(s) (arts. 997, VI; 1.013; 1.015; 1.064, CC/2002).

Parágrafo único. No exercício da administração, o administrador terá direito a uma retirada mensal a título de *pro labore*, cujo valor será definido de comum acordo entre os sócios.

OU

CLÁUSULA NONA. A administração da sociedade será de todos os sócios, em conjunto ou separadamente, com os poderes e atribuições de representação ativa e passiva na sociedade, judicial e extrajudicialmente, podendo praticar todos os atos compreendidos no objeto social, sempre de interesse da sociedade, sendo vedado o uso do nome empresarial em negócios estranhos aos fins sociais, nos termos do art. 1.064 da Lei n. 10.406/2002.

§ 1º Fica facultada a nomeação de administradores não pertencentes ao quadro societário, desde que aprovado por dois terços dos sócios, nos termos do art. 1.061 da Lei n. 10.406/2002.

§ 2º No exercício da administração, os administradores terão direitos a uma retirada mensal, a título de *pro labore*, cujo valor será definido de comum acordo entre os sócios.

DO BALANÇO PATRIMONIAL DOS LUCROS E PERDAS

CLÁUSULA DÉCIMA. Ao término de cada exercício social, em 31 de dezembro, o administrador prestará contas justificadas de sua administração, procedendo à elaboração do inventário, do balanço patrimonial e do balanço de resultado econômico, cabendo aos sócios, na proporção de suas quotas, os lucros ou perdas apurados (art. 1.065, CC/2002).

CLÁUSULA DÉCIMA PRIMEIRA. Nos quatro meses seguintes ao término do exercício social, os sócios deliberarão sobre as contas e designarão administrador(es), quando for o caso (arts. 1.071 e 1.072, § 2º, e art. 1.078, CC/2002).

DO FALECIMENTO DE SÓCIO

CLÁUSULA DÉCIMA SEGUNDA. Falecendo ou interditado qualquer sócio, a sociedade continuará sua atividade com os herdeiros ou sucessores. Não sendo possível ou inexistindo interesse destes ou do(s) sócio(s) remanescente(s), o valor de seus haveres será apurado e liquidado com base na situação patrimonial da sociedade, à data da resolução, verificada em balanço especialmente levantado.

Parágrafo único. O mesmo procedimento será adotado em outros casos em que a sociedade se resolva em relação a seu sócio (arts. 1.028 e 1.031, CC/2002).

DA DECLARAÇÃO DE DESIMPEDIMENTO

CLÁUSULA DÉCIMA TERCEIRA. O(s) Administrador(es) declara(m), sob as penas da lei, que não está(ão) impedido(s) de exercer(em) a administração da sociedade, por lei especial ou em virtude de condenação criminal, ou por se encontrar(em) sob os efeitos dela, a pena que vede, ainda que temporariamente, o acesso

(continua)

(continuação)

a cargos públicos, ou por crime falimentar, de prevaricação, peita ou suborno, concussão, peculato ou contra a economia popular, contra o sistema financeiro nacional, contra normas de defesa da concorrência, contra as relações de consumo, fé pública ou propriedade (art. 1.011, § 1º, CC/2002).

DOS CASOS OMISSOS

CLÁUSULA DÉCIMA QUARTA. Os casos omissos no presente contrato serão resolvidos pelo consenso dos sócios, com observância da Lei n. 10.406/2002.

DO FORO

CLÁUSULA DÉCIMA QUINTA. Fica eleito o foro de............. para o exercício e o cumprimento dos direitos e obrigações resultantes deste contrato.

E, por estarem assim justos e contratados, lavram este instrumento, em 03 (três) vias de igual forma e teor, que serão assinadas pelos sócios.

Recife, -- de --------- de 200- .

_____   _____
SÓCIO A   **SÓCIO B**

Visto _____
Nome: OAB/------) (dispensado para o contrato social de microempresa e de empresa de pequeno porte)

Testemunhas:

_____   _____
Nome, Identidade, Org. Exp. e UF   **Nome, Identidade, Org. Exp. e UF**

Observações:
1. Inserir cláusulas facultativas desejadas.
2. Assinatura dos sócios ou dos seus procuradores no fecho do contrato social, com a reprodução de seus nomes. Importante: sócio menor de 16 anos, o ato será assinado pelo representante do sócio; sócio maior de 16 e menor de 18 anos, o ato será assinado, conjuntamente, pelo sócio e seu assistente.
3. **Visto de advogado**: visto/assinatura de advogado, com a indicação do nome e do número de inscrição na OAB/Seccional. O visto é **dispensado para o contrato social de microempresa e de empresa de pequeno porte**, conforme art. 6º, parágrafo único, da Lei n. 9.841/99.
4. Rubricar as demais folhas não assinadas, conforme art. 1º, I, da Lei n. 8.934/94.
5. Assinatura das testemunhas (**facultativa**): serão grafadas com a indicação do nome do signatário, por extenso e de forma legível, com o número da identidade, órgão expedidor e UF.
6. O documento não pode conter rasuras, emendas ou entrelinhas (deletar).
7. Inserir cláusulas facultativas desejadas.

O **Financiamento** da Nova Empresa
8

Objetivos
- Ajudar o leitor a identificar e compreender as diferentes formas de financiar uma nova empresa.
- Identificar os diferentes tipos de crédito existentes.
- Levar o leitor a entender qual o papel do banco comercial no financiamento de novas empresas.
- Ajudar o leitor a compreender o papel de outros investidores na nova empresa.

8.1 INTRODUÇÃO

Uma vez decidido a lançar seu próprio negócio, é necessário determinar qual o montante do investimento requerido para a nova empresa e onde obter esse dinheiro. Uma das etapas que, frequentemente, os potenciais empreendedores consideram mais difícil de ultrapassar no processo de criação de um novo empreendimento é a obtenção do financiamento necessário. Aliás, como já dissemos, há a ideia generalizada de que, para se ser empreendedor, é preciso antes ser rico, o que se pode ver na atitude muito conservadora dos bancos – que exigem garantias, fiadores, hipotecas etc. como condição para viabilizar empréstimos a novas empresas.

Neste capítulo tratamos de identificar e caracterizar as fontes de financiamento mais utilizadas para iniciar uma pequena empresa, tais como: as poupanças do próprio empreendedor, poupanças da família e amigos, capital de outros investidores, bancos e sociedades locadoras, e sociedades de capital de risco. Em Portugal, por exemplo, apesar de algum esforço recente para a constituição de mais empresas de capitais de risco, com o objetivo de promover o empreendedorismo, é ainda pouco o capital disponível nessa forma, sendo muito direcionado para investimentos de elevada rentabilidade esperada. O capital de risco não é, de forma geral, uma solução viável para a maioria das novas empresas.

Para o empreendedor, as necessidades de financiamento devem ser consideradas na perspectiva de dívida *versus* capital próprio ou do uso de recursos internos *versus* recursos externos como fonte de financiamento. Além disso, é importante não esquecer que, ao determinar o montante de financiamento necessário, o empreendedor deve considerar não só a parcela que se irá refletir em ativos tangíveis (equipamentos, instalações, terreno, veículos etc.) e intangíveis (estudos, patentes, marcas etc.) mas também as necessidades relativas ao financiamento da atividade (dívidas de clientes, estoques etc.) e a componente de juros e encargos financeiros. Em outras palavras, além dos elementos do investimento físico, como é o caso dos equipamentos e instalações, o empreendedor deve planejar as necessidades de fluxo de caixa. A subestimação do montante total do financiamento necessário pode criar dificuldades logo em curto prazo, caso não se consiga fazer frente à atividade de exploração corrente da empresa. Note, por fim, que é frequente as novas empresas terem necessidade de reinvestir todo o lucro gerado nos primeiros anos de funcionamento na empresa – portanto, é pouco provável que a nova empresa vá gerar um retorno para os investidores no início da sua vida. Aliás, o mais provável é que as novas empresas não gerem lucros nos primeiros anos de atividade, dado terem de pagar os empréstimos obtidos e investir em comunicação de marketing para se tornarem conhecidas no mercado.

Veremos, em seguida, os diferentes tipos de financiamento disponíveis para o empreendedor. Contudo, não é demais lembrar que um jovem empreendedor – como é o caso de um jovem recém-formado, por exemplo – muitas vezes não dispõe de uma quantia elevada de capital, fato pelo qual sugerimos que comece por pensar em formas de reduzir o montante de investimento. É bem provável que seja mais fácil conseguir um pequeno empréstimo que uma quantia elevada. Pense criativamente.

8.2 FINANCIAMENTO POR ENDIVIDAMENTO OU POR CAPITAL PRÓPRIO

Na decisão de como financiar o seu negócio, o empreendedor vai contemplar o financiamento por endividamento e/ou por capital próprio. O *financiamento por endividamento* é aquele que envolve um empréstimo remunerado com juros, ou seja, requer que o empreendedor não só pague a quantia que lhe foi emprestada mas também uma taxa adicional (um juro) a um valor previamente acordado (veja a seção 10.4.1). Geralmente, esse financiamento, concedido por um banco comercial, exige um ativo como garantia (por exemplo, automóvel, apartamento, casa, edifício, equipamento, terreno etc.). Os empréstimos podem ser contraídos, de forma parcelada e a qualquer prazo: longo, médio ou curto. Os de curto prazo (concedidos por um período inferior a um ano) normalmente servem para financiar os estoques, as operações da empresa ou as aquisições dos clientes (ou seja, os créditos concedidos a clientes). Esses empréstimos são pagos com os proventos da empresa, isto é, com as vendas e os lucros das operações comerciais. Os empréstimos também podem ser feitos em longo prazo (por mais de um ano); nesse caso, em geral, com o intuito de adquirir algum tipo de ativo mais permanente, quer seja um equipamento, um edifício etc. Independentemente da duração do empréstimo, é fundamental que o empreendedor mantenha uma situação financeira equilibrada e que o valor das dívidas não ultrapasse o dos ativos, para não entrar em falência.

O empreendedor também pode financiar a nova empresa com *capital próprio*. Esse capital é oriundo das suas próprias poupanças ou de bens patrimoniais que possui. De fato, o mais corrente é o empreendedor combinar as duas formas de financiamento (por endividamento e por capitais próprios) para satisfazer as necessidades de capital do empreendimento. Na maioria das vezes, o nível de capital próprio varia de acordo com a natureza do empreendimento, a sua dimensão, a sua atividade etc. Em pequenas empresas, como no caso de um pequeno estabelecimento comercial (por exemplo, um café), é possível que todo o capital seja fornecido pelo proprietário (o empreendedor). Em empresas maiores pode haver vários proprietários, sejam estes particulares, institucionais e mesmo empresas de capital de risco.

As empresas já instaladas podem recorrer aos recursos gerados internamente por meio de lucros, vendas de ativos (em particular dos ativos menos utilizados), redução no capital circulante (por exemplo, redução dos estoques de matérias-primas), aumento dos prazos médios de pagamento a fornecedores e diminuição dos prazos médios de recebimento dos clientes. É, assim, comum as empresas estenderem os prazos de pagamento a fornecedores de 30 ou 60 para 90 ou mais dias. No entanto, mantenha boas relações com fornecedores e não deixe de arcar com suas responsabilidades. Além disso, a redução dos prazos médios de recebimento dos clientes esbarra com a importância de não perdê-los. Portanto, estime o seu fluxo de caixa, quer de acordo com as práticas de pagamento aos fornecedores, quer com as de recebimento dos seus clientes.

As fontes alternativas de financiamentos externas, por exemplo, os empréstimos bancários, subsídios governamentais, crédito dos fornecedores, capital de risco etc., devem ser avaliadas de acordo com aspectos como: o período de tempo em que os fundos estarão disponíveis, os custos envolvidos e o grau de perda de controle na empresa.

8.2.1 Recursos financeiros próprios do empreendedor

Virtualmente, todo o novo empreendedor usa alguma quantidade de recursos financeiros próprios para iniciar a nova empresa. Esses recursos são necessários para iniciar a atividade, bem como uma garantia a investidores externos de que o empreendedor está empenhado no sucesso do empreendimento, trabalhando e resolvendo os problemas que surgem, buscando o sucesso, comprometendo o seu tempo e esforço. Os investidores externos querem (ou, no mínimo, preferem) que o empreendedor se comprometa com todos os seus bens, pois esse é um bom indicador de que o empreendedor acredita verdadeiramente no projeto e que irá se empenhar para garantir o seu sucesso.

Portanto, o compromisso de bens pessoais do empreendedor sinaliza aos potenciais investidores que ele está envolvido no projeto.

Se o empreendedor está muito dependente das suas poupanças pessoais para iniciar o negócio, é prudente que pense sobre como fica a sua situação no caso de criar a empresa. Olhe para as suas finanças pessoais e, em uma folha de papel, ou em um arquivo especial em seu computador, anote qual foi o seu rendimento no último ano. Qual a fonte desse rendimento? Foi salário? Foram remunerações de aplicações financeiras? Rendas de imobiliário? Vendas extraordinárias de patrimônio (uma herança, por exemplo)? Esses rendimentos repetem-se todos os anos? Anote todas as fontes de rendimento. Em seguida, anote todas as suas despesas mensais e anuais. Não esqueça as despesas básicas como a alimentação, energia, rendas, formação, (tele)comunicações, combustíveis, mas não menospreze também os encargos com dependentes (filhos, outros familiares), os seguros, as roupas, as substituições de eletrodomésticos, os presentes de aniversários, Natal e casamentos, as férias de verão, a manutenção do automóvel etc. Não se esqueça de incluir todas as suas dívidas, quer sejam com a habitação, educação de dependentes, automóvel, crédito ao consumo, ou quaisquer outras. Em particular, lembre-se de que, se tiver dependentes (ascendentes, filhos e/ou conjugue), deve considerar as despesas adicionais. Feitas todas as contas de rendimentos e despesas, qual é a sua capacidade anual de gerar poupança?

Uma vez que se decida a realizar a vontade de ser empreendedor, é provável que tenha de abandonar o seu emprego. Qual o impacto que a perda desse rendimento do seu trabalho terá sobre os seus rendimentos? Nesse caso, de que fonte virão os rendimentos para suprir todas as suas despesas fixas? Você pode começar analisando as suas despesas e quais os itens que consomem mais do seu rendimento. São despesas supérfluas? Consegue reduzi-las? Seja realista, e não otimista! Quanto consegue baixar as despesas para o caso de os seus rendimentos ficarem reduzidos durante alguns meses?

Agora, pense também no seu patrimônio. Quais são os seus bens? São comercializáveis? Quais os que pode vender e por quanto (seja realista e lembre-se de que os atributos emocionais que podem prendê-lo aos bens não são compartilhados por um comprador potencial) no caso de ser necessário?

Feitas todas as contas, você já deve ter uma ideia razoável de todas as suas despesas fixas e variáveis, das que consegue e das que não consegue cortar, bem como de todos os seus recursos financeiros, ou convertíveis, desde as poupanças, rendimentos e valor dos ativos "vendáveis". No caso de ainda não dispor de dinheiro suficiente, parece-lhe que se reduzisse as despesas e aumentasse um pouco o rendimento conseguiria juntar o capital necessário? Quanto tempo demoraria? Se não conseguir reunir capital suficiente e estiver mesmo decidido a ser empreendedor, necessita começar a procurar fontes de financiamento complementares. Mas, ainda, antes convém refazer a análise do seu plano de negócios preliminar e estudar qual a possibilidade de, por exemplo, diminuir a escala do investimento. Por exemplo, precisa de todo esse equipamento logo para começar? O espaço imobiliário necessita mesmo ser seu, ou pode ser arrendado, ou adquirido em forma de *leasing*? Você consegue subcontratar alguns dos serviços ou produções em uma fase inicial? Em outras palavras, consegue, de alguma forma, reduzir as suas necessidades de capital inicial para o investimento? Se sim, agora já dispõe de dinheiro suficiente? Ainda não? Bem, a solução é mesmo procurar capitais externos.

Contudo, seja prudente! Não invista todo o dinheiro que tem inicialmente na constituição da empresa. Acumule mais capital do que pensa ser necessário para poder suprir as despesas inesperadas, a um início de operação menos favorável do que previu, a incobráveis de clientes e a necessidades que não estimou. Ser precavido em uma fase inicial pode determinar o sucesso do empreendimento.

8.2.2 A família e os amigos

A família e os amigos do empreendedor – aqueles que o conhecem melhor – são um recurso frequente para reunir o capital necessário a um novo empreendimento, quer sejam capitais a longo ou a curto prazo. Essas pessoas poderão investir em função de relacionamento com o empreendedor, na medida em que essa relação pessoal ajuda a transmitir confiança e a ultrapassar a incerteza nas capacidades e qualidades do empreendedor. No entanto, geralmente, essas fontes de financiamento apenas conseguem fornecer pequenos montantes de capital, sendo por isso, adequadas para pequenos novos negócios.

Um conselho: embora possa ser relativamente fácil obter dinheiro com a família e os amigos, mantenha um grau de relacionamento empresarial. Mostre-lhes o seu plano de negócios e discuta-o com eles. Mostre-lhes o que estima ser o seu mercado, os indicadores econômico-financeiros, as perspectivas de crescimento e a estratégia para a nova empresa. A decisão de o familiar ou o amigo o ajudar, ou até de ser seu sócio – por exemplo, participando na gestão da empresa –, deve ser baseada no seu negócio e por considerar que é um bom investimento, e não por se sentir obrigado a fazê-lo, dada a relação emocional que os une. Portanto, ponha o acordo por escrito e, se não o ajudarem, não se irrite, antes procure outras fontes de financiamento. Recorde a expressão popular "se queres perder um amigo, peça-lhe dinheiro emprestado".

Para evitar problemas futuros, apresente bem o seu plano, revele os aspectos positivos e negativos, enuncie os riscos, exponha as suas convicções baseadas em dados objetivos de mercado. Os empréstimos da família ou de amigos devem ter o mesmo tratamento que qualquer outro tipo de financiamento. Assim, você deve, por exemplo, estipular uma taxa de juros, tal como faria para outro tipo de empréstimo, e formular um cronograma de pagamentos para a devolução do capital emprestado. Ou, claro, se o empréstimo for na forma de participação no capital, deve ser estipulado quais os benefícios e obrigações nas operações da empresa. Contudo, faça tudo por escrito, pois, sobretudo quando as coisas correm particularmente bem ou mal, a memória parece ficar curta e é o acordo por escrito que lhe permite reavivar a memória do parceiro. Todos os detalhes do financiamento devem ser acordados, tais como: a quantia de dinheiro investida, o cronograma de pagamento, os direitos e as obrigações, os termos de dissolução da empresa etc. Acordos formais ajudam a evitar problemas futuros.

8.2.3 Outros investidores privados

Os empreendedores podem também recorrer a outros investidores privados, sejam eles familiares, amigos ou qualquer outra pessoa que disponha do capital necessário (ou a ele tenha acesso), por exemplo, por meio da venda de bens de que dispõe. Esses investidores, geralmente, ficam com a posse de parte da propriedade da empresa e podem envolver-se na gestão quotidiana e/ou na definição da estratégia da nova empresa. O nível de envolvimento desses investidores privados depende do montante de capital com que participam, da sua vontade e da sua competência. A maioria dos investidores estará provavelmente mais interessado em recuperar o seu capital e obter um bom retorno para o seu investimento do que se envolver na gestão da empresa, mas cada pessoa é um caso, e alguns podem ter "uma palavra a dizer".

O empreendedor pode procurar na sua cidade e região os potenciais investidores. Estes podem ser comerciantes, empresários, executivos ou apenas gente que tem dinheiro disponível e gosta de fazer investimentos em boas ideias. Referimo-nos a estes como os investidores anjo (ou *business angel*). Faça uma lista de possíveis nomes que poderá contatar para conseguir uma entrevista. Se for alguém que você conhece – um ex-patrão, um chefe, um ex-colaborador –, poderá ser mais fácil conseguir uma entrevista; caso contrário, arranje alguém que o apresente.

Investidores anjo – *Business angels*

> Um *business angel* é um investidor que financia ideias de negócio nascentes (tipo *start-up* ou *early stage*). Participa de projetos com *smart money*, ou seja, além de aportar capacidade financeira, também contribui com a sua experiência, conhecimentos e rede (*network*) de contatos. Geralmente, os investidores anjo financiam montantes que oscilam entre os R$ 25.000 e os R$ 500.000 e gostam de exercer a sua capacidade de *mentoring* (ou aconselhamento) dos projetos. Os investidores anjo procuram não apenas altas rentabilidades para os seus investimentos mas também participar de novos desafios empresariais.
>
> **Fonte:** Associação Portuguesa de *Business Angels*; disponível em: <http://www.apba.pt>.

Embora seja importante obter financiamento, é preciso que se recorde algumas ideias básicas. Primeiro, os investidores dificilmente arriscarão o seu capital em um empreendimento em que o próprio empreendedor não se compromete em termos financeiros. Segundo, quando um investidor lhe recusar o financiamento, questione-o sobre a sua ideia. Peça sugestões de melhorias e indague sobre quais os pontos fracos do plano. Procure entender por que ele não o quer financiar. Há alguma coisa que você possa fazer para melhorar o seu plano? A lacuna identificada é efetivamente grave e pode pôr em risco a viabilidade do negócio? Se esse for o caso, volte à mesa e trabalhe esses aspectos. Terceiro, obter financiamento a qualquer custo não é boa estratégia. O investidor pode querer ficar sócio da empresa e você não querer qualquer sócio. Por isso, selecione bem os potenciais investidores que vai contatar.

Como atrair investidores? Não há respostas fáceis. Um bom plano, uma boa ideia e um promotor com credibilidade são ótimos "cartões de visita", mas é possível que você não disponha de nenhum desses recursos. No entanto, pode procurar o melhor potencial investidor com base na natureza do negócio e do produto ou serviço que se propõe a oferecer. Por exemplo, procure um empresário que tenha necessidade dos seus produtos/serviços ou um que tenha experiência prévia ou um gosto especial pelo ramo. Esses empresários têm a vantagem de conhecer a atividade e poder dar uma contribuição efetiva na fase inicial, mesmo sendo clientes da nova empresa. Outra possibilidade é alargar o leque de investidores. Em vez de um, reúna um pequeno grupo de investidores e solicite a cada um deles apenas uma pequena parte do financiamento – nesse caso, se a empresa não for bem-sucedida, cada investidor perderá apenas uma quantia pequena.

> Prepare-se para a entrevista com os investidores externos. Para tal, considere as seguintes questões antes de se reunir para uma entrevista:
> - O que você quer?
> - Quando dinheiro precisa para começar o investimento?
> - Você consegue explicar e justificar cada rubrica do plano de investimento?
> - Você consegue sustentar as suas estimativas de mercado com dados reais?
> - Qual é a taxa de juros que pretende pagar?
> - Quais são as garantias reais que tem para oferecer pelo valor do empréstimo?
> - Por que o investidor emprestaria o dinheiro a você? Por que você é de confiança? Aliás, quem é você?
> - Quer um sócio para a empresa? Qual a participação que esse sócio poderá vir a ter na empresa?

8.2.4 O banco comercial

Em uma fase inicial, quando o empreendedor pretende começar a nova empresa, é difícil conseguir capital com os bancos. Os bancos, em sua prudência (ou conservadorismo), preferem emprestar dinheiro a empresas já estabelecidas e com uma reputação firmada, pois aparentam menor risco. Assim, é importante que comece rapidamente a criar o seu "histórico de crédito". Nos Estados Unidos, por exemplo, a população em geral, e não apenas os empreendedores, já conhecem bem esse mecanismo. No fundo, o que você pretende é construir uma relação com o banco e a reputação de que reembolsa, nos prazos estabelecidos, os capitais em dívida. Procure também conhecer os gerentes e gestores de conta e de crédito, estabelecendo com estes uma relação de confiança.

Os empreendedores podem recorrer aos bancos comerciais para obter diferentes tipos de empréstimos, com diferentes durações (de curto, médio e longo prazo). No entanto, qualquer deles tem apoio, quer em garantias tangíveis (um bem de valor), quer no fluxo de caixa da nova empresa. As garantias podem ser ativos ligados à atividade da empresa (por exemplo, máquinas, edifícios, veículos, terrenos) ou bens pessoais próprios do empreendedor (por exemplo, ações, casa, automóvel, terreno), ou ainda bens de um fiador/avalista. Diante das características, vantagens e desvantagens de cada tipo de empréstimo, é aconselhável que o empreendedor se informe bem das condições antes de se comprometer e que procure o banco que lhe oferece melhores condições. Veremos os principais tipos de empréstimo, brevemente, a seguir.

Empréstimos por créditos a receber. Os créditos a receber, tais como as dívidas de clientes, podem ser uma base para um empréstimo, em particular se os clientes forem reconhecidos pelo seu bom nome e merecedores de crédito. Em certos casos, o empreendedor pode fazer um contrato de *factoring*[1] em que o fator (o banco) "compra" as dívidas a receber por um valor abaixo do valor nominal da venda e recebe o dinheiro diretamente. Se a dívida não puder ser cobrada, é o fator (a sociedade de *factoring*) que fica com o prejuízo, e não a empresa. O custo do *factoring* dessas contas a receber é, pelo risco assumido, mais elevado que o custo de um empréstimo por contas a receber sem envolver o *factoring*, já que o banco, nesse caso, correrá maior risco. Os custos de *factoring* envolvem a cobrança de juros (sobre a quantia adiantada até ao momento em que as contas a receber são cobradas), a comissão de cobrança e a proteção contra incobráveis (contas que não são cobradas).

Então, o *factoring* é uma atividade que consiste na tomada de créditos em curto prazo por uma instituição financeira (fator) e que os fornecedores de bens ou serviços (aderentes) estabelecem para os seus clientes (devedores). O contrato de *factoring* especifica o tipo de operação, os riscos aceitos, o montante de adiantamento sobre os créditos cedidos, bem como a remuneração e os custos estipulados. Então, há três intervenientes em uma operação desse tipo: o aderente (fornecedor), o fator e o devedor (cliente), como ilustra a Figura 8.1.

---

[1] O *factoring* é uma atividade bancária regulada pelo Decreto-lei n. 171/95.

O Financiamento da Nova Empresa 191

Figura 8.1   Intervenientes no *factoring*

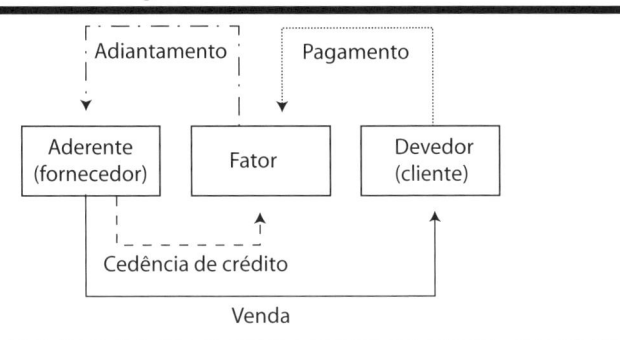

```
         Adiantamento        Pagamento
              │                  ┆
              ▼                  ▼
    ┌──────────────┐   ┌───────┐   ┌──────────────┐
    │   Aderente   │   │       │   │    Devedor   │
    │ (fornecedor) │   │ Fator │   │   (cliente)  │
    └──────────────┘   └───────┘   └──────────────┘
           │               ▲              ▲
           └───────────────┘              │
              Cedência de crédito         │
                          │               │
                          └───── Venda ───┘
```

Fonte: Ferreira, Santos e Serra (2008).

Assim, o *factoring* é um mecanismo financeiro que permite às empresas um melhor financiamento do seu ciclo de exploração, uma vez que por meio de sua utilização é possível obter uma antecipação dos recebimentos dos seus clientes. As principais vantagens e desvantagens do *factoring* são apresentadas no Quadro 8.1.

Quadro 8.1   Vantagens e desvantagens do *factoring*

Vantagens	Desvantagens
Permite reduzir o prazo médio de recebimentos pela antecipação destes, permitindo à empresa uma melhor gestão de fluxo de caixa e fazer frente ao financiamento do ciclo de exploração.	O fator, mediante o não cumprimento persistente dos clientes da empresa aderente, pode suspender o crédito.
Transferência do risco e da responsabilidade de cobrança para o fator.	O fator pode selecionar quais os créditos que aceita, mediante a sua avaliação de risco de incobrabilidade.
Redução do trabalho administrativo de controle de dívidas e de cobrança.	

Fonte: Ferreira, Santos e Serra (2008).

Empréstimos pelo estoque. O estoque é um ativo sobre o qual a empresa pode recolher empréstimos, particularmente se for de fácil transação. Em alguns casos – como para os comerciantes de automóveis e de eletrodomésticos – é possível fazer *trust-receipts*, que consistem em empréstimos garantidos pelo estoque e ajudam o comerciante a instalar-se. Nesses casos, a operação é relativamente simples: o banco adianta uma parte do preço dos bens e é pago à medida que estes são comercializados.

Empréstimos por equipamento. Os equipamentos também podem ser utilizados como garantia para um empréstimo, geralmente de longo prazo. Esse empréstimo tanto pode ser usado na aquisição de novos equipamentos quanto nas operações de "recompra" – estas são operações de financiamento em *sale lease-back*. Como muitos pequenos empreendedores não dispõem de capital para adquirir todo o equipamento necessário, recorrem a operações de aluguel, tal como o financiamento de *sale lease-back*[2] ou de *leasing* de equipamento. No *sale-lease-back*, o empreendedor "vende" o equipamento ao financiador e o aluga durante um período extenso, que geralmente corresponde à sua vida útil. No fim do contrato, a empresa pode adquirir o equipamento por meio do pagamento do valor residual.

O *leasing*

A busca pelo *leasing* (locação financeira) tem aumentado no Brasil como forma de financiamento de médio e longo prazo. Ele consiste em um contrato entre duas partes, o locador (empresa de *leasing*) e o locatário (cliente), em que o locador cede ao locatário, por um período determinado, um bem, móvel ou imóvel, mediante o pagamento de um montante periódico, e em relação ao qual o locatário possui uma opção de compra no final do período contratado, mediante o pagamento de montante predeterminado (valor residual) se o locatário pretender ficar com a posse do bem. Virtualmente, qualquer bem móvel (veículo, máquina industrial, equipamento de informática etc.) ou imóvel (estabelecimento comercial, industrial ou habitação) pode ser objeto de *leasing*.

O *leasing* tem prazos, montantes e valores residuais variáveis, de acordo com o tipo de bem contratado: bens móveis ou bens imóveis.

Em resumo, as vantagens do *leasing* são:
- financiamento total do bem;
- liberação do capital de giro;
- possibilidade de atualização dos equipamentos durante a vigência dos contratos;
- prazo da operação compatível com amortização econômica do bem;
- dupla economia de imposto de renda (dedução de aluguéis e não imobilização de equipamento);
- simplificação contábil;
- melhora dos índices financeiros.

Fonte: adaptado de Fortuna (2002).

O *leasing* (ou locação financeira) é um meio de financiamento flexível que tem algumas vantagens, como o fato de não exigir recursos dados como garantia, a possibilidade de escolher o equipamento ou imóvel e selecionar o fornecedor, a possibilidade de financiamento de 100% do valor, bem como de ter a opção de adquirir o equipamento ou imóvel no fim do contrato, mediante o pagamento do valor residual acordado. As desvantagens manifestam-se em ter um custo mais elevado que o crédito bancário, não conceder o direito de propriedade durante a vigência do contrato e penalizações, em caso de não cumprimento do contrato. Ainda assim, esse tipo de financiamento pode ser útil para novos empreendedores que dispõem de recursos financeiros e capacidade de endividamento limitados.

---

[2] Por que fazer uma operação de *lease-back*? A empresa pode tentar consolidar os seus passivos de financiamento, por meio da venda de ativos fixos, ou pode pretender converter os seus investimentos anteriores em financiamento.

Empréstimo por imóveis. Os empreendedores e empresas podem utilizar bens imóveis para financiamentos baseados em ativos. Esses empréstimos exigem a hipoteca do bem à entidade emprestadora. Esse tipo é mais usado para financiar a compra dos próprios imóveis a que o financiamento se destina e podem ir até cerca de 80% do valor do imóvel.

Empréstimos em curto prazo. Os empréstimos em curto prazo são geralmente usados para satisfazer necessidades de capital circulante diante de, por exemplo, flutuações sazonais da atividade que necessitem de financiamentos sazonais.

Empréstimos de longo prazo. Os empréstimos de longo prazo servem para financiar a aquisição de bens cuja utilização se fará durante um longo período. Por exemplo, são empréstimos de longo prazo os necessários para a aquisição de bens imóveis. Além disso, exigem o pagamento do capital inicial (também designado por principal) e de uma remuneração (juros), de acordo com o plano estabelecido.

Empréstimos pessoais. O empreendedor pode precisar de um empréstimo pessoal para cobrir as necessidades da empresa, quando esta não tem ainda ativos suficientes para suportar um empréstimo. Os empréstimos pessoais normalmente exigem como colateral os bens do empreendedor ou de outra pessoa que avalize o empréstimo (um fiador). Os bens mais frequentemente penhorados são automóveis, imóveis e terrenos. Esse é o caso dos pais que, por exemplo, penhoram um bem a favor de um empréstimo concedido a um filho. Em certos casos, o empreendedor pode obter um empréstimo pessoal, mesmo que não disponha de bens, se tiver uma reputação e bom nome já estabelecidos.

8.2.4.1 Como obter um empréstimo bancário?

Os bancos são prudentes ao decidir se emprestam dinheiro, sobretudo para empresas novas, ainda não testadas no mercado. A avaliação dos bancos incidirá sobre um conjunto amplo de fatores, tais como: a localização do empreendimento, o histórico da empresa e do empreendedor, o projeto de negócio, o estudo da viabilidade do projeto, entre outros. Portanto, a decisão é baseada tanto em dados objetivos e quantificáveis quanto em dados subjetivos.

> Os bancos analisam os **cinco C's do empréstimo**: *caráter, capacidade, capital, colaterais e condições*.

A análise dos bancos incide sobre aspectos como as demonstrações financeiras históricas (balanço, demonstração de resultados) – quer em termos de alguns indicadores financeiros e de rentabilidade chave (indicadores de rentabilidade e solvência), quer em termos de indicadores de atividade (giro de existências, prazos médios de pagamentos e recebimentos). No caso de empresas novas e sem histórico, é provável que o banco preste ainda mais atenção à avaliação de elementos previsionais – projeções futuras sobre o tamanho do mercado, vendas e rentabilidade – para, então, determinar a capacidade de arcar com os encargos do empréstimo. Nesse sentido, são examinadas inúmeras questões, como a possibilidade de a empresa ter uma potencial vantagem competitiva no mercado, o tipo de setor, o empreendedor, os riscos etc.

Para negociar com o banco

- Informe-se sobre os critérios de avaliação que o banco usa para financiar negócios semelhantes ao seu. Faça isso antes de solicitar o empréstimo.
- Embora seja você que vai ao banco, não tenha medo, você é o cliente, e os bancos lucram com as suas operações.
- Prepare-se (faça a lição de casa) e, quando for solicitar o empréstimo, apresente a sua ideia e o seu plano de negócios.
- É mais provável que um banco com o qual já tem uma relação prévia esteja mais propenso a emprestar-lhe o capital. Crie uma relação com o banco.
- Apresente uma proposta bem pensada quanto ao capital de que precisa para financiar a sua nova empresa, os períodos em que o necessita e como poderá fazer o pagamento.

Note que, além dos históricos e de indicadores econômico-financeiros, dois dos C's referem-se a *caráter* e *capacidade* do empreendedor. Portanto, reafirme as suas capacidades e revele o seu caráter de forma a gerar uma apreciação positiva do investidor. Aliás, é importante notar que esses dois C's são tão mais importantes quanto mais novato é o empreendedor, de quem o banco não dispõe de um histórico em que possa se basear (ou seja, dados objetivos do perfil profissional do promotor), e quanto maior a percentagem do capital necessário ao empreendimento que estiver sendo solicitada.

O que apresentar ao banco para pedir o empréstimo? Cada banco tem as suas exigências, mas, de modo geral, você deve ir munido de um documento sucinto – um miniplano de negócio – que contemple um resumo executivo, a descrição da empresa, o perfil do empreendedor, as projeções financeiras e comerciais previsionais, o valor pretendido e a utilização do empréstimo, além de um calendário do plano de pagamento. Esse documento deverá não apenas transmitir a sua credibilidade e legitimidade mas também demonstrar que conhece o negócio, a estrutura da empresa e a capacidade desta para gerar vendas e lucros suficientes para pagar o empréstimo e os juros.

O empreendedor deve estar atento tanto às taxas de juro que lhe serão cobradas quanto aos termos, às condições e às restrições do empréstimo. Portanto, recomendamos que investigue e negocie com vários bancos, avalie o que cada banco oferece e, é claro, selecione o que lhe apresentar melhores condições.

> Seja qual for o tipo de investidor, há algumas questões que poderão surgir nas entrevistas e para as quais você pode se preparar:
> - Quanto dinheiro é necessário para o investimento? De quanto precisa que lhe empreste? Quanto você põe do seu próprio dinheiro no empreendimento?
> - Como o capital será usado?
> - Durante quanto tempo irá precisar do dinheiro? Quando poderá começar a pagar a dívida?
> - Quais os principais riscos de mercado? Tecnológicos?
> - O que é diferente (e melhor) no seu produto/serviço em relação às empresas concorrentes?

8.2.5 Os subsídios

O empreendedor às vezes pode obter recursos fornecidos pelo governo para desenvolver e lançar uma ideia inovadora ou uma nova empresa que crie postos de trabalho e contribua para o desenvolvimento econômico local. Cada instituição tem os seus próprios critérios em relação a quais áreas de atividade apoiar, bem como suas exigências específicas quanto ao modelo de apresentação do plano de negócios. O empreendedor deve apresentar a sua proposta diretamente à instituição a que recorre, mas antes deve se informar sobre todos os pormenores necessários a essa candidatura.

O pedido de subsídios é um processo razoavelmente claro. As agências anunciam as áreas que apoiam e especificam a documentação necessária, datas de submissão da candidatura, inclusive os critérios de seleção e avaliação dos projetos. A agência avalia as candidaturas em relação a aspectos como o seu mérito comercial, técnico e de criação de emprego. No entanto, o empreendedor deve estar ciente de que nem sempre esses subsídios são dados imediatamente, podendo ter defasagens temporais de vários meses.

8.2.6 O capital de risco

Atualmente, nota-se o significativo aumento da oferta de capital de risco (CR) no Brasil, havendo diversas experiências de empreendedorismo que foram viabilizadas por meio desse tipo de capital. Diante disso, faz-se necessário entender em que consiste o CR.

O Portal Capital de Risco Brasil

> O Portal Capital de Risco Brasil foi criado para ajudar na disseminação da cultura de capital de risco, pela divulgação de informações a respeito desse tipo de investimento e para aproximar empreendedores e investidores.
>
> Ele está ligado ao Projeto Inovar, uma iniciativa da Finep – Financiadora de Estudos e Projetos – que tem por objetivo estabelecer uma estrutura institucional para o desenvolvimento do capital de risco no Brasil. O Projeto Inovar tem como parceiros o Banco Interamericano de Investimentos (BID), o Serviço de Apoio às Micro e Pequenas Empresas (Sebrae), a Fundação Petrobras de Seguridade Social (Petros), o Conselho Nacional de Desenvolvimento Científico e Tecnológico (CNPq), a Associação Nacional de Entidades Promotoras de Empreendimentos Inovadores (Anprotec), a Sociedade Brasileira para Promoção e Exportação de Software (Softex) e o Instituto Euvaldo Lodi (IEL).

(continua)

(continuação)

> O portal reúne empreendedores que precisam de capital, investidores de risco em busca de novas oportunidades, universidades e incubadoras de base tecnológica e agentes institucionais.
>
> Além disso, apresenta uma série de informações que ajudam a entender como funciona o capital de risco e quem são seus agentes mais importantes. Os principais serviços do portal são:
>
> - fundamentos sobre a atividade de capital de risco;
> - notícias atualizadas sobre investimentos de risco no Brasil;
> - textos selecionados e artigos exclusivos sobre capital de risco;
> - modelos prontos de planos de negócios e acesso a consultores especializados;
> - os empreendedores podem ter acesso aos investidores no Brasil para apresentar suas oportunidades de negócio;
> - os investidores pode ter um contato direto com as empresas de tecnologia que já estão construindo o futuro;
> - um fórum de discussão para a comunidade de *venture capital*, reunindo gestores de fundos, empreendedores, consultores e o meio acadêmico.
>
> **Fonte:** Portal Capital de Risco Brasil; disponível em <http://www.venturecapital.gov.br>.

O capital de risco[3] é um instrumento financeiro por meio do qual uma Sociedade de Capital de Risco (SCR) adquire uma participação temporária, e geralmente minoritária, no capital social de uma nova empresa. Assim, a SCR financia em parte a nova empresa, passando a ser sócia ou acionista desta, e essa participação incorre em todos os riscos do negócio. Portanto, recorrer ao CR não é o mesmo que recorrer ao endividamento ou ao capital a "fundo perdido". As SCR não servem como tábua de salvação para empresas em situação difícil nem estão no ramo do crédito bonificado. A sua participação apoia-se na perspectiva de valorização do negócio.

O CR é uma forma de investimento que visa financiar empresas, apoiando o seu desenvolvimento e crescimento, com alguma intervenção na sua gestão. É uma forma de financiamento de novas empresas (*start-up's*[4]) e, em particular, de investimentos com risco elevado, mas também elevado potencial de rentabilidade. Dado que o investidor em CR é um sócio da empresa, o seu ganho apenas se realiza pela mais-valia gerada aquando da venda da sua participação, e se a nova empresa não tiver sucesso, ele não terá qualquer ganho do investimento. Que tipos de negócios são mais atrativos para as SCR? Não há um modelo universal, mas, sim, alguns indícios. Mais do que a dimensão atual da empresa, o que seduz é o potencial de crescimento de um

---

[3] Nos Estados Unidos são marcadas as diferenças nas duas formas de capital de risco – o *private equity*, investimento na aquisição de participações em empresas existentes, com pequena ou nenhuma intervenção na gestão, com vista à valorização da participação, e o *venture capital*, investimento em pequenas empresas ou em projectos de negócio (*start-up's*), que intervêm na gestão das empresas. Neste capítulo reportamo-nos ao *venture capital*.

[4] Geralmente, referimo-nos a empresas *start-up* como aquelas de pequena dimensão, baseadas na criação e no desenvolvimento de conceitos inovadores, apoiadas por projetos de investigação ou ideias originais.

negócio. De modo geral, a não ser que a perspectiva de crescimento das vendas seja acentuada nos cinco anos seguintes ou que a gestão tenha dado provas de competência e ambição, manifestando capacidade de tornar o plano de negócio uma realidade, será difícil captar o interesse de uma SCR. Note que muitas, talvez a maioria das pequenas empresas, são empresas "estilo de vida" (que dão aos seus proprietários alguma satisfação e um bom nível de vida). Essas novas empresas não visam, normalmente, gerar grandes rentabilidades nem têm grandes perspectivas de crescimento, portanto não são atrativas para as SCR.

Benefícios do capital de risco. As SCR contribuem com capital e com apoio de gestão na forma de consultoria nas áreas *financeira* (planejamento financeiro e otimização das fontes e custos financeiros, bem como preparação da empresa para o acesso ao mercado de capitais), de *estratégia empresarial*, de integração em uma *rede* (*network*) com vistas ao desenvolvimento de contatos comerciais, transferência de tecnologia etc., e questões diversas que abrangem desde *recrutamento e seleção* até estratégia de *marketing* e *sistemas de informação*. Lembre-se, porém, de que não cabe à SCR a gestão diária do negócio, embora tenha interesse em participar nas decisões que visem melhorar a empresa no sentido da valorização da sua quota.

Alternativas ao CR. A decisão de optar por recorrer a financiamento por capital de risco deve sofrer a avaliação prévia dos capitais de risco diante de todas as alternativas, principalmente em relação ao endividamento. O CR assume uma participação na nova empresa e, portanto, os seus riscos, não sendo recompensado na forma de juros sobre o capital investido, mas, antes, pela valorização da sua participação. Ao contrário, o banco comercial, por exemplo, retira a sua recompensa dos juros e da amortização do capital. No limite, a SCR pode perder a totalidade do capital investido.

Comparar o CR com o endividamento. Tal como descrevemos, um credor quer receber os juros e o capital emprestado, pelo qual normalmente requer a entrega de garantias da empresa ou pessoais (por exemplo, penhoras ou hipotecas) para realizar o empréstimo. No caso de a empresa não ser capaz de cumprir a dívida, os credores poderão recorrer aos bens da empresa e, dependendo da forma jurídica, aos bens dos empreendedores (e avalistas, se for o caso) para serem compensados.

No entanto, as SCR não dispõem de quaisquer garantias, assumindo o risco tal como qualquer outro sócio. A recompensa para a SCR depende da venda e da mais-valia gerada da sua participação, quer essa venda seja aos empreendedores, a outros investidores externos ou em bolsa (se a empresa já estiver cotada em bolsa, o que em Portugal, por exemplo, não é muito frequente). O Quadro 8.2 sintetiza uma comparação entre o CR e o endividamento como fontes alternativas de financiamento.

Quadro 8.2 Comparação entre o CR e o endividamento

Capital de risco	Endividamento
Perspectiva de médio e longo prazo.	Qualquer prazo.
Empenho total até ao desinvestimento.	Análise do risco de solvência e exigência de garantias patrimoniais.
Disponibiliza o financiamento com objetivos de crescimento e valorização do negócio.	Quanto melhor a situação patrimonial e financeira da empresa, mais fácil é o recurso ao crédito.
Pagamento de dividendos e amortização do capital dependente dos resultados da empresa.	Imposição de planos predefinidos de reembolso do capital em dívida e do pagamento de juros.
A rentabilidade do CR depende dos resultados do negócio.	O retorno depende apenas do cumprimento do plano de pagamentos e da manutenção dos ativos apresentados como garantia.
Se o negócio for inviável, a SCR fica na mesma posição de qualquer outro sócio da empresa. Em outras palavras, o CR não tem garantias especiais, e a sua remuneração depende do sucesso da empresa.	As garantias dão aos financiadores uma posição credora privilegiada.
A SCR tem sempre por objetivo valorizar o negócio. Se algo correr mal, o CR irá trabalhar em conjunto com o seu parceiro de negócio para encontrar as melhores soluções.	Se existirem sinais de problemas, os financiadores procurarão renegociar a dívida, exigindo mais garantias ou antecipando o reembolso, para salvaguardarem a sua posição.
A SCR é um parceiro da empresa, que partilha os riscos do negócio e que contribui para a sua gestão.	Os credores estão interessados no cumprimento dos planos de pagamento e reembolso. Poderão, eventualmente, prestar assistência de gestão como serviço adicional, mas depende do caso e da empresa financiadora.

Fonte: elaborado pelos autores.

Se o CR é um investimento temporário, cuja remuneração depende de mais-valias realizadas, é importante conhecer como fazer o desinvestimento ou a saída do CR. A saída pode ser feita por meio de:

- **Venda da participação aos seus antigos titulares** – o que, normalmente, é negociado logo no momento do investimento inicial por meio de contratos de promessa.
- **Venda da participação a terceiro** – seja este investidor tradicional (por exemplo, os bancos ou sociedades financeiras), a outra SCR ou a qualquer outro investidor interessado.
- **Venda da participação na bolsa de valores**.

Para saber mais sobre capital de risco, consulte:

SOCIEDADES DE CAPITAL DE RISCO

Decreto-Lei n. 2.287/86:
Dispõe, entre outros, sobre a institucionalização das sociedades de capital de risco e regimes tributários aplicáveis às mesmas e às pequenas e médias empresas nas quais aplicam.

(continua)

(continuação)

Resolução CMN 1.184/86 (alterada pela Resolução 1.346/87):
Regulamenta as sociedades de capital de risco e regimes tributários aplicáveis às mesmas.

Lei n. 7.714/88:
Entre outras modificações tributárias, revoga os incentivos fiscais previstos para sociedades de capital de risco no Decreto-Lei n. 2.287/86.

FUNDOS MÚTUOS DE INVESTIMENTO EM EMPRESAS EMERGENTES

Instrução CVM 209/94 (alterada pelas Instruções 225/94, 236/95, 246/96, 253/96, 363/02 e 368/02):
Dispõe sobre a constituição, o funcionamento e a administração dos fundos mútuos de investimento em empresas emergentes.

Resolução CMN 2.406/97:
Dispõe sobre a constituição e o funcionamento de fundos de investimento em empresas emergentes – capital estrangeiro.

FUNDOS DE INVESTIMENTO EM TÍTULOS E VALORES MOBILIÁRIOS

Instrução CVM 302/99 (alterada pelas Instruções 316/99, 322/00, 326/00, 327/00, 329/00, 336/00 e 338/00 377/02):
Dispõe sobre a constituição, o funcionamento e a divulgação de informações dos fundos de investimento em títulos e valores mobiliários.

FUNDOS DE INVESTIMENTO EM PARTICIPAÇÕES
Minuta de Instrução publicada para audiência pública pela CVM em 22.01.03.

OUTRAS REGULAMENTAÇÕES

Instrução CVM 243/96 (alterada pelas Instruções 250/96, 289/98 e 343/00):
Disciplina o funcionamento do mercado de balcão organizado.

Resolução CMN 2.689/00 (alterada pela Resolução 2.742/00):
Dispõe sobre aplicações de investidor não residente nos mercados financeiro e de capitais.

Lei n. 10.303/01:
Altera e acrescenta dispositivos na Lei n. 6.404, de 15 de dezembro de 1976, que dispõe sobre as Sociedades por Ações, e na Lei n. 6.385, de 7 de dezembro de 1976, que dispõe sobre o mercado de valores mobiliários e cria a Comissão de Valores Mobiliários.

Resolução CMN 2.829/01 (alterada pelas Resoluções 2.850/01, 2.910/01 e 2.922/02):
Aprova regulamento estabelecendo as diretrizes pertinentes à aplicação dos recursos das entidades fechadas de previdência privada.

Fonte: Paula (2003).

8.3 DETERMINAR O CAPITAL NECESSÁRIO

Ainda antes de procurar o financiamento, o empreendedor precisa determinar o montante de capital necessário para o início da atividade e das operações da nova empresa. É importante recordar que há um conjunto vasto de operações que devem ser levadas em conta no planejamento das necessidades de financiamento para garantir que a empresa não tenha no curto prazo um desequilíbrio financeiro que possa conduzir ao seu fracasso. Ao procurar fontes de financiamento, o empreendedor deve ter cuidado para que o prazo dos capitais obtidos esteja adequado aos objetivos do financiamento.

A parcela mais visível para a determinação do montante de financiamento necessário é a constituída pelos ativos imobilizados tangíveis e intangíveis[5]. Estas são as rubricas que captam mais a atenção dos empreendedores. No entanto, é fundamental não esquecer uma outra parcela porventura menos visível – a que se refere ao capital circulante. A empresa necessita financiar a sua atividade e o seu ciclo de exploração desde a aquisição de matérias-primas até ao recebimento das dívidas dos clientes. Para determinar o capital circulante necessário, calculamos três indicadores: prazo médio de pagamentos, prazo médio de recebimentos e prazo médio de estocagem, como vimos no capítulo sobre gestão financeira da nova empresa.

Portanto, além da componente de investimento em ativos fixos (tangíveis e intangíveis), é fundamental que o empreendedor inclua nos seus cálculos as necessidades para financiar a exploração corrente da empresa. Note que é provável que a empresa não comece logo a dar lucro, que alguns dos clientes não lhe paguem imediatamente as vendas, que tenha de acumular algum estoque, e que durante esse tempo continue a ter de pagar salários, impostos, aluguéis, água, eletricidade, prestações dos equipamentos etc.

8.4 NOTAS FINAIS

Qualquer empreendedor precisa de capital para iniciar e desenvolver a sua nova empresa, quer no início das operações, quer com o decorrer do tempo para enfrentar ciclos, variações da demanda, necessidade de investimentos adicionais na modernização das instalações e equipamentos etc. A princípio, mesmo antes de estabelecer a empresa, é mais difícil conseguir financiamento. Poucas instituições e indivíduos estarão dispostos a arriscar o seu capital em um empreendimento que ainda não existe e para o qual não têm a certeza de que o empreendedor terá sucesso. Ao empreendedor, ou equipe, cabe captar os capitais necessários. Algumas vezes, esses capitais virão de fontes de financiamento interno, por exemplo, os capitais das suas poupanças, dos familiares e amigos, do crédito de fornecedores etc. Outras, terão fontes de financiamento externo, como os empréstimos bancários e outras soluções que apresentamos. Quanto ao financiamento externo, é importante não esquecer que o capital externo tem uma duração predefinida e um custo acordado com a entidade financiadora.

Ao procurar financiamento para a sua empresa, tenha em mente que os investidores têm a expectativa de um retorno, o que muitas vezes pode levar o empreendedor a sentir pressão para gerar esse retorno a curto ou médio prazo, ao contrário do que

---

[5] Lembre-se de que no imobilizado tangível incluímos os investimentos necessários para a aquisição de instalações, equipamentos de produção, equipamentos de escritório, viaturas, terrenos, software etc. No imobilizado intangível, incluímos outros elementos que, não tendo materialização física, são fundamentais, tais como estudos e projetos, despesas de constituição, licenças, patentes etc.

uma estratégia de investimentos racional aconselharia, prejudicando o sucesso a longo prazo da nova empresa. Portanto, procure cuidadosamente os potenciais investidores, e somente depois de esgotar as possíveis fontes internas de recursos financeiros.

Os empréstimos bancários são a fonte de financiamento mais utilizada. No entanto, os bancos normalmente exigirão garantias apoiadas em ativos físicos, além de observarem com muita cautela os cinco **C**'s do crédito: **c**aráter, **c**apacidade, **c**apital, **c**olaterais (garantias colaterais) e **c**ondições. É provável que um jovem empreendedor não satisfaça totalmente esses cinco C's. Nesse caso, é preciso encontrar outras formas de financiamento, quer em entidades específicas, quer em subsídios governamentais ou outras entidades públicas, quer em capitais de risco. Os capitais de risco tendem a ter maior orientação para negócios baseados em elevada tecnologia/conhecimento. A empresa de capital de risco vai querer uma remuneração para o seu capital, participando, possivelmente, tanto na gestão da nova empresa quanto nos lucros gerados. Para o empreendedor, a vantagem está na viabilização do seu negócio e na redução do risco, que é, dessa forma, conpartilhado com a empresa de capitais de risco. Os subsídios do governo, ou entidade pública, contemplam principalmente os subsídios à criação do primeiro e do próprio emprego, de outros empregos, o desenvolvimento de zonas mais atrasadas economicamente e zonas do interior do país. Cada programa de subsídios tem os seus requisitos e particularidades em relação a seus objetivos. Evidentemente, outra alternativa ainda é procurar sócios de capital que ajudem no investimento, sendo provável que esses sócios queiram participar na gestão.

Ao empreendedor cabe estudar todas as alternativas de financiamento possíveis para seu projeto de investimento. O ideal é conseguir os recursos de que necessita com um mínimo de custo e mantendo o maior controle possível sobre as operações da nova empresa. Ou, por que não, encontrar um outro empreendedor qualificado para, em conjunto, darem corpo ao empreendimento?!

ANEXO – O Empreendedor Pobre

Apesar de haver várias fontes e tipos de financiamento potencialmente disponíveis para constituir a sua empresa, continua a existir alguma dificuldade de obtenção de financiamento para os empreendedores que não dispõem de grandes poupanças, não têm familiares ou amigos ricos e que não têm ainda um "bom nome" formado no mercado. Nem todos herdam uma fortuna ou têm parentes ricos que possam emprestar o capital em falta. A verdade é que a falta de dinheiro não precisa ser vista como o fim do sonho de ser empreendedor. É importante pensar em formas mais criativas de conseguir reduzir o montante necessário ao investimento – sobretudo concebendo o seu negócio de forma ligeiramente diferente.

Fonte: Ferreira, Santos e Serra (2008).

Como começar sem dinheiro? É importante que comecemos por desfazer alguns mitos associados ao financiamento do empreendedor:

- **Os bancos só emprestam a quem tem**. Efetivamente, como vimos, é mais fácil que os bancos concedam crédito a quem pode dar garantias reais sobre um empréstimo contraído. Os investidores também se sentem mais confiantes e dispostos a investir se o empreendedor investir ele próprio a totalidade ou parte da sua riqueza pessoal. No entanto, muitas vezes, essa é apenas uma desculpa para esconder a inércia, a fraca disposição para assumir riscos, o comodismo com a atual situação. Além disso, é mais fácil iniciar se já tiver dinheiro. Se tiver uma boa ideia e um plano de negócios bem pensado, revelando um bom potencial de lucros e de crescimento, é muito mais fácil encontrar capital. Aliás, são conhecidas muitas histórias de empresários de sucesso que foram empreendedores com pouquíssimo capital.

- **Não é possível começar sem dinheiro**. A verdadeira questão é: se, por um lado, quando não dispomos de capital, conseguimos reduzir as necessidades de financiamento a um nível mínimo para o início de atividades, e, por outro, se o projeto é atrativo. Um projeto atrativo e que exija um pequeno investimento facilmente encontrará um investidor disposto a ajudar.

> Sempre que possível, considere opções alternativas à aquisição. Por exemplo, os ativos, tais como equipamentos, edifícios, veículos, podem ser alugados (por exemplo, por meio de um contrato de *leasing* com opção de compra que pode ser exercida se o negócio correr como previsto). Muitas vezes, não há um motivo evidente para que o empreendedor seja o proprietário dos ativos – o negócio não passa pela gestão de bens imobiliários. No entanto, estude bem os termos dos contratos para analisar se o aluguel é favorável. Com essas alternativas é possível reduzir o volume de capital necessário para o início das atividades, o que é especialmente importante na fase inicial da instalação do negócio.

- **Dívidas... dívidas**. No Brasil era "feio" ter dívidas, e as pessoas compravam à vista ou não compravam. Atualmente, as coisas mudaram – ter dívidas já faz parte da vida das pessoas. Na ótica do empreendedorismo, o fundamental não é a questão da dívida, mas, antes, saber se a taxa de rentabilidade é superior à do custo do capital. No cerne das reticências – quanto à questão das dívidas – estão certamente as histórias que ouvimos de empreendedores a quem as coisas não correram bem e acabaram por perder muitos ou todos os seus bens pessoais. No entanto, a receita é a mesma: fazer um estudo cuidadoso da real viabilidade do negócio e saber se a taxa de retorno do investimento é atrativa diante dos riscos incorridos e das aplicações alternativas do capital.

Assim, o melhor é considerarmos brevemente alguns tópicos para quem não tem dinheiro, mas tem vontade e/ou necessidade de ser empreendedor.

1. Defina uma dimensão adequada – muitos empreendedores querem logo começar "grandes" quando, efetivamente, é mais prudente começar um pouco menores e crescer de forma sustentada. O contrário também pode ocorrer, uma vez que, ao começar pequeno demais, não se consegue gerar economias de escala essenciais à capacidade competitiva no mercado.

2. Avalie bem todos os custos – é fácil subestimar os custos na fase inicial, mas é importantíssimo conhecer bem a estrutura de custos operacionais (e financeiros) da nova empresa. Minimize os custos, procurando alternativas e formas mais baratas, e evite custos de ostentação logo no início. Planejar com precaução é importante e, embora devamos ser otimistas, é preciso fazê-lo com algum pessimismo. Note que todos os dias são formadas dezenas de novas empresas, mas também outras dezenas cessam suas atividades. Sobre-estimar as receitas e subestimar os custos é um risco real e frequente. Planeje e estime cuidadosamente todos os custos em que irá incorrer, assim também poderá ver melhor onde pode reduzi-los, procurando alternativas mais baratas. Fundamentalmente, evite o surgimento de custos "inesperados".

3. Avalie bem o potencial de vendas – tal como nos custos, é fácil ser otimista e pensar que irá conseguir vender mais do que efetivamente acontece.

4. Decomponha o investimento total em parcelas e procure financiamentos pequenos – pode ser mais fácil conseguir financiamentos individuais para cada uma das máquinas e outros ativos do que um financiamento global para toda a fábrica. Isso significa que se deve analisar a possibilidade de recorrer a pequenos financiamentos, como o aluguel e *leasing* de ativos, usar o crédito de fornecedores, alguns empréstimos de familiares e amigos, créditos de clientes, deferimento de comissões sobre vendas etc.

5. Negocie com cuidado cada empréstimo/financiamento – todos os financiamentos devem ser negociados em aspectos como o custo, prazo, garantias requeridas etc. É possível que para o pequeno empreendedor o financiamento ideal tenha um longo

período de carência e não exija garantias. É notável o quanto é possível poupar ao comparar propostas de diversos agentes em relação às condições oferecidas e exigidas em termos de, por exemplo, juros, prazos e garantias.

6. Comece a sua atividade no momento certo – alguns negócios não devem ser iniciados em qualquer momento, pois há uma época mais apropriada. Por exemplo, lançar uma cafeteria de rua, um parque aquático ou uma sorveteria no inverno pode não ser a opção mais racional, mas um lançamento no meio do verão também pode não ser o momento apropriado. Provavelmente, o mais indicado é começar as atividades um pouco antes da época mais indicada para poder fazer alguns ajustes, mas não muito antes. Tenha em mente também que negócios com forte sazonalidade terão reflexos sobre os seus fluxos de caixa; portanto, é importante planejar bem antes de começar.

7. Não se entusiasme excessivamente porque as coisas correram bem esse trimestre – é fácil começar a gastar em excesso com o entusiasmo de boas vendas durante alguns meses. Esse é um perigo ainda maior em negócios com alguma sazonalidade. Por exemplo, caso explore o turismo rural e neste verão houve muita demanda, previna-se para tempos de maior escassez, que poderão vir quando as pessoas já não estiverem de férias e não tenham a verba adicional concedida pelas empresas para gastar nas férias.

8. Muita atenção com o crédito aos clientes – se for possível, instale sistemas e procedimentos que favoreçam o pagamento imediato dos clientes. Facilmente o crédito concedido aos clientes pode tornar-se incobrável. Como regra geral, é mais seguro conceder um desconto ao cliente do que vender a crédito.

9. Por fim, mais uma vez o conselho é para diminuir os custos fixos ao mínimo absolutamente necessário – os recebimentos podem atrasar e você pode não conseguir cobrir os pagamentos que precisa realizar, tais como os salários. Provavelmente, o melhor é tentar converter custos fixos em custos variáveis, se for possível. Por exemplo, remunerar os colaboradores com maior percentagem de comissões e menor salário fixo (o salário de um vendedor pode ter uma componente fixa e outra variável em função do recebimento das vendas geradas). Também pode haver a possibilidade de subcontratar certas operações a uma empresa que lhe preste um serviço, em vez de criar a estrutura interna para o fazer (por exemplo, contratar serviços de contabilidade ou de *design* em vez de contratar um contador ou um *designer*) ou mesmo alugar instalações em vez de as comprar.

Com este curto anexo pretendemos apenas desfazer a ideia de que sem capital não é possível montar o seu próprio negócio. A verdade é que SER EMPREENDEDOR não é apenas para os ricos. Pense nessas dicas e veja como pode utilizá-las para reduzir os riscos e a necessidade de capital inicial, bem como facilitar o acesso a financiamentos externos.

ANEXO – Para Trabalhar

O Financiamento da Nova Empresa

Nesta seção, pense qual o montante de financiamento de que irá precisar e quais as fontes de fundos a que pode recorrer.

1. Qual o montante de investimento inicial necessário? Especifique as aplicações dos fundos.

Montante total:
_____
_____
_____

2. Qual o montante de que você dispõe (as suas poupanças próprias) para financiar?
_____
_____
_____

3. Pensa em recorrer a empréstimos de familiares e amigos? Quem, quanto e por qual prazo?
_____
_____
_____

4. Quais serão as suas despesas (aluguéis, matérias-primas, material de consumo, salários, impostos etc)?
_____
_____
_____

5. O que pensa sobre ter um sócio? Qual a percentagem de capital (ou de participação da empresa) que estaria disposto a ceder ao sócio?
_____
_____
_____
_____

6. O seu negócio é potencialmente atrativo para uma sociedade de capital de risco? Por quê?
_____
_____
_____

7. Quais as condições que o banco lhe propõe para o montante de investimento determinado? Qual o encargo mensal?
_____
_____
_____

8. Construa agora o quadro seguinte com o seu plano de financiamento.

(valores em Reais)

	200x	200x + 1	200x + 2	200x + 3	200x + 4	200x + 5
ORIGENS DE FUNDOS						
Meios liberados brutos						
Capital social (entrada de fundos)						
Empréstimos obtidos						

(continua)

(continuação)

Desinvest. em capital fixo							
Desinvest.							
Participação de sócios							
Receitas financeiras							
Total das origens							
APLICAÇÕES DE FUNDOS							
Inv. capital fixo							
Inv. capital de giro							
Impostos sobre os lucros							
Pagamento de dividendos							
Amortização de empréstimos							
Encargos financeiros							
Total das aplicações							
Saldo de caixa anual							
Saldo de caixa acumulado							
Aplicações/empréstimo a curto prazo							
Soma							

Aspectos **Econômico-Financeiros** da Nova Empresa

9

Objetivos

- Ajudar o leitor a compreender os principais indicadores na análise econômico-financeira.
- Levar o leitor a entender a importância de um bom planejamento financeiro na nova empresa.
- Ajudar o leitor a compreender e saber analisar os instrumentos financeiros essenciais.
- Ajudar o leitor a conhecer os principais indicadores de análise econômico-financeira.

9.1 INTRODUÇÃO

É importante que o empreendedor faça um plano econômico-financeiro que lhe permita conhecer e compreender a situação da sua nova empresa. Por exemplo, compreendendo qual a origem dos recursos financeiros que entraram em sua empresa; qual a capacidade de a empresa pagar as suas dívidas de curto prazo; qual o tempo que, em média, os clientes demoram a pagar as suas dívidas; quais os custos em que a empresa incorre na sua atividade industrial e/ou de prestação de serviços, qual a rentabilidade dos capitais comprometidos pelos investidores etc. Sem um planejamento cuidadoso, a empresa pode, por exemplo, incorrer em desequilíbrios financeiros ou mesmo entrar em falência.

Os planos financeiros são importantes para o empreendedor, na medida em que lhe permitem avaliar os resultados potenciais do seu projeto de empreendimento, ajustando-o quando necessário. Por exemplo, diante de resultados (lucros) inferiores aos desejados, o empreendedor poderá analisar se é possível aumentar os preços de venda ou desenvolver uma estratégia de marketing mais intensiva para maior volume de transações, ou mesmo procurar introduzir inovações nos produtos para capturar maior procura. Os planos econômico-financeiros são também importantes para os potenciais parceiros do empreendimento – tais como os bancos, as sociedades de capital de risco, os sócios institucionais, entre outros – uma vez que permitem a avaliação da viabilidade, do risco da empresa e da capacidade desta em remunerar o capital investido. Para obter uma perspectiva de como a nova empresa se compara com outras existentes, é importante incluir, por exemplo, dados setoriais que viabilizem o contraste com outras empresas do setor de atividade.

No entanto, é fundamental que o empreendedor compreenda que em uma empresa há vários ciclos simultâneos: o *operacional*, que está ligado à atividade da empresa, o de *investimento*, relacionado com a aquisição e substituição dos equipamentos, e o do *financiamento*, que diz respeito à obtenção de empréstimos e às renovações dos financiamentos. A esses ciclos correspondem tanto as necessidades de efetuar pagamentos quanto o influxo de capitais por recebimentos de clientes.

Neste capítulo, apresentamos a importância dos aspectos econômico-financeiros, indicando alguns cuidados que precisam ser observados, bem como os principais instrumentos que o empreendedor deve considerar nas suas projeções sobre a atividade da empresa: as demonstrações de resultados, o mapa de fluxos de caixa e o balanço. Descrevemos também os principais indicadores econômico-financeiros de análise da situação da empresa.

9.2 A ATIVIDADE DA EMPRESA

Nos planos de marketing e comercial, o empreendedor seleciona o mercado-alvo e faz previsões sobre o volume de vendas e prestações de serviços potenciais. No planejamento financeiro, é importante formalizar as previsões de vendas e a prestação de serviços, na medida em que essas previsões constituirão a base de projeções de custos e proventos e, mais genericamente, do volume de atividade da empresa. Essa previsão deve ser feita para os três a cinco anos seguintes. Por exemplo, para a previsão de vendas e prestações de serviços poderá ser usada uma tabela como a que apresentamos a seguir:

Tabela 9.1 Estimativa do volume de negócios

Vendas	200x	200x + 1	200x + 2	200x + 3
Produto A				
Quantidade vendida				
Taxa de crescimento das vendas				
Preço unitário				
Produto B				
Quantidade vendida				
Taxa de crescimento das vendas				
Preço unitário				
Produto C				
Quantidade vendida				
Taxa de crescimento das vendas				
Preço unitário				
Prestação do serviço A				
Total (R$)				

Fonte: Ferreira, Santos e Serra (2008).

Aspectos Econômico-Financeiros da Nova Empresa

É também necessário estimar todas as despesas incorridas na atividade. Essas despesas são associadas com os serviços contratados (a Tabela 9.2 indica alguns itens que devem ser considerados), inclusive aspectos como os custos com o trabalho (ver Tabela 9.3).

Tabela 9.2 Previsão de custos com fornecimentos e serviços externos

	Valor mensal	200x	200x + 1	200x + 2	200x + 3
Eletricidade					
Combustíveis					
Água					
Ferramentas e utensílios					
Material de escritório					
Artigos para promoção					
Rendas e aluguéis					
Despesas de representação					
Seguros					
Royalties					
Transportes de mercadorias					
Viagens e estadias					
Comissões					
Honorários					
Contencioso e cartórios					
Conservação e reparação					
Publicidade e propaganda					
Limpeza, higiene e conforto					
Vigilância e segurança					
Outros forn. e serviços					

Fonte: Ferreira, Santos e Serra (2008).

A estimativa dos custos com pessoal (Tabela 9.3) pode ser um pouco mais complexa, na medida em que exige determinar o número de colaboradores, as suas categorias e remunerações mensais. Deve também calcular outros custos associados, tais como segurança social, seguros de acidentes no trabalho, subsídio de alimentação, custos com a formação, entre outros.

Tabela 9.3 Previsão de custos com pessoal

Lista de colaboradores (N. e categoria)	Remuneração base mensal	200x	200x + 1	200x + 2
Subtotal remunerações				
Outros custos		200x	200x + 1	200x + 2
Segurança social				
Gerência				
Outro pessoal				
Seguros acidentes de trabalho				
Subsídio de alimentação				
Treinamento				
Outros custos com pessoal				
Subtotal				
Total custos pessoal				

Fonte: Ferreira, Santos e Serra (2008).

9.2.1 O ponto de equilíbrio

A avaliação da atividade da empresa requer uma análise econômica do ponto de equilíbrio (ou *break-even point*), que indica o nível de atividade para o qual os custos igualam as receitas e os resultados da empresa são nulos. A nova empresa deve, em sua atividade, gerar recursos financeiros suficientes para cobrir todos os gastos em que incorre. Quando as receitas das vendas dos produtos ou das prestações de serviços cobrirem as despesas que lhes estão associadas, consideramos que a empresa atingiu o ponto de equilíbrio, isto é, o nível mínimo de atividade da empresa para que esta não registre prejuízos. Assim, os proventos das vendas são suficientes para suprir os custos; portanto, um maior nível de atividade a partir desse ponto irá gerar um excedente, ou lucro, enquanto um nível de atividade inferior irá gerar um prejuízo. Mais adiante, veremos os cálculos, mas, desde já, destacamos ser fundamental que o empreendedor determine o volume de vendas, o preço de venda a que oferece os seus produtos (preço de venda unitário – PVu) e também todos os custos (variáveis unitários – Cvu – e fixos – CF) que a empresa tem.

Na realização da sua atividade, a empresa tem **custos fixos** e **custos variáveis**. A classificação em custos fixos e variáveis atende basicamente ao seu comportamento no que diz respeito às alterações no volume de produção. É evidente que, quanto mais a empresa produz, maiores serão os seus custos. É, pois, necessário que o empreendedor conheça quais os custos que variam e qual a amplitude e a direção das variações. A distinção entre custos fixos e variáveis baseia-se na variabilidade em relação ao nível de atividade no curto prazo. Os **custos variáveis** são aqueles que acompanham o volume de produção, aumentando ou diminuindo conforme elevamos ou reduzimos a quantidade produzida, embora se mantenham constantes por unidade. São exemplos as matérias-primas, a energia, a água etc. O consumo desses itens eleva-se quando queremos aumentar a quantidade produzida. Os **custos fixos** são todos aqueles que não variam em função do nível de atividade da empresa ou que, pelo menos, são pouco sensíveis a alterações no volume de produção (ou seja, os custos fixos se mantêm constantes qualquer que seja o nível de atividade). Efetivamente, existe a tendência para que os custos fixos se tornem decrescentes, em uma base unitária, com o aumento do volume de produção.

Os custos fixos e variáveis podem ser analisados no seu comportamento unitário, isto é, por unidade produzida. Assim, os custos fixos unitários tendem a decrescer uniformemente com o volume de produção, dado que o seu valor total é constante, enquanto o número de unidades produzidas para que contribuem é crescente. Os custos variáveis unitários (CVu) se mantêm por unidade produzida[1]. Então, o CVu permanecerá constante por unidade, enquanto o custo fixo médio terá um comportamento decrescente com o acréscimo de produção.

O quadro a seguir sintetiza os comportamentos dos custos fixos e variáveis, totais e unitários, para uma situação de aumento da atividade.

	Custo total	Custo unitário
Custo fixo	mantém (=)	diminui (↓)
Custo variável	aumenta (↑)	mantém (=)

De forma idêntica, se o nível de atividade diminuir, teremos:

	Custo total	Custo unitário
Custo fixo	mantém (=)	aumenta (↑)
Custo variável	diminui (↓)	mantém (=)

---

[1] Efetivamente, esta é uma simplificação para efeitos de ilustração. Na realidade, os custos variáveis unitários podem ter diferentes comportamentos, por exemplo, em relação a diferentes tecnologias utilizadas. Assim, podemos ter custos variáveis unitários proporcionais (mantém-se constantes por unidade produzida), progressivos (aumentam por unidade produzida) ou degressivos (diminuem por unidade produzida).

Por que essa distinção entre custos fixos e variáveis é importante? O empreendedor precisa saber quanto custa produzir cada um dos seus produtos. Por exemplo, em tempos difíceis, se a fábrica está operando abaixo de sua capacidade instalada, pode ser indicado aceitar uma encomenda mesmo a um preço de venda inferior ao custo total (soma dos custos fixos e variáveis), caso o preço de venda seja superior ao custo variável.

> O **custo médio** é o que resulta do quociente entre o custo total e o número de unidades produzidas. O custo médio, ao incorporar elementos fixos e variáveis, será tanto maior quanto menor a quantidade produzida e tanto menor quanto menos unidades forem manufaturadas. Esse comportamento inverso dos custos médios unitários em relação ao nível de atividade é depreendido da equação a seguir:
>
> $$C.\text{médio} = \frac{\sum C.\text{fixos} + \sum C.\text{variáveis}}{Q}$$

No processo de planejamento econômico-financeiro da nova empresa, a análise do PE é importante porque permite responder a questões como: "Como serão afetados os custos e rendimentos se vendermos mais 10 mil unidades?", "Qual será o impacto se baixarmos ou aumentarmos o preço de venda em 10%?", "Qual será a influência sobre os resultados se aumentarmos a capacidade de produção utilizada em 5 ou 10%?" etc.

A determinação do PE é relativamente simples. Podemos recorrer à equação a seguir e representar graficamente o ponto de equilíbrio.

> $$\text{Quantidade} = \frac{\text{Custos fixos}}{PVu - CVu}$$
>
> Em que: PVu = preço de venda unitário e CVu = custo variável unitário e despesas
> PVu − Cvu = MC (margem de contribuição)

Dedução da equação do Ponto de equilíbrio (PE)

> A equação do PE (o nível de volume para o qual o resultado operacional = 0) é deduzida dos seguintes passos:
>
> Como sabemos, Resultado = Receita − Custos ou
> Vendas − C. Variáveis − C. Fixos = Resultado Operacional ↔
> ↔ Vendas = C.Variáveis + C. Fixos + Resultado Operacional
> Q × PVu = Q × CVu + C. Fixos + R. O.
> *Visto que queremos o nível de atividade para o qual o resultado é nulo:*
> Q × PVu = Q × C.V. unit. + C. Fixo + 0
> Como procuramos determinar a quantidade, deduzimos a equação inicial.

O PE pode ser representado como se vê no Gráfico 9.1, o qual mostra o valor monetário nas ordenadas (no eixo y) e a quantidade (ou volume) nas abscissas (no eixo horizontal − x). A reta das vendas inicia-se na origem (ponto 0), e a sua inclinação

Aspectos Econômico-Financeiros da Nova Empresa 213

iguala o preço. Os custos fixos são representados por uma reta horizontal paralela ao eixo *x*, e a de custos variáveis terá uma inclinação ascendente desde a origem. A interseção da reta de custos totais com a de vendas indica o ponto de equilíbrio, ao qual corresponde a quantidade Qc. Se o nível de atividade for inferior, por exemplo Q1, o custo total dessa produção (CT1) é inferior às receitas (P1), e a empresa registra um prejuízo (dado pela diferença CT1 – P1). Se, no entanto, a empresa vender a quantidade Q2, terá um nível de proventos (P2) superior aos custos (CT2), e o lucro é dado pela diferença (P2 – CT2). À esquerda do PE temos uma zona de prejuízo e, à direita, de resultado operacional positivo.

Gráfico 9.1 Representação gráfica do PE

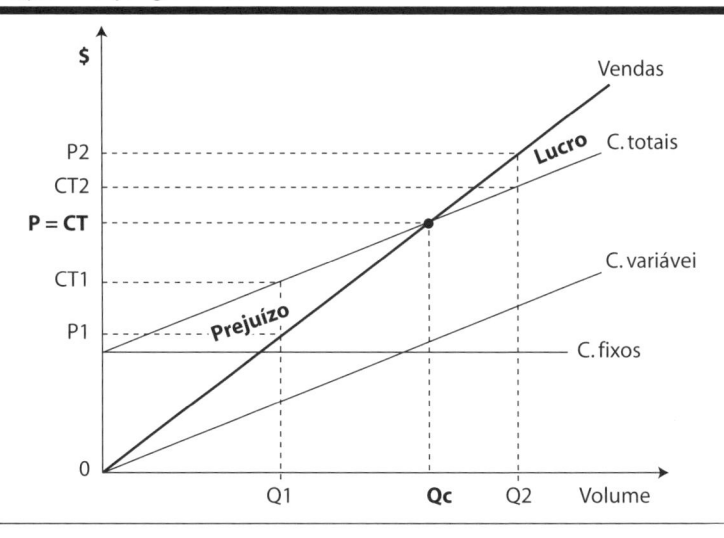

Nota: Para simplificar, consideramos um comportamento linear entre custos e volume, mas essa suposição pode não ser razoável quando existem grandes economias de escala.

Fonte: elaborado pelos autores.

Exemplo

Suponha que você irá estabelecer uma empresa comercial e obteve os seguintes dados como previsão para o ano de 200X. Qual será o ponto de equilíbrio?

Vendas previstas – 200.000 unidades
Preço de venda estimado por unidade – R$ 15,00
Custo variável unitário – R$ 6,50
Custo fixos totais – R$ 800.000,00

Resolução:
Por aplicação direta da fórmula: $Q = \dfrac{800.000}{15 - 6,5} = 94.117$ unidades

Para determinar o PE em valor, apenas temos de multiplicar a quantidade crítica obtida pelo preço de venda unitário, como segue:

Vendas = 94.117 × R$ 15,00 = R$ 1.411.755,00

No entanto, é frequente as empresas comercializarem ou produzirem mais de um produto. Nesses casos, é necessário determinar o PE atendendo aos vários produtos. Vejamos o exemplo seguinte:

Exemplo

O empreendedor planeja comercializar quatro produtos: X, Y, Z e W. Qual o nível de atividade para não ter prejuízo? (Em outras palavras, qual o PE?)

	X	Y	Z	W
Vendas estimadas (unidades)	12.000	30.000	4.000	8.000
Preço de venda unitário	R$ 2,00	R$ 4,00	R$ 15	R$ 0,50
Custo variável unitário	R$ 0,75	R$ 3,50	R$ 7,50	R$ 0,40
Custos fixos	R$ 200.000			

Resolução

Agora é preciso determinar o preço de venda e o custo variável unitário médios, mas ponderados pelas quantidades relativas produzidas de cada um dos produtos. Esse procedimento é feito da seguinte forma:

$$PVump = \frac{12.000 \times 2 + 30.000 \times 4 + 4.000 \times 15 + 8.000 \times 0,5}{54.000} = R\$ 3,85$$

$$CVump = \frac{12.000 \times 0,75 + 30.000 \times 3,5 + 4.000 \times 7,5 + 8.000 \times 0,4}{54.000} = R\$ 2,73$$

Assim, o ponto de equilíbrio será: R$ 200.000/(3,85 − 2,73) = 178.571 unidades.

Porém, para fazer a análise do PE para cada produto, é necessário fazer a distribuição do PE pelo percentual de vendas.

9.2.2 Análise de custo – volume – lucro

Para compreender o impacto de variações sobre a empresa, o empreendedor deve também fazer uma análise de custo – volume – lucro. Nesta irá procurar saber como o resultado varia se um, ou vários, dos pressupostos não se verificar. Por exemplo, analise o impacto sobre os lucros se os custos variáveis aumentarem ou diminuírem 10% diante dos níveis inicialmente estimados. Avalie também os efeitos de variações nos preços. Note que os nossos mapas previsionais (previsões de vendas, de preço de venda, de custos etc.) incorporam muitas incertezas, isto é, pode haver desvios em qualquer um dos fatores. Essa forma de repor o valor, de "prever" ou, pelo menos, estimar o grau de variação induzida por qualquer variação em qualquer daqueles elementos, apesar das limitações induzidas pelos pressupostos admitidos nesse método, é conduzir uma análise de sensibilidade.

De fato, a análise de sensibilidade consiste em verificar como o resultado varia caso um (ou vários) dos valores previstos não se confirme. Por exemplo: como o resultado operacional se altera caso os custos variáveis (ou o preço) aumentem ou diminuam 10% (desvio diante da previsão inicial)? É este tipo de respostas que procuraremos, porque são essas que embasam a tomada de decisão.

Exemplo

		Padrão	Aumento dos c. variáveis	Diminuição dos c. variáveis
A análise de sensibilidade é uma técnica "E se..." como o resultado será alterado?	Preço venda unitário	R$ 200	R$ 200	R$ 200
	Custos variáveis unit.	R$ 120	R$ 150	R$ 75
	Margem de contribuição unit.	R$ 80	R$ 0	R$ 125
	Custos fixos	R$ 2.000	R$ 2.000	R$ 2.000
	Ponto de equilíbrio	25 unid.	40 unid.	16 unid.

9.3 AS DEMONSTRAÇÕES FINANCEIRAS

O plano financeiro materializa-se fundamentalmente em três documentos – o balanço patrimonial, a demonstração de resultado do exercício e o fluxo de caixa. Esses instrumentos são usados para fazer uma análise aprofundada da situação da empresa, quer em termos de equilíbrio financeiro, de rentabilidade ou de avaliação econômica.

9.3.1 A demonstração de resultados do exercício

A demonstração de resultado (DRE) é o demonstrativo contábil que revela quais as receitas, os custos e as despesas a empresa gerou no decurso da sua atividade – ou seja, indica como a empresa gerou o resultado líquido (lucro ou prejuízo) em um determinado ano.

O que são e quando há receitas e custos e despesas?

As **receitas** decorrem da venda de um produto ou da prestação de um serviço. A realização de uma receita significa sempre a melhoria da posição dos investidores – sócios ou acionistas – pois implica sempre um aumento do capital próprio da empresa.

Alguns exemplos de **receitas**: a venda de mercadorias, a prestação de serviços, as rendas recebidas, os juros de depósitos ou de aplicações financeiras, os ganhos realizados por venda de imóveis (ou bens móveis) etc.

Os **custos** e **despesas** resultam da utilização, do consumo e/ou do desgaste de bens/produtos ou serviços. O custo é definido em termos dos recursos consumidos para atingir um determinado objetivo. Alguns exemplos de **custos** e **despesas**: o valor da mercadoria que se negocia (o custo será o seu valor de registro, de aquisição, em uma empresa comercial), os gastos com pessoal (salários, segurança social, despesas médicas etc.), os gastos gerais (telefone, papel, água, eletricidade etc.), entre outros.

A demonstração de resultados (DRE) é composta pela identificação de todos os custos e perdas, bem como de todos os proventos e ganhos. Os proventos indicam os montantes recebidos, ou a receber, pela empresa originados nas vendas de mercadorias, nas prestações de serviços, entre outros fatores (tais como as rendas ou os juros de depósitos). Os custos indicam os montantes que a empresa teve ou terá de pagar para adquirir as mercadorias, os equipamentos, a mão de obra, os serviços etc. Assim, a DRE é, por excelência, o documento síntese da análise econômica dos fluxos[2], dando uma perspectiva dinâmica da atividade da empresa.

As operações de compra, venda, pagamento a fornecedores etc., efetuadas pela empresa, conduzem a variações positivas e/ou negativas nos elementos patrimoniais e são, naturalmente, geradoras de resultados. Alguns desses resultados terão um caráter normal (por exemplo, pagamento ao pessoal, vendas, juros de depósitos, descontos obtidos dos fornecedores etc.), e outros, um caráter anormal ou extraordinário (por exemplo, créditos incobráveis, pagamento de multas, perdas em existências etc.). Na Tabela 9.4 representamos o modelo geral da demonstração de resultados.

Tabela 9.4 A demonstração de resultados (DRE)

Receita operacional bruta
Vendas de produtos
Vendas de mercadorias
Prestação de serviços
(–) Deduções da receita bruta
Devoluções de vendas
Abatimentos
Impostos e contribuições incidentes sobre vendas
= **Receita operacional líquida**
(–) Custos das vendas
Custo dos produtos vendidos
Custo das mercadorias
Custo dos serviços prestados
= **Resultado operacional bruto**
(–) Despesas operacionais
Despesas com vendas
Despesas administrativas
(–) Despesas financeiras líquidas
Despesas financeiras
(–) Receitas financeiras
Variações monetárias e cambiais passivas
(–) Variações monetárias e cambiais ativas

(continua)

---

[2] Enquanto o balanço evidencia a situação econômico-financeira da empresa em um dado momento, a DRE evidencia a forma como são gerados os resultados do exercício.

Aspectos Econômico-Financeiros da Nova Empresa 217

(continuação)

(–) **Outras receitas e despesas operacionais**
= **Resultado operacional líquido**
Resultados não operacionais
Receitas não operacionais
Despesas não operacionais
= **Lucro líquido antes do imposto de renda e da contribuição social e sobre o lucro**
(–) **Provisão para imposto de renda e contribuição social sobre o lucro**
= **Lucro líquido antes das participações**
(–) **Participações de administradores, empregados, debêntures e partes beneficiárias**
(=) **Resultado líquido do exercício**

Fonte: Portal da Contabilidade; disponível em: <http://www.portaldecontabilidade.com.br>.

Figura 9.1 Como apurar resultados?

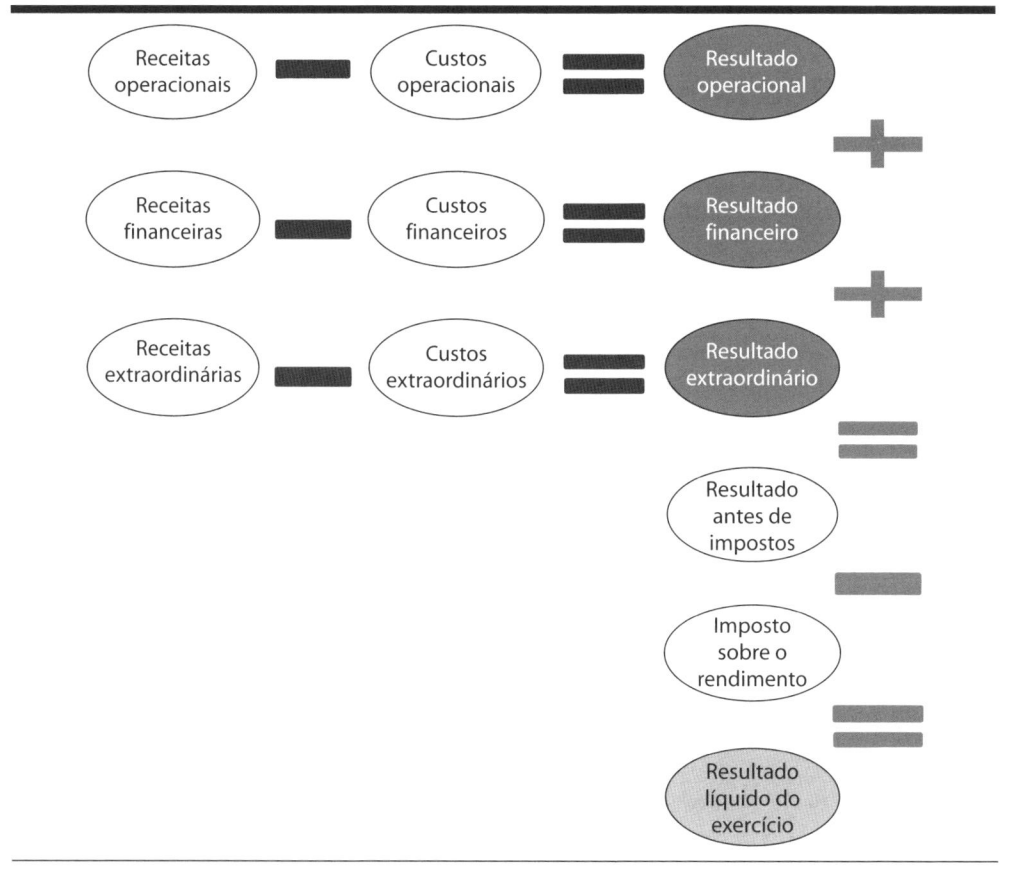

Receitas operacionais − Custos operacionais = Resultado operacional
+
Receitas financeiras − Custos financeiros = Resultado financeiro
+
Receitas extraordinárias − Custos extraordinários = Resultado extraordinário
=
Resultado antes de impostos
−
Imposto sobre o rendimento
=
Resultado líquido do exercício

Fonte: Ferreira, Santos e Serra (2008).

O objetivo do empreendedor é fazer com que a empresa crie um excedente de operação – que designamos, vulgarmente, por *lucro*. Para gerar lucro, a empresa tem de vender os seus produtos ou prestar os seus serviços a um preço superior ao custo dos fatores que integrou no processo produtivo (mão de obra, energia, matérias-primas, locação de espaços etc.). A diferença entre a soma dos gastos[3] e respectivos valores de venda dos produtos/serviços, ou receitas, chamamos de **resultados**. Estes, se forem positivos, são *lucros*; se forem negativos, são *prejuízos*. Para determinar o resultado líquido podemos utilizar o esquema apresentado na Figura 9.1.

Assim, o empreendedor fica sabendo não só se a empresa gera lucro ou prejuízo mas também onde os lucros/prejuízos são gerados – se têm origem na atividade normal de operação da empresa (resultado operacional), na financeira (resultado financeiro) ou se são de caráter extraordinário (resultado extraordinário). A nossa análise deve, por isso, diferenciar esses tipos de resultados.

Determinação dos *resultados operacionais*. Para calcular os resultados operacionais, é necessário registrar os montantes despendidos para poder produzir – os custos das matérias, os fornecimentos e serviços externos (água, combustíveis, seguros, energia, comunicações, reparações etc.) adquiridos, os custos com o pessoal, as amortizações do imobilizado, os impostos e outros custos operacionais. Esses custos estão diretamente relacionados com a atividade da empresa. De igual modo, também os proventos operacionais decorrem da atividade "normal" da empresa, tais como as vendas, as prestações de serviços, os aluguéis, os subsídios à exploração recebidos, entre outros. A diferença entre os custos e proventos operacionais é o resultado operacional.

> Caso específico das **amortizações**: como os bens ativos imobilizados não se consomem, ou utilizam, na totalidade em um único exercício (ano), consideramos um custo anual, a que designamos de amortização, pela utilização, depreciação, desgaste, consumo por incorporação no produto/serviço dos bens imobilizados.

Determinação dos *resultados financeiros*. A empresa também incorre em custos financeiros (por exemplo, juros de empréstimos obtidos, amortizações de investimentos em imóveis, descontos de pronto pagamento concedidos etc.) e em proventos de origem financeira (tais como os juros recebidos de depósitos bancários, rendimentos de imóveis etc.). A diferença entre proventos e custos financeiros indica o resultado financeiro.

Determinação dos *resultados extraordinários*. Nesse caso, consideram-se os proventos e ganhos, bem como os custos e perdas originados em situações "anormais" – ou seja, situações de ocorrência excepcional, extraordinárias e aleatórias. Alguns exemplos de custos extraordinários são os donativos, as dívidas incobráveis, as perdas de estoques,

---

[3] Gastos são todos os desembolsos (saídas de dinheiro); custos são gastos do processo produtivo; despesas são gastos que não estão envolvidos no processo produtivo.

Aspectos Econômico-Financeiros da Nova Empresa

as multas etc., e de proventos extraordinários são as restituições de impostos, as recuperações de dívidas, os ganhos em imobilizado etc. A diferença entre esses fatores determina os resultados extraordinários.

Por fim, deve-se calcular o **resultado líquido do exercício**. Este é determinado pela soma dos resultados operacionais, financeiros e extraordinários, deduzidos dos impostos sobre o resultado. Essa dedução resulta da aplicação da taxa de imposto de renda em vigor.

Optando pelo Simples

O Sistema Integrado de Pagamento de Impostos e Contribuições das Microempresas e Empresas de Pequeno Porte (Simples) é um regime tributário diferenciado, simplificado e favorecido, aplicável às pessoas jurídicas consideradas como microempresas (ME) e empresas de pequeno porte (EPP), nos termos definidos na Lei n. 9.317, de 1996, e alterações posteriores, estabelecido em cumprimento ao que determina o disposto no art. 179 da Constituição Federal de 1988. Constitui-se em uma forma simplificada e unificada de recolhimento de tributos, por meio da aplicação de percentuais favorecidos e progressivos, incidentes sobre uma única base de cálculo, a receita bruta.

Considera-se ME, para efeito do Simples, a pessoa jurídica que tenha auferido, no ano-calendário, receita bruta igual ou inferior a R$ 120.000,00 (cento e vinte mil reais).

Considera-se EPP, para efeito do Simples, a pessoa jurídica que tenha auferido, no ano-calendário, receita bruta superior a R$ 120.000,00 (cento e vinte mil reais) e igual ou inferior a R$ 1.200.000,00 (um milhão e duzentos mil reais).

A pessoa jurídica que optar por se inscrever no Simples terá os seguintes benefícios:

a. tributação com alíquotas mais favorecidas e progressivas, de acordo com a receita bruta auferida;
b. recolhimento unificado e centralizado de impostos e contribuições federais, com a utilização de um único DARF (DARF-Simples), podendo, inclusive, incluir impostos estaduais e municipais, quando existirem convênios firmados com essa finalidade;
c. cálculo simplificado do valor a ser recolhido, apurado com base na aplicação de alíquotas unificadas e progressivas, fixadas em lei, incidentes sobre uma única base, a receita bruta mensal;
d. dispensa da obrigatoriedade de escrituração comercial para fins fiscais, desde que mantenha em boa ordem e guarda, enquanto não decorrido o prazo decadencial e não prescritas eventuais ações, os Livros Caixa e Registro de Inventário, e todos os documentos que serviram de base para a escrituração;
e. para opções pelo Simples exercidas até 31/03/1997, parcelamento dos débitos existentes, de responsabilidade da ME ou da EPP e de seu titular ou sócio, para com a Fazenda Nacional e Seguridade Social, contraídos anteriormente ao ingresso no Simples, relativos a fatos geradores ocorridos até 31/10/1996, em até 72 prestações mensais;
f. dispensa a pessoa jurídica do pagamento das contribuições instituídas pela União, destinadas ao Sesc, ao Sesi, ao Senai, ao Senac, ao Sebrae, e seus congêneres, bem assim as relativas ao salário-educação e à Contribuição Sindical Patronal (IN SRF n. 355, de 2003, art. 5º, § 7º);
g. dispensa a pessoa jurídica da sujeição à retenção na fonte de tributos e contribuições, por parte dos órgãos da administração federal direta, das autarquias e das fundações federais (Lei n. 9.430, de 1996, art. 60; e IN SRF n. 306, de 2003, art. 25, XI);
h. isenção dos rendimentos distribuídos aos sócios e ao titular, na fonte e na declaração de ajuste do beneficiário, exceto os que corresponderem a pró-labore, aluguéis e serviços prestados, limitado ao saldo do livro caixa, desde que não ultrapasse a Receita Bruta.

(continua)

(continuação)

> A inscrição no Simples implica pagamento mensal unificado dos seguintes impostos e contribuições (Lei n. 9.317, de 1996, art. 3º, § 1º; e IN SRF n. 355, de 2003, art. 5º, § 1º):
> a. Imposto sobre a Renda da Pessoa Jurídica (IRPJ);
> b. Contribuição para os Programas de Integração Social e de Formação do Patrimônio do Servidor Público – PIS/Pasep;
> c. Contribuição Social sobre o Lucro Líquido (CSLL);
> d. Contribuição para Financiamento da Seguridade Social (Cofins);
> e. Imposto sobre Produtos Industrializados (IPI);
> f. Contribuições para a Seguridade Social, a cargo da pessoa jurídica, de que tratam o art. 22 da Lei n. 8.212, de 1991, e o art. 25 da Lei n. 8.870, de 1994.

Fonte: extraído do Portal da Receita Federal <http://www.receita.fazenda.gov.br>.

9.3.2 O balanço patrimonial

O balanço é um quadro de análise estática que visa à representação da situação econômica e financeira da empresa em um determinado momento (ou seja, os investimentos ou aplicações de fundos e as origens de fundos), evidenciando a situação dos seus proprietários. Como parte do seu planejamento financeiro, o empreendedor deve preparar balanços previsionais. No caso de investimentos a realizar, os balanços são previsionais, porque incluem previsões da condição da empresa em anos futuros. Em termos de constituição, o balanço é constituído pelos ativos (circulante, longo prazo e permanente), passivos (circulante e longo prazo) e patrimônio líquido da empresa, em um determinado instante. Explicamos em seguida cada uma dessas categorias.

Os **ativos**. Representam os bens e direitos disponíveis para a continuidade da atividade econômica da empresa; são propriedade da empresa. O ativo é constituído pelo *imobilizado* (inclui os bens e direitos para utilização interna da empresa na sua atividade comercial ou transformadora, que permanecem por um prazo superior a um ano na empresa, e não se destinam a comercialização – por exemplo, edifícios, máquinas, instalações, ferramentas, material de carga e transporte, mobiliário e máquinas de escritório, investimentos em imóveis, patentes, marcas, trespasses etc.), *estoques*[4] (são o conjunto de bens que se destinam à comercialização – por exemplo, mercadorias, matérias-primas e subsidiárias, produtos acabados, desperdícios ou subprodutos, produtos em curso), *Valores a Receber* (englobam todas as dívidas a receber de terceiros, quer as resultantes de vendas a prazo, quer as de empréstimos concedidos, sejam essas dívidas

---

[4] A inclusão de um bem em estoques ou em imobilizado depende da atividade da empresa e do papel que este desempenha. Por exemplo, uma máquina de escrever para um comerciante de artigos de escritório (máquinas de escrever, computadores, máquinas de calcular etc.) é incluída no imobilizado se for para sua utilização e em estoques se for destinada a venda. Assim, a regra é: *se o bem se encontra a serviço da empresa, deve ser considerado imobilizado; se for adquirido com o objetivo de ser comercializado, deve ser considerado estoque.*

Aspectos Econômico-Financeiros da Nova Empresa

de curto prazo (menor ou igual a um ano) ou de médio e longo prazo – por exemplo, dívidas de clientes pela venda a prazo de produtos, dívidas a receber do Estado, dívidas a receber dos sócios/acionistas, dívidas por venda de imobilizado etc.) e as *Disponibilidades* (são constituídas pelos elementos que têm disponibilidade imediata, por exemplo, dinheiro em caixa, ou quase imediata, como os depósitos bancários.

Os **passivos**. Representam o conjunto de obrigações, ou dívidas, perante credores. Assim, o passivo agrupa todas as dívidas assumidas, quer as de curto prazo (vencem no prazo máximo de um ano), quer as de médio e longo prazo (vencem em um prazo superior a um ano), identificando o agente credor (por exemplo, fornecedores, governo, instituições de crédito etc.). Essas obrigações terão de ser satisfeitas com a entrega do dinheiro em um momento posterior. Alguns exemplos de dívidas são: a fornecedores, pela aquisição de bens ou serviços, empréstimos obtidos, dívidas ao governo e outras entidades públicas (por exemplo, à Segurança Social).

O **capital próprio**. Representa a posição, ou patrimônio, dos acionistas da empresa, e é constituído pela diferença entre o ativo e o passivo. O capital próprio (CP) é constituído por duas parcelas essenciais: o valor que o proprietário destinou à atividade no seu início (ou capital inicial), que é o dinheiro investido pelos sócios na empresa, e a parcela que representa o resultado líquido (lucro ou prejuízo) da empresa, o qual não foi utilizado ou distribuído pelos sócios. Então, todas as receitas contribuem para aumentar os ativos da empresa e o patrimônio, enquanto as despesas diminuem o patrimônio, aumentam o passivo e diminuem os ativos.

> Quando comparamos o ativo com o passivo, três situações podem ocorrer:
> (1) Ativo > Passivo – significa que os bens e direitos da empresa são maiores que as suas obrigações. Se a empresa vendesse todos os bens, cobrasse todos os seus créditos e pagasse as obrigações, ficaria com um saldo positivo (em uma situação favorável).
> (2) Ativo = Passivo – o capital próprio será nulo.
> (3) Ativo < Passivo – essa é a situação de falência técnica.

O modelo diagramático correntemente utilizado para o Balanço (em uma versão simplificada) é transposto na Tabela 9.5.

Tabela 9.5 Modelo de balanço

	ANO 31 Dez. N	ANO 31 Dez. N + 1
ATIVO		
Ativo circulante		
Dinheiro em caixa		
Depósitos sem juros e contas de compensação		

(continua)

(continuação)

Depósitos e investimento com juros < 1 ano		
Despesas antecipadas		
Contas a receber		
Juros a receber		
Outros ativos circulantes		
Carteira líquida de empréstimos		
Carteira bruta de empréstimos (principal pendente)		
(Reservas para prejuízos em empréstimos)		
Ativo a longo prazo		
Investimentos > 1 ano		
Bens e equipamentos líquidos		
Outros ativos a longo prazo		
Total do Ativo		
PASSIVO		
Passivo circulante		
Depósitos à vista		
Depósito a curto prazo (< 1 ano)		
Empréstimos tomados a curto prazo (< 1 ano)		
Juros a pagar		
Outros passivos a curto prazo		
Passivo a longo prazo		
Depósito a longo prazo (> 1 ano)		
Empréstimos tomados a longo prazo (> 1 ano)		
Contas de quase capital		
Outros passivos a longo prazo		
Total do Passivo		
PATRIMÔNIO		
Capital integralizado		
Doações de capital		
Lucros/prejuízos do exercício atual		
Reservas/rendimentos retidos/prejuízos acumulados		
Outras contas de capital		
Total do Patrimônio		
TOTAL DO PASSIVO E PATRIMÔNIO		

Fonte: Ferreira, Santos e Serra (2008).

Aspectos Econômico-Financeiros da Nova Empresa

9.3.3 O mapa de fluxos de caixa

O mapa de fluxos de caixa classifica os fluxos de acordo com o tipo de atividade que os originou em: operacionais, de investimento e de financiamento (ver Tabela 9.6). Nesta seção focamos o mapa de fluxos de caixa pelo método direto – o qual divulga os principais componentes dos recebimentos de caixa e dos pagamentos de caixa, permitindo aos utilizadores compreender como a empresa gera e utiliza os meios de pagamento disponíveis.

As **atividades operacionais**. Os fluxos líquidos gerados/utilizados na atividade operacional (ou de exploração) são um indicador da capacidade da empresa para gerar meios de pagamento suficientes para manter a capacidade operacional, reembolsar empréstimos, pagar dividendos e fazer investimentos de substituição sem ter de recorrer a capitais alheios. Alguns exemplos de fluxos de caixa de atividades operacionais incluem:

- os recebimentos de clientes provenientes de vendas e de prestações de serviços;
- os pagamentos a fornecedores referentes a compras de bens e serviços;
- os pagamentos a empregados por conta própria;
- os pagamentos e reembolsos de imposto sobre o rendimento, a menos que este se relacione com as outras atividades;
- os recebimentos e pagamentos inerentes a contratos relacionados com a atividade normal da empresa;
- os recebimentos relativos a *royalties*, honorários, comissões, entre outros proventos.

Note que as transações de venda (alienação) de um ativo imobilizado geram ganhos ou perdas que são incluídos na demonstração dos resultados. Contudo, os fluxos de caixa relativos a essas transações pertencem às atividades de investimento.

Tabela 9.6 Mapa de fluxos de caixa

RUBRICAS	NOTAS	PERÍODOS	
		N	N – 1
Fluxos de caixa das atividades operacionais – método direto			
Recebimentos de clientes		+	+
Pagamentos a fornecedores		–	–
Pagamentos ao pessoal		–	–
CAIXA GERADO PELAS OPERAÇÕES		+/–	+/–
Pagamento/recebimento do imposto de renda			
Outros recebimentos/pagamentos			

(continua)

(continuação)

FLUXOS DE CAIXA DAS ATIVIDADES OPERACIONAIS (1)		+/−	+/−
Fluxos de caixa das atividades de investimento			
Pagamentos respeitantes a			
Ativos fixos tangíveis		−	−
Ativos intangíveis		−	−
Investimentos financeiros		−	−
Outros ativos		−	−
Recebimentos provenientes de			
Ativos fixos tangíveis		+	+
Ativos intangíveis		+	+
Investimentos financeiros		+	+
Outros ativos		+	+
Subsídios ao investimento		+	+
Juros e rendimentos similares		+	+
Dividendos		+	+
FLUXOS DE CAIXA DAS ATIVIDADES DE INVESTIMENTO (2)		+/−	+/−
Fluxos de caixa das atividades de financiamento			
Recebimentos provenientes de			
Financiamentos obtidos		+	+
Realizações de capital e de outros instrumentos de capital próprio		+	+
Cobertura de prejuízos		+	+
Doações		+	+
Outras operações de financiamento		+	+
Pagamentos respeitantes a			
Financiamentos obtidos		−	−
Juros e gastos similares		−	−
Dividendos		−	−
Reduções de capital e de outros instrumentos de capital próprio		−	−
Outras operações de financiamento		−	−
FLUXOS DE CAIXA DAS ATIVIDADES DE FINANCIAMENTO (3)		+/−	+/−
Variação de caixa e seus equivalentes (1 + 2 + 3)		+/−	+/−
Efeito das diferenças de câmbio		+/−	+/−
Caixa e seus equivalentes no início do período		...	...
Caixa e seus equivalentes no fim do período		...	...

Fonte: Ferreira, Santos e Serra (2008).

As **atividades de investimento**. Os fluxos de caixa resultantes de atividades de investimento mostram os dispêndios para a obtenção de recursos que tenham em vista gerar resultados e fluxos de caixa futuros. Alguns exemplos de fluxos de caixa de atividades de investimento incluem:

- os pagamentos para a aquisição de imobilizados e outros ativos de longo prazo;
- os recebimentos por alienação de imobilizado e outros ativos de longo prazo;
- os pagamentos relativos à aquisição de partes de capital de obrigações e de outras dívidas;
- os recebimentos relativos a alienado de partes de capital;
- os adiantamentos e empréstimos concedidos;
- os recebimentos resultantes do reembolso de adiantamentos e de empréstimos concedidos.

As **atividades de financiamento**. Os fluxos de caixa gerados/utilizados por atividades de financiamento permitem estimar as necessidades de meios de pagamento e de novas entradas de capital, bem como informar os financiadores sobre a capacidade de a empresa os reembolsar. Alguns exemplos de fluxos de caixa originados por atividades de financiamento incluem:

- os recebimentos da realização de ações (quotas) e prêmios de emissão;
- os pagamentos por aquisição de ações (quotas) próprias ou redução do capital;
- os recebimentos e os reembolsos de empréstimos obtidos;
- o pagamento das amortizações em contratos de locação financeira.

9.4 O EQUILÍBRIO FINANCEIRO E O CAPITAL DE GIRO

A estabilidade da empresa é determinada, a cada momento, pelo equilíbrio financeiro entre o ativo e os respectivos meios de financiamento. A estabilidade pressupõe a adequação entre origens e aplicações de fundos, pois permite a solvência dos compromissos (reembolsar o capital alheio) na data do seu vencimento e enfrentar riscos eventuais (principalmente os resultantes de flutuações da atividade). Em uma perspectiva de médio e longo prazo (MLP), o equilíbrio financeiro depende do peso dos capitais próprios relativamente ao investimento global e, portanto, aos capitais alheios. Contudo, a estrutura financeira deve ser encarada em uma perspectiva ampla de financiamento global, e não de financiamento elemento a elemento (por exemplo, adquirir um computador no valor de R$ 2.000,00, cujo período de vida útil é de dez anos, com capitais a três anos não será adequado).

O empreendedor deve estar atento ao fato de que os ativos imobilizados (mais genericamente os ativos fixos) devem ser financiados por capitais permanentes (capitais próprios ou passivo de médio e longo prazo). Os valores imobilizados não devem ser financiados por passivo de curto prazo, dado que o grau de liquidez dos ativos é inferior ao grau de exigibilidade dos capitais que os financiaram. Então, as aplicações com grau de liquidez reduzido não devem ser financiadas por origens com elevado grau de exigibilidade. Financiar ativo fixo com capital exigível a curto prazo põe em risco a sobrevivência e continuidade da empresa, uma vez que esta teria de responder aos seus compromissos a curto prazo antes de obter a liquidez necessária (eventualmente exigindo a venda de imobilizado ou o não cumprimento dos pagamentos). Assim, o ativo fixo deve ser financiado por capitais permanentes, de forma a ter condições de gerar, por meio de amortizações/reintegrações e dos lucros retidos, as disponibilidades necessárias para o reembolso dos empréstimos de médio e longo prazo.

Da mesma forma, os ativos circulantes devem ser financiados por capitais de curto prazo, ou seja, por capitais alheios que tenham um grau de exigibilidade semelhante ao grau de liquidez das aplicações que financiam. Por exemplo, a aquisição de matérias-primas com dívida a curto prazo é normal, visto que estas serão transformadas em produtos e vendidas – transformando-se em disponibilidades – em um período suficiente para proceder ao pagamento das dívidas contraídas anteriormente. Esses conceitos referem-se à regra do equilíbrio financeiro mínimo, que se enuncia como:

> Os capitais utilizados por uma empresa para financiar uma imobilização, ou qualquer ativo, devem manter-se na empresa durante um prazo que corresponda, pelo menos, ao da duração do ativo adquirido com esses capitais.

Além da equivalência entre ativo circulante e passivo de curto prazo, ou ativo fixo e capitais permanentes, convém considerar sempre uma margem de segurança que é denominada *capital de giro líquido*. O que se pretende é fazer frente a um giro dos ativos circulantes demasiado lento ou aleatório na sua conversão em disponibilidades, de modo que se possa efetuar o pagamento das dívidas de curto prazo no momento em que são exigíveis. O capital de giro deve ser suficiente para cobrir os riscos de diminuição do giro normal dos capitais circulantes (diminuição do volume de vendas, aumento do prazo médio de recebimentos, aumento das dívidas incobráveis), bem como o valor dos ativos circulantes que não possam ser convertidos em disponibilidades tão rapidamente quanto o exigível (dívidas) a curto prazo o requer.

Note que, estaticamente, se o ativo circulante for superior ao passivo de curto prazo, significará que a empresa está em equilíbrio e é capaz de garantir o pagamento de todas as dívidas de curto prazo. Se, no entanto, o ativo circulante for inferior ao passivo de curto prazo, então, há incerteza quanto à capacidade de garantir o pagamento de todas as dívidas de curto prazo. Note, ainda, que podem ocorrer variações não previstas na rotação dos estoques, nos volumes e preços de venda, que dificultarão a atividade da empresa, impondo necessidades diferentes de capitais circulantes.

Aspectos Econômico-Financeiros da Nova Empresa

As **necessidades de capital de giro** (NCG) de uma organização estão ligadas à necessidade de financiamento do ciclo operacional, sendo calculadas em função do ciclo de operação e resultam, essencialmente, das necessidades no âmbito das contas de clientes, disponível e fornecedores. O cálculo das NCG é feito em função da duração dos ciclos de atividade, de pagamentos e recebimentos. As necessidades em termos de clientes resultam do volume de vendas a crédito e do prazo médio de recebimento – portanto, a sua representação é, igualmente, sob a forma de dias de vendas (por exemplo, se a empresa vende 50% das mercadorias a crédito que são pagas a 60 dias, a sua conta de clientes terá um saldo médio de $0{,}5 \times 60 = 30$ dias de vendas). Em relação aos fornecedores o cálculo é idêntico.

Portanto, dizemos que a empresa está em equilíbrio financeiro se tiver um fundo de maneio suficiente (garanta a relação entre a liquidez e a exigibilidade e cubra eventuais riscos). O equilíbrio financeiro se apoia na adequação, a todo o momento, das diversas massas patrimoniais do ativo aos capitais que lhe dão cobertura. Para tanto, será necessário verificar se capitais circulantes > exigível a curto prazo e se imobilizado líquido < capitais permanentes. O CG deve, por definição, ser financiado por capitais permanentes, uma vez que se trata da garantia que existe de poder pagar as dívidas contraídas a qualquer momento.

Assim, é importante que o empreendedor esteja atento ao equilíbrio financeiro da nova empresa, quer em uma perspectiva de curto prazo, quer de médio e longo prazo. Um exame em maior profundidade é realizado com o auxílio dos indicadores de análise econômico-financeira, como vemos de seguida.

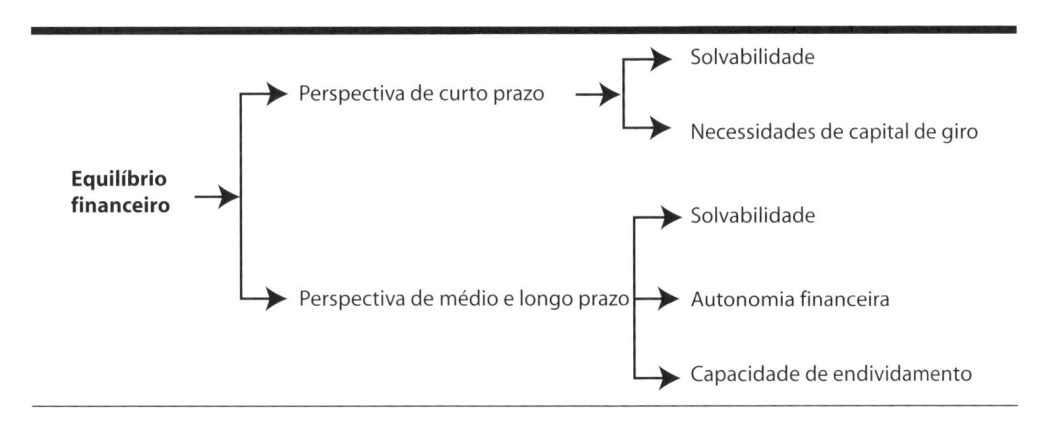

Equilíbrio financeiro
- Perspectiva de curto prazo
  - Solvabilidade
  - Necessidades de capital de giro
- Perspectiva de médio e longo prazo
  - Solvabilidade
  - Autonomia financeira
  - Capacidade de endividamento

9.5 RAZÕES DE ANÁLISE ECONÔMICO-FINANCEIRA

Nesta seção, descrevemos sinteticamente os principais índices (ou quocientes) de análise econômico-financeira. Em particular, destacamos os índices de liquidez, de financiamento, de rentabilidade e de atividade.

9.5.1 Os indicadores de liquidez

A análise dos indicadores de liquidez visa observar se a empresa tem capacidade para pagar os créditos (ou dívidas a fornecedores, dos impostos, aos clientes por conta de seus adiantamentos etc.) de curto prazo. O indicador de liquidez geral (LG) deverá ser positivo (> 1), evidenciando que a relação entre o ativo e o passivo de curto prazo é favorável, ou seja, que a empresa gera a curto prazo o capital suficiente para liquidar o passivo de curto prazo. O valor ótimo para o indicador, embora varie com o setor de atividade, encontra-se geralmente entre 1,5 e 2.

$$\text{Liquidez geral} = \frac{\text{Ativo circulante + Ativo realizável a longo prazo}}{\text{Passivo circulante + Passível exigível a longo prazo}}$$

E se o LG não for superior à unidade? Por exemplo, se o LG for inferior a 1 (um), a empresa pode procurar acelerar o giro dos estoques, diminuindo o volume de estoques que mantém, e assim libertando importantes montantes. Como alternativa, a empresa pode aumentar o prazo de pagamento aos fornecedores. No entanto, uma ação desse tipo pode piorar a posição negocial diante dos fornecedores, impedindo de obter as melhores condições de pagamento no futuro. Outras medidas alternativas são a venda de parte dos estoques ou a contração de um empréstimo bancário de curto prazo. Se, no entanto, o LG igualar a unidade (= 1), significa que os capitais circulantes estão sendo financiados na totalidade por passivo de curto prazo, o que tem o inconveniente de não manter uma margem de segurança.

O indicador de liquidez geral, por si só, não permite uma análise completa da liquidez da empresa. É necessário também analisar a capacidade de fazer frente às dívidas de curto prazo e à distorção provocada pelo valor dos estoques. Usamos para isto o Indicador de Liquidez Imediata (LI), deduzindo ao numerador do LG o valor dos estoques. O LI não deve ser inferior à unidade. Isso significa que as dívidas de curto prazo devem estar cobertas pelo somatório do disponível com o realizável a curto prazo.

$$\text{Liquidez reduzida} = \frac{\text{Disponibilidades}}{\text{Passivo circulante}}$$

O LI indica a cobertura das dívidas de prazo inferior a um (1) ano por bens muito líquidos. Assim, se o LI for ≥ 1, significa que a empresa tem boas condições de solver as suas responsabilidades; no entanto, quando as existências são elevadas (nos casos em que a atividade assim o exigir), o valor poderá ser ligeiramente inferior à unidade.

A análise do comportamento dos clientes, fornecedores e da empresa quanto às existências é relevante do ponto de vista da liquidez. Por exemplo, se os clientes atrasam os seus pagamentos ou se a empresa não cumpre os prazos definidos com os fornecedores, algo pode estar errado no nível da liquidez. A observação dos PMR (prazo médio de recebimentos), PMP (prazo médio de pagamentos) e PME (prazo médio de estocagem) é recomendável, como veremos posteriormente.

9.5.2 Os indicadores de financiamento

Os indicadores de financiamento resultam, essencialmente, da comparação entre rubricas de capitais alheios (passivos circulantes e não circulantes), de capitais próprios e de capitais totais (ativo). São mais utilizados na análise de crédito, em que os financiadores procuram avaliar o risco de insolvência ou o risco de não cumprimento do serviço da dívida. Note que, quanto menor for o peso do passivo na estrutura de financiamento da empresa, menor o risco e maior a capacidade de endividamento potencial futura.

Como vimos, a existência de equilíbrio financeiro pressupõe o ajustamento entre o grau de liquidez dos elementos do ativo e o grau de exigibilidade das dívidas. No entanto, além do equilíbrio financeiro, é importante analisar os indicadores de financiamento para avaliar se a empresa tem condições para assegurar, com caráter de permanência, a solvência ou liquidez. A *solvência* indica a capacidade de a empresa pagar as dívidas de médio e longo prazo até as suas datas de vencimento. Para avaliarmos a solvência, podemos comparar o ativo com o passivo, na medida em que o indicador de solvência indica a proporção do financiamento por capitais próprios e por capitais alheios. Quanto maior essa relação – dada pela equação a seguir –, mais ativos haverá para cobrir as dívidas e, logo, maiores as garantias dos credores e maior a facilidade na obtenção de crédito.

$$\text{Liquidez corrente} = \frac{\text{Ativo circulante}}{\text{Passivo circulante}}$$

> Uma empresa se torna insolvente quando fica incapaz de fazer frente aos seus compromissos. Essa situação não é irreversível. Para readquirir liquidez, a empresa poderá:
> - vender imobilizado não essencial ou que está sendo subutilizado;
> - negociar com os seus credores uma prorrogação dos prazos de pagamento;
> - reduzir alguns ativos como as existências e/ou os saldos de clientes (diminuir o prazo médio de recebimentos);
> - transformar (renegociar com os credores) os créditos de curto prazo em créditos de médio e longo prazo;
> - obter novos financiamentos (dos bancos, fornecedores, acionistas/sócios);
> - reorganizar a empresa, principalmente no âmbito da exploração.

O indicador de Autonomia Financeira (AF) indica a proporção de financiamento próprio no financiamento total. Quanto maior a AF, maior é a estabilidade, porque evidencia a capacidade de saldar os compromissos de médio e longo prazo; caso contrário, a empresa poderá ter insuficiente dotação de capitais próprios e relativa dependência de capitais alheios. Valores baixos de AF indicam que a empresa apresenta um elevado risco, o que pode dificultar o acesso a novos financiamentos ou levar a um aumento do custo do crédito. Assim, quanto maior for o indicador, maior a independência financeira em relação a terceiros, e uma AF superior a 1/3 é considerada, geralmente, um bom indicador.

$$\text{Autonomia financeira} = \frac{\text{Capitais próprios}}{\text{Ativo}}$$

O indicador de financiamento indica a proporção em que a empresa está sendo financianda com capitais próprios ou alheios[5]. Note que a qualidade desses indicadores vai sinalizar aos credores possíveis riscos de não receberem os seus créditos. São, portanto, indicadores de "segurança da recuperação de créditos". Nessa medida, um conjunto amplo de indicadores pode ser calculado, como o indicador do grau de dependência. Esse cálculo demonstra a importância relativa dos passivos assumidos e a extensão com que a empresa utiliza capitais alheios no financiamento dos seus ativos.

$$\text{Grau de dependência} = \frac{\text{Ativo}}{\text{Passivo + Capital próprio}}$$

O peso dos capitais próprios na cobertura dos bens imobilizados líquidos permite observar como a empresa financia o seu imobilizado. Note que, por exemplo, se o indicador for > 1, os capitais próprios financiam todo o imobilizado e, ainda, parte do ativo corrente.

$$\text{Peso dos capitais próprios no financiamento do imobilizado} = \frac{\text{Capitais próprios}}{\text{Imobilizado líquido}}$$

O indicador da capacidade de endividamento não deve ser inferior a dois (2). Quando apresenta um valor igual a dois, significa que o passivo de médio e longo prazo iguala-se aos capitais próprios. Logo, a empresa tem esgotada a capacidade de endividamento de médio e longo prazo.

$$\text{Capacidade de endividamento} = \frac{\text{Capitais permanentes}}{\text{Passivo de médio e longo prazo}}$$

É importante recordar que a escolha das fontes de financiamento deve ponderar o seu custo e o risco associado. Os capitais próprios e os créditos obtidos dos fornecedores e do Estado não originam encargos para a empresa, mas os empréstimos bancários obrigam ao pagamento de juros. No entanto, o aumento do financiamento com capitais

---

[5] Note que a rentabilidade dos capitais próprios é influenciada pela estrutura financeira da empresa – o recurso a capitais alheios aumenta essa rentabilidade, porém diminui a autonomia financeira, enquanto o recurso ao capital próprio reduz a rentabilidade, mas aumenta a autonomia financeira.

Aspectos Econômico-Financeiros da Nova Empresa

de terceiros, ainda que possa não ter encargos, pode aumentar a dependência financeira da empresa perante os credores.

O indicador do endividamento exprime até que nível a empresa utiliza capitais de terceiros no financiamento da sua atividade. Quanto maior o indicador de endividamento, mais endividada está a empresa e, logo, maior o risco para um potencial credor ao ceder-lhe capital, porque menores são as garantias oferecidas. O limite mínimo é 0 (zero) – no caso em que a empresa não tem qualquer obrigação com terceiros – e o limite máximo é 1 (um) – situação em que o capital próprio é nulo. Sempre que os capitais de terceiros (passivos) são maiores que os ativos, diremos que os capitais próprios são negativos e que a empresa está em situação de falência técnica.

$$\text{Indicador de endividamento} = \frac{\text{Capitais de terceiros}}{\text{Ativo}}$$

Exemplo

Compare as empresas **A** e **B**, que têm ativos semelhantes, mas estruturas de financiamento diferentes. A empresa A está muito endividada, suportando encargos financeiros superiores, e a empresa B recorre, fundamentalmente, a capitais próprios para o seu financiamento.

(em R$)

	Empresa A	Empresa B
Vendas – Custo das vendas – Amortizações	50.000 20.000 6.000	200.000 56.000 24.000
= Resultados operacionais	24.000	120.000
+ Proventos financeiros ± Resultados extraordinários	4.000 2.000	24.000 0
= Resultado Antes de Encargos Financeiros e Impostos (EBITDA)	30.000	144.000
– Encargos financeiros = Resultado Antes de Impostos (EBIT)	10.000 20.000	84.000 60.000
– Imposto sobre o rendimento exercício	8.000	24.000
= Resultado líquido	12.000	36.000

A empresa A apresenta um resultado líquido inferior ao da empresa B, mas uma rendibilidade das vendas superior. Isso se justifica porque:
- o custo das vendas de B é de 28%, enquanto o de A é de 40% das vendas (pela maior eficiência produtiva ou melhores condições obtidas nas compras – descontos – provável pelo maior volume de vendas);
- o EBITDA de B é superior ao de A. A empresa B está mais endividada e suporta encargos financeiros bastante superiores; estes absorvem quase 60% do EBIT, enquanto na empresa B apenas absorvem 33%. A cobertura dos encargos financeiros é de 4,2 em A e de 2,4 em B.

É, então, conveniente conhecer não só o grau de endividamento como também avaliar a *estrutura de endividamento*. Assim, na equação seguinte, vemos o peso do endividamento de longo prazo no endividamento total. Note que se a empresa tem sobretudo endividamento de curto prazo, é possível que se venha a defrontar com dificuldades de fluxo de caixa.

$$\text{Estrutura de endividamento de longo prazo} = \frac{\text{Capitais de terceiros de longo prazo}}{\text{Capitais de terceiros}}$$

É importante também determinar a capacidade da empresa para realizar seus compromissos derivados do financiamento com capitais alheios. O indicador de cobertura dos encargos financeiros permite verificar se a empresa está gerando meios suficientes para suprir o pagamento dos encargos financeiros. Assim, utilizamos os EBITDA, as amortizações e as provisões, que não representam saídas de fundos. Se o valor do indicador superar a unidade (> 1), então a empresa terá meios suficientes para pagar os juros devidos. O Indicador de Cobertura dos Encargos Financeiros é utilizado na análise do risco financeiro da empresa.

$$\text{Cobertura dos encargos financeiros} = \frac{\text{EBITDA + Amortizações + Provisões}}{\text{Encargos financeiros}}$$

Nota: O EBITDA mede todos os resultados que a empresa obteve durante o ano (com o ativo que teve para ser gerido), independentemente da forma de financiamento.

Os indicadores mais utilizados para observar a liquidez da empresa são os que analisam seu grau e capacidade de endividamento. Além disso, pode ser útil observar a capacidade de autofinanciamento de investimentos a realizar. O indicadores de autofinanciamento do investimento demonstram, para novos investimentos, a percentagem de capital que a empresa é capaz de financiar sem recorrer a capitais externos, ou seja, sem aumentar o seu endividamento (note que o capital de giro = resultado líquido + amortizações + provisões).

$$\text{Autofinanciamento do investimento} = \frac{\text{Capital de giro}}{\text{Investimento}}$$

A falência

A empresa entra em falência quando os sócios (frequentemente por imposição dos credores) decidem pelo encerramento da atividade, pelo fato de esta registrar um valor do passivo superior ao do ativo. Deve-se notar que nem sempre que o valor do passivo supera o ativo a empresa encerra, dado que podem surgir soluções que permitam a sua "viabilidade" futura. Então, quando ocorre a falência de uma empresa? Efetivamente, a falência não ocorre de modo repentino, antes é uma situação que se desenvolve ao longo do tempo, fruto de má gestão, má concepção do produto, eventos desfavoráveis, equipe de colaboradores pouco adequada etc. Há um conjunto de indicadores que dão o sinal de que algo não está bem:
   1. Incapacidade de rentabilizar os investimentos efetuados – quer em equipamentos, quer em marketing e publicidade.

(continua)

Aspectos Econômico-Financeiros da Nova Empresa

(continuação)

> 2. Dificuldades de liquidez, que se observam em um fundo de capital de giro negativo, indicando que o passivo de curto prazo é superior ao ativo de curto prazo e que as contas a pagar começam a exceder as contas a receber. Eventualmente, os clientes estão atrasando os seus pagamentos e os fornecedores exigindo que o pagamento se faça mais cedo que de costume. A solução pode passar por uma redução do nível de atividade ou alguns cortes no pessoal. Em todo caso, recomenda-se a assessoria externa.
> 3. A empresa começa a entrar em insolvência, porquanto não consegue cumprir os seus compromissos nas datas de vencimento. Muitos empresários nessa situação contam com a boa vontade de algum fornecedor que possa estar disponível para adiar o recebimento dos seus créditos para que a empresa talvez sobreviva.
> 4. À medida que as dificuldades aumentam, o valor do passivo supera o do ativo, e a situação de falência inevitavelmente se aproxima. Tudo termina quando o empresário tiver de liquidar os seus ativos para salvar as suas dívidas (ou a parte que for possível).

A falência – II

> E se o potencial empreendedor estiver pensando em comprar uma empresa já existente, há alguma forma de avaliar a situação financeira desta? Há. Além dos indicadores financeiros que observamos neste capítulo e da análise da atividade da empresa – conversando objetivamente com trabalhadores, clientes e fornecedores bem como analisando atentamente as variações abruptas e de justificação questionável –, o empreendedor pode procurar alguns sinais de dificuldades, tais como:
> a) a alteração dos métodos contábeis pode objetivar esconder uma situação econômico-financeira pouco atrativa (atente para a contabilização das amortizações e das provisões nas reavaliações dos ativos);
> b) a diminuição dos encargos com marketing pode indicar uma tentativa de reduzir os custos;
> c) o aumento do crédito concedido a clientes (as estratégias de concessão de crédito tanto podem ser a evidência de uma política comercial agressiva como o esforço de facilitar a venda) pode aumentar a tensão sobre o fluxo de caixa;
> d) o aumento do prazo médio de estocagem, que pode indicar tanto uma ineficiente gestão de estoques quanto uma dificuldade de vender;
> e) o aumento do prazo médio de pagamentos aos fornecedores, que pode ser sintoma da incapacidade de cumprimento;
> f) o aumento dos trabalhos para a própria empresa, que pode ser uma mera operação cosmética para elevar os proventos e aumentar resultados.
>
> Não se esqueça de procurar esclarecer quaisquer dúvidas que tenha na avaliação da empresa.

9.5.3 Os indicadores de atividade

Os indicadores de atividade, ou funcionamento, interessam sobretudo em uma perspectiva de curto prazo, na medida em que são indicadores do grau de utilização dos recursos pela empresa. O cálculo e análise desses indicadores é importante para a gestão de fluxo de caixa e a determinação das necessidades de fundo de maneio. Analisamos, em seguida, os três indicadores de atividade: prazo médio de recebimentos (PMR), prazo médio de pagamentos (PMP) e prazo médio de estocagem (PME).

O **PMR** permite observar o tempo médio que a empresa demora para receber os seus créditos (dos clientes). A concessão de crédito aos clientes pode facilitar a realização de vendas, mas gera a possibilidade de surgirem créditos incobráveis. Assim, um PMR que esteja aumentando pode indiciar dificuldades de liquidez (e/ou ineficiência nas cobranças) se não for acompanhado por uma dilatação do PMP aos fornecedores.

$$PMR = \frac{\text{Saldo médio de clientes}}{\text{Vendas}} \times 365$$

Já o **PMP** consiste no número de dias (semanas ou meses) que em média a empresa demora para pagar as dívidas aos fornecedores. Quanto menor o PMP, menor é o grau de financiamento dos fornecedores à exploração. Como os empréstimos de fornecedores não pagam juros – são uma forma de financiamento sem encargos – é desejável que esse prazo seja tanto mais longo quanto possível.

$$PMP = \frac{\text{Saldo médio de fornecedores}}{\text{Compras}} \times 365$$

O **PMS**, por sua vez, mede o tempo médio de permanência dos estoques na empresa. É importante ter um nível mínimo de estoques, sem pôr em risco o funcionamento normal da empresa. Um PMS elevado pode indiciar dificuldades nas vendas. No entanto, um PMS baixo significa que menos capital está "empatado" em estoque e, portanto, há menores encargos financeiros associados; menores custos de armazenagem associados; menor o risco de depreciação das existências; e menor o risco de se tornarem "elefantes brancos"[6].

$$PMS = \frac{\text{Saldo médio de existências}}{\text{Vendas}} \times 365$$

Atenção, no entanto, para evitar rupturas de estoques. As empresas de joalharia e construção civil têm, geralmente, PMS bastante elevados; em oposição aos supermercados, em que o PMS é muito reduzido. De modo geral, um valor elevado para o PMS pode evidenciar dificuldades nas vendas, podendo conduzir a um "envelhecimento" das mercadorias em armazém ou mesmo a sua degradação.

Postos esses parâmetros, é necessário observar o ciclo de caixa. Isso significa que é importante confrontar os valores apurados para os respectivos indicadores e determinar os reflexos na estrutura financeira da empresa; assim, por exemplo, se PMR > PMP, haverá maiores necessidades de capital de giro. Note, porém, que a duração do ciclo de exploração é função do negócio e da qualidade da gestão. O ciclo de caixa define as necessidades de financiamento do ciclo de exploração da seguinte forma:

---

[6] São chamadas de elefantes brancos mercadorias obsoletas ou que não estão em condições de uso e que, portanto, não podem ser vendidas.

Aspectos Económico-Financeiros da Nova Empresa

> \+ P.M. Estocagem
> \+ P.M. Recebimentos
> − P.M. Pagamentos
> = Ciclo de Caixa (em dias)

Exemplo

Suponha que a empresa ABC compre, em média, mercadoria que mantém em estoque durante dez dias antes da venda, e que o cliente demore, em média, 30 dias para efetuar o pagamento, enquanto a empresa paga aos seus fornecedores em 25 dias.

Neste exemplo, vemos que entre a compra da mercadoria e o recebimento do cliente decorrem 40 dias. Contudo, o fornecedor concede 25 dias de crédito, findos os quais a empresa tem de pagar as compras sem ainda ter recebido o valor das vendas do cliente. Essa é uma situação muito frequente e ilustra a necessidade de o empreendedor planejar cuidadosamente as suas necessidades de fundo de maneio.

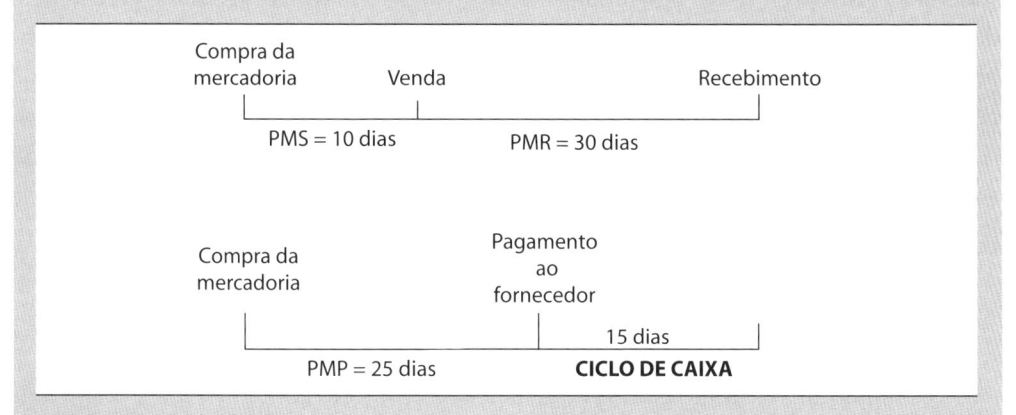

```
Compra da
mercadoria        Venda                       Recebimento
|_____|_____|
   PMS = 10 dias        PMR = 30 dias

                        Pagamento
Compra da                  ao
mercadoria             fornecedor
                                          15 dias
|_____|_____|
      PMP = 25 dias           CICLO DE CAIXA
```

Assim, é preciso obter financiamento para os 15 dias que decorrem entre a data de pagamento aos fornecedores e o recebimento dos clientes, conforme a figura anterior. O ideal seria que o PMP fosse superior a 40 dias, situação na qual o ciclo de caixa seria negativo (com excedentes de fluxo de caixa provenientes da exploração), como é o caso dos super/hipermercados.

Recorde que:

Os PMR e PMP informam sobre o número de dias (ou meses) que a empresa demora a receber ou pagar as suas vendas ou compras. A comparação desses índices é fundamental para avaliar o equilíbrio financeiro da empresa. Algumas dicas na análise:

- se o PMR for superior ao PMP, o fluxo de caixa da empresa poderá estar sob tensão;
- se o PMP aumenta de forma continuada (ou tem um aumento abrupto), pode indicar dificuldades de pagamento da empresa, e os fornecedores, conscientes das dificuldades, dificultam o crédito;
- um aumento do ciclo de caixa (PMR + PMS − PMP) provavelmente refletirá a existência de dificuldades;
- é desejável que o PMP seja inferior ao PMR; caso contrário, a empresa precisará de fundos para financiar xx dias de atividade;
- uma degradação do ciclo de caixa pode ser visível no balanço − pelo maior recurso a capitais alheios e, eventualmente, com aumento nos encargos financeiros, correspondentes aos juros dos empréstimos contraídos.

9.5.4 Os indicadores de rentabilidade

Rentabilidade é a aptidão para produzir lucro[7], sendo este definido como a obtenção de um montante de proventos superior aos custos incorridos para a sua geração. Os indicadores de rentabilidade permitem avaliar a rentabilidade da empresa, ou seja, o sucesso (a curto prazo) na produção de um excedente. Relacionam os resultados obtidos com os meios utilizados, porque indicam a relação entre o resultado (lucro/prejuízo) e as vendas (ou outra grandeza). Os indicadores de rentabilidade fundamentais são explicados a seguir:

A rentabilidade das vendas evidencia a relação entre os resultados e as vendas; e permite calcular o lucro obtido em cada unidade vendida. Esse indicador nos dá uma ideia dos resultados que as vendas estão gerando. Conforme se utilizam diferentes medidas do resultado, teremos os vários indicadores que apresentamos. A margem bruta (diferença entre as receitas das vendas e o custo das vendas), como uma percentagem das vendas, nos informa sobre a política e a capacidade da gestão em vender os seus produtos acima do custo e reflete a política de preços seguida pela empresa; revela a percentagem das vendas que sobra, tendo em vista a cobertura dos outros custos. Isso significa que a rentabilidade das vendas nos indica quanto a empresa ganha em cada real vendido. Essa é a verdadeira margem de lucro. Um valor baixo para o indicador revela preços de venda baixos e/ou custos de exploração ou financeiros elevados.

$$\text{Rentabilidade bruta das vendas} = \frac{\text{Margem bruta}}{\text{Vendas}}$$

A rentabilidade líquida das vendas depende de fatores como: o setor, a política de preços, a estrutura de custos operacionais, o nível de endividamento, os resultados financeiros, o nível de tributação dos rendimentos etc.

$$\text{Rentabilidade líquida das vendas} = \frac{\text{Resultado líquido}}{\text{Vendas}}$$

Podemos também calcular a Rentabilidade Operacional das Vendas (ROV), que relaciona os resultados operacionais com as vendas. Esse indicador mede o resultado que a empresa está gerando com sua atividade operacional – antes, portanto, de considerar eventos financeiros e extraordinários. Uma melhoria desse indicador pode revelar uma alteração dos preços, uma melhoria nos custos dos fatores utilizados no processo produtivo ou uma maior eficiência na utilização desses mesmos fatores.

$$\text{Rentabilidade operacional das vendas} = \frac{\text{Resultado operacional}}{\text{Vendas}}$$

---

[7] Lucro – resultado do exercício deduzido dos impostos sobre rendimento (se positivo) – daí a designação de lucro, lucro líquido ou resultado líquido, todas expressões equivalentes.

Além da rentabilidade das vendas, devemos comparar os resultados obtidos com o capital que lhes deu origem. Para isso, utilizamos o indicador de rentabilidade do investimento, rentabilidade do capital próprio e rentabilidade do ativo. A rentabilidade do investimento total avalia a rentabilidade de todos os ativos postos à disposição da empresa. Evidencia, assim, a relação entre o resultado líquido obtido pela empresa e o total dos recursos investidos.

$$\text{Rentabilidade do investimento total} = \frac{\text{Resultado líquido}}{\text{Ativo}}$$

A Rentabilidade dos Capitais Próprios (RCP) indica o nível de rendimento obtido com o investimento efetuado com capitais próprios. A RCP varia inversamente à proporção dos investimentos efetuados no investimento total[8].

$$\text{Rentabilidade do capital próprio} = \frac{\text{Resultado líquido}}{\text{Capitais próprios}}$$

Esse indicador permite ao investidor conhecer a rentabilidade (ou remuneração) dos capitais por ele investidos na empresa e compará-la com as taxas de mercado e outras alternativas de investimento. Idealmente, a RCP deve apresentar valores superiores às taxas de remuneração de aplicações financeiras disponíveis no mercado para igual nível de risco.

A Rentabilidade do Ativo exprime o desempenho (a rentabilidade) dos capitais totais investidos na empresa (ativo), independentemente da sua origem, sejam capitais alheios ou próprios.

$$\text{Rentabilidade do ativo} = \frac{\text{Resultado líquido}}{\text{Ativo}}$$

9.6 NOTAS FINAIS

Neste capítulo focamos alguns dos aspectos mais salientes da análise econômico-financeira que são fundamentais ao empreendedor. A nova empresa terá atividades de exploração, de financiamento e de investimento. No âmbito operacional, estão as atividades e decisões relativas aos provisionamentos, produção e comercialização, desde a obtenção até o consumo de recursos, a que vão corresponder os custos e proventos na demonstração de resultados. A situação patrimonial é expressa no balanço.

---

[8] Quanto maior (menor) a relação capitais próprios/alheios, menor (maior) a rendibilidade dos primeiros (já que o lucro será dividido por mais ou menos unidades de capital próprio). Então, um valor elevado de RCP não é necessariamente um indicador de boa gestão, podendo indicar a exiguidade de capitais próprios.

O ciclo financeiro da nova empresa deve ser cuidadosamente analisado, focando as atividades de obtenção de fundos adequados aos investimentos e às necessidades de financiamento do ciclo de exploração. Por fim, o ciclo de investimento abrange todo o conjunto de atividades e decisões correspondentes à análise e seleção de investimentos e desinvestimentos.

A obtenção de recursos, bem como a sua aplicação da forma mais eficaz, tem de ser uma preocupação do empreendedor, e a sua capacidade de fazê-lo será avaliada por potenciais investidores.

ANEXO – Para Trabalhar

Análise Econômico-Financeira da Nova Empresa

1. Relacione na tabela seguinte os seus custos mensais.

Item	Custo
Renda	
Leasing de automóvel	
Eletricidade	
Internet	
Telefone	
Celular	
Salário(s)	
Publicidade imprensa	
Seguro de automóvel	
Outros seguros	
Encargo com empréstimo(s)	
Encargo com *leasing*	

O Investimento

10

Objetivos
- Ajudar o leitor a compreender a decisão de investimento.
- Levar o leitor a entender a importância de um bom plano de investimento.
- Ajudar o leitor a compreender as diversas rubricas do plano de investimento.
- Ajudar o leitor a compreender os conceitos de capitalização e atualização.
- Levar o leitor a entender os métodos de avaliação do investimento.

10.1 INTRODUÇÃO

Com o estudo da decisão de investimento, pretende-se que o empreendedor conheça e compreenda as principais preocupações e conceitos envolvidos na realização de um investimento. Neste capítulo, apresentamos o conceito de investimento e distinguimos os vários tipos existentes, bem como um conjunto de conceitos e métodos de avaliação e seleção dos investimentos que são essenciais para a tomada de decisão sobre realizá-los, ou não. Objetivamente, focamos os conceitos de juro, de atualização e de capitalização, de necessidades de fundo de maneio, de custos e proventos diferenciais, de empréstimos e regimes de amortização, de fluxos líquidos de caixa (ou *cash flows*) etc. Esses conceitos servirão de base para a compreensão dos métodos de avaliação do investimento que analisamos: Valor Atual Líquido (VAL), Taxa Interna de Rentabilidade (TIR) e Período de Recuperação do Investimento (PRI ou *Pay Back Period*).

Um investimento é uma aplicação de fundos financeiros escassos para gerar um rendimento, durante certo período, de forma a aumentar a riqueza da empresa. Quando pensamos em investimento, não temos em mente apenas a transformação de capital em ativos (tangíveis e intangíveis) que serão usados na produção de produtos e de serviços, mas, sim, incluímos outras despesas, como as campanhas de marketing, de formação de pessoal, de Pesquisa e Desenvolvimento (P&D) etc. Em outras palavras, um investimento é qualquer despesa que origina rendimentos (ou economias) durante vários exercícios financeiros (anos).

Ou, de outra forma, podemos afirmar que um investimento é uma aplicação de fundos que gerará entradas futuras de fundos. No entanto, como esse excedente de receitas sobre despesas será constituído progressivamente, durante a vida útil do investimento, será necessário recorrer à *atualização* para tornar as receitas e as despesas equivalentes no tempo, como veremos à frente.

É fundamental estimar adequadamente o investimento, não negligenciando alguns aspectos, como os relativos a: (a) custos de contratação, formação e treino iniciais do pessoal contratado; (b) subestimação dos prazos (não cumpridos) necessários à realização integral do investimento; (c) não consideração da inflação; (d) subestimação das despesas de investimento; (e) sobrevalorização das receitas nos primeiros anos do projeto etc.

Qualquer que seja a atividade da nova empresa, há sempre origem para algum investimento, portanto, é importante entender os aspectos essenciais de qualquer decisão nesse sentido. Esses aspectos serão analisados neste capítulo.

10.2 A IMPORTÂNCIA DE REALIZAR INVESTIMENTOS

Por que é importante realizar investimentos? No caso de uma nova empresa, o investimento inicial permite criá-la adquirindo bens e equipamentos para a sua atividade de exploração, iniciando uma campanha de comunicação de marketing e formando a equipe. Todavia, é importante que as empresas já existentes também realizem investimentos, quer de modernização, quer de expansão, quer de aumento da sua capacidade competitiva. Os tempos de mudança em que vivemos exigem que as empresas façam um investimento contínuo nos recursos humanos, em modernos sistemas técnicos e tecnológicos e em processos de produção eficientes. Em larga medida, a realização dos investimentos irá condicionar a capacidade de a empresa aproveitar as oportunidades que o ambiente lhe proporciona.

As decisões de investimento são função de um conjunto de variáveis e fatores que dependem do tipo de investimento em apreciação. Quanto a seus objetivos, podemos classificar os tipos de investimento em: de substituição, de inovação, de expansão e estratégicos. Os investimentos de *substituição* visam a modernização de equipamento ou a sua mera substituição pelo desgaste do uso. Os investimentos de *inovação* podem visar a introdução de novos produtos/serviços ou a melhoria dos níveis de produtividade do trabalho, ou a redução de custos. Os investimentos de *expansão* objetivam aumentar a atividade com a entrada em novos mercados de produtos, ou espaços geográficos, e podem requerer o aumento da capacidade produtiva. Os investimentos *estratégicos* visam melhorar a posição ou a capacidade competitiva da empresa, a médio e longo prazo.

Contudo, todo o investimento possui um risco. Naturalmente, esse risco é diferente conforme o tipo de investimento. Por exemplo, há maior risco nos investimentos de inovação que nos de substituição. Também há o risco de as receitas futuras serem inferiores às esperadas e, no fim, apenas resultar... um prejuízo. Uma análise cuidadosa de todas as variáveis deve, portanto, ser efetuada antes de qualquer investimento.

10.3 ELEMENTOS DOS PROJETOS DE INVESTIMENTO

É importante avaliar o montante do investimento. Qualquer projeto de investimento é caracterizado por cinco elementos.

1. O investimento propriamente dito. Essa parcela do investimento engloba elementos como o preço de compra do equipamento, outros custos da aquisição (por exemplo, custo de transporte, alfandegários etc.), os gastos de instalação (incorridos para tornar os equipamentos operacionais), a formação do pessoal (particularmente relevante com a crescente complexidade tecnológica), e, ainda, outros investimentos associados (como a necessidade de aumentar a dimensão do refeitório pela contratação de mais colaboradores).

Precisamos ter em conta que, perante um *investimento de substituição*, faz-se necessário considerar o preço de venda do equipamento substituído, o qual deve, então, ser deduzido do preço de compra do novo equipamento, para efeitos de cálculo do montante de investimento necessário[1]. Nesse caso, se existe uma venda de equipamento antigo, considera-se apenas o valor líquido de impostos. Note que é frequente o bem ser vendido por um valor diferente do declarado na contabilidade (ou seja, por um valor diferente do valor contábil residual), constituindo a diferença um ganho de capital ou uma perda de capital conforme dê origem a um ganho ou uma perda. O primeiro, é sujeito a um imposto suplementar sobre ganho de capital, enquanto o segundo, por sua vez, resulta em uma economia de imposto. Assim:

Investimento =	Custo do Investimento −	Valor residual do ± Equipamento antigo	Economia de imposto ou imposto suplementar

---

[1] Os preços estimados para eventuais vendas de imobilizado, em particular no caso dos investimentos de substituição, devem ser livres de impostos e outras despesas necessárias à sua transação, como o imposto sobre ganho de capital, as despesas de desmontagem do equipamento etc.

De modo semelhante, também os bens dos quais a empresa já disponha, como pode ser o caso de um terreno que vai afetar um novo investimento, devem ser valorizados com base no seu custo de oportunidade – e esse pode ser o valor venal que afetará o projeto. Em outras palavras, se o investimento considerar a utilização de ativos próprios da empresa (edifícios ou terrenos), o seu valor venal deve ser considerado despesa inicial. Note que, utilizando esse bem, a empresa se priva de formas alternativas de rendimentos – por exemplo, as do arrendamento desse ativo.

Assim, temos de incluir nas despesas iniciais de investimento não só todas as despesas com o investimento como também as necessidades adicionais de fundo de maneio, que resultam do aumento do nível de atividade (ver Tabela 10.1).

Tabela 10.1 Plano de investimento

Rubricas	200x	200x + 1	200x + 2
1. Ativo fixo tangível			
1.1 Terrenos			
1.2 Edifícios e outras construções			
1.2.1 Ligados ao processo produtivo e às atividades administrativas			
1.2.2 Não ligados			
1.3 Equipamento básico e outros equipamentos			
1.4 Ferramentas e utensílios			
1.5 Material de carga e transporte			
1.5.1 Viaturas ligeiras ou mistas			
1.5.2 Outro material de carga e transporte			
1.6 Equip. administ. social e mobiliário diverso			
1.7 Outros ativos fixos tangíveis			
TOTAL 1			
2. Ativo fixo intangível			
2.1 Estudos e projetos			
2.2 Assistência técnica			
2.3 Aquisição de software			
2.4 Promoção e comercialização			
2.5 Outros ativos fixos intangíveis			
TOTAL 2			
3. Juros durante a construção			
4. Capital de giro			
TOTAL DO INVESTIMENTO (1 + 2 + 3 + 4)			

Fonte: elaborada pelos autores.

2. As necessidades de capital de giro[2]. Será também preciso calcular as necessidades de fundo de maneio (NFM) induzidas pelo investimento. Esse cálculo é particularmente importante no caso de novos empreendimentos e no caso de investimentos para aumento de capacidade. Note que um aumento de atividade origina um aumento dos valores do ativo circulante (especialmente estoques, créditos a clientes, IVA a recuperar). Se a atividade da empresa aumentar, aumentarão as necessidades, mas também aumentará o passivo de curto prazo (os recursos), principalmente os relativos a créditos de fornecedores, IVA a pagar, Segurança Social etc. É a diferença entre as aplicações e os recursos que indicará o montante real de necessidades adicionais em Fundo de Maneio (FM).

Para simplificar os cálculos, em uma fase de pré-avaliação do projeto de empreendimento, bastará avaliar as NFM adicionais nas componentes principais, que são: os estoques, as dívidas de clientes e os créditos de fornecedores, que representam, geralmente, cerca de 90% das NFM de exploração.

3. Os fluxos líquidos de caixa (ou *cash-flows líquidos*) – a expressão FLC designa o fluxo de receitas monetárias líquidas produzidas, anualmente, pelo investimento. O que pretendemos é determinar qual o excedente de exploração, e não qualquer resultado contábil. Assim, os FLC são calculados pela diferença entre as receitas de exploração diferenciais e os encargos diferenciais de exploração. Estes FLC não devem considerar o pagamento de quaisquer despesas financeiras. Por quê? Porque a decisão de investimento e de financiamento devem ser analisadas separadamente.

Para estimarmos os FLC, podemos seguir os elementos seguintes (Tabela 10.2):

Tabela 10.2 O cálculo dos FLC

Receitas = Vendas líquidas	+
Custo das vendas	(−)
Amortizações	(−)
Custos fixos	(−)
Custos variáveis	(−)
Resultado antes de impostos (RAI)	+
Imposto sobre lucros	(−)
Resultado líquido	+
Amortizações	+
Investimento	(−)
FLC	+

Fonte: elaborada pelos autores.

---

[2] O fundo de maneio é a diferença entre os ativos e os passivos de curto prazo. Os principais ativos de curto prazo são as disponibilidades, as contas a receber (que os clientes ainda não pagaram) e a existência de matérias-primas e de produto acabado. Os principais passivos de curto prazo são as dívidas a pagar.

Exemplo de determinação de um fluxo líquido de caixa (*cash-flow*)

Suponha um investimento que induziu um aumento do volume de vendas suplementar de R$ 100.000. Os custos diferenciais foram:

Materiais consumidos	R$ 30.000
Encargos com pessoal	R$ 12.000
Impostos e taxas	R$ 3.000
FSE	R$ 6.000
Despesas de transporte	R$ 4.000
Despesas diversas	R$ 3.000
Encargos financeiros	R$ 2.000
Total	R$ 60.000

Questão: Qual, então, o valor dos fluxos de caixa?

Resposta:
fluxo de caixa antes da aplicação de impostos = R$ 100.000 – R$ 60.000 = R$ 40.000
fluxo de caixa após impostos (consideremos o valor de R$ 10.000 para amortizações):
- materiais consumidos – R$ 30.000
- outros gastos – R$ 30.000
- amortizações – R$ 10.000

pelo que o resultado contábil = R$ 30.000
para uma taxa de tributação de 30% → R$ 30.000 × 30% = R$ 9.000
e, então, o fluxo líquido de caixa = R$ 40.000 – 9.000 = R$ 31.000

Esse cálculo deverá ser efetuado para cada ano de vida útil do investimento.

Nota: Recorde que **a amortização**, embora seja considerada um custo para efeitos fiscais, **não corresponde a uma saída de dinheiro**; a saída foi processada no ato do pagamento do equipamento adquirido.

4. A vida do investimento. Por vida do investimento identificamos os anos durante os quais se esperam FLC positivos. Esse período pode, ou não, ser idêntico ao da duração fiscal ou contábil. O cálculo dos FLCs será, então, realizado para o tempo de vida útil do investimento.

5. O valor residual. No final da utilização dos bens, estes poderão ter um valor residual positivo. O valor residual é o preço de venda, descontados os impostos do imobilizado. Em última análise, é o montante que se espera recuperar, por meio da venda, ao final do período de vida útil.

Exemplo

Suponha uma empresa XPTO que projeta um investimento para expansão da capacidade, no montante de 24 mil reais e que terá uma vida útil de seis anos (não consideraremos NFM nem o valor de revenda ao fim dos seis anos de vida útil, pelo que valor residual = 0). Os nossos estudos indicam que:

(continua)

O Investimento

(continuação)

(em mil R$)

Anos	1	2	3	4	5	6
Receitas (vendas) diferenciais	21	35	55	44	30	20
Encargos suplementares	14	23	37	29	20	14

Sabemos, ainda, que a empresa pratica o método de amortização linear a quotas constantes, pelo que R$ 24.000/6 anos = R$ 4.000/ano é o valor de amortização.

A taxa de impostos sobre os lucros é de 50%.

Nota: neste exemplo, não consideramos o valor do dinheiro no tempo, ou seja, não o atualizamos – como veremos mais à frente.

Resolução

(em R$)

| Anos | Balanço | | Exploração | | | P.L. | Fluxos líquidos de caixa |
	Montante de investimento	Recuperação	Encargos (saídas de caixa)	Amortização	Proventos c/ entradas de caixa	Imposto sobre os lucros	
ano 0	24.000						(24.000)
ano 1	1.050[1]		14.000	4.000	21.000	1.050	5.950
ano 2	700[1]		23.000	4.000	35.000	2.800	9.200
ano 3	1.000[1]		37.000	4.000	55.000	4.900	13.100
ano 4		550	29.000	4.000	44.000	3.850	11.150
ano 5		700	20.000	4.000	30.000	2.100	7.900
ano 6		500	14.000	4.000	20.000	700	5.300
ano 7		1.000					22.000

[1] Veremos nos quadros seguintes e o que significam esses cálculos.

Cálculos auxiliares:
Ano 1: $(21.000 - 18.000) \times 0{,}35 = 1.050$
Ano 2: $(35.000 - 27.000) \times 0{,}35 = 2.800$
Ano 3: $(55.000 - 41.000) \times 0{,}35 = 4.900$
Ano 4: $(44.000 - 33.000) \times 0{,}35 = 3.850$
Ano 5: $(30.000 - 24.000) \times 0{,}35 = 2.100$
Ano 6: $(20.000 - 18.000) \times 0{,}35 = 700$

Note também que os fluxos líquidos de caixa são obtidos pela soma dos resultados líquidos com as amortizações. Os resultados líquidos em cada ano são calculados por: proventos – custos – impostos (conforme Tabela 10.2).

Convém, agora, recordar alguns pontos já enunciados:

1. O montante do investimento pode ser superior ao da mera aquisição do equipamento.

2. Na situação de investimento de reposição/substituição, devemos considerar o valor de venda do equipamento antigo para o seu valor líquido (de impostos).

3. Temos de calcular as necessidades de capital de giro (NCG). Podemos fazer esse cálculo em percentagem do volume de vendas ou do número de dias de vendas (sem impostos – ou seja, vendas líquidas).

Suponha, para o exemplo anterior, que as NCG de exploração eram de 5% do volume de vendas. Teríamos, então:

(continua)

(continuação)

Ano	Volume vendas	V. vendas diferencial (relativamente ano anterior)	N. cap. giro exploração
Ano 1	21.000	+ 21.000	1.050 (21 × 5%)
Ano 2	35.000	+ 14.000	700 (14 × 5%)
Ano 3	55.000	+ 20.000	1.000 (20 × 5%)

(Essas NFM iriam surgir, na tabela anterior, na 2ª coluna – "Montante do Investimento" – assinaladas com um (1).)

Repare que só calculamos as NFM para os três primeiros anos, pois o nível de atividade começa a decrescer no 3º ano, a partir do qual iremos calcular a recuperação do fundo de maneio.

Ano	Volume vendas	V. vendas diferencial (relativamente ano anterior)	N. cap. giro exploração
Ano 4	44.000	– 11.000	550 (11 × 5%)
Ano 5	30.000	– 14.000	700 (14 × 5%)
Ano 6	20.000	– 10.000	500 (10 × 5%)
Ano 7	0	– 20.000	1.000 (20 × 5%)

4. No caso de o investimento dar origem a uma melhoria da produtividade, deveremos registrar a economia de custos como equivalente a uma receita.

5. Os montantes de **amortizações** (o diferencial) apenas são utilizados para calcular a tributação, pois não constituem, efetivamente, fluxos líquidos de caixa.

6. Apenas consideramos o aumento de proventos diferenciais (previsões de vendas) caso se trate de uma situação de inovação/lançamento de outro produto que possa vir a competir com um produto já existente. Os proventos diferenciais são obtidos por meio de:

Proveito diferencial = volume adicional de vendas – perda no volume de vendas

7. O diferencial de imposto tanto pode ser um acréscimo ao imposto como uma economia de imposto, sendo o diferencial calculado por meio de: (proventos diferenciais – total dos encargos diferenciais) multiplicado pela taxa de imposto. Se a base tributável do projeto for negativa (ou seja, os proventos diferenciais menores que os encargos diferenciais), o projeto gera uma economia de imposto de 50% da perda ligada ao investimento – essa economia de imposto deve ser considerada uma receita.

Quais são os fluxos relevantes para a avaliação de um projeto de investimento?

1. Só são relevantes os fluxos de caixa; não os resultados líquidos.
    - Os resultados não consideram o montante da despesa inicial do investimento, mas as amortizações.
    - Os resultados são determinados no momento da dívida, e não do pagamento.
2. São relevantes apenas os fluxos diferenciais.
    - A perspectiva a reter é: fluxos **com** e **sem** projeto.
    - Devem ser incluídos os custos de oportunidade (por exemplo, arrendamento de um armazém que não é realizado, venda de um terreno que não é efetuada).
3. Incluir os fluxos de caixa relativos a impostos.
4. Incluir no investimento um fundo de maneio, bem como a sua recuperação (parcial ou total) ao final do projeto.
5. Não imputar custos já existentes ao novo projeto.
6. Separar a decisão de investimento da decisão de financiamento; assim, não devem ser incluídos os juros de empréstimos obtidos.
7. O valor residual do investimento em capital fixo deve ser considerado no termo de vida do projeto.

10.4 MÉTODOS DE ATUALIZAÇÃO

Na avaliação dos investimentos, temos de considerar a dimensão TEMPO. Na prática, isso significa que não podemos ignorar o custo dos capitais. Fazê-lo pode induzir, por exemplo, a fazer investimentos que permitem recuperar o montante investido, mas não a parcela correspondente à remuneração desses capitais. Atualmente, os particulares (famílias) e as empresas recorrem a empréstimos (para a compra de habitação, consumo, investimento etc.) Temos um empréstimo quando uma entidade econômica (credor) cede temporariamente a outra (devedor) um montante de meios de pagamento, mediante uma remuneração (juro) que é contratada previamente.

É bem conhecida a expressão: "tempo é dinheiro". De fato, ao longo do tempo, em virtude do "fenômeno" juro, o capital aumenta de valor. O banco não lhe paga o seu depósito a prazo? E à vista? O que faz é propor uma taxa de remuneração e comprometer-se a, quando você desejar, lhe devolver o dinheiro. Da mesma forma, não é a mesma coisa possuir R$ 100,00 em 1º de julho de 2009 ou em 1º de julho de 2010. Por quê? Porque se você tiver R$ 100,00 em 2009, poderá emprestá-los a quem esteja disposto a pagar para utilizá-los durante esse período de 1 ano, e receber um valor superior a R$ 100,00 em 1º de julho de 2010. Dizemos então que, devido ao preço do dinheiro (de utilização deste) negociado, ter R$ 100,00 em 1º de julho de 2009 é equivalente a ter R$ 115,00 em 1º de julho de 2010.

O fundamental é compreender que o dinheiro tem valor diferente no tempo e que, em alguns casos, poderá aproveitar essa regra simples em seu benefício. Tome o exemplo a seguir:

Exemplo

Uma loja adquiriu a mercadoria A por R$ 100.000, e o pagamento ao fornecedor só ocorrerá sete meses depois.
Hoje, um mês após a sua aquisição, a mercadoria foi vendida, à vista, por R$ 98.000.
a) Em uma perspectiva contábil, a operação resultou em um prejuízo de R$ 2.000.
b) Em uma lógica de matemática financeira, esses capitais não são comparáveis por não estarem homogeneizados no tempo.
Note que o produto da venda pode ser aplicado durante seis meses e produzir uma taxa de rendimento de, por exemplo, 8% ao semestre:

$$J = 8\% \times 98.000 = R\$ 7.840$$

Nessa situação, o produto da venda, no momento de pagar ao fornecedor, irá valer R$ 105.840.
Logo, de acordo com a matemática financeira, essa operação deu um "lucro" de R$ 5.840.

É provável que você já tenha ouvido falar de capitalização, a qual é a transformação do capital em capital acrescido do juro, provocada pelo tempo. Apresentam-se, portanto, três componentes: (1) o capital, (2) o juro e (3) o tempo. A capitalização é o processo pelo qual um capital investido produz juro ao fim de certo período.

Contudo, a contagem desse juro não é sempre feita da mesma forma, o que nos leva ao estudo dos *regimes de juros ou de capitalização*.

A taxa de juro

> O dinheiro tem valor no tempo: uma unidade monetária atual equivale a um múltiplo dessa unidade em um período posterior. Então, um real hoje e um real no futuro são duas unidades diferentes, portanto não podemos somá-las nem compará-las. É com a taxa de juro que pretendemos estabelecer o preço do dinheiro no tempo, fazendo a relação entre uma unidade monetária no presente e um valor para essa unidade monetária no futuro.
>
> A taxa de juro representa a remuneração de uma unidade de capital por uma unidade de tempo; logo, o juro = capital x taxa x tempo. Compreendemos também que declarar que a taxa de juro é 15% é insuficiente. Deve-se definir o período a que ela se refere: ano, trimestre, mês, semana, dia, hora etc.

No caso de investimentos, temos de fazer um processo semelhante, mas inverso, na medida em que o investimento resultará em fluxos futuros e temos de conseguir comparar esses montantes. Ora, como já sabemos, não é a mesma coisa ter mil reais hoje ou ter mil reais dentro de cinco anos. Previsivelmente, os mil reais hoje valem mais que mil reais em um momento futuro. O que precisamos fazer é a *atualização* como forma de não negligenciar o fator tempo. Nesse sentido, note que o investimento só é rentável quando o somatório dos FLC permite a **recuperação da entrada inicial de fundos** e **remunerar o capital investido**. Este último, segundo o **método dos juros compostos**. O que isso significa? Vejamos os regimes de juros simples e compostos.

10.4.1 Os juros e a capitalização

Há dois tipos de regimes-base que é necessário compreender para entendermos o que significa a atualização em um projeto de investimento.

O *regime de juros simples*. Nesse regime, o juro (periódico) é pago no período a que diz respeito; portanto, é retirado do processo de capitalização, ficando o capital inicial sempre idêntico no início de cada período, e não há retenção do juro produzido. Nesse caso, o estoque de capital em cada vencimento é: $C_k = C_0$, e o juro de cada período igual a $J_k = r_k \times C_0$

Exemplo

> Suponha que contraiu um empréstimo com a CEF no montante de R$ 20.000, por cinco anos, para a aquisição de um veículo comercial leve, acordando uma taxa de 10% ao ano e o regime de juros simples. Quanto terá de pagar em cada um dos anos?
>
> **1º ano** – paga o juro periódico anual de:
> J1 = C0 × r = 20.000 × 10% = R$ 2.000
> **2º/3º/4º ano** – paga o juro anual de:
> J2 = C1 × r = 20.000 × 10% = R$ 2.000
> **5º ano** – paga o juro anual e reembolsa o capital recebido de empréstimo:
> J3 = C2 × r = 20.000 × 10% = R$ 2.000
> C0 = R$ 20.000
>
> Total a pagar à CEF = R$ 22.000

O Investimento

Em outros termos, no regime de juros simples só o capital inicial gera rendimentos, portanto:

$$J_1 = J_2 = J_3 = \ldots = J_n = \mathbf{r \times C0}$$

Então, juro total simples = J1 + J2 + … + Jn = **C0 × r × n**

e Cn = C0 + juro total = **C0 × (1 + n × r)**

O *regime de juros compostos*. Para a análise de projetos de investimento, o regime de juros compostos é o relevante. No regime de juros compostos, não há, geralmente, um pagamento periódico de juro, mas apenas um pagamento ao final de todo o processo de capitalização. Nesse regime, embora o juro "vença" em cada período, o seu pagamento só é feito ao final, integrando-se no capital em dívida e passando também a capitalizar (ou seja, a gerar juros sobre juros). Nesse caso, o juro em cada período de capitalização é igual ao capital inicial multiplicado pela taxa de juro, ou seja, $J_k = C_{k-1} \times r_k$

Assim, nesse regime, o juro periódico se mantém ao longo da duração do processo – não sendo pago (ou recebido) no final de cada período. Em consequência, os juros são adicionados ao capital inicial, originando, eles próprios, juros sobre juros.

Nessa situação, o capital acumulado ao final de todo o processo será dado por: **Cn = C0 × (1 + r)^n**. Nessa fórmula, (1 + r)^n é o fator de capitalização composta, pelo que o juro total (ou acumulado), a soma de todos os juros, pode ser calculado se conhecermos Cn e C0, a partir de C0 × (1 + r)^n – C0. Em outras palavras, no regime de juros compostos há recapitalização periódica integral dos juros na própria aplicação em curso. Assim, os juros vencidos tornam-se capital para contagem do juro no período seguinte.

Figura 10.1 Os regimes de juros

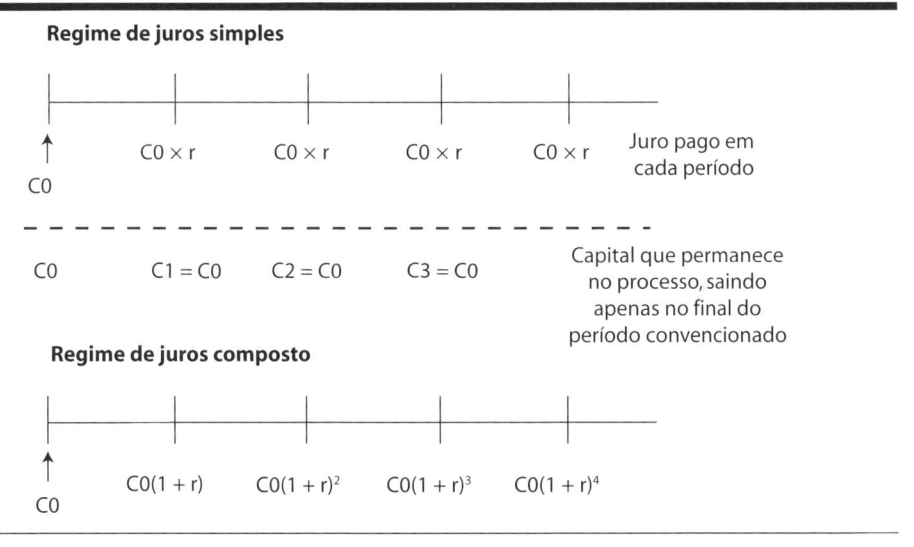

Regime de juros simples					
↑ C0	C0 × r	C0 × r	C0 × r	C0 × r	Juro pago em cada período
C0	C1 = C0	C2 = C0	C3 = C0		Capital que permanece no processo, saindo apenas no final do período convencionado
Regime de juros composto					
↑ C0	C0(1 + r)	C0(1 + r)^2	C0(1 + r)^3	C0(1 + r)^4	

Fonte: elaborada pelos autores.

Portanto, em resumo, a capitalização é a operação que permite determinar o valor futuro **F** de um valor presente **P** (ou seja, permite projetar no futuro fluxos de rendimentos atuais), considerando para o efeito a remuneração do dinheiro. Isso significa que o valor de R$ 1,00 será $(1 + i)$ dentro de **um** ano, e $(1 + i)^n$ dentro de **n** anos.

10.4.2 A atualização

A atualização é o inverso da capitalização, na medida em que permite conhecer qual é o valor atual de uma quantia no futuro, ou seja, a atualização permite projetar no presente os fluxos de rendimentos futuros. Assim, podemos saber quanto vale hoje uma quantia que iremos receber em um, dois ou **n** anos. Por exemplo, R$ 1,00 dentro de um ano é hoje $= 1/(1 + i)$, R$ 1,00 em dois anos é hoje $= 1/(1+ i)^2$ e podemos dizer que o **valor atual** de R$ 1,00 em n anos é igual a $1/(1+ i)^n$ reais.

É a atualização, ao considerar a dimensão TEMPO, que nos permite comparar corretamente quantias em diferentes momentos. É, assim, a técnica que possibilita comparar, com correção, dois investimentos cujos cronogramas, de recebimentos e pagamentos, são diferentes.

	t_0	t_1	t_2	t_3	t_4	t_n
Capitalização	x	$x.(1 + i)$	$x.(1 + i)^2$	$x.(1 + i)^3$	...	$x.(1 + i)^n$
Atualização	x	$x/(1 + i)$	$x/(1 + i)^2$	$x/(1 + i)^3$	...	$x/(1 + i)^n$

O fator de atualização $(1/(1 + i)^n)$ pondera o valor futuro de um fluxo de rendimento, convertendo-o em valor atual e possibilitando a sua agregação e comparação.

Exemplo

Quanto dinheiro precisamos depositar hoje, na CEF, com uma taxa de juro anual de 10% e em regime de juros compostos, para ter R$ 1.000 daqui a cinco anos ?

No regime de juros compostos,

$$Cn = C0.(1 + r)^n$$

Logo,

$$C0 = \frac{Cn}{(1 + r)^n} = Cn \times \frac{1}{(1 + r)^n}$$

Para ter R$ 1.000 daqui a cinco anos, necessitamos ter hoje:

$$C0 = \frac{1.000}{(1 + 0,1)^5} = 620,92$$

Ou seja, conhecendo Cn podemos determinar C0, utilizando o fator de atualização.

10.5 MÉTODOS DE AVALIAÇÃO DO INVESTIMENTO

Os métodos de avaliação de projetos consistem, basicamente, em indicadores de rentabilidade que têm a função e o objetivo de servir de suporte à decisão de efetuar, ou não, o investimento. Apesar de existirem métodos alternativos, aqueles que se baseiam em uma análise dos fluxos líquidos de caixa (ou *cash-flows*) são os adotados por nós, por serem os métodos mais usados para avaliação da rentabilidade dos projetos de investimento. Entre eles, analisaremos os seguintes:

- Valor Presente Líquido (*Net Present Value – NPV*).
- Período de Recuperação do Investimento (*Pay Back Period*).
- Taxa Interna de Retorno (*Internal Rate of Return – IRR*).

10.5.1 O valor presente líquido

O Valor Presente Líquido (ou VPL) mostra o excedente do valor acumulado dos fluxos líquidos de caixa de exploração atualizados, calculados para toda a vida útil do investimento, sobre o montante do capital investido. Ou seja, VPL = $\sum$ Fluxos líquidos de caixa atualizados – Investimento.

Em representação alternativa:

$$VPL = \sum \frac{\text{Fluxo de caixa líquido}}{(1+i)^n} - \text{Investimento}$$

Interpretação do VPL

Na análise de um investimento, podemos concluir que o projeto é rentável se o VPL for positivo (> **0**), o que significa que o projeto gerou fundos suficientes para amortizar integralmente o valor do investimento, para remunerar o investidor à taxa *i* e, ainda, gerou um excedente de fundos que iguala o valor obtido para o VPL.

- Se VPL > 0, o projeto proporcionará a recuperação integral dos investimentos e a remuneração dos capitais próprios investidos, além de gerar, ainda, um excedente.
- Se VPL = 0, o projeto permite a recuperação do investimento e a obtenção da remuneração desejada para os capitais próprios. O projeto pode ainda ser interessante. Nesse caso, a taxa *i* é igual à TIR, por definição.
- O projeto é rejeitado se o VPL < 0. Isso significa que o projeto não gera fundos suficientes atualizados à taxa *i*. Será necessário analisar se ele tem outro valor estratégico.

Entre dois projetos alternativos será escolhido aquele cujo VPL seja superior. Além disso, projetos com períodos de vida diferentes não são diretamente comparáveis; ver-se-á a solução possível. Lembre-se agora de que para tomar uma decisão definitiva de realizar, ou não, o investimento, será necessário considerar qual a forma de financiamento, pois esta altera significativamente os resultados obtidos.

Financiar com dívida?

A questão do financiamento do projeto com capital próprio e/ou capital alheio é frequentemente aflorada. Embora essa discussão não caiba neste estudo, pode-se usar o exemplo a seguir para ilustrar a importância da incidência fiscal na seleção da forma de financiamento. Pelos encargos financeiros serem considerados como custo fiscalmente aceito, o valor do projeto depende da forma de financiamento. Vamos chegar à conclusão de que os impostos cobrados pelo Estado favorecem o endividamento.

Em uma primeira fase da análise do investimento, pressupomos que o financiamento das despesas de investimento é garantido apenas por capitais próprios – motivo pelo qual não consideramos os custos financeiros de financiamento como componente das despesas de investimento. Mas esses custos serão considerados quando for analisada a decisão financeira de investimento – razão pela qual inserimos esses custos no mapa de fluxos financeiros.

	Proj. A	Proj. B	Proj. C	Proj. D
1. Capital próprio	200	800	1.000	–
2. Capital alheio	800	200	–	1.000
3. Capital total (1 + 2)	1.000	1.000	1.000	1.000
4. Fluxos de caixa	200	200	200	200
5. Encargos financeiros (K = 10%)	80	20	–	100
6. Fluxo de caixa após encargos financeiros (4 – 5)	120	180	200	100
7. Impostos (40%)	48	72	80	40
8. Fluxo de caixa após impostos (4 – 7)	152	128	120	160
9. Fluxo de caixa após encargos financeiros e impostos (4 – 5 – 7)	72	108	120	60
10. Taxa de rentabilidade capital total após impostos (K) (8/3)	15,2%	12,8%	12%	16%
11. Taxa de rentabilidade do capital de terceiros (K)	10%	10%	10%	10%

A análise financeira de um projeto de investimento deve ser independente das fontes de financiamento utilizadas. A atividade econômica de uma empresa precisa ser rentável por si própria, qualquer que seja a fonte de financiamento utilizada. Assim, os encargos financeiros com o financiamento do projeto de investimento devem ser calculados à parte dos cálculos de rentabilidade, mas, evidentemente, não podem ser esquecidos.

A taxa de rentabilidade é função do grau de endividamento; quanto maior o endividamento, maior a rentabilidade. Essa rentabilidade superior é devida à poupança fiscal, pela dedução dos encargos fiscais ao montante tributável.

A poupança fiscal é a diferença de imposto pago pelo projeto sem e com capital alheio.
Poupança fiscal do Proj. A = 80 – 48 = 32
Poupança fiscal do Proj. B = 80 – 72 = 8

O VPL como critério de seleção/exclusão de investimentos tem por base seguintes princípios:

- O dinheiro tem um valor no tempo. Um real hoje vale mais que um real amanhã, porque um real hoje pode ser aplicado e começar logo a gerar uma remuneração (um juro).

- O VPL depende dos FLCs previsionais do projeto e do custo de oportunidade atribuído ao capital.
- Na medida em que os VPL são contabilizados em unidades monetárias (reais) de hoje, podem-se adicionar esses valores [VPL (A + B) = VPL (A) + VPL (B)].

Exemplo

A empresa SE tenciona realizar um projeto de investimento com as seguintes características:
- Investimento em ativo fixo: R$ 420.000 (dos quais R$ 70.000 são para aquisição de terreno).
- Investimento em capital de giro de R$ 52.500 a ser realizado em parcelas iguais nos três primeiros anos.
- Vida útil de cinco anos.
- Valor residual do investimento de R$ 70.000.
- Recuperação do capital de giro.
- Remuneração desejada para os capitais próprios de 10%.
- Taxa de tributação dos rendimentos de 50%.

Questão: Este investimento deve ser realizado?

(em reais)

	Ano 1	Ano 2	Ano 3	Ano 4	Ano 5
Vendas	140.000	280.000	420.000	420.000	420.000
C. vendas	(42.000)	(84.000)	(126.000)	(126.000)	(126.000)
C. fixos	(85.000)	(85.000)	(85.000)	(85.000)	(85.000)
Amortizações	(70.000)	(70.000)	(70.000)	(70.000)	(70.000)
EBITDA	(57.000)	41.000	139.000	139.000	139.000
Imposto (50%)	28.500 **(A)**	(20.500)	(69.500)	(69.500)	(69.500)

Nota: (A) Como o valor de Resultado Antes de Encargos Financeiros e Impostos (poderia ter sido utilizado o Resultado Antes de Imposto) é negativo, teremos uma economia fiscal.

(em reais)

	Ano 0	Ano 1	Ano 2	Ano 3	Ano 4	Ano 5	Ano 6
Investimento							
Ativo fixo	(420.000)	–	–	–	–	–	70.000
Fundo de maneio		(17.500)	(17.500)	(17.500)	–	–	52.500
Vendas		140.000	280.000	420.000	420.000	420.000	
C. vendas		(42.000)	(84.000)	(126.000)	(126.000)	(126.000)	
C. fixos		(85.000)	(85.000)	(85.000)	(85.000)	(85.000)	
Imposto		28.500	(20.500)	(69.500)	(69.500)	(69.500)	
FLC	(420.000)	24.000	73.000	122.000	139.500	139.500	122.500 **(B)**
FLC atualizado	(420.000)	21.818	60.331	91.660	95.280	86.619	69.148

Nota: (B) Observe que se considera o valor residual do investimento em capital fixo (R$ 70.000) como o terreno – ao qual não fazemos amortizações –, razão pela qual o valor residual de R$ 70.000 não é um ganho de capital sobre o qual incidem os impostos.

(continua)

(continuação)

O projeto de Investimento da ABC apresentará os seguintes valores:

FLC	(420.000)	24.000	73.000	122.000	139.500	139.500	122.500 **(B)**
FLC acumulados		24.000	97.000	219.000	358.500	498.000	620.500
FLC atualizado	(420.000)	21.818	60.331	91.660	95.280	86.619	69.148
FLC atual. e acumulados		21.818	82.149	173.809	269.089	355.708	424.856

$$VPL = (420.000) + \frac{24.000}{(1+0,1)} + \frac{73.000}{1,1^2} + \frac{122.000}{1,1^3} + \frac{139.500}{1,1^4} + \frac{139.500}{1,1^5} + \frac{122.500}{1,1^6} = R\$\ 28.547$$

VPL (10%) = 28.547

Observações
1. Não se considerou a inflação. A análise é feita a preços constantes.
2. Caso se pretenda incluir a inflação, a uma taxa de 5%, por exemplo, além das óbvias alterações nos custos e vendas, o cálculo do VAL será feito para uma taxa de atualização de 15,5% (pois, TA = 1,1 × R$1,05 – 1 = 0,1556 = 15,5%).

Na prática

Suponha que a empresa MAPOR está avaliando um projeto de investimento de R$ 400.000. É solicitado o seu parecer.

Você deve dizer ao proponente para:
- Fazer uma previsão dos fluxos de caixa gerados pelo projeto ao longo do seu período de duração.
- Depois, determinar o custo de oportunidade do capital utilizado, fazendo refletir, nesse custo, tanto o valor do dinheiro no tempo como o risco do projeto.
- Utilizar o custo de oportunidade para atualizar os fluxos de caixa calculados inicialmente.
- Por último, calcular o VPL do projeto; subtraindo à somatória dos FLCs atualizados o valor atualizado do investimento.
- Se o VPL for maior que zero, recomende realizar o investimento!!

10.5.2 O período de recuperação do investimento

Esse método do período de recuperação do investimento (PRI ou *pay-back period*) permite conhecer qual o número de anos (meses ou dias) irá decorrer até a recuperação total do capital investido. O período de tempo necessário (anos, meses, dias) para a somatória das receitas líquidas (ou seja, deduzidas das despesas do exercício) – fluxos de de caixa acumulados – recuperar a despesa em investimento é designado por Período de Recuperação do Investimento (PRI).

No exemplo anterior, podemos calcular o PRI da seguinte forma:

Por observação da linha de somatória dos FLC, verifica-se que o investimento é recuperado em algum momento entre o 4º e o 5º ano, e mais especificamente:

$$PRI = 4\ anos + \frac{12 \times (420.000 - 358.500)}{(498.000 - 358.500)} = 4\ anos,\ 5\ meses\ e\ 9\ dias$$

O Investimento

Se pretendermos calcular o PRI tendo em conta a atualização dos fluxos, nesse caso o investimento só será recuperado entre o 5º e o 6º ano (por observação da linha de somatória dos FLC atualizados), ou seja:

$$\text{PRI atualizado} = 5 \text{ anos} + \frac{12 \times (420.000 - 355.708)}{(424.856 - 355.708)} = 5 \text{ anos, 11 meses e 5 dias}$$

Calculado o prazo de recuperação, se esse prazo for superior ao desejado pela empresa, o investimento não é feito. Entretanto, se privilegiarmos esse instrumento, iremos selecionar aquele projeto que tenha menor prazo de recuperação do investimento.

10.5.2.1 Críticas ao PRI como método exclusivo de seleção

Esse método ignora todos os fluxos posteriores à data de reembolso, o que gera distorções significativas, ao poder escolher entre dois projetos que, tendo igual PRI, um continua a gerar fluxos positivos posteriores, e o outro, não.

A maior utilidade do método PRI aplica-se a empresas que consideram a realização de investimento direto em países ou atividades que apresentam elevado risco político ou econômico, situação em que a recuperação pelo menos do capital inicialmente investido é uma preocupação importante – espera-se que a recuperação ocorra no menor período possível.

Trata-se de um método que, isoladamente, é de pouco interesse, sendo, sim, interessante conhecer quais os efeitos sobre o caixa da empresa e os efeitos dos projetos após a recuperação. Ainda, uma última nota para destacar que esse método é válido apenas para projetos com período de vida semelhante.

Exemplo

Considere-se dois investimentos A e B que exigem R$ 20.000 de investimento inicial e apresentam os seguintes fluxos de caixa:
- O proj. A – fluxo de caixa de R$ 6.500 por um período de seis anos.
- O proj. B – fluxo de caixa de R$ 6.000 por um período de dez anos.

	t_0	t_1	t_2	t_3	t_4	t_5	t_6	...t_{10}
Proj. A	–20.000	6.500	6.500	6.500	6.500	6.500	6.500	
Proj. B	–20.000	6.000	6.000	6.000	6.000	6.000	6.000	...6.000

Se a taxa de atualização mais adequada para esse tipo de investimentos for de 10%, qual o melhor investimento?
Note que:

$$\text{VPL (A)} = -2.000 + \frac{6.500}{1,1} + \frac{6.500}{1,1^2} + ... + \frac{6.500}{1,1^6} = \text{R\$ 8.309}$$

(continua)

(continuação)

$$VPL(B) = -2.000 + \frac{6.000}{1,1} + \frac{6.000}{1,1^2} + \ldots + \frac{6.000}{1,1^6} + \frac{6.000}{1,1^{10}} = R\$\ 16.867$$

Apesar do VPL do projeto B ser superior, o critério PRI leva a se ter preferência pelo projeto A. No entanto, continuam a não ser considerados os fluxos após o período limite de recuperação no método do PRI Atualizado.

10.5.3 A taxa interna de retorno

Como é evidente, o VPL de um projeto diminui com o aumento da taxa de atualização. A taxa interna de retorno (ou TIR) fornecerá a taxa para a qual o VPL é nulo (= 0). Como calcular a TIR? Esse método é progressivo e por "tentativa e erro", consistindo na procura, por aproximações sucessivas, da taxa que torna o VPL = 0. De outro modo, a TIR, sendo a taxa de atualização que torna VPL = 0, pode ser representada por:

$$VPL = -Io + \frac{C1}{(1+TIR)} + \frac{C2}{(1+TIR)^2} + \ldots + \frac{Cn}{(1+TIR)^n} = 0$$

No exemplo anterior, obteve-se um VPL de 28.547 para uma taxa de atualização de 10%. Como se pretende uma taxa que conduza a um VPL = 0, pode-se proceder com cálculos específicos da TIR:

$$0 = (420.000) + \frac{24.000}{(1+i)} + \frac{73.000}{(1+i)^2} + \frac{122.000}{(1+i)^3} + \frac{139.500}{(1+i)^4} + \frac{139.500}{(1+i)^5} + \frac{122.500}{(1+i)^6} = 11,655$$

Portanto, **TIR** = 11,655%

Em síntese, a TIR

1. Permite avaliar qual é, teoricamente, a taxa máxima de juro a que a empresa poderia financiar o investimento.
2. Como critério de rejeição, tem a vantagem de ser quase evidente. Um projeto com TIR inferior ao custo dos capitais é eliminado.
3. Uma TIR inferior ao valor definido pela empresa para rentabilidade interna é eliminado.
4. Entre projetos alternativos, o selecionado é o que apresentar a TIR superior.

10.5.4 O índice de rentabilidade

O Índice de Rentabilidade (IR) é o valor atual dos fluxos de caixa previsionais[3] dividido pelo valor do investimento inicial. Logo, IR = VP/Io

$$\text{Índice de rentabilidade} = \frac{\text{Valor presente dos fluxos líquidos de caixa de exploração e do valor residual do investimento}}{\text{Valor do investimento inicial (ou valor atualizado dos investimentos sucessivos)}}$$

---

[3] Os fluxos previstos para toda a duração do investimento.

O critério do IR leva-nos a concluir que:

- Se IR > 1 (ou seja, VAL > 0) – o projeto de investimento deve ser aceito (é interessante), porque, nessa situação, o Valor Atual será superior ao montante despendido no investimento. Logo, o VPL é positivo.
- Se IR < 1 – o projeto é rejeitado. Para VPL < 0, o projeto não possibilita a total recuperação e a remuneração desejada dos capitais a investir. No entanto, essa conclusão pode ser alterada com a decisão concreta sobre a forma de financiamento, porque os custos financeiros dos capitais alheios são aceitos fiscalmente, ao contrário dos advindos dos capitais próprios.

As dificuldades na utilização desse método surgem quando há contradição entre os dois métodos IR e VPL.

Por exemplo:

	t_0	t_1	IR	VP (10%)	VPL (10%)
Projeto X	–100	200	1,82	–182	82
Projeto Y	–10.000	15.000	1,36	13.636	3.636

Fonte: Ferreira, Santos e Serra (2008).

O método do IR confere ao projeto X a melhor classificação, mas o método do VPL dá a melhor classificação ao projeto Y. A forma de resolver esses problemas está fora do âmbito deste estudo[4]. Observe-se, no entanto, que afirmar (como sugere o IR) que se devem aceitar projetos de investimento que apresentem valores superiores a 1 (um) é equivalente a afirmar que se devem aceitar projetos com VPL positivo.

10.5.5 Seleção de projetos mutuamente exclusivos

No caso de projetos alternativos e mutuamente exclusivos, mais que aceitar ou rejeitar a realização do investimento, deve-se escolher, em alternativa, um ou outro. Considere os dois projetos com diferentes despesas de investimento e diferentes FLC de exploração. O objetivo é criar o máximo de riqueza.

	t_0	t_1	t_2	t_3	VPL (10%)	TIR
Projeto A	(10.000)	7.000	7.000	7.000	7.408	48,7 %
Projeto B	(1.000)	700	700	700	741	48,7 %

---

[4] Para melhor compreensão, ver a seção "Princípios de finanças empresariais" em *Ser empreendedor* (Ferreira; Santos; Serra, 2008).

Por qual optar? Se tivermos possibilidade de investir os restantes 9.000 em um projeto com taxa de rentabilidade igual ou superior, deve-se optar pelo projeto A ou pelo projeto B? Ou seja, opta-se pelo projeto B mais um projeto A – B.

	t_0	t_1	t_2	t_3	VPL (10%)	TIR
Proj. A	(10.000)	7.000	7.000	7.000	7.408	48,7%
Proj. B	(1.000)	700	700	700	741	48,7%
Proj. (A-B)	(9.000)	6.300	6.300	6.300	6.667	48,7%

E se o projeto B (o de menor dimensão) tiver maior rentabilidade, por qual optamos?

	t_0	t_1	t_2	t_3	VPL (10%)	TIR
Proj. A	(10.000)	7.000	7.000	7.000	7.408	48,7%
Proj. B	(1.000)	800	800	800	989	60,7%

Para escolher entre projetos de diferentes dimensões, o critério de seleção relevante é o VPL.

No caso de *diferentes períodos de duração* dos projetos, como não estamos a comparar situações idênticas, teremos de transformar o diferente no idêntico/comparável.

	t_0	t_1	t_2	t_3	VPL (10%)	TIR
Proj. A	(10.000)	7.000	7.000	7.000	2.148,8	25,7%
Proj. B	(15.000)	19.000	–	2.272,7	989	26,7%

Definiremos um horizonte temporal idêntico (pelo método do menor múltiplo comum) para ambos os projetos, supondo o reinvestimento. Então, para a situação descrita teríamos:

	t_0	t_1	t_2	t_3	t_4	t_5	VAL (10%)
Proj. A	(10.000)	7.000	7.000	(10.000)	7.000	7.000	3.763
Proj. B	(15.000)	19.000	(15.000)	19.000	(15.000)	19.000	5.703

Assim, de acordo com o VAL, escolhe-se o projeto B.

Observação

Considera-se que a empresa não dispõe de capitais – ou capacidade para obtê-los favoravelmente – para financiar todos os projetos de investimento, tendo de optar por uma alternativa. Assim, escolhe-se o projeto com VPL ou TIR superior. Para que a análise seja realmente válida, é importante que duas condições se verifiquem simultaneamente: (a) que o montante do investimento seja idêntico e (b) que a duração do projeto seja semelhante.

10.6 NOTAS FINAIS

Todas as funções da empresa devem ser envolvidas na decisão do investimento: aprovisionamento, produção, comercial, financeira, pessoal, investigação, direção-geral (esta última é que decide sobre o investimento). Há um fator de risco em uma decisão de investimento – o risco de o valor das receitas futuras ser inferior ao valor inicial dos fundos despendidos. Por essa razão, a decisão de investir deve ser subordinada à avaliação de alguns pontos, tais como: (a) o projeto de investimento deve ser objeto de um estudo de viabilidade, para, com base nas previsões iniciais, verificar-se o montante das receitas futuras; (b) deve ser realizada a construção de cenários ou a análise de sensibilidade de algumas variáveis consideradas mais importantes; (c) necessidade de uma análise das condicionantes financeiras – podem ter origem em uma política restritiva de crédito (condicionante externa) ou em condicionantes internas (conservar um determinado nível de endividamento ou certa capacidade de autofinanciamento etc.) –; (d) deve-se avaliar o impacto do investimento na estratégia da empresa (no caso de empresa já existente).

Certamente, a primeira etapa é a identificação de aspectos como a localização, a tecnologia, o mercado etc., mas é fundamental identificar todas as despesas do investimento em terrenos, construções, equipamento básico, equipamento de transporte, equipamentos administrativos e sociais, estoque de peças de substituição/manutenção, imobilizado intangível, juros intercalares durante a construção, fundo de maneio. Se, por um lado, a escolha da tecnologia[5] a ser utilizada no investimento condiciona o montante global das despesas de investimento e a rentabilidade futura da empresa (a seleção da tecnologia a ser incorporada deve, portanto, ser criteriosamente estudada por técnicos competentes que observarão todas as alternativas tecnológicas existentes); por outro lado, a dimensão do projeto é caracterizada por sua capacidade de produção anual, em condições normais de funcionamento. É importante lembrar que a dimensão ótima é condicionada por fatores como: a dimensão do mercado e as perspectivas de evolução, a tecnologia – que limita o volume máximo e

---

[5] A escolha irá considerar critérios de eficiência, redução da despesa inicial de investimento e dos custos de exploração necessários; irá levar em conta também o *layout* dos equipamentos e do edifício, despesas de montagem, ensaio e lançamento do negócio, consumos diários (horários ou por unidade), exigências de mão de obra, custos de conservação e manutenção etc.

mínimo do empreendimento, satisfazendo critérios de eficiência e rentabilidade –, a localização, a disponibilidade dos *inputs* necessários à laboração, a escassez de fontes de financiamento (capitais próprios dos promotores ou capitais alheios das instituições de crédito, entre outras).

É importante fazer uma boa avaliação dos montantes reais necessários ao investimento e avaliar a rentabilidade do projeto, de modo a garantir que seja superior ao custo dos capitais. A verdade é que todos os capitais têm um custo, devendo ser remunerados, mesmo os capitais próprios. Se a rentabilidade do projeto for inferior ao custo dos capitais, estará, de fato, gerando o empobrecimento da empresa.

ANEXO – Para Trabalhar

O Investimento da Nova Empresa

1. Determine para a sua nova empresa o montante de investimento necessário – faça uma listagem de todos os ativos tangíveis e intangíveis de que necessita. Indique os preços estimados. Use a tabela a seguir e acrescente os itens que considera necessários.

Item	Descrição pormenorizada	Qtde.	Preço
Automóvel de passeio			
Viatura comercial			
Secretária			
Cadeira de escritório			
Mesa-redonda			
Cadeiras para mesa-redonda			
Espaço comercial			
Telefone			
Celular			
Decoração			
Equip. de informática			
Software			

(continua)

O Investimento

(continuação)

2. Determine as necessidades de fundo de maneio.

	200x	200x + 1	200x + 2	200x + 3
Necessidades – fundo de maneio				
Reserva/segurança de caixa				
Clientes				
Disponível				
*				
TOTAL				
Recursos – fundo de maneio				
Fornecedores				
Estado				
*				
TOTAL				
Capital de giro necessário				
Investimento em fundo de maneio				

O **Plano** de Negócios
11

Objetivos
- Levar o leitor a entender o objetivo e a importância do plano de negócios.
- Levar o leitor a conhecer a estrutura do plano de negócios.
- Ajudar o leitor a compreender o que incluir em cada uma das partes do plano de negócios.
- Levar o leitor a conhecer algumas dicas para a apresentação do plano de negócios.

11.1 INTRODUÇÃO

Agora que já se decidiu a ser empreendedor, já identificou a ideia e o modelo de negócio, selecionou o mercado-alvo, identificou a concorrência, definiu o marketing mix, calculou as necessidades de investimento e as fontes de financiamento, chegou o momento de escrever o seu plano de negócios. A elaboração do plano de negócios é também uma oportunidade para o empreendedor analisar e refletir sobre todas as facetas da nova empresa e a sua coerência conjunta, em uma visão integrada do empreendimento.

O plano de negócios é um instrumento fundamental requerido por virtualmente todos os potenciais investidores para que possam avaliar o empreendimento que lhes é proposto. Aliás, é importante que o empreendedor perceba que um projeto não vale apenas pelos seus méritos técnicos, mas, sobretudo, pelo seu potencial de mercado e pela capacidade de o empreendedor captar o interesse dos financiadores. Podemos adiantar que os potenciais financiadores estarão particularmente atentos a aspectos como: quem são os empreendedores (credibilidade e capacidade), quem são os clientes-alvo e qual a necessidade identificada, a estratégia competitiva formulada (em particular, quais os fatores de diferenciação) e vários aspectos financeiros (necessidades de capital, taxa de retorno prevista sobre o investimento), entre outros. Lembre-se de que o plano de negócios é o documento escrito em que você explica, detalha e indica o que pretende atingir e o que a nova empresa irá fazer.

Não há um só modelo de plano de negócios, mas as suas componentes essenciais são as que apresentamos neste capítulo. Independentemente da estrutura final do plano de negócios, é importante que inclua itens como a explicação do modelo de negócios, que identifique os clientes e concorrentes, as necessidades de pessoal e o montante do investimento, além de um conjunto de elementos operacionais e financeiros. Note que todos esses aspectos já foram tratados nos capítulos anteriores, sendo que, nesta fase, o trabalho é escrever efetivamente o plano. Quem elabora o plano de negócios? Embora o empreendedor possa contratar um especialista ou um consultor, é importante que o próprio empreendedor participe ativamente nesse processo. Durante a elaboração, o empreendedor ainda vai notar algumas lacunas e incoerências que requerem pensamento e decisões.

Note que o plano de negócios deve prestar informação concisa e clara sobre todos os aspectos da nova empresa. No entanto, isso não significa que tem de ser extenso – deve ser extenso o suficiente para incluir a informação necessária, bem como conciso o suficiente para manter o interesse. Em muitos casos, umas 25 a 35 páginas são suficientes. Na organização do plano, evite usar demasiada criatividade, procure, antes, seguir a estrutura convencional para o seu projeto.

Segue-se uma breve descrição dos componentes do plano de negócio e um aviso: escrever um plano de negócios não é tarefa que se faça rapidamente e vai exigir tempo e esforço.

11.2 OS ELEMENTOS DO PLANO DE NEGÓCIOS

Os elementos do plano de negócios que analisamos em seguida são:

- Capa e índice
- Introdução/sumário executivo
- Apresentação do negócio
- A equipe fundadora e de gestão
- Apresentação da empresa e sua estrutura
- A análise do meio ambiente e do setor
- O plano de marketing e análise do mercado
- A estratégia da empresa
- O plano de organização e de recursos humanos
- O plano de produção ou operações
- O plano econômico-financeiro
- Plano/calendário de implementação
- Anexos

Ainda antes de passarmos à análise de cada um dos elementos do plano de negócios, é relevante destacar a importância de escrever o plano de forma simples, concisa, coerente e completa, ou seja, evite linguagem complexa, frases longas, erros tipográficos, frases de compreensão difícil, parágrafos demasiado longos. Antes, foque os aspectos essenciais, inclua figuras e tabelas que facilitem a compreensão dos dados e informações, escreva de forma objetiva, inclua dados e previsões realistas que consiga fundamentar e explicar.

No fundo, a questão fundamental é: qual ou quais as mensagens deseja transmitir no plano de negócios? Há um conjunto de mensagens importantes e que podem servir de orientação:

- Quem é o empreendedor ou equipe promotora e qual a sua competência para esse negócio?
- Em que consiste o produto ou serviço?
- O mercado-alvo é realista? Atrativo? Atingível?
- O negócio é viável? Viabilidade econômica? Viabilidade estratégica? Viabilidade organizacional?
- As previsões financeiras têm sentido? Estão elaboradas com base em dados realistas?
- Qual(ais) a(s) ideia(s) que o(s) promotor(es) têm para a nova empresa?

Note que os planos podem falhar por variadas razões e, em sua maioria, estas estão relacionadas à elaboração imperfeita do plano. Alguns exemplos de imperfeições incluem:

- Os objetivos definidos não são realistas e demonstram uma deficiente capacidade de análise dos empreendedores.
- O empreendedor não se compromete suficientemente com o negócio.
- O empreendedor não fez uma análise da concorrência.
- A análise do mercado-alvo não está bem fundamentada em necessidades identificadas, em oportunidades, ou a sua dimensão não é realista diante da capacidade da nova empresa.
- O empreendedor não transmite confiança.
- A apresentação oral do plano é deficiente.

Todas essas lacunas são superáveis.

11.2.1 Capa e índice

A capa deve incluir o nome da empresa, endereço, endereço eletrônico, número de telefone, data, informação para contato do(s) empreendedor(es).

11.2.2 Introdução/sumário executivo

A introdução ou sumário executivo são essenciais no plano de negócios, visto que é a primeira parte a ser lida pelos potenciais investidores. O sumário executivo é uma descrição breve de todo o plano de negócio; proporciona ao leitor, de forma breve, tudo o que ele precisa saber sobre as características diferenciadoras da nova empresa. Em alguns casos, o investidor pode pedir primeiro apenas uma cópia do sumário executivo e, somente depois, se este for suficientemente convincente, pedirá todo o plano. Dessa forma, se não for claro e interessante e não demonstrar os méritos do negócio... é provável que desencoraje os analistas de uma leitura integral do plano.

O sumário executivo deve, portanto, ser breve e dar uma "radiografia" do negócio. O que isso significa? Significa que deve fazer uma apresentação breve da empresa, do modelo de negócio, da oportunidade no mercado e do porquê dessa oportunidade (por exemplo, diante de uma alteração da legislação), da necessidade a satisfazer (por exemplo, qual o valor que o produto ou serviço irá acrescentar ao cliente), do investimento, da inovação tecnológica inerente e de possíveis vantagens competitivas.

11.2.3 Apresentação do negócio

A forma mais eficaz de apresentar o negócio é descrever a oportunidade que o empreendedor identificou – ou seja, o problema a resolver ou a necessidade a satisfazer – e depois descrever como o negócio será direcionado para satisfazer a necessidade. A descrição da oportunidade deve ser seguida de uma breve história da empresa, da missão e dos objetivos desta. Uma explicação da vantagem competitiva da empresa e uma breve descrição do modelo de negócios deve vir em seguida. Por fim, é preciso apresentar qualquer tipo de propriedade intelectual que a empresa possua, incluindo patentes, marcas, direitos de autor etc. A propriedade intelectual é a base para a avaliação da vantagem competitiva de muitas empresas empreendedoras, mais significativamente para as novas empresas de base tecnológica.

11.2.4 Equipe fundadora e de gestão

Um dos aspectos essenciais para os investidores é a equipe fundadora. Em última análise, quem são os empreendedores? Quais as suas capacidades e competências? Que legitimidade e conhecimentos trazem para o negócio? Note que se a equipe não for suficientemente boa, é provável que os investidores não tenham interesse em analisar melhor o plano. Portanto, além das informações básicas – dados pessoais (nome, naturalidade, residência etc.), formação acadêmica e outra formação complementar, atividade profissional atual e experiência profissional –, é fundamental que incluamos quaisquer outros elementos que permitam demonstrar as competências individuais. Informações adicionais, tal como um currículo mais detalhado, podem ser colocadas em um anexo.

A equipe de gestão também é importante na medida em que transmite credibilidade e legitimidade à nova empresa. Como já mencionamos, os investidores não se baseiam apenas em dados quantitativos ou objetivos; ao contrário, a sua percepção da viabilidade da nova empresa está relacionada com a percepção da qualidade e capacidade da equipe fundadora e de gestão. Se a equipe não for convincentemente boa, a maioria dos investidores não se interessará no investimento. Assim, inclua todos os elementos que ajudem a consolidar a imagem da equipe, incluindo um breve sumário das qualificações de seus membros, no qual expõe a experiência profissional prévia, resultados de trabalho, formação acadêmica etc.

11.2.5 Apresentação da empresa e sua estrutura

A apresentação da nova empresa é essencial. Contudo, o que é importante salientar? Nesse aspecto, não há grande novidade, devendo ser breve, mas incluindo alguns itens relevantes como: o nome ou denominação social, o logotipo, a composição da direção ou administração, os contatos e página de internet (se existir), o código de atividade econômica (CAE), a forma jurídica e as participações sociais e repartição pelos sócios e o organograma.

11.2.6 Análise do meio ambiente e do setor

Na análise do meio ambiente, o empreendedor descreve e analisa o ambiente em que a empresa vai operar. O objetivo é identificar os elementos que podem afetar as suas operações. O que devemos observar ao analisar o ambiente? Nessa análise, o empreendedor deve observar as várias dimensões ambientais:

- **Demográficas** – a demografia inclui aspectos como a taxa de crescimento da população, taxa de envelhecimento ou rejuvenescimento da população, distribuição etária, distribuição por sexo (ou gênero), as categorias socioprofissionais, os níveis de formação/educação etc.
- **Culturais** – esse item inclui mudanças nos valores e normas dominantes, nos estilos de vida, nas atitudes em relação ao trabalho, nas crenças e práticas religiosas, nos hábitos e costumes etc.
- **Ambientais** – com particular acuidade, a legislação e regulamentação ambiental, bem como a preocupação da empresa e da população com a proteção, preservação e conservação do da natureza.
- **Tecnológicas** – evolução dos conhecimentos científicos, investigação científica e técnica, progressos tecnológicos e inovações.
- **Econômicas** – mudanças na conjuntura econômica geral e setorial, no consumo, nos investimentos, no nível de emprego, nos preços, no crédito concedido etc.
- **Políticas e legais** (jurídicas e regulatórias) – em particular, o enquadramento jurídico da atividade da empresa e a legislação em vigor, bem como a

regulamentação governamental com impacto na atividade econômica em geral e da empresa em particular.

Tem particular relevância a análise do setor específico da empresa. Assim, nessa seção deve-se discutir as características (dimensão, atratividade, potencial de lucros etc.) e as tendências mais significativas no setor, inclusive aquelas que a empresa pretende explorar. É preciso também pensar sobre como a empresa se defenderá das ameaças identificadas e que reduzem a rentabilidade do setor. No entanto, note que, apesar do ambiente externo ser multidimensional, isso não significa que o empreendedor tenha de analisar cada uma e todas essas dimensões. O fundamental é fazer uma análise mais profunda das variáveis que lhe serão benéficas e daquelas que representam maior risco para a nova empresa.

Na análise do setor, os concorrentes são uma componente que não pode ser negligenciada. Isso significa que o empreendedor tem mesmo de observar quem são os concorrentes, onde estão, quais os atributos do seu produto, quais os canais de distribuição que utilizam, quais as condições de preço que oferecem etc. Dessa análise, o empreendedor compreende melhor como é que a nova empresa se posiciona diante dos concorrentes. O objetivo da nova empresa será diferenciar-se dos concorrentes, independentemente de a diferenciação ser conseguida oferecendo maior qualidade, menor preço, melhor assistência, maior eficiência, menor impacto ambiental, horário de atendimento mais extenso ou outro aspecto.

11.2.7 O plano de marketing e análise do mercado

É no plano de marketing que o empreendedor descreve qual será a estratégia global de marketing nas suas dimensões de *produto*, *preço*, *distribuição* e *comunicação* (também designadas por marketing mix). Isso significa que o empreendedor tem de esclarecer os objetivos de vendas e como pretende chegar ao mercado, analisando:

- **A política de produto ou serviço** – definir o produto/serviço que comercializa, incluindo aspectos como a embalagem, *design*, marca, quantidade etc.
- **A política de preço** – estabelecer o preço, as condições de pagamento, comparando o seu preço com o dos concorrentes, e decidir se vai adotar uma estratégia de penetração (preço baixo para encorajar a experimentação) ou de desnatação (preço elevado que será paulatinamente reduzido à medida que os progressos permitirem reduzir custos e se pretender atrair novas clientelas).
- **A política de distribuição** – definir o(s) canal(ais) de distribuição para chegar ao cliente (por exemplo, retalhistas, venda direta, venda por catálogo etc.).
- **A política de comunicação** – definir os meios de comunicação que irá usar para chegar aos clientes.

A análise do mercado é essencial e consiste em saber quem são os clientes e como define o mercado-alvo. Isso significa o esforço para conhecer a necessidade que a nova empresa irá procurar satisfazer, o que os clientes potenciais estão dispostos a pagar pelo produto etc. Portanto, irá identificar o mercado-alvo e qual o critério de segmentação que lhe permite definir quem são as pessoas que o compõem, onde estão, quando compram, por que compram, para que compram e qual o uso que dão ao que compram. A análise do mercado permite-lhe pensar melhor sobre a sua oferta.

11.2.8 A estratégia da empresa

O plano de negócios deve conter uma seção sobre a estratégia a seguir, na qual se especificam aspectos como a visão, a missão, os objetivos da empresa, a diferenciação do negócio, a análise SWOT e a estratégia adotada em relação ao mercado-alvo e aos concorrentes. Em parte, a estratégia é a continuação da análise sobre a concorrência, na medida em que estabelece como a empresa vai competir no mercado.

A estratégia da empresa é sempre (ou deve ser) orientada por objetivos, os quais são enquadrados pela visão e pela missão que os empreendedores definem para a nova empresa.

Importante

A **visão** consiste em uma declaração da direção que a empresa pretende seguir. A visão orienta o que a empresa deseja ser, razão pela qual deve indicar o caminho a seguir, a imagem que quer apresentar de si própria e a filosofia que guia a sua atuação.

A **missão** é uma declaração que reflete a razão de ser da empresa, qual o seu propósito, o que faz e o porquê da sua existência.

É importante que o empreendedor estabeleça os objetivos que pretende atingir a longo, médio e curto prazo. Esses objetivos podem ser definidos em termos de várias dimensões. Podem, por exemplo, ser estabelecidos em termos de quota de mercado pretendida, de volume de vendas, de lucros, de taxa de crescimento e de expansão da gama de produtos. Além disso, devem ser **SMART**: E**S**pecíficos, **M**ensuráveis, **A**tingíveis, **R**elevantes e **T**emporais (ter um horizonte temporal definido).

A análise **SWOT** (*Strengths, Weaknesses, Opportunities, Threats*) é um instrumento para apoiar a análise do ambiente e da empresa. Ao realizar uma análise SWOT, o empreendedor examina o *ambiente interno* da empresa (as suas forças e fraquezas) e o *ambiente externo* (as oportunidades e ameaças).

Embora o ambiente externo esteja fora do controle direto da empresa e do empreendedor, a nova empresa deve conhecê-lo e monitorá-lo com frequência de forma a aproveitar as oportunidades e evitar as ameaças. E, claro, a empresa pode sempre adaptar-se ao seu ambiente, tentar influenciá-lo (por meio de *lobbies*, associações comerciais e industriais) ou simplesmente mudando de ambiente.

Entretanto, que estratégia prosseguir? Quanto a isso, podemos optar por seguir uma das *três* estratégias genéricas de Porter (ver Capítulo 5):

1. *Liderança pelos custos* – a empresa procura reduzir ao máximo os seus custos de produção de modo a poder praticar preços mais baixos que os concorrentes.
2. *Diferenciação* – a empresa procura oferecer um produto com características distintas dos concorrentes. A distinção pode ser nos serviços incorporados, na qualidade, na imagem, na fiabilidade, no *design*, ou seja, em qualquer atributo que seja valorizado pelo mercado-alvo.
3. *Foco (ou enfoque)* – a empresa procura orientar a sua oferta para um pequeno segmento de mercado (ou nicho) e ser líder nesse segmento.

A estratégia tem de estar em sintonia com os objetivos, o marketing e as capacidades de recursos da empresa – mais precisamente, os recursos financeiros para financiar planos de expansão da carteira de produtos, mercados (geográficos) ou de negócios.

11.2.9 O plano de organização e de recursos humanos

As empresas necessitam de recursos humanos e de uma estrutura organizacional para funcionarem eficazmente. Isso significa que é necessário planejar as necessidades de recursos humanos, as competências que estes devem possuir e as suas tarefas. Portanto, é importante que inclua uma apresentação da equipe de trabalho, da planificação das necessidades de recursos humanos, das funções, das capacidades necessárias e do perfil desejado, da estrutura organizacional (organograma), e mesmo de um programa de formação dos colaboradores.

11.2.10 O plano de produção ou de operações

É na seção correspondente ao plano de operações que o empreendedor descreve como se realiza a fabricação dos produtos ou a prestação de serviços. Em alguns casos, o que dependerá da complexidade da própria produção e da tecnologia utilizada, pode ter vantagem em analisar o *layout* de produção e explicar cada uma das fases do processo de produção/prestação de serviços. Em particular, no caso dos serviços, se o modelo de negócio é novo, pode ser interessante explicar em que consiste. No entanto, note que, já na introdução, pode-se ter incluído uma breve descrição. Evite demasiada repetição e seja sucinto, coerente, expondo toda a informação relevante.

Assim, essa seção trata das operações diárias da empresa. Uma perspectiva sobre os planos de produção (ou distribuição de serviços) deve ser seguida por uma descrição da rede de fornecedores, parceiros de negócio, prestadores de serviços etc., que serão necessários para construir o produto ou serviço que a empresa venderá. Devem ser indicados quaisquer riscos ou regulamentações a que as operações devem atender, como as regulamentações relativas a resíduos e desperdícios, normas de trabalho e segurança dos trabalhadores etc.

11.2.11 O plano econômico-financeiro

É no plano econômico-financeiro que o empreendedor demonstra as capacidades da sua nova empresa quanto à viabilidade financeira e probabilidade de sucesso. Nessa seção, o empreendedor deve incluir os aspectos relativos ao plano de investimento e financiamento. A seção deve expor qual o financiamento será necessário nos próximos três a cinco anos e explicar como os fundos serão usados (ou um mapa de *origens e aplicações de fundos*); deve também incluir as projeções financeiras para demonstrar a viabilidade financeira do empreendimento, tais como demonstrações de resultados, balanços, mapas de fluxos de caixa. Além disso, será preciso incluir um orçamento de caixa (previsão de recebimentos e pagamentos a realizar em um determinado período) e, eventualmente, uma análise do ponto crítico das vendas – volume de vendas em valor e em quantidade para o qual a empresa obtém "lucro zero". Os indicadores de gestão (análise de indicadores econômico-financeiros) servem para analisar a viabilidade do negócio (por exemplo, indicadores de rentabilidade, valor atualizado líquido, taxa interna de rentabilidade, prazo de recuperação do investimento). Note que o plano de negócio deve ser feito com base em projeções realistas, uma vez que é possível que os investidores e bancos o questionem sobre os pressupostos que usou em suas projeções.

No *plano de investimento* discriminam-se as rubricas onde serão feitos os investimentos (por exemplo, equipamentos fabris e de escritório, edifícios, patentes, marcas, software, decoração, veículos etc.) e quais os montantes envolvidos.

No *plano de financiamento* descrevem-se quais os recursos financeiros necessários à empresa e quais as fontes de financiamento. Lembre-se de que, como vimos no Capítulo 8, o empreendedor pode recorrer tanto às suas próprias poupanças, empréstimos de familiares ou amigos quanto a financiamentos externos (capitais de risco, investidores anjo, empréstimos bancários, subsídios de programas de incentivo ao investimento).

Recomendamos que inclua, finalmente, uma análise de sensibilidade. Esta consiste, em essência, em um exercício de construção de cenários que permite aferir a viabilidade do negócio quando alguns fatores como as vendas, o preço de vendas, certos custos etc. sofrem variações.

11.2.12 O plano/calendário de implementação

Elaborar um cronograma de execução é uma boa ideia. Nesse processo, o empreendedor compreende melhor as diversas etapas e consegue planejar melhor as necessidades financeiras que cada etapa requer.

11.2.13 Os anexos

Em documento anexo, o empreendedor deve incluir toda a informação relevante que não seja disposta em outras partes do corpo do plano. Por exemplo, pode incluir em anexo os elementos curriculares dos empreendedores promotores, estudos de mercado, elementos do marketing e imagem da empresa, diagramas dos protótipos dos produtos, *layouts* de espaços comerciais, projeções financeiras mais detalhadas, declarações de interesse de potenciais clientes, organograma, registro de alguma propriedade intelectual, estudos de localização etc.

Dicas a seguir na elaboração do plano de negócios

É importante que se elabore um plano de negócios eficaz; para isso, você deve seguir um conjunto de regras.

1º *Assegure-se de que o plano é de fácil leitura*
Isso significa que não deve ser excessivamente longo nem incluir muita "informação paralela" – que distraia o leitor do que é essencial. Deve estar bem escrito, mas de forma concisa, com explicação dos termos técnicos usados, sem gírias e com formatação adequada. Portanto, inclua todos os detalhes e aspectos importantes, mas coloque no anexo os dados secundários.

2º *Garanta que o plano tem um aspecto visual profissional*
Atente para a qualidade do papel, ao *layout*, à qualidade de impressão, bem como à estrutura e aspectos formais.

3º *Mostre a legitimidade e competência da equipe*
Provar que a empresa é constituída por colaboradores qualificados e com legitimidade e credibilidade. Esses colaboradores possuem as competências e os conhecimentos necessários para responder aos desafios – dificuldades e oportunidades – que se apresentem à empresa. Incluir o currículo detalhado dos principais colaboradores da equipe, destacando as suas realizações e, em particular, as que são relevantes para a atividade da nova empresa. Diz-se comumente que um bom empreendedor pode tornar uma má ideia um negócio lucrativo e que um mau empreendedor pode levar uma ótima ideia à falência.

4º *Coloque o mercado no centro do estudo*
Muitos empreendedores ficam entusiasmados com as características técnicas do produto, mas é mais importante que o plano se concentre sobre o mercado, a oportunidade e as necessidades dos clientes.

5º *Mostre o que distingue o negócio dos concorrentes*
Explique o que é diferente e único na sua empresa que lhe confere uma vantagem competitiva diante dos concorrentes.

6º *Mostre que conhece os riscos*
O plano deve conter uma análise SWOT, mas também explicar bem quais são os maiores riscos potenciais e como o empreendedor prevê ultrapassá-los. Mostrar que conhece os riscos dá credibilidade, porque todos os negócios têm riscos e omiti-los é má estratégia. Assim, reconheça os riscos e adiante como pensa ultrapassá-los. Projete o impacto desses riscos sobre variáveis-chave, como as vendas ou os custos.

7º *Inclua projeções realistas*
O plano deve ser realista em suas previsões de vendas, custos e crescimento. Evite sub ou sobre-estimar aspectos como o volume de vendas, a quota de mercado, a concorrência etc. No entanto, tome cuidado para não fazer projeções simples de vendas, com base apenas na capacidade de produção. Só idealmente as vendas igualarão a capacidade produtiva, razão pela qual deve fundamentar as suas projeções em dados realistas do potencial do mercado e concorrência. Aliás, é a capacidade de produção que deve ser ajustada às vendas previsionais, e não o inverso.

(continua)

(continuação)

> 8º *Atenção à conclusão*
> Muitas vezes, tendemos a recordar aquilo que nos foi apresentado por último; por isso, procure concluir sempre com uma nota positiva, demonstrando confiança e enfatizando o bom potencial do negócio.
>
> 9º *Evite excesso de jargão técnico*
> Evite usar jargão técnico em excesso na descrição do produto, tecnologia, mercados ou processos. Lembre-se de que o leitor do plano – como investidor potencial – pode não ter a formação técnica para entender os jargões e, se não compreender o PN, não vai entender o negócio que lhe propõe. Portanto, use escrita simples e clara.
>
> 10º *Procure outras opiniões*
> Mostre o seu plano a outras pessoas, especialistas ou não, para obter sugestões e formas de melhorá-lo.

11.3 A APRESENTAÇÃO ORAL DO PLANO DE NEGÓCIOS

A apresentação do plano de negócios merece cuidados especiais. Se o plano de negócios escrito for bem-sucedido em captar a atenção e interesse de potenciais investidores, o passo seguinte é encontrar-se com o investidor e apresentar pessoal e oralmente o plano. É possível que o investidor peça para você uma apresentação de 20 a 30 minutos, por meio de algum software (ou outro meio visual), bem como que responda a algumas questões. Assim, é importante saber o que apresentar e conhecer algumas dicas para uma apresentação mais eficaz.

O empreendedor deve preparar uma apresentação em MSPowerPoint® ou outro software com apelo visual. A apresentação dos slides deve ser suave e bem ensaiada, estes devem estar bem construídos, e não cheios de texto ou outros materiais. No entanto, note que a primeira regra em uma apresentação é seguir instruções que lhe são dadas, e não exceder o tempo atribuído.

O que cobrir na apresentação do plano de negócios

Os aspectos mais importantes a expor em uma apresentação para os investidores (com indicação do número de slides que poderá usar) estão dispostos a seguir.
- **A empresa** – faça uma apresentação rápida da empresa e do seu mercado-alvo (um slide).
- **Oportunidade (problema ou necessidade)** – é o coração da apresentação (dois ou três slides).
- **Solução** – explique como a empresa resolverá o problema e como irá satisfazer a necessidade (um ou dois slides).
- **Força da equipe de gestão** – explique as capacidades de cada um dos membros da equipe de gestão (um ou dois slides).
- **Propriedade intelectual** – explique a propriedade intelectual que a empresa tem (um slide).
- **Setor, mercado-alvo e concorrência** – descreva o setor em que a empresa vai competir, o seu mercado-alvo e os concorrentes diretos e/ou indiretos (dois ou três slides).
- **Financeiros** – discuta os dados financeiros. Enfatize quando a empresa atingirá lucros positivos, quais os capitais necessários e quando atingirá o *break-even* (dois ou três slides).
- **Necessidade e estratégia de de saída** – discuta a quantidade de capital solicitada e a estratégia de lançamento (um slide).

11.4 NOTAS FINAIS

O plano de negócios tem, para a maioria das empresas, dois usos – dentro e fora da empresa. Dentro da empresa (trabalhadores), o plano ajuda a desenvolver um *road map* a seguir na execução das estratégias e planos. Em outras palavras, um plano de negócios que articule claramente a visão e os planos futuros da empresa, bem como ajude os trabalhadores a operar de forma consistente e integrada. Fora da empresa, apresenta aos investidores potenciais e outros *stakeholders* qual é a oportunidade de negócio que a empresa persegue e como pensa implementá-la. O plano deve reforçar a ideia de que a empresa é uma boa utilização para os fundos dos investidores.

É essencial que o empreendedor comunique eficazmente a sua ideia de negócio, a fundamente com a oportunidade que percebeu, identifique e mostre os méritos da sua equipe e as perspectivas de futuro. O plano de negócios é a peça em que todas as componentes se encaixam, dando coerência à nova empresa.

Referências

ABRANTES, A. C. Fundamentos de Patentes. Curso de Propriedade Industrial. INPI, 2005. Disponível em: <http://www.inpi.gov.br>. Acesso em: 25 maio 2009.

ADAMS, J. S. Inequity in social exchange. *Adv. Exp. Soc. Psychol.*, n. 62, p. 335-343, 1965.

ALDRICH, Howard; ZIMMER, Catherifle. Entrepreneurship through social networks. In: D. Sexton and R. Smiler (Eds.). *The art and science of entrepreneurship*. Cambridge, MA: Bailinger Publishing Co., 1986.

ALMEIDA, F. N. *O gestor:* a arte de liderar. Lisboa: Editorial Presença, 1996.

ALMEIDA, F. N. *Psicologia para gestores:* comportamentos de sucesso nas organizações. Lisboa: McGraw-Hill, 1995.

ALVES, Luciana. *As novas ferramentas de avaliação de solvência das empresas no contexto de Basileia II, Panorama da insolvência em Portugal*. Lisboa, 24 nov. 2004.

ALVEY, John. *Formas de comunicação*. Lisboa: Teorema, 1995.

ARAÚJO, António. *Manual de projectos de investimento*. Lisboa: Editora Rei dos Livros, 1999.

ASSOCIAÇÃO BRASILEIRA DE FRANCHISING. Disponível em: <www.portaldofranchising.com.br>.

BARANGER, P.; HELFER, J. P.; BRUSLERIE, H.; ORSONI, J.; PERETTI, J. *Gestão:* as funções da empresa. Lisboa: Edições Sílabo, 1990.

BARRINGER, Bruce; IRELAND, Duane. *Entrepreneurship*: successfully launching new ventures. 2nd ed., New Jersey: Prentice Hall, 2007.

BARROS, Carlos. *Decisões de investimento e financiamento de projectos*. Lisboa: Edições Sílabo, 1995.

BERGER, Alien; UDELI, Gregory. The economics of small business finance: the roles of private equity and debt markets in the financial growth cycle. *Journal of Banking & Finance*, v. 22, n. 6-8, p. 613-73, 1998.

BHAT, S.; MCCLINE, R. What motivates an entrepreneur? *Business Standard*, 19 abr. 2005. Disponível em: <http://www.rediff.com>. Acesso em: 31 out. 2006.

BIRLEY, S.; WESTHEAD, P. A comparison of new firms assisted and non assisted areas in Great Britain. *Entrepreneurship and Regional Development*, v. 4, n. 4, p. 299-238, 1992.

BOCK, Wally. *Performance talk:* the one-on-one part of leadership. BookSurge Publishing, 2006.

BORGES, António; RODRIGUES, Azevedo; RODRIGUES, Rogério. *Elementos de contabilidade geral.* Lisboa: Rei dos Livros, 1990.

BOWEN, D.; HISRICH, R. The female entrepreneur: A career development perspective. *Academy of Management Review,* n. 2, p. 393-407, 1986.

BYGRAVE, William. *The portable MBA in entrepreneurship.* 2. ed. New York: John Wiley & Sons, 1997.

CADILHE, Miguel. *Matemática financeira aplicada.* 3. ed. rev. e atual. com a colaboração de Rosas do Lago. Porto: Edições Asa, 1994.

CARDOSO, Luis. *Gestão estratégica:* enfrentar a mudança. Lisboa: IAPMEI, 1992.

CARLAND, A.; CARLAND, J. An empirical investigation into the distinctions between male and female entrepreneurs and managers. *International Small Business Journal,* v. 9, n. 3, 1991.

CARRIER, Camille. Intrapreneurship in large firms and SMEs: a comparative study. *International Small Business Journal,* v. 12, n. 3, p. 54-61, 1994.

CHAPMAN, C. B.; COOPER, D. F.; PAGE, M. J. *Management for engineers.* New York: John Wiley & Sons, 1994.

CHEN, Chao; GREENE, Patricia; CRICK, Ann. Does entrepreneurial self-efficacy distinguish entrepreneurs from managers? *Journal of Business Venturing,* n. 13, p. 295-316, 1998.

CHIA, Robert. Teaching paradigm shifting in management education: university business schools and the entrepreneurial imagination. *Journal of Management Studies,* v. 33, n. 4, p. 409-28, 1996.

CHIAVENATO, Idalberto. *Introdução à teoria geral da administração.* Rio de Janeiro: Campus, 2000.

CLARK, Charles. *Idea management:* how to motivate creativity and innovation. New York: Amacom, 1980.

CLARKE, Peter J. *Accounting information for managers.* Dublin: Oak Tree Press, 1994.

COSTA, Horácio; RIBEIRO, Pedro. *Criação & gestão de microempresas & pequenos negócios.* Lisboa: Lidel, 2007.

COSTA, Ricardo. *Persona:* manual prático de gestão de pessoas. Lisboa: Bertrand Editora, 2003.

CUNHA, Miguel P. *Teoria organizacional, perspectivas e prospectivas.* Lisboa: Publicações Dom Quixote, 1999.

DEMARTINO, R.; BARBATO, R. *Gender differences among MBA entrepreneurs.* Rochester: Rochester Institute of Technology, 2002.

DOLLINGER, Marc. Entrepreneurship: strategies and resources. 2nd ed. New Jersey: Prentice Hall, 2002.

DORNELAS, Jose. *Empreendedorismo corporativo.* Rio de Janeiro: Elsevier, 2003.

DORNELAS, Jose. *Empreendedorismo:* transformando ideias em negócios. Rio de Janeiro: Elsevier, 2005.

DRUCKER, Peter. *Gerindo para o futuro.* Lisboa: Difusão Cultural, 1992.

DRUCKER, Peter. *Innovation and entrepreneurship.* New York: Harper Collins, 1993.

EL-NAMAKI, M. Small business: the myths and reality. *Long Range Planning*, v. 23, n. 4, p. 78-87, 1990.

ESTANQUEIRO, António. *Saber lidar com as pessoas*. Lisboa: Editorial Presença, 1993.

FAGENSON, Elien; MARCUS, Eric. Perceptions of sex role stereotypic characteristics of entrepreneurs: women's evaluations. *Entrepreneurship: Theory and Practice*, v. 15, n. 4, p. 33-47, 1991.

FERREIRA, M.; SANTOS, J.; SERRA, F. *Ser empreendedor*. Lisboa: Editora Silabo, 2008.

FISK, John. *Introdução ao estudo da comunicação*. Porto: Edições Asa, 1992.

FORTUNA, Eduardo. *Mercado financeiro*: produtos e serviços. 15. ed. Rio de Janeiro: Qualitymark, 2002.

FRIEDMAN, Thomas. *O mundo é plano*. Lisboa: Actual Editora, 2005.

GELIN, M. *The importance of gender in starting and managing a small business*. Houston Psychiatric Academy, jun. 2005.

GERBER, M. *O mito empreendedor*. São Paulo: Saraiva, 1996.

GLOBAL ENTREPRENEURSHIP MONITOR. *GEM Global Reports*, 2009. Disponível em: <http://www.gemconsortium.org>. Acesso em: 3 mar. 2009.

GOLEMAN, Daniel. *Emotional intelligence*. New York: Bantam Books, 1995.

GOLEMAN, Daniel. *Inteligência emocional*. Lisboa: Temas e Debates, 1997.

GOODWORTH, Clive. *Técnicas da gestão de pessoal*. Lisboa: Editorial Presença, 1993.

HAMEL, Gary; PRAHALAD, C. K. Strategic intent. *Harvard Business Review*, May/June, p. 63-76, 1989.

HAMEL, Gary; PRAHALAD, C. K. The core competence of the corporation. *Harvard Business Review*, May/June, p. 79-91, 1990.

HAMPTON, David R. *Administração contemporânea*. Rio de Janeiro: Makron Books, 1992.

HEC – Hautes Études Commerciales. *Strategor, política global da empresa*. Lisboa: Publicações Dom Quixote, 1993.

HERZBERG, Frederick. *Work and the nature of man*. New York: Thomas Y. Crowell, 1966.

HERZBERG, Frederick. *The motivation to work*. New York: John Wiley e Sons, 1959.

HIEBING, R.; COOPER, S. *The successful marketing plan*. New Jersey: Prentice Hall, 1997.

HILL, Charles W.L. *Strategic management*: an integrated approach. Houghton Mifflin, 1995.

HISRICH, Robert D.; BRUSH, Candida. *The woman entrepreneur*: management skills and business problems. *Small Business Management*, n. 22, p. 30-37, 1984.

HISRICH, Robert D.; BRUSH, Candida. *The woman entrepreneur*: starring, financing, and managing a successful new business. Lexington, MA: Lexington Books, 1985.

HISRICH, Robert D.; PETERS, Michael P. *Empreendedorismo*. Porto Alegre: Bookman, 2004.

HISRICH, Robert D.; PETERS, Michael P. *Entrepreneurship*. New York: McGraw-Hill, 2002.

HISRICH, Robert D.; PETERS, Michael P. Focus groups: An innovative marketing research technique. *Hospital and Health Service Administration*, v. 27, n. 4, p. 8-21, 1982.

HOFSTEDE, Geert. *Cultures and organizations*. London: McGraw-Hill, 1991.

HOFSTEDE, Geert. *Cultures and organizations*: software of the mind: intercultural cooperation and its importance for survival. New York: McGraw-Hill, 1996.

HOFSTEDE, Geert. *Culture's consequences:* international differences in work-related values. Newbury Park, CA: Sage, 1980.

HOFSTEDE, Geert. *Masculinity and femininity:* the taboo dimension of national culture. Thousand Oaks CA: Sage Publications, 1998.

HOFSTEDE, Geert. *Uncommon sense about organizations:* cases, studies and field observations. Thousand Oaks CA: Sage Publications, 1994.

HORNADAY, J.; ABOUD, J. The characteristics of successful entrepreneurs. *Personnel Psychology*, n. 24, p. 141-53, 1971.

HORNGREN, Charles T.; FOSTER, George. *Cost accounting:* a managerial emphasis. Prentice Hall International, 1991.

HOUSDEN, Matthew. *A pesquisa de mercado com sucesso*. Queluz de Baixo: Editorial Presença, 1993.

IRELAND, R. Duane; HITT, Michael; SEXTON, Doland. Integrating entrepreneurship and strategic management actions to create firm wealth. *Academy of Management Executive*, v. 15, n. 1, p. 49-63, 2001.

JOLIS, A.; YUNUS, M. *O banqueiro dos pobres*. São Paulo: Editora Ática, 2002.

KANTER, Rosabeth. *The change masters*. New York: Simon & Schuster, 1983.

KIYOSAKI, Robert. *Empreendedor rico*. Rio de Janeiro: Campus, 2005.

KOTLER, Philip. *Marketing management:* analysis, planning, implementation, and control. Prentice Hall International, 1994.

KOTLER, Philip. *Marketing*. Edição compacta. São Paulo: Atlas, 1988.

KRAUSE, Donald. *A arte da guerra para os executivos – Sun Tzu*. São Paulo: Makron Books, 1995.

KURATKO, Donald; HODGETTS, Richard. *Entrepreneurship*: theory, process, practice. Thomson South-Western, 2004.

KURATKO, Donald; HORNSBY, Jeffrey; NAFFZIGER, Douglas. An examination of owner's goals in sustaining entrepreneurship. *Journal of Small Business Management*, v. 35, n. 1, p. 24-33, 1997.

LENDREVIE, Jacques; LINDON, Denis; DIONÍSIO, Pedro; RODRIGUES, Vicente. *Mercator:* teoria e prática do marketing. Lisboa: Publicações Dom Quixote, 1996.

LEWIN, K.; LIPPITT, R.; WHITE, R. K. Patterns of aggressive behavior in experimentally created "social climates". *Journal of Social Psychology*, n. 10, 1939.

LODISH, Leonard; MORGAN, Howard; KALLIANPUR, Amy. *Entrepreneurial marketing: lessons from Wharton's pioneering MBA course*. John Wiley & Sons, 2001.

LOURENÇO, P. R. Liderança e eficácia: uma relação revisitada. *Psychologica*, n. 23, p. 119-130, 2000.

LUMPKIN, G. T.; DESS, G. Clarifying the entreprerleurial orientation construct and linking it to performance. *Academy of Management Review*, v. 12, n. 1, p. 135-72, 1996.

MARQUES, Carlos Alves; CUNHA, Miguel Pina (Coord.). *Comportamento organizacional e gestão de empresas*. Lisboa: Publicações Dom Quixote, 1996.

MASLOW, Abraham. *Motivation and personality*. Harper & Row, 1954.

MCCLELLAND, D. *Motivating economic achievement*. New York: The Free Press, 1969.

MCGREGOR, Douglas. *The human side of enterprise*. McGraw-Hill, 1960.

MCLAIN, D. L. The MSTAT-I: a new measure of an individual's tolerance for ambiguity. *Educational and psychological measurement*, v. 53, n. 1, p. 183-189. 1993.

MENEZES, H. Caldeira. *Princípios de gestão financeira*. Lisboa: Editorial Presença, 1993.

MINER, J.; NORMAN, R.; BECKER, J. Defining the inventor-entrepreneur in the context of established typologies. *Journal of Business Venturing*, v. 7, n. 2, p. 103-13, 1992.

MINICUCCI, A. *Psicologia aplicada à administração*. São Paulo: Atlas, 1985.

MINTZBERG, Henry. *Estrutura e dinâmica das organizações*. Lisboa: Publicações Dom Quixote, 1999.

MINTZBERG, Henry. *On management*. New York: The Free Press, 1989.

MIRANDA, Eduardo. Veja se tem perfil para ser empresário. *Guia Prático Executive Digest – Franchising*, n. 1, Lisboa, 1998.

MITCHELL, B. Motives of entrepreneurs: A case study of South Africa. *The Journal of Entrepreneurship*, v. 13, n. 2, p. 167-183, 2004.

MOREIRA, José A. *Análise financeira de empresas, da teoria à prática*. Porto: Bolsa de Derivados do Porto, 1997.

NAISBITT, John. *Macrotendências:* dez novas orientações que transformam as nossas vidas. Lisboa: Editorial Presença, 1996.

NEVES, João Carvalho. *Análise financeira*. Lisboa: Texto Editora, 1992.

NUNES, João Coelho. *Marketing em Portugal, um guia de acção*. Lisboa: Texto Editora, 1991.

OSBORNE, Stephen; FALCONE, Thomas W.; NAGENDRA, Prashanth. From unemployed to entrepreneur: A case study in intervention. *Journal of Developmental Entrepreneurship*, v. 5, n. 2, p. 115-36, 2000.

OSTGAARD, Tone; BIRLEY, S. New venture growth and personal networks. *Journal of Business Research*, v. 36, n. 1, p. 37-50, 1996.

PAULA, T. B. (Coord.). *Capital de risco no Brasil marco legal e experiência internacional*. Relatório Final. CGEE, abr. 2003.

PETERS, Tom. *A marca Você*: reinventar o trabalho. Lisboa: Publicações Dom Quixote, 2002.

POPCORN, Faith. *O relatório Popcorn*. Rio de Janeiro: Campus, 1999.

PORTER, Michael. *A vantagem competitiva das nações*. Rio de Janeiro: Campus, 1980.

PORTER, Michael. Changing the patterns of international competition. *California Management Review*, v. 28, n. 2, p. 9-40, 1986.

PORTER, Michael. *Competitive strategy*. New York: The Free Press, 1980.

PREDEBON, J. *Abrindo o lado inovador da mente*. São Paulo: Atlas, 2003.

RAWLINSON, J. *Creative thinking and brainstorming*. New York: John Wiley & Sons, 1981.

RAY, D. Understanding the entrepreneur: entrepreneurial attributes, experience and skills. *Entrepreneurship and Regional Development*, v. 5, n. 4, p. 345-357, 1993.

REGO, A. *A comunicação nas organizações*. Lisboa: Edições Sílabo, 1999.

REGO, A. *Liderança nas organizações*: teoria e prática. Aveiro: Universidade de Aveiro, 1998.

RIGGS, Henry E. *Financial and cost analysis for engineering and technology management*. New York: John Wiley & Sons, 1994.

RIPSAS, Sven. Towards an interdisciplinary theory of entrepreneurship. *Small Business Economics*, v. 10, n. 2, p. 103-15, 1998.

RONSTADT, Robert C. *Entrepreneurship*. Dover, MA: Lord Publishing Co., 1984.

SAGE, Gary. Entrepreneurship as an economic development strategy. *Economic Development Review*, v. 2, n. 2, p. 66-67, 1993.

SAHLMAN, William. How to write a great business plan. *Harvard Business Review*, v. 75, n. 4, p. 98-108, 1997.

SAMUELSON, Paul; NORDHAUS, W. *Economia*. McGraw-Hill, 1998.

SANTOS, Arlindo. *Análise financeira, conceitos, casos, aplicações*. Lisboa: INIEF, 1994.

SANTOS, Clayton. *Franchising como forma de empreendedorismo*. São José dos Campos: Universidade do Vale de Paraíba, 2002.

SANTOS, Filipe; AFONSO, Ricardo. *Código das sociedades comerciais e legislação conexa*. Coimbra: Coimbra Editora, 2007.

SARASVATHY, D.; SIMON, H.; LAVE, L. Perceiving and managing business risks: differences between entrepreneurs and bankers. *Journal of Economic Behavior and Organization*, n. 33, p. 207-225, 1998.

SCHUMPETER, Joseph. *Can capitalism survive?* New York: Harper & Row, 1953.

SERRA, F.; FIATES, G.; ALPERSTEDT, G. Inovação na pequena empresa: estudo de caso na Tropical Brasil. *Journal of Technology. Management & Innovation*, v. 2, Issue 2, p. 170-183, 2007.

SERRA, F.; TORRES, M. C.; TORRES, A. *Administração estratégica*: conceitos, roteiro prático, casos. Rio de Janeiro: Reichumann & Affonso Editores, 2002.

SEXTON, D.; BOWMAN-UPTON, N. Female and male entrepreneurs: psychological characteristics and their role in gender-related discrimination. *Journal of Business Venturing*, v. 5, 1990.

SEYMOUR, Daniel. *Estudos de mercado – marketing research*. Lisboa: Edições CETOP, 1988.

SHANE, S.; LOCKE, E.; COLLINS, C. Entrepreneurial motivation. *Human Resource Management Review*, n. 13, p. 257-279, 2003.

SOUSA, António. *Introdução à gestão:* uma abordagem sistémica. Lisboa: Editorial Verbo, 1994.

STEVENSON, H.; SABIMAN, W. Importance of entrepreneurship in economic development. In: HISRICH, Robert (Ed.). *Entrepreneurship, intrapreneurship, and venture capital.* Lexington, MA: Lexington Books, 1986.

STRAUSS, J.; FROST, R. *Marketing on the internet.* New Jersey: Prentice Hall, 1999.

STUART, Toby; HOANG, Há; HYBELS, Ralph. Interorganizational endorsements and the performance of entrepreneurial ventures. *Administrative Science Quarterly,* v. 44, n. 2, p. 315-349, 1999.

TAPSCOTT, Don. A economia digital. *Executive Digest,* v. 2, n. 17, p. 38-42, mar. 1996.

TEIXEIRA, Sebastião. *Gestão das organizações.* São Paulo: McGraw-Hill, 1998.

The Global Competitiveness Report *2006-2007* do World Economic Fórum.

TIMMONS, Jeffry; SPINELLI, Stephen. *New venture creation:* entrepreneurship for the 21st century. Irwin Professional Pub, 2006.

TULLER, Lawrence. *The complete book of raising capital.* New York: McGraw-Hill, 1994.

URIARTE, L. *Identificação do perfil intraempreendedor.* 2000. Dissertação (Mestrado em Engenharia de Produção) – Universidade Federal de Santa Catarina, Florianópolis, 2000.

VESPER, Karl; GARTNER, William. Measuring progress in entrepreneurship education. *Journal of Business Venturing,* n. 12, p. 403-21, 1997.

WENNEKERS, Sander; THURIK, Roy. Linking entrepreneurship and economic growth. *Small Business Economics,* v. 13, n. 1, p. 27-55, 1999.

WEST, Michael. *Os segredos para uma gestão de equipes de sucesso:* como conduzir uma equipe à inovação, criatividade e sucesso. Lisboa: Plátano Editora, 2004.

WILIAMS, Darrel. Why do entrepreneurs become franchisees? An empirical organizational choice. *Journal of Business Venturing,* v. 14, n. 1, p. 103-24, 1999.

WORLD ECONOMIC FORUM. *The Global Competitiviness Report 2006-2007.*

WRIGHT, Mike; ROBBIE, Ken; ENNEW, Christine. Venture capitalists and serial entrepreneurs. *Journal of Business Venturing,* v. 12, n. 3, p. 227-49, 1997.

Além dos títulos indicados, para a elaboração deste livro foram consultados diversos websites de instituições e associações. Estes são indicados nos locais respectivos.

Glossário

Ativo – o ativo é composto por todos os bens e direitos detidos, por exemplo, terrenos, edifícios, máquinas, mobiliário de escritório, mercadorias, créditos sobre clientes, empréstimos concedidos, depósitos bancários etc.

Amostra – grupo de indivíduos selecionados para um estudo de mercado, pretendendo-se que esse grupo seja representativo da população/universo (ver população/universo).

Análise de inventário de problemas – método para a geração de novas ideias e soluções para problemas, focando em problemas para encontrar novas formas, produtos ou ideias de negócio.

Base de ativos para empréstimos – garantia tangível que o empreendedor dá para obter um empréstimo.

Brainstorming – método de geração de novas ideias de produtos e negócios e de soluções para problemas por meio da discussão em grupo. Realiza-se em reuniões em que é imperativo verificar algumas regras de funcionamento, entre as quais é importante a não possibilidade de censura às ideias apresentadas. Uma sessão de *brainstorming* deve ser divertida sem que alguém domine ou iniba a discussão.

Canal de distribuição – é elo de ligação que conduz o produto ou serviço desde o fabricante até o cliente final. O canal de distribuição pode ser mais ou menos extenso, dependendo do número de intermediários entre o fabricante e o consumidor final.

Capital próprio – o capital próprio representa a posição patrimonial dos proprietários da empresa, sendo obtido pela diferença entre o ativo e o passivo. De outra forma, representa a riqueza que os titulares têm na empresa.

Ciclo de vida do produto – conjunto de fases, normalmente quatro (lançamento, crescimento, maturidade e declínio), pelas quais um produto ou serviço passa ao longo da sua vida no mercado.

Cinco C's do empréstimo – são aspectos que os financiadores geralmente avaliam quando analisam um projeto de negócio. Os cinco C's são: caráter, capacidade, capital, garantias colaterais e condições.

Correr riscos – arriscar-se de modo calculado na criação e gestão de uma empresa. Há testes que o empreendedor pode realizar para entender a forma como convive com o risco, a incerteza e a ambiguidade. No entanto, o importante é perceber que o empreendedor não é um jogador (ver no Capítulo 2, Seção 2.6, o quadro "Mitos sobre o Empreendedorismo"), em vez disso, por meio de estudos e do recurso a consultoria, tenta reduzir esses riscos.

Credor – é aquele a quem se deve dinheiro por um empréstimo obtido.

Custo – o conceito de custo é definido como a utilização do consumo e/ou do desgaste de bens/produtos ou serviços, ou seja, de recursos usados na exploração. Exemplos de custos: o custo da mercadoria que se vende (o custo de aquisição, em uma empresa comercial), os custos com o pessoal (salários, segurança social, despesas médicas etc.), a depreciação do equipamento móvel ou imóvel utilizado, os gastos gerais (telefone, papel, água, eletricidade e aquecimento, entre outros) etc.

Custo fixo – custos que são independentes do nível de produção, razão pela qual ocorrem mesmo que não exista qualquer produção (observados certos pressupostos). Os salários, aluguéis de equipamentos e instalações são exemplos desse tipo de custos.

Custo variável – custos cujo montante depende do nível de produção realizado.

Demonstração de resultados – reflete os proventos e os custos incorridos ao longo de um determinado período. Note que é a diferença entre as receitas e custos, que é o lucro da empresa durante esse período.

Direito de entrada (franchising) – valor pago pelo fraqueado ao franqueador e que consiste em uma espécie de "joia de adesão" ao franchising. O direito de entrada visa remunerar o franqueador pela sua experiência e notoriedade da marca/produto/serviço e ainda pelos serviços iniciais prestados aos franchisings na abertura do estabelecimento.

Distribuidor – é um dos membros da cadeia de distribuição, que compra diretamente do fabricante para vender a varejistas.

Eficiência – refere-se à relação entre os resultados obtidos e os recursos empregados.

Elasticidade da procura – relação entre a variação da procura de um produto e as alterações de variáveis com as quais possa estar relacionada, como o rendimento dos consumidores ou dos preços. Por exemplo, quanto menor for a elasticidade de preço da procura, menor será a variação na quantidade comprada quando o preço varia.

Empreendedor – é o indivíduo que cria a sua própria nova empresa.

Glossário

Empreendedorismo – processo de criar uma nova empresa, assumindo os riscos e as recompensas do empreendimento.

Empresa do tipo "estilo de vida" – é um pequeno empreendimento típico, que visa ser o modo de vida do empreendedor. Geralmente, esse tipo de empresa não visa crescer além da capacidade de controle e gestão do empreendedor.

Empréstimo bancário – refere-se ao empréstimo de capital que os bancos concedem aos indivíduos ou às empresas.

Estratégia de marketing – conjunto de objetivos e políticas que expressam a forma como a empresa atual quer atuar no mercado em termos de marketing.

Estudo de mercado – análise das características e potencial do mercado em que, entre outros aspectos, se pretende identificar: quem são os clientes atuais e potenciais, necessidade a satisfazer, atributos desejados, canais de distribuição, publicidade etc. O estudo de mercado deve sempre ser ajustado para permitir obter respostas às questões pretendidas. Pode ser muito útil para estabelecer as projeções de vendas e de quota de mercado prevista.

Ética empresarial – a ética é o comportamento da empresa (e do empreendedor) ou do indivíduo na sua atividade profissional quando atua de acordo com valores morais aceitos pela comunidade.

Financiamento por capital próprio – utilização de recursos financeiros próprios do empreendedor (por exemplo, as suas poupanças) para financiar as operações da empresa.

Financiamento por endividamento – obtenção de recursos financeiros de terceiros que são investidos na empresa. Esses capitais obtidos geralmente requerem uma remuneração (um juro) e são concedidos por um período especificado.

Franchising – consiste em um modelo ou sistema de desenvolvimento de negócios pelo qual uma empresa com um formato de negócio já testado concede a outra empresa/empresário o direito de utilizar a sua marca e explorar os seus produtos e serviços, bem como o respectivo modelo de gestão, mediante uma contrapartida financeira.

Franchising de formato de negócio (*business format franchise*) – forma de franchising na qual uma empresa com sucesso comprovado concede a terceiros o direito de explorar os seus produtos e serviços, de usar marca comercial e, ainda, de implementar os seus métodos de gestão, recebendo contrapartidas financeiras.

Franqueado – é o empreendedor que compra os direitos a um franqueador para explorar o seu conceito de marca, explorar os seus produto/serviços em uma certa região. O franqueado obriga-se a respeitar as normas e os procedimentos definidos pelo franqueador, em termos de produtos, segmentos, preços e imagem, entre outros.

Franqueador – é a empresa que desenvolve um conceito de negócio completo e que, depois de testá-lo com sucesso, concede a outros o direito de explorá-lo, usando a forma de operação, a marca e/ou os seus produto/serviços a quem transfere todo o seu *know-how*.

Gama de produtos – refere-se aos diferentes modelos, tipos e dimensões de produtos fabricados ou comercializados por uma empresa.

Grau de endividamento – o indicador de endividamento avalia o montante da dívida em relação ao capital próprio da empresa.

Grupos de discussão (ou *focus group*) – são grupos de indivíduos que se reúnem para gerar novas ideias ou para discutirem a viabilidade de uma ideia, produto ou serviço.

Imobilizado tangível – são exemplos desse tipo de imobilizado: terrenos, edifícios, equipamento, veículos e mobiliário, ferramentas e utensílios e vasilhame.

Imobilizado intangível – são exemplos de imobilizado intangível: despesas de instalação, P&D, patentes, marcas, trespasses e outros direitos.

Inovações incrementais – novos produtos, mas que incorporam apenas pequenas mudanças tecnológicas. No contexto de atividades de serviços, a inovação incremental pode ser refletida em aspectos como melhor atendimento ou mesmo o aspecto visual de um espaço (por exemplo, uma loja).

Inovações radicais – novos produtos com avanço tecnológico significativo que alteram a forma como produzimos ou consumimos algo.

Intraempreendedorismo – empreendedorismo dentro de uma organização existente, pelos colaboradores existentes.

Investimento – indica a aplicação de recursos (por exemplo, dinheiro) com a expectativa de receber um retorno futuro superior ao aplicado.

Janela de oportunidade – período disponível para a criação de um novo empreendimento, aproveitando uma oportunidade que existe atualmente.

Lealdade à marca – refere-se ao comportamento, ou atitude, dos consumidores que revelam a sua preferência por uma determinada marca por meio da compra repetida dos seus produtos.

Linha de produto – grupo de produtos e tipos de produtos que são comercializados por uma empresa.

Liquidez geral – o indicador de liquidez geral avalia se a empresa tem a capacidade de honrar os seus compromissos de curto prazo.

Liquidez reduzida – esse indicador mostra a capacidade de a empresa saldar seus compromissos de curto prazo, sem considerar os estoques – dado que estes são um componente menos líquido do ativo circulante.

Livre associação – método de geração de novas ideias por meio de um processo em que se encadeiam associação de palavras.

Lócus de controle – no empreendedorismo, refere-se ao sentimento de controle que um empreendedor tem sobre a sua própria vida.

***Management Buy-in* (MBI)** – é um financiamento destinado a apoiar a aquisição de uma empresa pelos atuais administradores ou por um grupo de gestores externos.

Marketing mix – refere-se às quatro principais políticas de marketing que a empresa pode adotar: produto, comunicação, preço e distribuição – frequentemente designado por os 4 P's do marketing.

Máster franqueado – indivíduo ou empresa que compra os direitos de um franchising para todo um país ou região e, além de abrir unidades próprias, pode subfranquear certos territórios a terceiros.

Merchandising – refere-se às técnicas para melhorar a apresentação dos produtos ou serviços no ponto de venda.

Método *check-list* – método de geração de novas ideias usando uma listagem de questões relacionadas.

Método de anotações coletivas – método de geração de novas ideias por meio do registro das ideias e sugestões dos membros durante certo período.

Motivação – refere-se à força que impulsiona as pessoas a fazer algo. O conceito atual de motivação ainda está muito associado aos trabalhos de Maslow e da sua pirâmide das necessidades.

Necessidade de capital de giro – a necessidade de fundo de maneio é função do ciclo de caixa da empresa. Uma redução do ciclo de caixa significa que a empresa está recebendo mais cedo dos seus clientes e pagando mais tarde aos fornecedores.

Necessidade de independência – refere-se à necessidade que os empreendedores sentem de ser os seus próprios patrões.

Necessidade de realização – diz respeito, essencialmente, à necessidade que os indivíduos têm de se sentir bem consigo mesmos e de serem reconhecidos. Ver também Maslow.

Oportunidade – refere-se à identificação de uma lacuna, problema ou inconsistência no mercado que ainda não está satisfeita e que pode ser explorada pelo empreendedor que crie uma oferta direcionada a satisfazê-la.

Orçamento – representação das despesas e receitas de uma empresa durante certo período, seja este o mês, o semestre ou o ano.

Passivo – o passivo – ou capital alheio – é composto pelas obrigações da empresa perante terceiros, por exemplo, dívidas por empréstimos obtidos, dívidas por compras de mercadorias ou imobilizado, IRC etc.

Plano de marketing – documento escrito e formal que inclui aspectos como os objetivos visados, pressupostos para previsões de vendas, orçamentos, calendários de execução etc.

Ponto crítico das vendas (ou *break-even point*) – com a análise do ponto crítico das vendas (PCV) pretendemos analisar qual o nível de atividade mínimo para o qual a empresa não gera nem lucros, nem prejuízos. Em outras palavras, analisamos o nível de atividade para o qual as receitas das vendas cobrem os custos fixos e variáveis incorridos.

População/universo – todos os indivíduos que constituem o mercado. É pouco razoável para a maioria das empresas pensar que servirão o mercado, antes se orientam para um (ou vários) segmentos.

Potencial de mercado – é uma estimativa da quantidade de vendas potencial de uma empresa.

Preço – é o valor monetário expresso numericamente, associado a uma mercadoria, serviço ou patrimônio. É uma das variáveis do marketing mix.

Processo de decisão de empreender – refere-se à decisão de um indivíduo em se tornar um empreendedor, abandonando a atividade profissional atual e constituindo a sua própria empresa.

Produtividade – é a relação entre os resultados obtidos e os recursos utilizados. Quanto maior o resultado obtido, ou menor a quantidade utilizada de recursos, maior a produtividade.

Produtos (bens) de grande consumo duradouros – são os produtos (bens) destinados ao cliente final (consumidor) e cujo consumo não é imediato, antes perdurando durante um período relativamente longo.

Produtos (bens) de grande consumo não duradouros – os produtos (bens) destinados ao cliente final (consumidor) e que são consumidos em período relativamente curto, por exemplo, os produtos alimentares ou de higiene pessoal.

Produtos brancos – são os produtos comercializados sob a marca de um distribuidor.

Proventos – os proventos são gerados de várias formas, como a venda de um produto ou a prestação de um serviço, as rendas, os juros de depósitos, os juros de aplicações financeiras, os ganhos realizados por venda de imobilizado.

Quota de mercado – representa a parte, ou fração, do mercado (em percentagem do mercado) detida por uma empresa. Podemos calcular a quota de mercado dividindo a quantidade que a empresa vende pelo total de unidades vendidas no mercado por todas as empresas.

Rede de apoio moral do empreendedor – é constituída pelas pessoas que dão apoio psicológico ao empreendedor.

Rentabilidade do ativo – o indicador de rentabilidade do ativo indica como a empresa está aplicando os ativos – mais especificamente, o lucro que estes estão gerando.

Reservas – embora existam diferentes tipos de reservas, mais precisamente, em virtude da própria atividade da empresa, as reservas mais frequentes são as que resultam da retenção de lucros.

Resultado líquido do exercício – são os lucros/prejuízos gerados pela empresa durante o exercício econômico (geralmente o ano). Quando a empresa gera um resultado positivo, o excedente (lucro) pode ser distribuído aos sócios/acionistas como remuneração do capital investido, observadas certas limitações, como as relativas à manutenção de reservas.

Varejista – é um dos elos da cadeia de distribuição que vende ao cliente final.

Royalties **(no franchising)** – é a taxa paga pelo franqueado ao franqueador pelo direito ao uso da marca e pelos serviços e apoio prestados pelo franqueador. Os *royalties* são, em geral, cobrados mensalmente em função das vendas ou alguma medida de nível de atividade.

Seed capital (financiamento) – financiamento de novos projetos na sua fase inicial e antes da instalação da nova empresa. Esse apoio pode incluir itens como os estudos de mercado para determinar a viabilidade de um produto ou serviço.

Segmento de mercado – refere-se ao conjunto de consumidores (pessoas, empresas ou organismos) que reagem de forma semelhante a um determinado estímulo de marketing. Alguns dos critérios de segmentação mais usados são: idade, sexo, profissão, nível de rendimento, religião, localização geográfica, educação e estrutura familiar.

Segmento-alvo ou mercado-alvo (*target*) – é o segmento de mercado ao qual a empresa decidiu dirigir um conjunto de ações comerciais e de marketing.

Liquidez – A liquidez revela a situação financeira da empresa, mais precisamente, da sua capacidade para cumprir as suas obrigações de curto prazo.

Start-up **(investimento)** – o *start-up* é o investimento destinado ao marketing inicial e ao lançamento dos produtos, serviços ou conceitos desenvolvidos, mesmo antes de a empresa começar a comercializar os produtos.

Subsídios à exploração (rubrica da DR) – são as verbas concedidas à empresa (pelo governo) com a finalidade de reduzir despesas ou aumentar receitas.

Taxa de juro – refere-se ao custo do dinheiro no tempo.

Taxa de publicidade (no franchising) – é a contribuição que os franqueados fazem para um fundo comum e que será aplicada na comunicação da marca e dos produtos/serviços da empresa. Geralmente, é determinada em função de uma percentagem sobre as vendas e é paga mensalmente ao franqueador.

Teste cego (*blind test*) – é um tipo de estudo de mercado sobre um produto em que o consumidor não sabe qual a marca do produto que está experimentando.

Contatos Úteis

Há um conjunto vasto de entidades que podem apoiar o empreendedor em sua aventura. A lista, considerando a dimensão do País e a quantidade de entidades possíveis, poderia ser enorme. Assim, são colocados os contatos que pensamos ser fundamentais, sobretudo por remeter aos contatos regionais.

Serviço Brasileiro de Apoio às Micro e Pequenas Empresas (Sebrae)

O Serviço Brasileiro de Apoio às Micro e Pequenas Empresas (Sebrae) é uma entidade privada sem fins lucrativos que tem como missão promover a competitividade e o desenvolvimento sustentável dos empreendimentos de micro e pequeno porte. A instituição foi criada em 1972, como resultado de iniciativas pioneiras que tinham como foco estimular o empreendedorismo no País.

Para garantir um atendimento de ponta às micro e pequenas empresas, o Sebrae aposta na atuação em todo o território nacional. Onde tem Brasil, tem Sebrae. Além da sede nacional, em Brasília, a instituição conta com escritórios nas 27 unidades da Federação, com um total de 788 pontos de atendimento, 336 próprios e 452 via parceiros. Essa capilaridade permite que a instituição atue com foco nas peculiaridades, necessidades e diferenças regionais, e contribua para a melhoria de vida de comunidades localizadas de norte a sul do País.

Esses pontos de atendimento podem ser acessados pelo site: <http://www.sebrae.com.br/atendimento>.

Fonte: disponível em: <http://www.sebrae.com.br>.

Financiadora de Estudos e Projetos (Finep)

A Finep é uma empresa pública vinculada ao MCT. Foi criada em 24 de julho de 1967, e tem como missão promover e financiar a inovação e a pesquisa científica e tecnológica em empresas, universidades, institutos tecnológicos, centros de pesquisa e outras instituições públicas ou privadas, mobilizando recursos financeiros e integrando instrumentos para o desenvolvimento econômico e social do País.

A Finep concede financiamentos reembolsáveis e não reembolsáveis. O apoio da Finep abrange todas as etapas e dimensões do ciclo de desenvolvimento científico e tecnológico: pesquisa básica, pesquisa aplicada, inovações e desenvolvimento de produtos, serviços e processos. A Finep apoia, ainda, a incubação de empresas de base tecnológica, a implantação de parques tecnológicos, a estruturação e consolidação dos processos de pesquisa, o desenvolvimento e a inovação em empresas já estabelecidas, e o desenvolvimento de mercados.

Serviço de Atendimento ao Cliente (SEAC)

Rio de Janeiro
Praia do Flamengo 200 – 13º andar
CEP 22210-030 – Rio de Janeiro – RJ
Telefone (0XX21) 2555-0555
Fax (0XX21) 2555-0509
E-mail: <seac@finep.gov.br>.

São Paulo
Av. das Nações Unidas 10.989/15º andar – Vila Olímpia
CEP 04578-000 – São Paulo – SP
Telefone (0XX11) 3847-0300
Fax (0XX11) 3849-9514
E-mail: <cp_esp@finep.gov.br>.

Brasília
SCN QD. 02 Bloco "D", Torre A, Sala 1.102
CEP 70710-500 – Brasília – DF
Telefone (0XX61) 3033-7408 – 3033-7543 – 3033-7054 e 3033-7526
E-mail: <cp_bras@gabi.finep.gov.br>.

Recife
Contato: Aluísio Lessa
Avenida Professor Luís Freire 1 – Gabinete do Ministro/Finep
Cidade Universitária – Recife – PE
Telefone (0XX81) 3797-8107, 3797-8101 e 3273-4589
E-mail: <aluisiolessa@hotmail.com>.

Fonte: disponível em: <http://www.finep.gov.br>.

Associação Nacional de Entidades Promotoras de Empreendimentos Inovadores (Anprotec)

A Associação Nacional de Entidades Promotoras de Empreendimentos Inovadores (Anprotec) é uma entidade sem fins lucrativos, fundada em 30 de outubro de 1987. A Anprotec tem o papel de criar mecanismos de apoio às Incubadoras de Empresas, Parques Tecnológicos, Polos, Tecnopolos e outras Entidades Promotoras de Empreendimentos Inovadores.

Estimular a capacidade empreendedora e a inovação em seus diversos níveis de conhecimento faz parte da cultura institucional da Anprotec. Para isso, busca posicionar as Entidades Promotoras de Empreendimentos Inovadores – em especial Incubadoras de Empresas e Parques Tecnológicos – como plataformas estratégicas e operacionais dos agentes de fomento e das entidades responsáveis por ações de desenvolvimento econômico, social e cultural do Brasil.

A extensa lista de associados pode ser acessada pelo site: <http://www.anprotec.org.br/listaSimples2.php>.

Fonte: disponível em: <http://www.anprotec.org.br>.

Índice Remissivo

A

A. Walker, Francis, 25
ACNielsen, 87
Adams, Stacy, 152
Administração de conflitos, 168-169
   estilo
      "calmo", 168
      "colaborativo", 169
      "compromisso", 168-169
      "ditador", 168
      "evitar", 168
Água de Cheiro, 83
Albert Einstein, 51
AM PM Mini Market, 83
Amazon.com, 66
Ambiente, 21
Ameaças, 134, 137-138
Amortizações, 218
Amostra, 283
Análise
   de custo – volume – lucro, 214-215
   de inventário de problemas, 61-62, 283
   do setor, 125-130
   SWOT (*Strengths, Weaknesses, Opportunities, Threats*), 133-135, 137-138, 139, 269, 272
Ancoragem, 19
Angel investors, 9
Associação
   Brasileira de Franchising (ABF), 83
   Nacional de Entidades Promotoras de Empreendimentos Inovadores (Anprotec), 195, 292
Assunção de
   responsabilidade, 38
   riscos moderados, 37
Atitude diante do fracasso, 14

Atividades
   de financiamento, 225
   de investimento, 224
   operacionais, 223
Ativo, 283
Autoconfiança, 38
Autonomia Financeira (AF), 229
Aventura da fantasia, 19
Aversão à incerteza, 15

B

Balanço patrimonial, 220-223
Banco
   comercial, 189-195
      negociar com, 194
      obter empréstimo, 193-195
   Grameen, 4
   Interamericano de Investimentos (BID), 195
Barnes & Noble, 70
Base de ativos para empréstimos, 283
Bentley, 95
Bill Gates, 51
Black & Decker, 97
Blind test, 289
BMW, 93
Bob´s, 76, 83
Bosch, 97
BR Mania, 83
Brahma, 97
Brainstorming, 59-60, 283
Break-even point, 210-214, 288
BRIC – Brasil, Rússia, China e Índia, 8
Business
   Angel, 9, 188
   format franchise, 285

C

Cacau Show, 83
Cadeia de valor, 123-125

Canal de distribuição, 283
Capacidade, 13
  competitiva, 123
  de adaptação, 122
  de trabalho e energia, 38
Capital
  de giro, 225-227
    líquido, 226
  de risco, 195-199
    alternativas ao, 197
    benefícios do, 197
    comparar com o endividamento, 197-198
  próprio (CP), 221, 283
Casa do Pão de Queijo, 83
Cash flows, 239
  líquidos, 243, 244
CCAA, 83
Chaplin, 51
Ciclo
  de financiamento, 208
  de investimento, 208
  de Vida do Produto (CVP), 106, 283
  operacional, 208
Cisco Systems, 67
Citroën, 95, 102
CNA, 83
Coca-Cola, 67, 93
Código de atividade econômica (CAE), 267
Coletivismo, 15
Compaq, 70
Compra
  fases do processo de, 99-102
    avaliação de alternativas, 99
    comportamento pós-compra, 99
    decisão de compra, 99
    participação reduzida, 99
    procura por informação, 99
Competências
  em relações humanas, 38
  na equipe, 169-170
Comportamento do consumidor, 99-102
  consumo ostensivo, 101
  estilo de vida, 100
    atividades, 101
    opiniões, 101
    valores pessoais, 101
  família, 101
  motivação, 100
  personalidade, 100
  profissão, 101
Comunicação, 163-167
  barreiras à, 163-166
    culturais, 165
    de linguagem, 165
    emocionais, 165
    estereótipos, 165-166
    falta de *feedback*, 166
    físicas, 164
    mensagens confusas, 165
    não saber ouvir, 166
    perceptuais, 164
  ruído na, 164
Concorrência
  check-list para a, 121
  matriz de análise da, 121
Conselho Nacional de Desenvolvimento Científico e Tecnológico (CNPq), 195
Consumidor vigilante, 19
Contém 1g, 119
Copérnico, 51
Copyrights, 68-69
Correr riscos, 284
Credor, 284
Criação de empresas, 1-2
Criatividade, 38-39
  e inovação, 38
Cultura, 14
Custo, 215, 284
  fixo (CF), 210, 284
  médio, 212
  total, 211
  variável, 284
    unitário (Cvu), 210, 211
Customization, 94

D

Decisão de empreender, 26-28
Dedicação à empresa, 40
Dell Computers, 21, 70, 107
Demonstração de resultado do exercício (DRE), 215, 284
Demonstrações financeiras, 215-225
Design, 52, 62, 64, 67, 76, 98, 102, 103, 118, 127, 204, 268, 270
Despesas, 215
Determinação dos resultados
  extraordinários, 218-219
  financeiros, 218
  operacionais, 218
Direito de entrada, 75, 284
Direitos autorais, 68-69
  composição musical, 69
  trabalhos
    coreográficos, 69
    de escultura, gráficos ou de imagem, 69
    dramáticos, 69
    literários, 69
Disney, 69
Disponibilidades, 221
Distância ao poder, 15

Índice Remissivo

Distribuição, 107-109
    cadeia de, 108
        exclusiva, 108
        intensiva, 108
        seletiva, 108
    canais alternativos, 107
Distribuidor, 284
Drogarias Farmais, 83
Drucker, Peter F., 25

E

Early stage, 188
EBITDA, 232
EcoSecurities, 53
Educação, 7
Eficiência, 122, 284
Egonomia, 19
Elasticidade da procura, 284
Elogiar e criticar, 160-162
Empowerment, 55
Empreendedor, 40-41, 284
    características comuns ao, 34-41
    curiosidades, 43
    definição, 24-25
    e a equipe da nova empresa, 41-43
    ética e responsabilidade social do, 44-45
    histórico do, 29-30
        ambiente familiar na infância, 29
        educação, 29
        experiência profissional prévia, 30
        idade, 30
        valores pessoais, 30
    mitos, 32-34
    pobre, 201-204
    teste de avaliação, 35
    versus
        gestor, 31
        inventores, 31
Empreendedorismo, 1-21, 285
    como opção de carreira, 28
    determinantes
        nacionais do, 6-12
        pessoais do, 12-13
    dinamizar o, 1-2
    e a atividade econômica, 3-5
    estudar o, 16-17
    fator cultural, 13-16
        atitude diante do fracasso, 14
        capacidade de reagir a oportunidades, 16
        falta de proteção da propriedade intelectual, 16
        percepção social sobre os empreendedores, 16
    franchising no, 74-81
    no Brasil e no mundo, 2-16
    no futuro, 18-19

Empresário, 172, 173
Empresas "estilo de vida", 27-28, 285
Empréstimo
    bancário, 285
    cinco C's do, 193, 201, 284
    de longo prazo, 193
    em curto prazo, 193
    pelo estoque, 191
    pessoal, 193
    por créditos a receber, 190
    por equipamento, 191-192
    por imóveis, 193
Encasulamento, 19
Endeavor, 9
Engenharia de Produção (Enegep), 20
Entrevistas, 90
Equilíbrio financeiro, 225-227
Ernst & Young, 23
Escolas Fisk, 76, 83
Específicos, Mensuráveis, Atingíveis, Relevantes e Temporais (SMART), 269
Estapar, 83
Estoques, 220
Estratégia de
    desnatação do mercado, 106
    marketing, 285
    penetração no mercado, 106
Estrutura de endividamento, 231-232
Estudo de mercado, 285
Ética empresarial, 285

F

Factoring, 190, 191
    intervenientes no, 191
    vantagens e desvantagens do, 191
Falência, 232-233
Fast-food, 57, 76
Fast Frame, 76
Fat free, 55
Feedback, 89, 146, 159, 160, 163, 166,
Feminilidade, 15
Ferrari, 102
Financiadora de Estudos e Projetos (FINEP), 195, 291
Financiamento por
    capital próprio, 285
    endividamento, 285
Fitness, 57
Fluxos líquidos de caixa, 239, 243, 244
FNAC, 70
Focus groups, 59, 60, 61, 90, 92
Forças, 134, 137-138
Ford Motor Company, 94
Formação de tribos, 19
Franchise fee, 75

Franchising, 74, 285
   de formato de negócio, 285
   dicas para escolher o, 78
   expansão por meio do, 82-83
   financiamento de um, 84
   no Brasil, 83-84
   no empreendedorismo, 74-81
   obrigações do
      franqueado, 76
      franqueador, 76
   perfil do franqueado, 81-82
   principais redes, 83
   vantagens e desvantagens, 78-81
      para o
         franqueado, 80
         franqueador, 79
   versus o negócio independente, 77
Franqueado, 285
Franqueador, 285
Fraquezas, 134, 137-138
Freewheeling, 59
Fundação Petrobras de Seguridade Social (Petros), 195
Fundo de Maneio (FM), 243

G

Galileu Galilei, 51
Gama de produtos, 286
Gap, 9
Gestão, 8
   das pessoas, 142-146
   de conflitos, 167-169
Gestores, 30-31
Global Entrepreneurship Monitor (GEM), 2, 3, 5, 6, 9, 12, 13, 14, 29
Governo, 7
Grau de
   abertura, 8-9
   endividamento, 286
Grupos de discussão, 286
Guia 4 rodas, 48

H

Herzberg, 151
Hofstede, Geert, 14
Hoken, 83
Hostile takeover, 134
HP, 70

I

IBM, 67, 70
Ideia
   avaliar a, 63
   e criatividade, 51-52
   fontes de novas, 52-54
      canais de distribuição, 54
      derivação da ocupação atual, 53
      hobbies, 54
      identificação de necessidades, 52
      imitação do sucesso de outro, 54
      observação de
         deficiências, 52
         tendências, 52
      procura por novas aplicações, 54
   oportunidades e, 49-51
      tendências ambientais que geram, 55-58
         ambiente
            econômico, 56
            político, 58
            sociocultural, 57
            tecnológico, 58
   proteção da, 63-64
Imaginarium, 76
Imobilizado, 220
   intangível, 286
   tangível, 286
Indicadores de
   atividade, 233-234
   financiamento, 229-233
   liquidez, 228-229
   rentabilidade, 236-237
Índice de rentabilidade, 256-257
Individualismo, 15
Informática, 20
Infraestrutura, 7-8
Inovação, 122
Inovações
   incrementais, 286
   radicais, 286
Inputs, 133
Instituições, 8
Instituto
   Enivaldo Leadi (IEL), 195
   Kauffman, 23
Inteligência na execução, 40
Internal Rate of Return (IRR), 251
Intraempreendedorismo, 25, 286
Inventores, 30-31
Investidores
   anjo, 188
   privados, 188
Investimento, 239-261
   de substituição, 241
   elementos dos projetos de, 241-246
   métodos de
      atualização, 247-248, 250
      avaliação, 250-259
   plano de, 242
   propriamente dito, 241
   vida do, 244

J

Jaguar, 95
Janela de oportunidade, 286
Jet Oil, 83
Jolis, Alan, 4
Junior Achievement, 9

K

Know-how, 134
KPMG, 8
Kumon, 83

L

L'Acqua di Fiori, 83
Laissez-faire, 155, 156, 157
Layout, 259, 270, 272
Lealdade à marca, 286
Leasing, 84, 187, 192, 202, 203
Leonardo da Vinci, 51
Levi's, 108
Liability of newness, 42
Líder
  autoritário, 155
  democrático, 156
  laissez-faire, 156
Liderança, 154-162
  cinco P's da, 157
  comportamentos de, 158-160
  estilos e tipos de, 155-158
  pelos custos, 270
Lilica Ripilica, 109
Linea, 97
Linha de produto, 286
Liquidez, 289
  geral (LG), 228, 286
  reduzida, 286
Livre associação, 286
Localiza Renta a Car, 83
Lócus de controle, 287
London Business School, 23
Lucros, 218

M

Mailing, 107
Management Buy-in (MBI), 287
Mapa de fluxos de caixa, 223-225
Marcas, 67-68, 97-98
  aparência, 67
  cores, 67
  designs e logos, 67
  formas, 67
  fragrâncias, 67
  itens não protegidos, 67
    descritivas, 68
    enganosos, 68
    imorais ou escandalosos, 67
    sobrenomes, 68
  números e letras, 67
  palavras, 67
  sons, 67
Market research, 87
Marketing, 85-86
  direto, 107
  estudo de mercado, 86-93
    análise e interpretação dos resultados, 92-93
    coleta de dados
      de fontes secundárias, 89
      primários, 89-90
    definir objetivos, 88
    desenvolver o plano de pesquisa, 89
    tipos de, 88
      casual, 88, 89
      descritivo, 88, 89
      exploratório, 88, 89
  mix, 102-110, 287
    produto, 102-104
      embalagem, 103
      marca, 103
      produto físico, 103
      serviços, 103
Masculinidade, 15
Maslow, Abraham, 100, 149
Máster franqueado, 287
McDonald's, 83, 93
McGregor, 144
Médio e longo prazo (MLP), 225
Meios de comunicação, 109-110
  vantagens e desvantagens, 109-110
Mentoring, 188
Mercado
  alvo, 289
  de trabalho, 8
  posicionamento, 97
  segmentação do, 94-96
    critérios, 96
    variáveis
      de uso, 96
      demográficas, 96
      geográficas, 96
      psicográficas, 96
    processo de, 94
      fases, 95
Mercados financeiros, 7
Merchandising, 287
Método
  check-list, 62, 287
  de anotações coletivas, 62-63, 287
  de livre associação, 62
MGM, 67
Microlins, 83
Ministério do Desenvolvimento, Indústria e Comércio Exterior (MDIC), 84

Mintzberg, Henry, 158
Missão, 269
Modelo de Contrato Social de Sociedade Limitada, 180-182
Morana, 76
Motivação, 149-154, 287
   aumentar a, 152-153
Multimídia, 20

N

Name-your-price, 66
Natura, 119
Necessidade, 12
   de autorrealização, 150, 151
   de capital de giro (NCG), 227, 243, 287
   de estima, 150
   de fundo de maneio (NFM), 243
   de independência, 36, 287
   de realização, 287
   de segurança, 150
   fisiológicas, 150
   sociais, 150
Negócio
   atratividade do, 125
   estratégias genéricas de, 131-133
      diferenciação do produto, 131-132
      enfoque, 133
         liderança pelos custos, 132-133
   método de, 66
   modelo de, 70
Net Present Value (NPV), 251
Netflix, 66
Network, 188, 197
Newsletters, 163
Newton, 51
Nike, 67, 97
Normas, 14
Nova empresa
   ambiente externo, 119
   análise
      dos concorrentes, 120-122
      interna, 122-125
   aspectos econômico-financeiros, 207-238
      atividade da empresa, 208-210
      estimativa do volume de negócios, 208-209
      previsão de custos, 209-210
   determinar o capital necessário, 199-200
   financiamento da, 183-200, 205
      por endividamento ou por capital próprio, 184-199
   formalidades a cumprir na criação de, 174-179
   formas jurídicas da, 171-182
   missão, 118-119
   visão, 118-119

O

O Boticário, 83, 118
Observação direta, 61
One-click ordering system, 66
Opel, 95
Oportunidade, 12, 134, 137-138 287
Opportunities, 134, 137-138
Oracle, 67
Orçamento, 287
Orientação para o longo prazo, 15
Outsourcing, 21, 55

P

Passivos, 221, 287
Patente, 65-67
Pay Back Period, 239, 251, 254-256
Pequenas indulgências, 19
Pequeno Porte (Simples), 219-220
Período de Recuperação do Investimento (PRI), 239, 251, 254-256
Persistência apesar do fracasso, 40
Petrobras, 119
Peugeot, 95, 102
Pfizer, 64-65
Pirâmide das necessidades, 150
Place, 102
Plano de
   financiamento, 271
   investimento, 271
   marketing, 287
   negócios, 263-274
      análise do meio ambiente e do setor, 267-268
         ambientais, 267
         culturais, 267
         demográficas, 267
         econômicas, 267
         políticas e legais, 267-268
         tecnológicas, 267
      anexos, 272
      apresentação
         da empresa e sua estrutura, 267
         do negócio, 266
         oral, 273
      calendário de implementação, 271
      capa e índice, 265
      dicas, 272-273
      elementos do, 264-265
      equipe fundadora e de gestão, 266-267
      estratégia da empresa, 269-270
      introdução/sumário executivo, 265-266
      plano
         de marketing e análise do mercado, 268-269
            política de
               comunicação, 268

Índice Remissivo

    distribuição, 268
    preço, 268
    produto ou serviço, 268
   de organização e de recursos humanos, 270
   de produção ou de operações, 270-271
   econômico-financeiro, 271
Ponto
  crítico das vendas (PCV), 288
  de equilíbrio, 210-214
Popcorn, Faith, 19
População/universo, 288
Portal Capital de Risco Brasil, 195-196
Porter, Michael, 125, 126
  cinco forças de, 126
   ameaça de
    novas entradas, 127-128
    produtos substitutos, 129-130
   poder de negociação
    de fornecedores, 129
    dos clientes, 128-129
   rivalidade entre empresas concorrentes, 126-127
Potencial
  criativo, 39-40
  de mercado, 288
Prazo médio de
  estocagem (PME), 229, 233
  pagamentos (PMP), 229, 233
  recebimentos (PMR), 228, 233, 234
Preço, 104-107, 288
  custo repartido, 105
  de venda unitário (PVu), 210, 211
  dificuldade de comparação, 105
  estratégias de, 106
  exclusividade do produto, 105
  importância nas despesas totais do indivíduo/família, 105
  investimento já efetuado, 105
  possibilidade de
   constituir estoques, 106
   substituição, 105
  relação preço-qualidade, 105
Prejuízos, 218
Price, 102
Priceline.com, 66
Princípio de Peter, 147
Private equity, 196
Processo de decisão de empreender, 288
Product, 102
Produtividade, 288
Produtos
  brancos, 288
  de grande consumo
   duradouros, 288
   não duradouros, 288
Programa Brasileiro de Franquia, 84
  garantias, 84
  itens financiáveis, 84
  linhas de financiamento, 84
Projeto Inovar, 195
Promotion, 102
Proventos, 288

Q

Qualidade, 122
Quality Lavanderia, 76
Questionários, 60-61, 90
  amostra para o, 60
  elaboração do, 60
   problemas frequentes na elaboração das questões
Quota de mercado, 288

R

Razões de análise econômico-financeira, 227-237
RealNetworks, 58
Receitas, 215
Recrutamento e seleção, 146-149
  externo, 147
  manual do funcionário, 149
  perfil dos candidatos, 147
  requisitos da função, 147
  técnicas de, 147
Rede
  de apoio moral do empreendedor, 288
  de relacionamento, 70-73
Regime de juros
  compostos, 249
  simples, 248
Renault, 95, 102
Rentabilidade
  do ativo, 288
  dos Capitais Próprios (RCP), 237
  Operacional das Vendas (ROV), 236
Reservas, 289
Resultado líquido do exercício, 219, 289
Resultados, 218
Retardamento do envelhecimento, 19
Revista
  de Propriedade Industrial (RPI), 66
  Fluir, 28
Riscos excessivos, 33
Risk takers, 33
Role-playing, 148
Rolls Royce, 95
Royalties, 75, 79, 80, 81, 82, 209, 223, 289

S

Sair, despedir-se, 19
Sale lease-back, 191, 192
Saraiva, 70
Saúde, 21
Schumpeter, Joseph, 25
Seed capital, 289
Segmento
 alvo, 289
 de mercado, 289
Segredo comercial, 70
Seguidismo, 146
Self-selected opinion poll, 60, 61
Serviço
 ao cliente, 104
 Brasileiro de Apoio às Micro e Pequenas Empresas (Sebrae), 9, 12, 13, 16, 20, 174, 175, 176, 179, 195, 219, 291
Serviços, 21
Shapero, Albert, 25
Sistema Integrado de Pagamento de Impostos e Contribuições das Microempresas e Empresas de *Slogan*, 69, 97
Sociedade
 Brasileira para Promoção e Exportação de Software (Softex), 195
 de Capital de Risco (SCR), 196, 198-199
 Simples de Profissão Regulamentada, 173
Sociedades
 empresariais, 173
 por quotas de responsabilidade (LTDA.), 172, 174
 simples, 172-173
Solvência, 229
Sony, 93, 108
SOS salve o social, 19
Spoleto, 118
Stakeholders, 274
Start-up, 85, 188, 196, 289
Status quo, 127
Strengths, 134, 137-138
Strong ties networks, 72
Stuck in the middle, 133
Subsídios, 195
 à exploração, 289
Surveys, 60
Switching costs, 128
Symantec Corporation, 50

T

Target, 289
Taxa
 de juro, 248, 289
 de publicidade, 289
 Interna de Rentabilidade (TIR), 239, 251, 256, 259
Técnicas de investigação, 91
Tecnologia, Pesquisa e Desenvolvimento (P&D), 6, 7, 12, 17, 52, 54, 65, 124, 135, 239, 286
Teoria
 X, 144-146
 Y, 144-146
Teste cego, 289
Threats, 134, 137-138
Tigor T. Tigre, 109
Timing, 50, 119
Toyota, 95
Track Record, 42
Tropical Brasil, 28
Trust-receipts, 191

V

Vale, 118
Valor
 Atual Líquido (VAL), 239
 Presente Líquido (VPL), 251-254, 259
 residual, 244
Valores, 14
 a receber, 220
Vantagem competitiva, 122
Varejista, 289
Venda da participação
 a terceiro, 198
 aos seus antigos titulares, 198
 na bolsa de valores, 198
Venture capital, 196
Vida mais saudável, 19
Visão, 269
Vivenda do Camarão, 76
Volkswagen, 97

W

Weak ties networks, 72
Weaknesses, 134, 137-138
Wizard Idiomas, 83

Y

Yahoo, 67
Yunus, Muhammad, 4